IL TEMPO DELL'UOMO

S. ZANINELLI
C. CRISTIANI
G. BONELLI
P. RICCABONE

STORIA MEDIEVALE

ISBN 978-88-268-1755-2

Edizioni

3 4	5 6	7 8	9 10
2015	2016	2017	2018

Direzione Editoriale: Progetti di Editoria S.r.l.
Redazione: Gionata Buttarelli
Progetto grafico: Maria Grazia Priamo
Videoimpaginazione: Maria Grazia Priamo
Coordinamento edizione digitale: Roberto Rustico
Cartografia: Vavassori & Vavassori
Disegni: Massimiliano Longo
Copertina: Vavassori & Vavassori
Stampa: Castelli Bolis – Cenate Sotto (BG)

Con la collaborazione della Redazione e dei consulenti dell'I.I.E.A.

La casa editrice ATLAS opera con il Sistema Qualità conforme alla nuova norma UNI EN ISO 9001:2008 certificato da CISQ CERTICARGRAF.

Il presente volume è conforme alle nuove **Indicazioni Nazionali** e disposizioni ministeriali in merito alle caratteristiche tecniche e tecnologiche dei libri di testo.

Per eventuali e comunque non volute omissioni o per gli aventi diritto tutelati dalla legge, l'Editore dichiara la propria disponibilità.

Si ringraziano per la collaborazione prestata nel fornire materiale iconografico: Biblioteca Augustana, Bayerische Staatbibliothek, Bibliotèque Nazionale de France/ Archives et manuscrits, Parigi; British Library, Londra; Musei Capitolini; Musei Vaticani; Museo Archeologico Nazionale, Napoli; Museo dell'Alhambra, Granada; Museo e Tesoro del Duomo, Monza; Archivio e Biblioteca ATLAS.

Questo volume è disponibile anche in versione digitale.
Per scaricarla:

1. prendi nota del codice stampato sul bollino, presente in questa pagina solo sulle copie destinate alla vendita;
2. segui le istruzioni sul sito della Casa Editrice **www.edatlas.it**

VERSIONE DIGITALE DEL LIBRO
LO SCARICO

Via Crescenzi, 88 – 24123 Bergamo – Tel. 035/249711 – Fax 035/216047 – www.edatlas.it

Atlas

PRESENTAZIONE DELL'OPERA "IL TEMPO DELL'UOMO"

Il tempo dell'uomo è un corso di Storia per la Scuola Secondaria di Primo Grado che nasce come opera mista multimediale e digitale.

La proposta editoriale *Il tempo dell'uomo* si articola in:

- **Volume 1** • **Storia Medievale** + **Laboratorio di Storia 1** per lo sviluppo delle COMPETENZE e preparazione alle PROVE INVALSI;
- **Volume 2** • **Storia Moderna** + **Laboratorio di Storia 2** per lo sviluppo delle COMPETENZE e preparazione alle PROVE INVALSI;
- **Volume 3** • **Storia Contemporanea** + **Laboratorio di Storia 3** per lo sviluppo delle COMPETENZE e preparazione alle PROVE INVALSI;
- Edizione speciale per i **Bisogni Educativi Speciali.**

È disponibile la versione digitale eBook+ per computer, tablet e LIM con i seguenti contenuti digitali integrativi ed espansioni multimediali:

- verifiche interattive
- audiosintesi di ogni capitolo
- carte interattive
- video e filmati
- approfondimenti
- gallerie di immagini
- documenti storici

Contenuti digitali integrativi disponibili sul sito della Casa Editrice:

- **Atlante storico**
- **Percorsi tematici**
- ulteriori **schede di approfondimento.**

Materiali per il docente

Per i docenti che adottano l'opera è disponibile:

- la guida didattica a stampa e in formato pdf scaricabile dall'area riservata sul sito della Casa Editrice;
- un **DVD** con materiali multimediali per le lezioni con la **LIM**:
  carte interattive, musica antica e canzoni popolari, mappe e linee del tempo, l'atlante storico, video e filmati, schede di approfondimento.

STRUTTURA DIDATTICA DEI VOLUMI DI BASE

Ogni volume è diviso in parti, scandite in unità tematiche, che comprendono diversi capitoli. Un'ampia introduzione è dedicata al "lavoro dello storico".

In particolare, il primo volume si apre con una presentazione delle linee generali del mondo antico, soffermandosi sui caratteri principali della civiltà greco-romana.

Il contenuto dei paragrafi è esplicitato in modo chiaro e semplice nei titoli; il racconto espositivo, inoltre, è corredato da espansioni documentarie, iconografiche, cartografiche e approfondimenti.

Ciascun paragrafo scandisce in nuclei informativi, evidenziati dal testo in grassetto, le risposte alle domande-guida *Per la comprensione*.

Alla fine di ciascun volume è presente una sezione di **Cittadinanza e Costituzione** finalizzata a trasmettere un insieme strutturato di conoscenze e competenze.

Il testo si completa con una serie di **rubriche** di carattere metodologico, di approfondimento ed espansione pluridisciplinare:

- **I documenti della Storia** avvicinano lo studente all'analisi critica e alla comprensione delle fonti storiche;
- **Gli spazi della Storia** offrono una lettura guidata delle carte storiche;
- **I luoghi della Storia** offrono una lettura pluridisciplinare di eventi, fenomeni e personaggi della Storia;
- **Approfondimenti** sono schede monografiche su eventi, fenomeni e personaggi storici;
- **Focus** offre puntuali approfondimenti di tipo lessicale oppure relativi a eventi, documenti, fenomeni citati nel racconto espositivo di base.

Alla fine di ciascun capitolo e delle unità, vengono proposti i seguenti apparati didattici:

- **Sintesi e cronologia** presenta un sommario degli argomenti trattati nel capitolo con la relativa linea del tempo;
- **Verifica di comprensione** propone esercizi strutturati di verifica delle conoscenze e di comprensione del linguaggio specifico della disciplina.

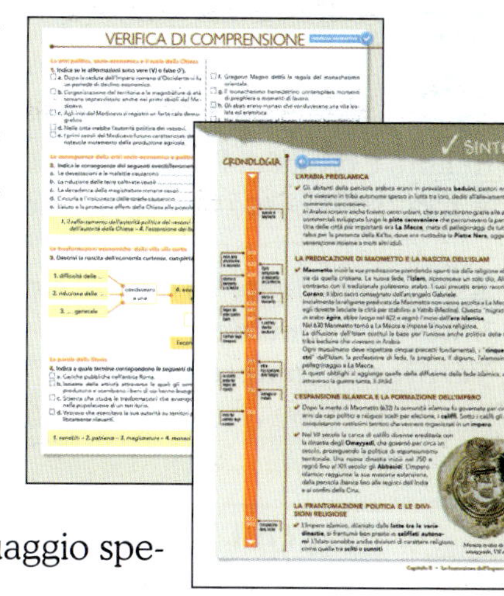

Il **LABORATORIO DI STORIA PER LO SVILUPPO DELLE COMPETENZE** e preparazione alle PROVE INVALSI comprende attività strutturate in funzione dei *Traguardi per lo sviluppo delle competenze* della disciplina, articolate in proposte di lavoro ed esercizi collegati agli *Obiettivi di apprendimento* previsti dalle nuove **Indicazioni Nazionali**. Come contributo alla preparazione della Prova Nazionale INVALSI di Italiano, in questo quaderno operativo vengono proposte, per ciascun anno, alcune prove per esercitare la capacità di lettura e comprensione di testi di argomento storico [testi non letterari, sia in forma di testo continuo, non continuo e misto].

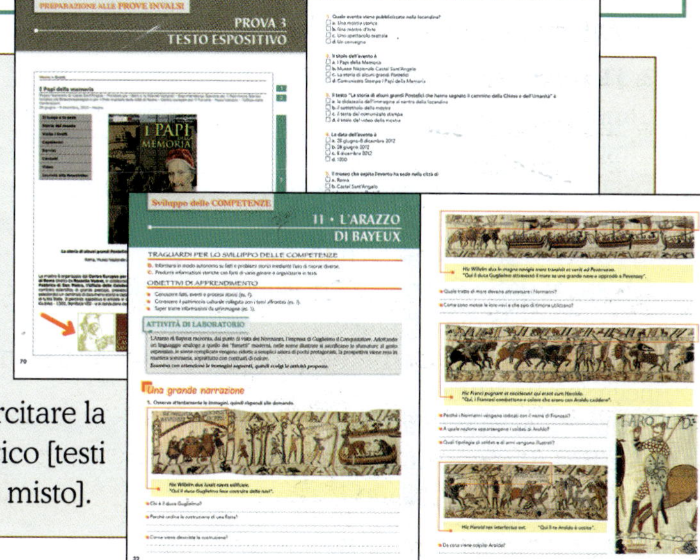

INDICE GENERALE

4. DALL'ANNO MILLE ALLA CIVILTÀ COMUNALE

7. LA RINASCITA DELL'EUROPA

8. LA CHIESA TRA PRIMO E SECONDO MILLENNIO

5. VERSO L'ETÀ MODERNA

11. OLTRE L'EUROPA

23. L'EUROPA, L'ORIENTE E L'AFRICA

12. LA CRISI DELL'EUROPA FEUDALE E L'UMANESIMO

24. LA CRISI DEL TRECENTO

25. L'ASCESA DELLE MONARCHIE NAZIONALI

26. L'ITALIA DELLE SIGNORIE E L'UMANESIMO

CITTADINANZA E COSTITUZIONE

Contenuti digitali integrativi ed espansioni multimediali della versione digitale eBook+

Verifiche di comprensione **interattive** per ogni capitolo del testo

Audiosintesi per il ripasso, in formato mp3, di ogni capitolo del testo base

Carte e **mappe interattive** per insegnare ad orientarsi nello spazio degli eventi storici, imparando a leggere e interpretare le carte

Ti racconto la storia: la rubrica presenta personaggi storici, ma anche persone comuni, che prendono vita attraverso un video narrativo molto coinvolgente

Video introduttivi dei quadri di sintesi, all'inizio di ciascuna parte, per focalizzare le idee fondamentali e cogliere gli eventi storici principali narrati nei capitoli

Gallerie di immagini e **carte storiche**

Documenti storici e storiografici offrono un'analisi guidata delle fonti scritte, attraverso l'evidenziazione dei passi rilevanti, affiancati da testi esplicativi che facilitano la comprensione del documento e del suo significato storico

Ulteriori **schede di approfondimento**, in formato pdf, oltre a quelle sul testo a stampa, per una lettura pluridisciplinare di eventi e fenomeni storici

Contenuti digitali integrativi sul sito della Casa Editrice

Percorsi tematici in una prospettiva pluridisciplinare: Storia e arte, Storia e geografia, Storia e religione, Storia e Scienze e tecnologia, Storia e letteratura, Storia ed Educazione alla cittadinanza

Mappe concettuali e **Linee del tempo** da completare, proposte in modalità interattiva per esercitazioni individuali

Atlante storico con l'intero repertorio cartografico dei volumi, arricchito da ulteriori carte storiche e da carte mute utilizzabili per esercitazioni individuali e collettive

IL LAVORO DELLO STORICO

CHE COSA SIGNIFICA IL TERMINE "STORIA"?

Nel linguaggio comune noi usiamo il termine ***storia*** con due significati fondamentali:

STORIA

- **tutto ciò che è accaduto e accade, cioè l'insieme dei fatti.**
- **la ricerca, la ricostruzione e l'interpretazione di ciò che è accaduto, cioè dei fatti e degli eventi.**
  In questo significato è più corretto il termine **storiografia** (che letteralmente significa "*scrivere* [grafia] *la storia*").

1. UNA STORIA, TANTE STORIE

Solitamente il termine "storia" viene utilizzato al singolare. La realtà prodotta dall'uomo nel corso dei millenni, tuttavia, è così complessa da obbligarci a parlare di "storie" al plurale: **storia delle società**, **della tecnica**, **dell'economia**, **dell'arte**, ecc. Quella che noi chiamiamo storia, quindi, è un'unione di tante storie, che sono diventate l'oggetto di **discipline specifiche**; esse sono utilizzate dalla storiografia come **scienze ausiliarie** (vedi pag. 14).

2. STORIA DI UOMINI E DI DONNE

Parliamo sempre di "storia dell'uomo", intendendo per uomo il genere umano.
La storia, infatti, ha per protagonisti **uomini**, **donne**, **bambine** e **bambini**. Poiché, tuttavia, per millenni le società sono state dominate dai maschi e hanno relegato le donne ai margini, prive di potere, considerazione e visibilità sociale, anche il racconto degli eventi della storia ha avuto come protagonisti quasi unici gli uomini.

3. LE CITTÀ HANNO FATTO LA STORIA

Fino agli inizi dell'800 solo il 3% dell'umanità viveva in città. Eppure il vero motore della storia sono sempre state le città; tutto quello a cui pensiamo quando diciamo **cultura** e **civiltà** nasce con le città e la loro organizzazione: l'istituzione dell'autorità statale, la suddivisione in gruppi sociali, la scrittura, ecc. Non è un caso che le parole ***città*** e ***civiltà*** abbiano la stessa radice: derivano dal termine latino ***civitas*** (= cittadinanza, città), che indica una comunità di ***cives*** (cittadini).

4. TUTTA LA STORIA È CONTEMPORANEA

Ciò che noi siamo stati e abbiamo vissuto da piccoli è determinante per capire come siamo e chi siamo oggi. Lo stesso avviene per la storia delle varie civiltà umane.
Anche il passato più lontano è, in qualche modo, legato a noi e ci serve per comprendere il presente. In questo senso è stato affermato che "tutta la storia è contemporanea", cioè è sempre attuale.

DEFINIZIONE DI STORIA

La storia è la disciplina che ricostruisce il **passato dell'uomo e dei popoli, cioè delle civiltà così come si sono sviluppate**; essa, inoltre, **cerca di comprenderle, spiegarle e di collegarle con la nostra vita attuale**.

COME UN DETECTIVE: LE DOMANDE E LE FONTI DELLO STORICO

Lo storico, chiamato ad indagare su un determinato avvenimento, personaggio o fenomeno si comporta come un detective e, per prima cosa, si pone delle domande:

• CHI?/CHE COSA? • DOVE? • COME? • QUANDO? • PERCHÉ?

Per rispondere a queste domande egli deve ricercare, studiare e interpretare con rigore e obiettività le ***tracce*** *lasciate dalle comunità umane nel corso del tempo. Queste tracce si chiamano* ***fonti*** *e sono* ***tutto ciò che documenta*** *e* ***testimonia la storia dell'uomo****.*

Esistono vari tipi di fonti.

LA STORIA NON SCRITTA

LE FONTI STORICHE

1. FONTI MATERIALI (REPERTI)

Edifici religiosi e civili, oggetti vari, vasellame, strumenti di lavoro, resti di organismi viventi, monete, ecc.

2. FONTI ICONOGRAFICHE

Dipinti, immagini di qualsiasi tipo, fotografie, filmati, ecc.

3. FONTI SCRITTE

Qualsiasi tipo di documento scritto: epigrafi, tavolette, papiri, codici, libri, bolle, lettere, preghiere, documenti notarili, leggi e decreti, diari, giornali.

4. FONTI ORALI

Racconti a voce dei protagonisti diretti e registrati per la storia più vicina a noi.

5. FONTI "VIVE"

Tutte le manifestazioni del passato che si sono conservate e vivono ancora oggi: usi e costumi, istituzioni, chiese e religioni, associazioni, lingua, ecc.

PER LA COMPRENSIONE

- Quali sono i due significati fondamentali del termine "storia"? Che cosa significa storiografia?
- Indica alcune delle "storie" particolari che formano la storia.
- Perché le città sono considerate il motore della storia?
- In che senso tutta la storia è sempre attuale?
- Quali sono le fonti di cui si serve lo storico nel suo lavoro di ricostruzione della storia?

L'ambiente come "fonte totale"

La fonte più evidente della storia dell'uomo e, in particolare, della nostra civiltà è l'**ambiente che ci circonda** e in cui viviamo.
Tutto ciò che in esso possiamo vedere (monumenti, costruzioni, strade, coltivazioni, tipi di piante, ecc.) testimonia un periodo storico, un paesaggio, un avvenimento, una cultura, uno stile artistico, un certo tipo di economia e di commercio.
Le nostre città e i nostri paesi, quindi, conservano tracce che testimoniano l'**evoluzione storica** che hanno subito, dai tempi della loro fondazione ad oggi. Per comprendere questo processo evolutivo pensiamo, ad esempio, ai reperti di età romana (fondamenta di case, anfiteatri, archi, strade, ecc.), alla serie indefinita di cappelle, chiese e cattedrali che testimoniano la diffusione della civiltà cristiana; alle fabbriche della prima Rivoluzione industriale, ecc.
In questo senso, noi camminiamo e ***ci muoviamo nella storia***: in quella antica o antichissima di cui, man mano, si trovano testimonianze, attraverso gli scavi archeologici, e in quella attuale, che rinnova il paesaggio abbattendo vecchi edifici e costruendone di nuovi.
Dobbiamo dunque imparare a **leggere il territorio** e a osservarlo con uno sguardo storico. In questo lavoro di ricostruzione storica dell'ambiente diventano fonti importanti l'***incisione*** e la ***fotografia***, come possiamo verificare nelle immagini riportate in questa pagina, relative alla città di Bologna. Esse visualizzano in modo evidente i cambiamenti subiti da un territorio, nei vari periodi storici.

PER LA COMPRENSIONE

- Perché l'ambiente è una fonte storica di grande importanza?
- Elenca una serie di tracce ambientali che ci danno informazioni storiche.
- Quali strumenti ci permettono di verificare le trasformazioni di una città?

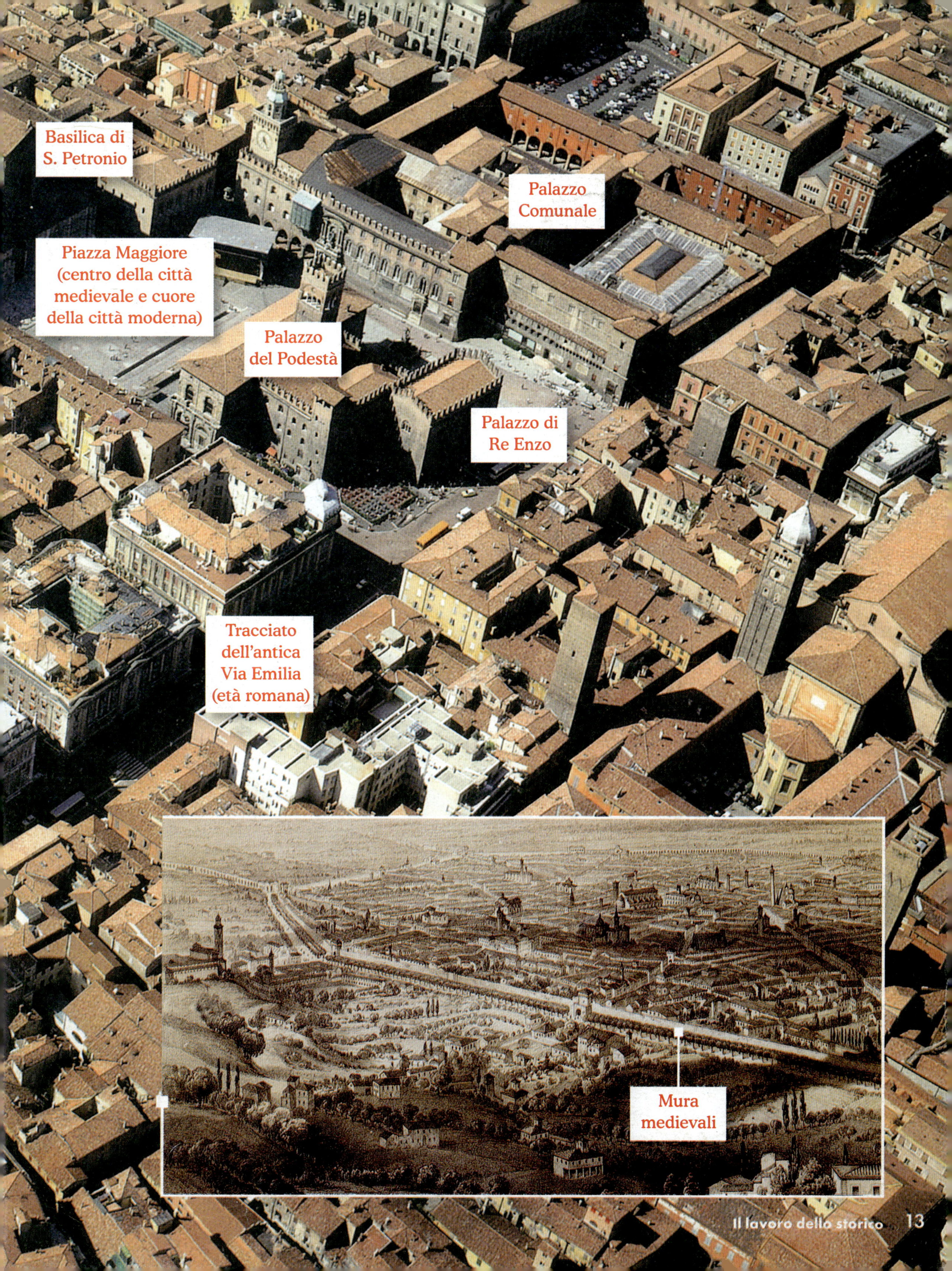
Basilica di S. Petronio
Palazzo Comunale
Piazza Maggiore (centro della città medievale e cuore della città moderna)
Palazzo del Podestà
Palazzo di Re Enzo
Tracciato dell'antica Via Emilia (età romana)
Mura medievali

Fibula a disco decorata in oro, granati e paste vitree. Museo di Antichità di Torino.

Le scienze che aiutano la ricerca storica

Data la quantità e la diversità delle fonti a cui attingere per studiare il passato, lo storico ha bisogno delle ricerche di studiosi ed esperti di altre discipline. Queste discipline sono state chiamate **scienze ausiliarie della storia** perché aiutano lo storico nel suo lavoro.

Le scienze ausiliarie più importanti, per il periodo storico che affronteremo in questo volume, sono le seguenti.

1. Archeologia (*"studio delle cose antiche"*).
Attraverso gli scavi vengono riportati alla luce mura medievali, resti di edifici, oggetti vari, tombe, ecc. Questi reperti sono importanti, soprattutto per i popoli per i quali non possediamo molte fonti scritte come, per esempio, i Longobardi.

2. Paleografia (*"studio delle scritture antiche"*).
È lo studio dei codici medievali e umanistici e dei loro criteri di trascrizione; comprende anche l'epigrafia (studio dei documenti su pietra).

3. Numismatica (*"studio delle monete"*).
Lo studio delle monete è importante per ricostruire soprattutto la storia del commercio e dell'economia dei vari Stati europei e italiani, dei Comuni e delle Repubbliche marinare.

4. Demografia storica (*"studio della popolazione"*).
Studia i movimenti della popolazione (aumento, diminuzione, spostamenti, ecc.).

5. Geografia (*"studio e descrizione della Terra"*).
Studia e descrive il mondo, i luoghi che lo costituiscono e i popoli che lo abitano.

6. Storie culturali
Studiano la storia di alcuni settori della cultura e permettono di ricostruire l'ambito culturale in cui sono avvenuti gli eventi storici; le più importanti sono la *Storia dell'Arte*, la *Storia della Filosofia*, la *Storia della Letteratura*, la *Storia delle Religioni* e la *Storia della Musica*.

Archeologi impegnati in una campagna di scavo.

CODICI, SIGILLI E BOLLE

Per lo studio dei mille anni che costituiscono il cosiddetto Medioevo valgono tutti i tipi di fonti fin qui indicate. Ne presentiamo, comunque, tre in particolare, per la loro originalità e per l'importanza che assumono nella ricostruzione di questo periodo storico.

Pagina miniata tratta da un Libro d'Ore, XIV secolo.

I CODICI

Una fonte storica di inestimabile valore sono i **codici**, cioè i "**libri**" **in pergamena** (tagliata in fogli squadrati, piegati come in un quaderno e legati fra loro con un filo).

Inizialmente i codici servivano per la trascrizione di testi sacri, poi di testi di importanti autori latini e greci e di raccolte di leggi; successivamente divennero di uso comune.

I codici erano scritti dagli **amanuensi** (copiatori a mano), nei cosiddetti *scriptoria* (vedi pag. 151).

Molti di questi codici medievali erano illustrati con stupende **miniature**. Essi non costituiscono soltanto una fonte importante per comprendere lo sviluppo della cultura nel Medioevo, ma rappresentano un dono all'intera storia dell'umanità.

Solo attraverso tali codici, infatti, si è conservata la memoria di tante opere immortali della letteratura e della scienza delle civiltà greca e romana.

SIGILLI E BOLLE

Una delle fonti più interessanti per gli storici del Medioevo sono i **sigilli**. Il loro uso risale all'antichità, ma fu proprio nel Medioevo ad avere la massima espansione.

Posti su documenti, lettere e plichi, i sigilli ne garantivano l'autenticità in quanto indicavano la provenienza del documento; essi erano il segno (*sigillum*) inconfondibile del mittente, diventandone una specie di firma autografa, e preservavano l'oggetto da manipolazioni abusive.

Fatti di cera o di metallo, potevano aderire al documento, essere pendenti oppure essere applicati in una parte bassa ripiegata con fili resistenti di canapa o di seta. Quasi tutti i sigilli presentano scritte (o **legende**), disposte ai margini o nella parte centrale.

Spesso vi si legge l'**indicazione dell'anno** e quasi sempre il **nome del possessore**.

I sigilli in metallo (piombo, argento, perfino oro con pietre preziose) sono chiamati anche **bolle**, dal tardo latino *bulla*, che significa "borchia, sigillo".

Per estensione, questo termine è passato ad indicare i documenti stessi: solitamente erano importanti decreti promulgati dall'autorità pontificia o imperiale, autenticati appunto con il sigillo.

Bolla di papa Innocenzo III (1198-1216).

PER LA COMPRENSIONE

- Che cosa significa l'espressione "scienze ausiliarie"?
- In che senso aiutano la ricerca dello storico?
- Quali sono le più importanti?
- Che cosa sono i sigilli? Di chi erano il "segno"?
- Quali sono i due significati del termine "bolla"?
- Che cosa sono i codici? Perché sono così importanti?
- Da chi erano scritti?

AVANTI CRISTO (a.C.)	III MILLENNIO	....
		2200 - 2101 XXII secolo
		2100 - 2001 XXI secolo
	II MILLENNIO	2000 - 1901 XX secolo
		1900 - 1801 XIX secolo
		1800 - 1701 XVIII secolo
		1700 - 1601 XVII secolo
		1600 - 1501 XVI secolo
		1500 - 1401 XV secolo
		1400 - 1301 XIV secolo
		1300 - 1201 XIII secolo
		1200 - 1101 XII secolo
		1100 - 1001 XI secolo
	I MILLENNIO	1000 - 901 X secolo
		900 - 801 IX secolo
		800 - 701 VIII secolo
		700 - 601 VII secolo
		600 - 501 VI secolo
		500 - 401 V secolo
		400 - 301 IV secolo
		300 - 201 III secolo
		200 - 101 II secolo
		100 - 1 I secolo
NASCITA DI CRISTO		
DOPO CRISTO (d.C.)	I MILLENNIO	1 - 100 I secolo
		101 - 200 II secolo
		201 - 300 III secolo
		301 - 400 IV secolo
		401 - 500 V secolo
		501 - 600 VI secolo
		601 - 700 VII secolo
		701 - 800 VIII secolo
		801 - 900 IX secolo
		901 - 1000 X secolo
	II MILLENNIO	1001 - 1100 XI secolo
		1101 - 1200 XII secolo
		1201 - 1300 XIII secolo
		1301 - 1400 XIV secolo
		1401 - 1500 XV secolo
		1501 - 1600 XVI secolo
		1601 - 1700 XVII secolo
		1701 - 1800 XVIII secolo
		1801 - 1900 XIX secolo
		1901 - 2000 XX secolo
	III MILLENNIO	2001 - 2100 XXI secolo
		....

Collocare i fatti nel tempo

Quando sono avvenuti i fatti?

Per ricostruire gli eventi della storia dell'uomo, lo storico deve innanzi tutto **collocarli nel tempo**, **disporli in successione cronologica**, cioè nell'ordine di tempo (cronologia) in cui sono avvenuti.
Per fare questo occorre avere un **punto di partenza** da cui misurare il tempo e contare gli anni.
In passato, i popoli, per ordinare le loro vicende, hanno scelto come punto di inizio un evento considerato fondamentale per la loro storia o civiltà: così gli Ebrei contavano il tempo e gli anni a partire dalla **creazione del mondo**; i Greci dall'anno in cui si svolsero le **prime Olimpiadi**; i Romani dall'anno di **fondazione della città di Roma**; i Musulmani dall'anno della **fuga di Maometto** dalla città di La Mecca.

In Occidente il sistema adottato è quello che pone come punto di partenza la **nascita di Cristo**, considerata un evento di fondamentale importanza per la nostra civiltà. L'anno di nascita di Cristo costituisce l'**anno 1**.
Il tempo storico è così stato diviso in due parti:

- il tempo **avanti Cristo** (indicato con l'abbreviazione a.C. dopo il numero dell'anno);
- il tempo **dopo Cristo** (indicato con l'abbreviazione d.C. dopo il numero dell'anno solo quando serve ad evitare confusione con le date a.C.).

Nel mondo anglosassone queste due indicazioni temporali diventano:

- **B.C.** (abbreviazione di *before Christ*, "prima di Cristo" per a.C.);
- **A.D.** (abbreviazione di *Anno Domini*, "nell'anno del Signore" per d.C.).

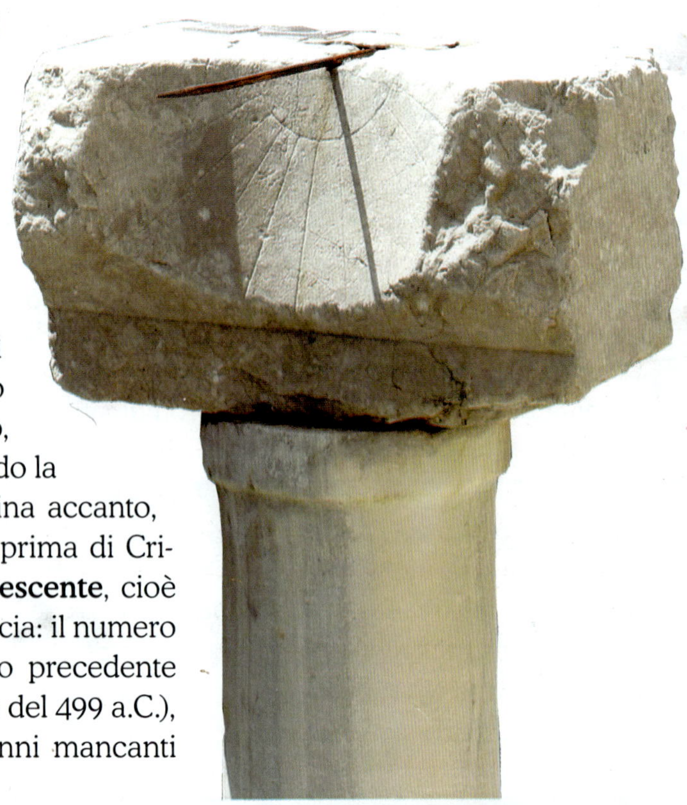

La numerazione degli anni dopo Cristo avviene **in ordine crescente**: il numero più grande indica un anno successivo (così l'anno 500 d.C. viene dopo l'anno 499 d.C.); al contrario, come puoi notare osservando la **linea del tempo** nella pagina accanto, la numerazione degli anni prima di Cristo avviene **in ordine decrescente**, cioè come in un conto alla rovescia: il numero più grande indica un anno precedente (così il 500 a.C. viene prima del 499 a.C.), in quanto si contano gli anni mancanti alla nascita di Cristo.

Creazione del mondo (Ebrei)	Prime Olimpiadi (Greci)	Fondazione di Roma (Romani)	Nascita di Gesù	Fuga di Maometto/Ègira (Musulmani)
3760 a.C.	776 a.C.	753 a.C.	anno 1	622 d.C.

Le epoche della Storia

La storia dell'uomo viene tradizionalmente divisa in cinque lunghi archi di tempo, detti **epoche** o **periodi**, raffigurati nello schema a piè pagina.

Gli studi più recenti tendono a mettere in discussione questa divisione così rigida, perché **la periodizzazione della storia**, cioè la divisione in periodi, non è "scritta" nella Storia stessa, ma è una **pura convenzione** degli storici.

È difficile dire quando finisce un'epoca e ne inizia un'altra.

La storia vissuta, infatti, non ha tagli netti. Sono gli storici che stabiliscono e determinano, in base agli studi, come, in un certo periodo, la società si sia a poco a poco trasformata, acquistando caratteri nuovi, tali da essere definiti **trasformazioni epocali** e da segnare la fine di un'epoca e l'inizio di un'altra.

PER LA COMPRENSIONE

- Che cosa significa collocare gli avvenimenti nel tempo?
- Quali eventi di grande importanza hanno scelto i vari popoli come punto di partenza della loro storia?
- Quale punto di partenza ha adottato l'Occidente per contare gli anni?
- Come avviene la numerazione degli anni prima e dopo Cristo?
- Quali sono le epoche in cui gli storici dividono la storia?
- In che senso la periodizzazione della Storia è una convenzione degli storici?

LE EPOCHE STORICHE

preistoria	storia antica	storia medievale	storia moderna	storia contemporanea
da circa 5 milioni di anni fa al 3500 a.C. circa	dal 3500 a.C. circa al 476 d.C.	dal 476 d.C. al 1492 d.C.	dal 1492 d.C. alla fine del XIX secolo	dall'inizio del XX secolo a oggi

Porzione della Tabula Peutingeriana *(5° e 6° segmento) raffigurante al centro la città di Roma e il territorio dell'Italia centrale, delimitato dal Mar Adriatico e dalla costa dalmata (in alto), dal Mar Mediterraneo e dalla costa dell'Africa in basso. La penisola italiana è rappresentata distesa in senso longitudinale, come appariva anche su alcune antiche carte greche.*

Collocare i fatti nello spazio

Dove sono avvenuti i fatti?

Oltre che stabilire il tempo in cui sono avvenuti, lo storico deve anche collocare eventi, personaggi e fenomeni nel luogo in cui sono avvenuti, cioè determinarne la **collocazione spaziale**. Anche questo obiettivo si ottiene analizzando i documenti del tempo, ma soprattutto le tracce che i vari avvenimenti hanno lasciato nell'ambiente: reperti, tombe, edifici civili e religiosi, ecc.

Le carte proposte nei volumi di storia sono ricostruzioni, perché non possediamo carte geografiche precise dei luoghi in cui avvennero le vicende del passato. Una delle pochissime carte antiche che possediamo è la ***Tabula Peutingeriana***, costituita da un'unica striscia di pergamena, lunga 6,83 metri per 34 centimetri di altezza, conservata nella Biblioteca Nazionale di Vienna.

Essa appartiene a quel genere di carte che i Romani chiamavano *Itineraria*, carta di viaggio con le indicazioni di **città**, **luoghi di transito** e di **sosta** (*stationes*).

È una mappa raffigurante tutte le **strade** (indicate con linee rosse) romane (dalla Britannia all'Eufrate, dal Reno all'Africa, comprese India e le tre Arabie), con l'indicazione delle **distanze** tra i vari luoghi.

I **fiumi**, le **montagne**, i **laghi** e i **mari** sono riprodotti in sei colori; la mappa contiene molti simboli diversi per le città e per gli **edifici**, come, per esempio, il magazzino, chiamato *horreum*, oppure la *taberna*, dove i viaggiatori potevano riposare o mangiare.

Mappe o carte dell'età medievale giunte sino a noi riguardano le grandi vie di commercio o sono quelle di esploratori e geografi arabi.

PER LA COMPRENSIONE

- Che cosa significa collocare i fatti nello spazio?
- Che cos'è la *Tabula Peutingeriana*? Che cosa raffigura?

VERIFICA DI COMPRENSIONE

VERIFICHE INTERATTIVE

Il metodo storico CORREGGO QUELLE FALSE SUL QUAD

1. Indica se le affermazioni sono vere (V) o false (F).

- ☒ **a.** La storia è la disciplina che ricostruisce il passato dell'uomo e lo sviluppo delle sue civiltà.
- ☒ **b.** La storiografia è la ricerca, la ricostruzione e l'interpretazione di ciò che è accaduto.
- ☒ **c.** Le scienze ausiliarie si dividono in materiali, iconografiche, scritte, orali, "vive".
- ☒ **d.** Agli inizi del 1800 quasi metà dell'umanità viveva in città.
- ☒ **e.** Le fonti iconografiche sono i documenti scritti.
- ☒ **f.** Lo studio del passato offre gli strumenti per comprendere il presente.

Le fonti storiche SUL LIBRO

2. Indica a quale tipologia di fonte storica si riferiscono le immagini.

A.

☒ materiale ☐ scritta ☐ iconografica ☐ orale

B.

☐ materiale ☒ scritta ☐ iconografica ☐ orale

C.

☒ materiale ☐ scritta ☐ iconografica ☐ orale

Le scienze ausiliarie FACCIO SUL QUADERNO

3. Completa correttamente le seguenti definizioni o indica il termine cui si riferiscono.

a. **geografia** disciplina che studia e descrive .... del mondo.

b. .... scienza che studia le monete.

c. **archeologia** scienza che si occupa di studiare e analizzare i .... riportati alla luce attraverso gli ....

d. .... scienza che si occupa dello studio dei movimenti della popolazione.

e. **paleografia** scienza che studia i .... medievali e umanistici e i loro criteri di .... Comprende l' ...., lo studio dei documenti su pietra.

1. demografia - 2. reperti - 3. numismatica - 4. codici - 5. scavi - 6. epigrafia - 7. i luoghi e i popoli - 8. trascrizione

Le datazioni e le epoche storiche FACCIO SUL QUADERNO

4. Disponi correttamente le seguenti date sulla linea del tempo, quindi indica di quale secolo, milllennio ed epoca storica (preistoria, storia antica, storia medievale, storia moderna, storia contemporanea) fanno parte.

753 a.C. | 3500 a.C. | 1517 d.C. | 19 a.C. | 800 d.C. | 477 a.C. | 1492 d.C. | 2012 d.C.

Date								
Secolo	....	....	....	....	....	....	....	....
Millennio	....	....	....	....	....	....	....	....
Epoca storica	....	....	....	....	....	....	....	....

1 IL MONDO ANTICO

LINEE GUIDA

- Città, scrittura e metallurgia costituiscono le basi di quella organizzazione delle comunità umane che chiamiamo ***civiltà***.
- I grandi fiumi che attraversano la **Mezzaluna fertile** e il **bacino del Mediterraneo** formarono l'ambiente in cui nacquero le prime civiltà della storia.
- Le **radici** della nostra storia affondano in questo **mondo antico** che ebbe la sua più compiuta espressione nella **civiltà greco-romana**.

3500 a.C. Nascono le prime civiltà

VIII-VI sec. a.C. Grande colonizzazione greca

753 a.C. Fondazione di Roma

V-IV sec. a.C. Roma combatte guerre di difesa in Italia

431-404 a.C. Guerra del Peloponneso

334-323 a.C. Impero di Alessandro

3500 a.C. | 800 | 500 | 400

SCRITTURA CUNEIFORME 3200-3100 a.C.

LUPA CAPITOLINA

IL PARTENONE DI ATENE 447-432 a.C.

ALESSANDRO MAGNO

GLI SPAZI DELLA STORIA

L'area geografica del mondo antico

Muovendo dal Vicino Oriente, il processo di formazione e sviluppo delle civiltà antiche si è progressivamente esteso verso Occidente, lungo le sponde del Mediterraneo.
Toccò infine a Roma unire sotto il suo impero i popoli e i territori che erano stati protagonisti di quella millenaria opera di civilizzazione.

264-241/218-201 a.C. Roma si scontra con Cartagine

fine II sec. a.C. Roma unifica il Mediterraneo

27 a.C. - 14 d.C. Età di Augusto

II sec. d.C. Massima espansione dell'Impero romano

476 d.C. Caduta dell'Impero romano d'Occidente

300-50 | **1-300 d.C.** | **300**

OTTAVIANO AUGUSTO

IMPERATORE COSTANTINO 306-337 d.C.

LE ORIGINI DELLE CIVILTÀ UMANE

CIVILTÀ URBANE E SCRITTURA

Il Vicino Oriente

Le prime grandi **civiltà** della storia si svilupparono nella regione del cosiddetto Medio o Vicino Oriente, o area della ***Mezzaluna fertile***, comprendente la Mesopotamia, parte dell'Anatolia, la Palestina, la Siria e l'Egitto.

Mercante con bilancia e pesi, proveniente da Marash, Turchia.

Scena di caccia nella palude, Egitto, XV secolo a.C.

In questa regione è possibile ritrovare, a partire dal 3500 a.C. circa, le manifestazioni tipiche di una comunità organizzata:

1. sviluppo delle **città**;
2. invenzione della **scrittura**;
3. scoperta della fusione dei metalli e inizio della **metallurgia**.

Tutte le civiltà che si svilupparono in quest'area sono definite "**urbane**" – a motivo dell'importanza che in esse assunsero le **città** – ma anche "fluviali", perché sorsero lungo i grandi fiumi come il Nilo, il Giordano, il Tigri e l'Eufrate.

I grandi fiumi erano al tempo stesso una preziosa riserva di **acqua** (necessaria all'agricoltura) e di cibo (pesca e caccia); costituivano inoltre una via di comunicazione lungo la quale potevano spostarsi uomini e merci.

I territori della mezzaluna fertile

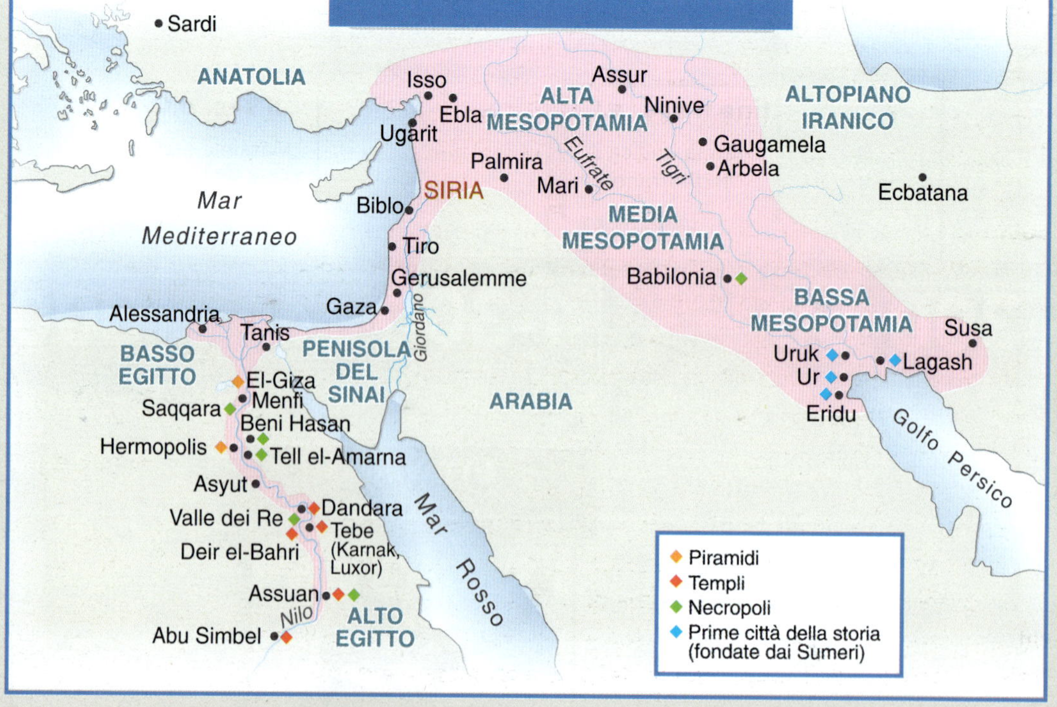

PER LA COMPRENSIONE

- In quale regione sorsero le prime civiltà?
- Che cosa hanno in comune le prime civiltà?
- Quali sono le fasi dell'evoluzione della scrittura?
- Quale rapporto vi è tra città e scrittura?

L'invenzione della scrittura

La **scrittura** nacque da un bisogno pratico, da esigenze di tipo amministrativo, dalla necessità, insomma, di conservare nel tempo conteggi ed elenchi; quindi è strettamente legata alla nascita della **città**.

Le più antiche tracce di scrittura (3200-3100 a.C.) sono state rinvenute nella città sumera di Uruk (odierna *Warka*), in Mesopotamia. Si tratta di tavolette di argilla che recano impressi disegni e segni vari con la forma di cunei (*scrittura cuneiforme*).

Le prime forme di scrittura furono semplici disegni (**pittogrammi**) che rappresentavano oggetti o prodotti, accompagnati da tacche o cerchi che ne indicano la quantità.

In seguito i pittogrammi (o combinazioni di essi) iniziarono ad essere usati anche per indicare pensieri ed idee (**ideogrammi**). Per facilitare la scrittura sulle tavolette, i disegni vennero semplificati.

Una terza fase si ebbe con la comparsa del **fonogramma**, un segno che traduce graficamente i suoni della lingua parlata (*fonemi*). Dapprima i segni indicavano le sillabe (*scrittura sillabica*), quindi, con l'introduzione dell'alfabeto di tipo fenicio, i singoli suoni (*scrittura alfabetica*).

Saranno i Greci a compiere l'ultimo passo, aggiungendo all'alfabeto di tipo fenicio i segni delle vocali e diffondendo il nuovo sistema, straordinariamente flessibile ed efficace: combinando un piccolo numero di segni si poteva indicare con precisione qualsiasi oggetto conosciuto, trascrivendo inoltre i fonemi di altre lingue.

Città e scrittura: il primato di Uruk

La cosiddetta "rivoluzione urbana", ossia la comparsa di quella particolare forma di organizzazione sociale e urbanistica che è la **città**, si presenta intimamente connessa a quell'evento centrale che è l'invenzione della **scrittura**.

La più antica forma di scrittura a noi nota, ossia quella *cuneiforme*, fu infatti inventata nell'area meridionale della Mesopotamia, nello stesso periodo in cui in quella regione si affermava il modello sociale e urbanistico della città (seconda metà del IV millennio a.C.).

Secondo quanto riferiscono gli studiosi, pare che agli abitanti della sumera **Uruk** spetti non solo il primato di creatori della prima città, e con essa della prima forma di organizzazione statale, ma anche quello di inventori della scrittura.

È d'altra parte comprensibile che proprio nel quadro di una società complessa e stratificata, come quella che si affermò a Uruk, si facesse viva l'esigenza di un mezzo "*per memorizzare, comunicare, comandare*" adeguato: la scrittura.

Nell'ambito della civiltà sumera la scrittura assunse quindi un ruolo di primaria importanza, attestatoci non solo dal rinvenimento di un grande numero di **tavolette di argilla** con incisi i tipici caratteri cuneiformi, ma anche da alcuni testi che parlano dell'arte della scrittura e dell'importanza del suo apprendimento.

PITTOGRAMMI E IDEOGRAMMI

SEGNI CHE INDICANO UN OGGETTO O UN CONCETTO

FONOGRAMMI

SEGNI CHE INDICANO IL SUONO DI UNA PAROLA

SCRITTURA ALFABETICA

SEGNI CHE INDICANO UN SOLO SUONO (FONEMA)

LA CIVILTÀ GRECO-ROMANA

1. IL MONDO GRECO

L'organizzazione politica

LA CREAZIONE DELLA *PÓLIS*

Il **territorio** della penisola greca è in prevalenza montuoso. Muovendo dalle coste frastagliate verso l'interno, ci si imbatte in rilievi dalla disposizione irregolare, piccole valli e pianure: un ambiente in cui gli spostamenti e i collegamenti sono molto difficili.
È probabile che questa conformazione del territorio abbia ostacolato la formazione di grandi regni, favorendo piuttosto la frammentazione politica in molteplici città-Stato di piccole dimensioni.
In effetti, nei secoli che videro la fioritura della sua grande civiltà, la Grecia non fu mai unita politicamente: ogni **città-Stato** (***pólis***) era del tutto autonoma e si governava da sola.

LE CARATTERISTICHE DELLA *PÓLIS*

La *pólis* (al plurale *póleis*) fu una creazione politica tipica della civiltà greca, con alcune **caratteristiche comuni fondamentali**:

1. ogni città era autonoma e si governava da sola: per questo le *póleis* greche si trovarono spesso nella condizione di scontrarsi fra loro per assicurarsi il predominio su un territorio;
2. la *pólis*, come entità geografica, comprendeva sia il centro urbano che la campagna circostante;
3. i Greci concepirono la *pólis*, più che come area territoriale, soprattutto come una **comunità di uomini liberi**, capaci di governarsi con proprie leggi e propri magistrati.

La *pólis* greca aveva il proprio centro politico ed economico nell'*agorá*, la piazza che costituiva il luogo degli scambi e delle riunioni dei cittadini. L'*agorá* si trovava nella parte bassa della città, mentre la parte alta, l'*acropoli*, costituiva il centro religioso e ospitava i templi.
La condizione di **cittadino** non era comune a tutti gli abitanti di una città: ne erano escluse le **donne**, gli **stranieri**, gli **schiavi** e, nei tempi più antichi, anche gli artigiani e i mercanti.
Essere un cittadino voleva dire innanzi tutto partecipare alla **difesa della patria** (indossando le armi) e al **governo della *pólis*** (partecipando all'assemblea e ricoprendo le varie magistrature).

PER LA COMPRENSIONE

- Quali sono i caratteri fondamentali della *pólis* greca?
- Chi era escluso dalla condizione di cittadino della *pólis*?
- Che cosa significava essere un cittadino?

LA FONDAZIONE DELLE COLONIE

Il periodo di formazione della *pólis* fu accompagnato da un vasto **movimento migratorio**, che diede vita a una vasta **colonizzazione (VIII-VI sec. a.C.)**.

I motivi di questa ondata migratoria furono diversi:

1. anzitutto, un forte **incremento della popolazione** che rese insufficienti le poche risorse presenti sul territorio della Grecia;
2. i ceti sociali più intraprendenti, come quello degli artigiani, vollero **sottrarsi al controllo esercitato dagli aristocratici** e lasciarono le loro città per fondare nuove colonie, dove diedero vita a forme di governo meno oppressive;
3. si cercavano, infine, **nuovi mercati** su cui collocare i prodotti artigianali.

A partire dall'VIII e fino al VI secolo a.C. circa, migliaia di Greci si diressero verso le coste dell'Italia meridionale (detta in seguito *Magna Grecia*) e della Sicilia, della Gallia (Francia), dell'Iberia (Spagna), del Mar Nero e degli Stretti, fondando numerose **colonie**.

Le comunità greche che fiorirono in Sicilia e nella Magna Grecia diedero un **contributo straordinario alla civiltà ellenica**, ancora oggi visibile in opere architettoniche che stupiscono per grandiosità e bellezza.

Lastra in terracotta con figura di Gorgone proveniente dal recinto del Tempio di Atena a Siracusa, 570-550 a.C.

PER LA COMPRENSIONE

- Quando avvenne la grande colonizzazione?
- Quali furono i motivi che spinsero a tale colonizzazione?
- Quali furono le regioni scelte per fondare le nuove colonie?
- Quale fu il successo delle nuove colonie fondate dai Greci?

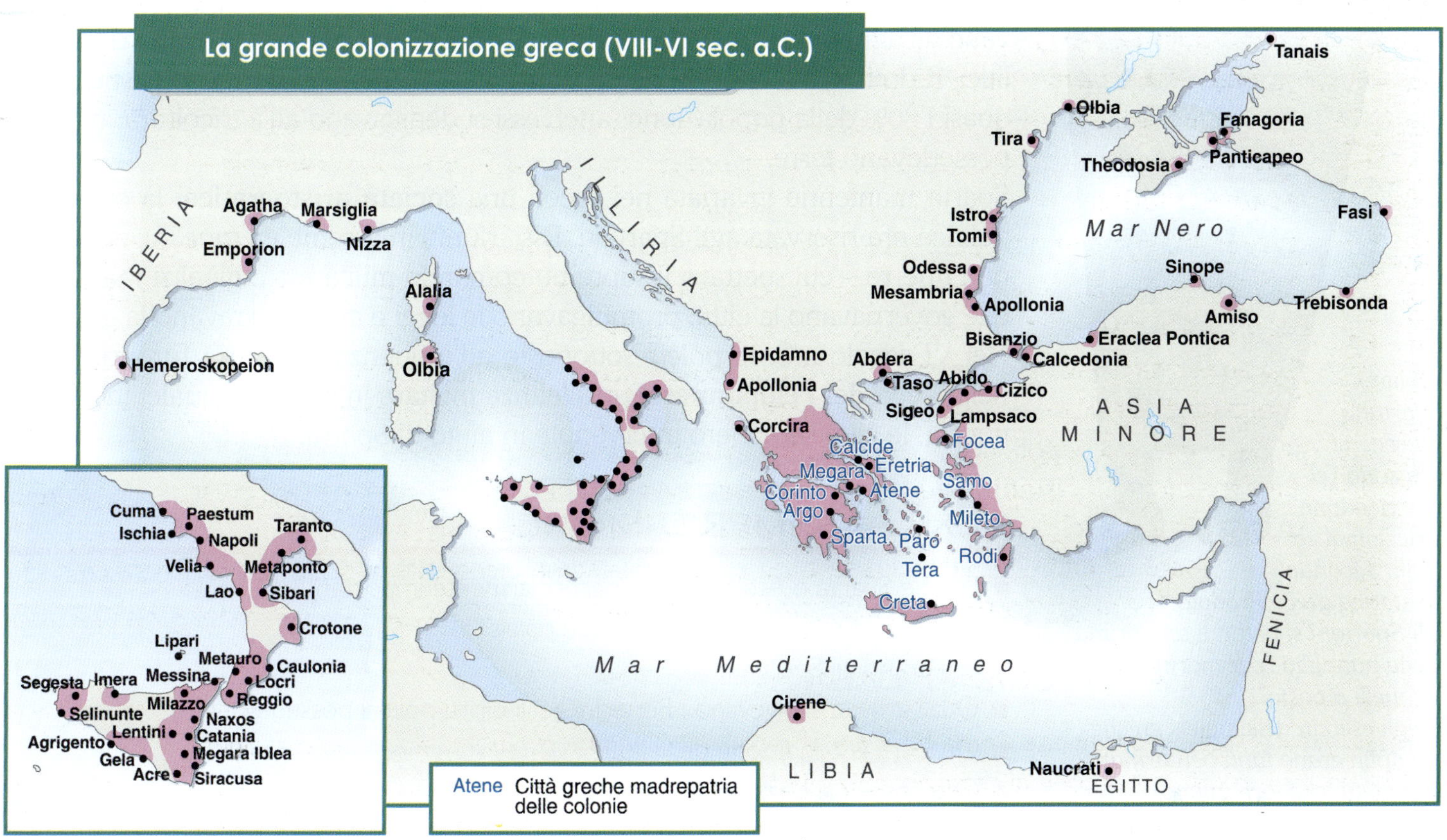

Due modelli di società e di governo: Sparta e Atene

Tra tutte le *póleis* greche, **Sparta** e **Atene** furono le più importanti dal punto di vista della **potenza militare ed economica**, tanto che si contesero a lungo il ruolo di città-guida della Grecia.
Esse incarnarono due **modelli antitetici di organizzazione e di sviluppo** della comunità politica.
Sparta rappresentò il modello della *pólis* costruita sulla forza militare e su un governo **oligarchico**, rimasto pressoché immutato per secoli.
Atene, invece, incarnò il modello della *pólis* più aperta all'espansione e al commercio sul mare, all'elaborazione di forme di governo **democratiche** e alla fioritura culturale.

GLOSSARIO

Oligarchia
L'oligarchia (dal greco oligoi *= "pochi" e* archè *= "potere, comando") è un sistema di governo in cui il potere è nelle mani di un'esigua minoranza della popolazione e rimane inaccessibile alla maggioranza.*

Democrazia
La democrazia (dal greco demos *= "popolo" e* kratos *= "potere") è una forma di governo in cui il potere risiede nel popolo, che partecipa alle assemblee e accede alle magistrature.*

Oplita spartano, VI sec. a.C. Da sotto l'elmo ricadono i riccioli di capelli. Secondo lo storico greco Erodoto, gli Spartani si pettinavano prima della battaglia "per morire con i capelli a posto". Negli eserciti delle póleis *greche gli opliti erano fanti ben armati e protetti, che formavano la cosiddetta falange.*

SPARTA E IL MODELLO OLIGARCHICO

Il **modello oligarchico** spartano era basato sull'esistenza di tre ceti sociali ben distinti. Il gruppo dominante era costituito dagli **Spartiati**, discendenti dai Dori, la popolazione che secondo la tradizione si sarebbe insediata nel Peloponneso alla fine del XII sec. a.C. Essi erano gli unici detentori del potere, in quanto erano proprietari della maggior parte delle terre ed erano gli unici a godere dei diritti politici. Si dedicavano esclusivamente al mestiere delle armi e tutta la loro educazione (dall'età di sette anni) si basava sull'addestramento fisico e militare, con una disciplina molto rigida.
Nei centri minori, nei dintorni di Sparta, abitavano i **Perieci**: popolazioni sottomesse, alle quali però era stata lasciata la proprietà delle terre. Essi si dedicavano all'agricoltura, al commercio e all'artigianato, ma non avevano diritti politici. Ridotti a una condizione di semischiavitù erano gli **Iloti**, che costituivano quasi l'80% della popolazione; anch'essi si dedicavano all'agricoltura, ma non possedevano terre.
Sparta mantenne invariata nei secoli una **società aristocratica**, la cui guida politica era riservata agli Spartiati. Essi, riuniti in assemblea (*apella*), eleggevano i **due re** – cui spettava il supremo comando militare – e gli altri **magistrati** che governavano la città, promulgavano le leggi e amministravano la giustizia.
Nel VI secolo a.C. le *póleis* sottoposte all'influenza di Sparta furono riunite nella **Lega del Peloponneso**: un'alleanza militare in base alla quale, in caso di guerra, le città sarebbero intervenute in aiuto di Sparta.

PER LA COMPRENSIONE

- Perché Sparta e Atene furono particolarmente importanti?
- In che cosa si differenziavano le due *póleis*?
- Chi erano gli Spartiati?
- Quali attività svolgevano i Perieci? Quali diritti politici possedevano?
- Qual era la condizione degli Iloti?
- Che cos'era la Lega del Peloponneso?

ATENE VERSO IL MODELLO DEMOCRATICO

A differenza di Sparta, Atene mutò più volte il proprio sistema sociale e politico. Nell'VIII secolo a.C. circa, come avvenne nel resto del mondo greco, si instaurò un regime aristocratico, guidato cioè dai nobili. Il governo aristocratico si consolidò nel VII secolo a.C., quando, secondo la tradizione, **Dracone** diede alla città le prime **leggi scritte**.
Si trattò di una svolta importante nella vita della *pólis*, perché da quel momento **le leggi non furono più affidate all'arbitrio dei governanti**; tuttavia, esse non modificavano l'organizzazione politica della città e lasciavano il potere agli aristocratici. Nel frattempo, però, la società ateniese si andava trasformando profondamente, grazie alla fioritura delle attività economiche, artigianali e commerciali. Si formò così una nuova categoria di cittadini – soprattutto artigiani e mercanti – che si vantava di portare ricchezza alla città e quindi reclamava il diritto di partecipare al governo.
All'inizio del VI secolo a.C. **Solone** modificò l'ordinamento ateniese con una riforma che **ripartiva il potere e gli obblighi militari** tra i cittadini, suddivisi in quattro classi **in base alla ricchezza**. I più ricchi avevano maggiori responsabilità sia politiche che militari.
L'instabilità politica e le continue lotte sociali portarono a forme di governo personale imposte con la forza (*tirannide*).
Alla fine del VI sec. a.C. **Clistene** introdusse una nuova **costituzione** che prevedeva l'ampia partecipazione di tutti i cittadini alla formazione delle leggi e alle cariche pubbliche (magistrature), gettando così le **basi del sistema democratico**.

GLOSSARIO

Costituzione
La costituzione è l'insieme delle norme e delle consuetudini che stabiliscono l'organizzazione dello Stato e regolano l'esercizio del potere.

Copia romana di un'opera del grande scultore greco Policleto (V sec. a.C.), raffigurante un giovane atleta nell'atto di cingersi la fronte con la benda della vittoria.

I territori di Sparta e di Atene

PER LA COMPRENSIONE

- Chi stabilì per Atene le prime leggi scritte? Perché si trattò di una svolta importante?
- Quale riforma venne introdotta da Solone?
- Quale riforma venne attuata da Clistene?

LA COSTITUZIONE DEMOCRATICA

Clistene divise l'Attica in **distretti** e la popolazione in dieci **tribù**, ciascuna con gli stessi diritti e poteri. Sia questa divisione, non più fondata sulla nobiltà o sulla ricchezza, sia il sorteggio delle cariche politiche garantivano l'**uguaglianza dei cittadini**.

Se un cittadino sembrava attentare alla democrazia e faceva temere un ritorno alla tirannide, l'assemblea poteva inviarlo in esilio. Questa procedura si chiamava **ostracismo**, perché il nome del sospettato veniva scritto su un coccio (*óstrakon*) di terracotta: se più della metà dei membri dell'assemblea scriveva il nome di una persona, essa veniva bandita e allontanata dalla città anche per dieci anni.

Nella sua forma più completa, la democrazia si realizzò ad Atene nel corso del V secolo a.C., sotto la guida di **Pericle**. Egli stabilì un compenso per coloro che si dedicavano alla vita politica, rendendola accessibile anche ai più poveri.

Si trattò di una democrazia diretta, fondata sulla centralità dell'**assemblea popolare** (*Ecclesìa*). L'assemblea decideva direttamente la pace e la guerra, le alleanze, i trattati, discuteva le leggi. Si riuniva nell'*agorá* e tutti i partecipanti avevano il diritto di parola. L'assemblea eleggeva gli **strateghi** (i capi militari) e gli **arconti** (i governanti); le altre cariche erano sorteggiate.

Busto di Pericle.

A sinistra: *Esemplari di ósraka in cui è possibile leggere il nome delle personalità proposte per l'esilio.*

PERICLE, SIGNORE DI ATENE

PER LA COMPRENSIONE

- Che cosa intendeva garantire la riforma di Clistene?
- Che cos'era l'ostracismo?
- Che cosa fece Pericle?
- Qual era il compito dell'Ecclesìa?

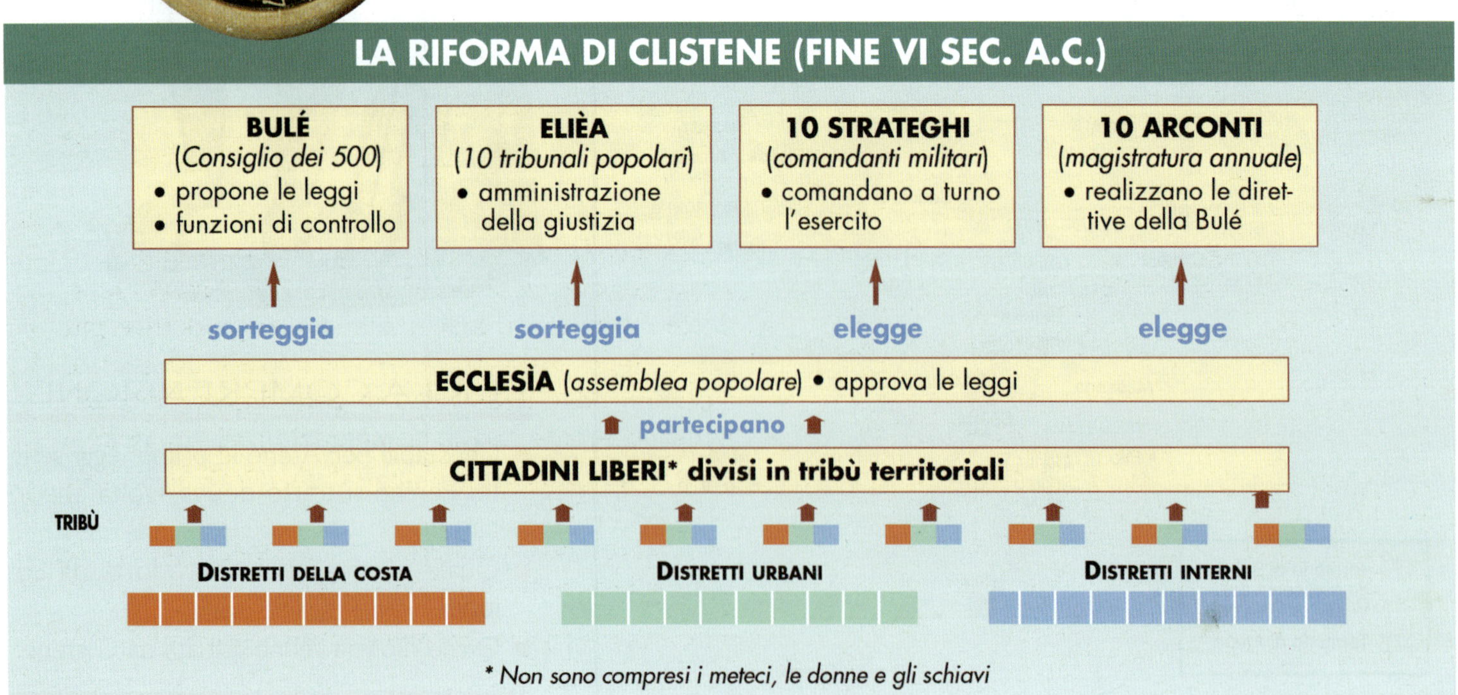

DEMOCRAZIA ED ESCLUSIONE

Pericle portò la democrazia ateniese alla sua forma più allargata, come mai era avvenuto in nessun'altra parte del mondo antico. Occorre comunque ricordare che pure nell'Atene di Pericle, dove vivevano circa 150 mila abitanti, le persone che potevano godere dei diritti politici erano circa 20 mila; le altre 130 mila – **donne**, **stranieri** e **schiavi** – ne erano ancora escluse.

Le donne

In Grecia le donne erano relegate in una condizione di dipendenza e marginalità. Dall'infanzia all'età adulta esse erano soggette all'autorità maschile: del padre, del marito e, in caso di vedovanza, dei figli o dei parenti maschi. La donna non poteva ereditare i beni paterni o del marito, riservati ai maschi della famiglia.

Escluse dalla vita politica, le donne greche vivevano per lo più confinate in un'ala della casa (*gineceo*) riservata a loro e ai bambini piccoli, occupandosi della filatura e della tessitura, dirigendo la servitù e provvedendo alla prima educazione dei figli.

Scultura di ragazza che indossa il peplo, tradizionale abito femminile senza maniche, fermato da fibbie sulle spalle.

Anfora raffigurante schiavi intenti alla raccolta delle olive.

Gli stranieri

Coloro che si trovavano nella condizione di "stranieri" erano detti *meteci* ("trasferiti"). Pur essendo liberi di esercitare all'interno della *pólis* attività economiche quali l'artigianato e il commercio, essi non potevano acquisire la proprietà della terra ed erano tenuti al pagamento di una tassa personale.

Privi di diritti politici, potevano agire in tribunale solo se assistiti da un cittadino ateniese.

In caso di necessità partecipavano alle azioni militari di difesa, ma solo in ruoli secondari.

Schiavi impegnati nel lavoro in miniera.

Gli schiavi

Nell'antica Grecia la schiavitù era molto diffusa.

Nella *pólis* ateniese del V sec. a.C. gli schiavi erano decine di migliaia, adibiti alle attività produttive più pesanti (agricoltura, miniere) o all'impiego domestico. **L'istituto della schiavitù era considerato perfettamente coerente con la democrazia politica**, poiché garantiva ai cittadini la libertà di dedicarsi ai compiti politici e militari.

Lo schiavo non aveva diritti e in tribunale doveva essere rappresentato dal suo padrone.

VICENDE POLITICHE E MILITARI

La minaccia persiana

All'inizio del V sec. a.C. le colonie greche dell'Asia Minore, sottomesse dai **Persiani**, si ribellarono e furono aiutate da alcune città, tra cui Atene. I Persiani, che avevano mire di conquista sulla Grecia, ebbero il pretesto per intervenire. L'imponente esercito e la grande flotta persiani si scontrarono in **due guerre** (492-490 a.C. e 480-479 a.C.) contro le città greche guidate da Sparta e Atene. La Grecia seppe fronteggiare la potenza persiana e vincerla, salvando così la propria libertà.

Statuetta di bronzo raffigurante un oplita.

La guerra tra i Greci

La flotta ateniese aveva avuto una parte importante nel respingere i Persiani. Fu così che, per garantirsi contro eventuali altre invasioni, le città greche che avevano interessi marittimi si unirono nella **Lega di Delo** (477 a.C.), a capo della quale si pose **Atene**. Più che per fini militari, la Lega servì ad Atene per attuare una politica di supremazia. L'egemonia che Atene cercava di imporre trovava una rivale in **Sparta**, a capo della **Lega del Peloponneso**.

Tra le due città e i rispettivi alleati scoppiò una guerra (nota come **Guerra del Peloponneso**, 431-404 a.C.), che segnò la sconfitta di Atene, ma ben presto anche il declino di Sparta. Le città della Grecia, infatti, erano ormai in **decadenza**.

Il tramonto della *pólis*

Il re **Filippo di Macedonia**, approfittando della debolezza e della divisione delle città della Grecia, le conquistò, ponendo fine alla loro libertà politica (338 a.C.). Gli succedette il figlio **Alessandro**, detto poi **Magno**, che, in un decennio, sconfisse ripetutamente l'Impero persiano, lo conquistò e si spinse oltre i suoi confini, fino all'Indo (325 a.C.).

Alessandro realizzò il **più vasto dominio dell'antichità**, che tuttavia alla sua morte (323 a.C.) venne diviso in più regni (**regni ellenistici**). Più duratura fu invece l'unificazione culturale che egli promosse e realizzò nel segno della cultura greca, dando origine alla **civiltà ellenistica**.

PER LA COMPRENSIONE

- Quale esito ebbe il tentativo persiano di conquistare la Grecia?
- Che cosa accadde tra Sparta e Atene dopo la fine delle guerre contro la Persia?
- Come si affermò il dominio macedone sulla Grecia?
- Che cosa riuscì a realizzare Alessandro Magno?

ALESSANDRO MAGNO

L'impero di Alessandro

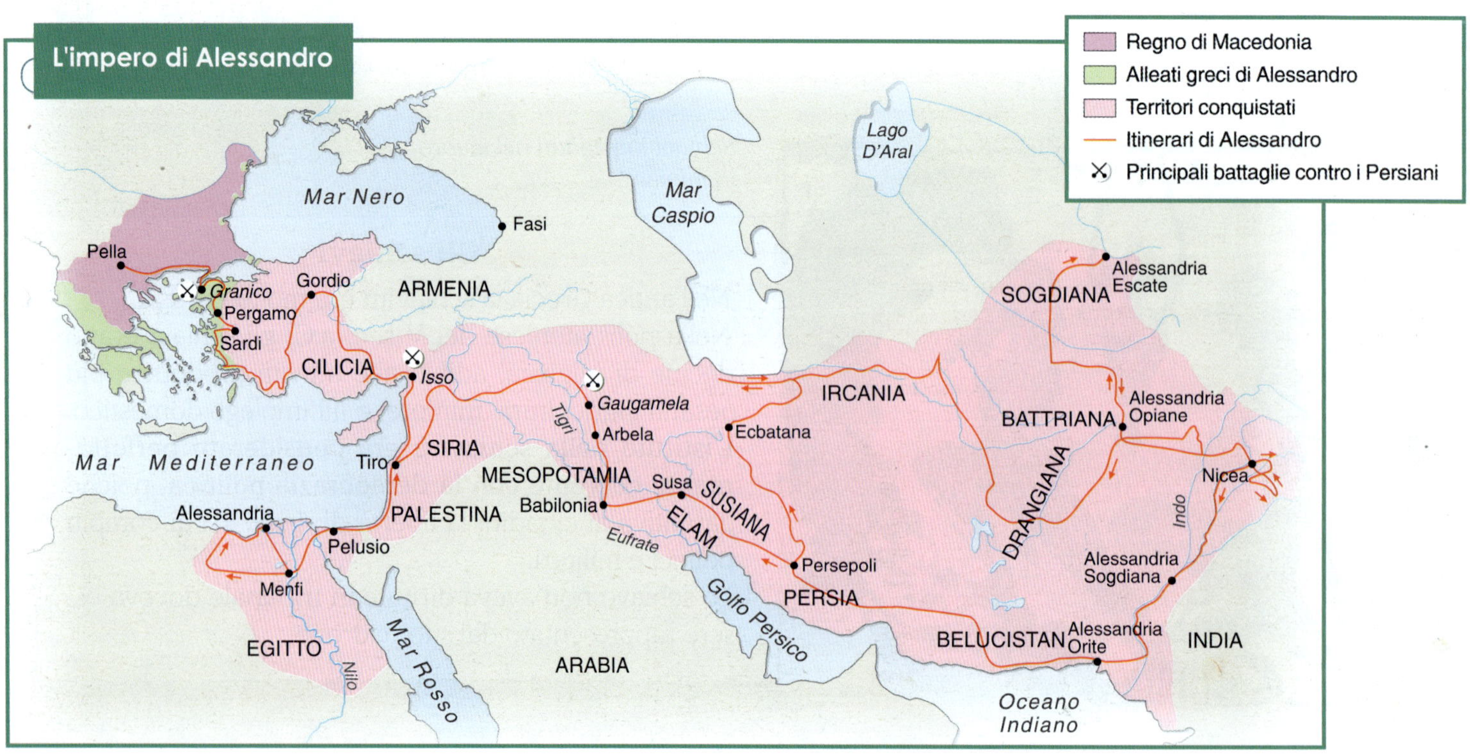

Cultura ed educazione

Se la Grecia non fu mai unita politicamente, gli elementi di unità che ci permettono di parlare di un'**unica civiltà** greca furono quelli religioso e culturale. La **cultura greca**, di fatto, costituì un patrimonio di ideali e di princìpi che si consolidò nei secoli e si conservò intatto fino alla fine della storia greca.

UNA RELIGIONE POLITEISTA

I Greci erano **politeisti**: veneravano numerosissime divinità, ognuna delle quali presiedeva un particolare aspetto della natura e della vita. Ogni città aveva un proprio **dio protettore** e non c'erano luoghi dove non si vedessero **templi** e **altari**, o sorgenti e boschi ritenuti sacri.
Gli **dèi** erano immaginati in modo **antropomorfo**, cioè con aspetto e sentimenti simili a quelli degli uomini. Naturalmente differivano dagli uomini perché più potenti e, soprattutto, **immortali**.
I Greci pensavano che gli dèi più importanti abitassero sul **monte Olimpo**, dove si svolgevano le loro riunioni e i loro banchetti, e sul quale regnava **Zeus**, sovrano delle divinità. Si pensava inoltre che numerose altre divinità minori abitassero sulla terra, nei boschi, nei fiumi, nelle grotte.

GLOSSARIO

Politeismo
Il termine (dal greco polús, "molti", e theós, "dio") indica le religioni nelle quali vengono adorate molte divinità. Si contrappone a monoteismo (dal greco mónos, "unico", e theós, "dio"), termine che indica le religioni nelle quali è venerata una sola divinità.

PER LA COMPRENSIONE

- Che cosa ci permette di parlare di una cultura greca unitaria?
- Di che tipo era la religione dei Greci?
- In che modo i Greci immaginavano i loro dèi? In quali luoghi dimoravano le divinità greche?

GLI DÈI DELL'ANTICA GRECIA

ZEUS
dio del cielo, dei fenomeni naturali e del fulmine

ERA
moglie di Zeus, protettrice dell'amore coniugale e dei figli

AFRODITE
dea della bellezza e dell'amore, nata dalla schiuma del mare

ARES
dio della guerra, impersona la forza e la crudeltà degli scontri bellici

APOLLO
dio del Sole e dell'armonia, protettore delle arti e della musica

ATENA
nata dalla testa di Zeus, dea dell'intelligenza pratica che ispira le arti e le tecniche

POSIDONE
dio degli oceani, dei terremoti e dei maremoti

ARTEMIDE
dea della Luna, ma soprattutto della caccia

EFESTO
dio del fuoco e della tecnica di forgiatura dei metalli

ERMES
messaggero degli dèi, protettore dei viaggiatori, dei mercanti e dei ladri

ASCLEPIO
dio della medicina, cui erano sacri il gallo e il serpente

PLUTONE
dio del regno dei morti o Ade

DIONISO
dio del vino e dell'estasi

DEMETRA
dea della Terra, del grano e del mondo agricolo

SANTUARI E FESTE RELIGIOSE

Il Tempio di Apollo a Delfi.

Dall'VIII secolo a.C. cominciarono a diventare importanti alcuni **santuari**, luoghi particolari nei quali sorgevano edifici monumentali consacrati a una divinità e considerati centri di riferimento religioso, culturale e politico per la Grecia intera. Particolarmente importanti erano i santuari di **Delfi** e **Delo**, dedicati al dio Apollo, e quello di **Olimpia**, dedicato a Zeus.
Presso il santuario di Zeus a Olimpia si affermò, da parte di tutte le città, la consuetudine di riunirsi periodicamente per i giochi delle **Olimpiadi**.
Si trattava di gare di atletica che si ripetevano ogni quattro anni e che costituivano l'evento centrale di una grandiosa festa religiosa, per la quale veniva proclamata una **tregua** tra tutte le città greche, che in quell'occasione sospendevano qualsiasi guerra.
Le Olimpiadi furono così importanti da diventare per i Greci il **criterio di datazione** della loro storia: essi misuravano il tempo in base alla scadenza quadriennale della varie Olimpiadi, a partire dalla prima, che, secondo la tradizione, avvenne nel **776 a.C.**

Maschera teatrale rappresentante il dio Dioniso.

Il Teatro di Epidauro, 350 a.C.

IL TEATRO E LA FILOSOFIA

Il contributo della Grecia alla formazione della civiltà europea e occidentale comprende anche l'invenzione del **teatro** e la creazione della **filosofia**.
Durante le grandi feste religiose, venivano rappresentate opere teatrali, come **tragedie** e **commedie**, cui assisteva tutto il popolo. Gli argomenti delle tragedie erano le forti passioni dell'animo umano vissute da eroi e personaggi leggendari; i temi delle commedie erano tratti dalla vita quotidiana, raccontata, nella sua varietà e imprevedibilità, in modo giocoso. I più grandi scrittori di teatro (Eschilo, Sofocle, Euripide, Aristofane) vissero nel V e nel IV secolo a.C.
La filosofia – cioè la riflessione condotta da alcuni pensatori sugli aspetti più diversi della realtà, sul senso della vita umana e sulla politica – nacque nel vivace mondo delle **colonie**. Secondo la tradizione, i primi pensatori erano originari di Mileto, la più importante delle città greche dell'Asia Minore. I successivi sviluppi della filosofia ebbero luogo nelle città dell'Italia meridionale e della Sicilia. A Elea visse Parmenide, Empedocle ad Agrigento, Pitagora di Samo dimorò e insegnò a Crotone.

Maestri e allievi impegnati in lezioni di musica e grammatica.

L'EDUCAZIONE DEI GIOVANI

L'educazione dei **maschi** era diversa da quella delle **femmine**. Queste si dedicavano ai lavori domestici, a filare o tessere; i maschi dovevano sviluppare la forza fisica e il coraggio, doti essenziali in guerra.

A Sparta tutta l'educazione era finalizzata a questo obiettivo; ad Atene, invece, era importante non solo essere un buon **guerriero**, ma anche un ottimo **cittadino**. L'insegnamento, perciò, era più complesso e vario. Facciamo dunque riferimento all'esperienza di Atene, la più significativa.

Dopo la prima educazione ricevuta dalla madre, a sette anni il ragazzo si recava a scuola da un **maestro privato**, per ricevere l'istruzione elementare. Normalmente, era la famiglia che pagava, quindi i più ricchi potevano cercare i maestri migliori.

Lo Stato interveniva solo per gli orfani dei caduti per la patria.

Il ragazzo imparava la **grammatica** (leggere e scrivere) e a fare le **operazioni aritmetiche**. Imparava a memoria le opere dei poeti, soprattutto i poemi di Omero; doveva studiare anche le leggi della città.

Un'altra materia importante era la **musica**, che educava al ritmo e alla sensibilità; si suonava la lira, la cetra o il flauto. Essenziale per ogni età era la **ginnastica**, che rendeva il corpo vigoroso e armonico.

I maestri si dimostravano molto energici e davano spesso punizioni severe. I quaderni erano tavolette di legno spalmate di cera, la penna era lo stilo, un bastoncino appuntito per incidere la cera.

L'istruzione elementare durava un tempo variabile a seconda delle possibilità economiche della famiglia: i ricchi la prolungavano per dare ai figli un'educazione più solida. Intorno ai quattordici anni, il giovane imparava un mestiere, facendo l'apprendista in un laboratorio artigiano o professionale.

Per chi desiderava una cultura superiore o voleva seguire la **carriera politica**, vi erano maestri, detti **sofisti** (da *sophia* "sapienza"), i quali davano nozioni scientifiche, insegnavano come parlare e come usare il ragionamento.

COSÌ VIVEVANO I GRECI

PER LA COMPRENSIONE

- Che cosa erano i santuari? Quali erano i più importanti?
- Che cosa accadeva nella città di Olimpia ogni quattro anni?
- Quale fu il criterio di datazione usato dai Greci?
- Quali erano i temi trattati nelle tragedie e nelle commedie?
- Dove nacque la filosofia?
- In cosa differivano i modelli educativi di Sparta e Atene?
- Chi erano i sofisti?

2. IL MONDO ROMANO

La conquista dell'Italia (IV-III sec. a.C.)

LA LEGGENDA DELLE ORIGINI DI ROMA

Da villaggio a potenza imperiale

LE ORIGINI E L'ESPANSIONE IN ITALIA

In origine, **Roma** era un villaggio di pastori e agricoltori. Posta sulle rive del **Tevere**, in una posizione ideale per sviluppare i traffici con **Etruschi**, **Greci** e **Latini** insediati in Italia, assunse presto un ruolo importante. La leggenda ne fissa la nascita al **753 a.C.** Di certo, nell'VIII secolo a.C. Roma era diventata un centro ben organizzato e in espansione.
Tra il V e il IV secolo a.C. Roma dovette affrontare numerose **guerre di difesa** contro i popoli vicini, poi cominciò una politica di progressiva espansione, che la impegnò in una lunga serie di conflitti. Le guerre contro i **Sanniti** durarono 50 anni, con vicende alterne, ma alla fine i Romani prevalsero. Tale esito ebbero anche le guerre contro i **Galli**, gli **Etruschi** e le città della **Magna Grecia**. All'inizio del III sec. a.C. **la penisola italica era sotto il dominio di Roma**.

L'EGEMONIA SUL MEDITERRANEO

Lo Stato romano continuò ad estendere il proprio dominio, spingendosi oltre la penisola italica per l'**egemonia nel Mar Mediterraneo**. Questo provocò un lungo duello con la potente colonia fenicia di Cartagine (264-241 a.C. / 218-201 a.C.), durante il quale la stessa sopravvivenza di Roma parve in pericolo. La città uscì vittoriosa, riuscendo a debellare **Cartagine**. L'espansione romana continuò poi ad Oriente, portando alla conquista della **Grecia** e dei **regni ellenistici**. Alla fine del II secolo a.C. **il Mediterraneo era unificato** sotto il nome di Roma.
I territori esterni alla penisola italiana erano organizzati in **province**, governate da magistrati inviati dalla capitale.

L'egemonia sul Mediterraneo

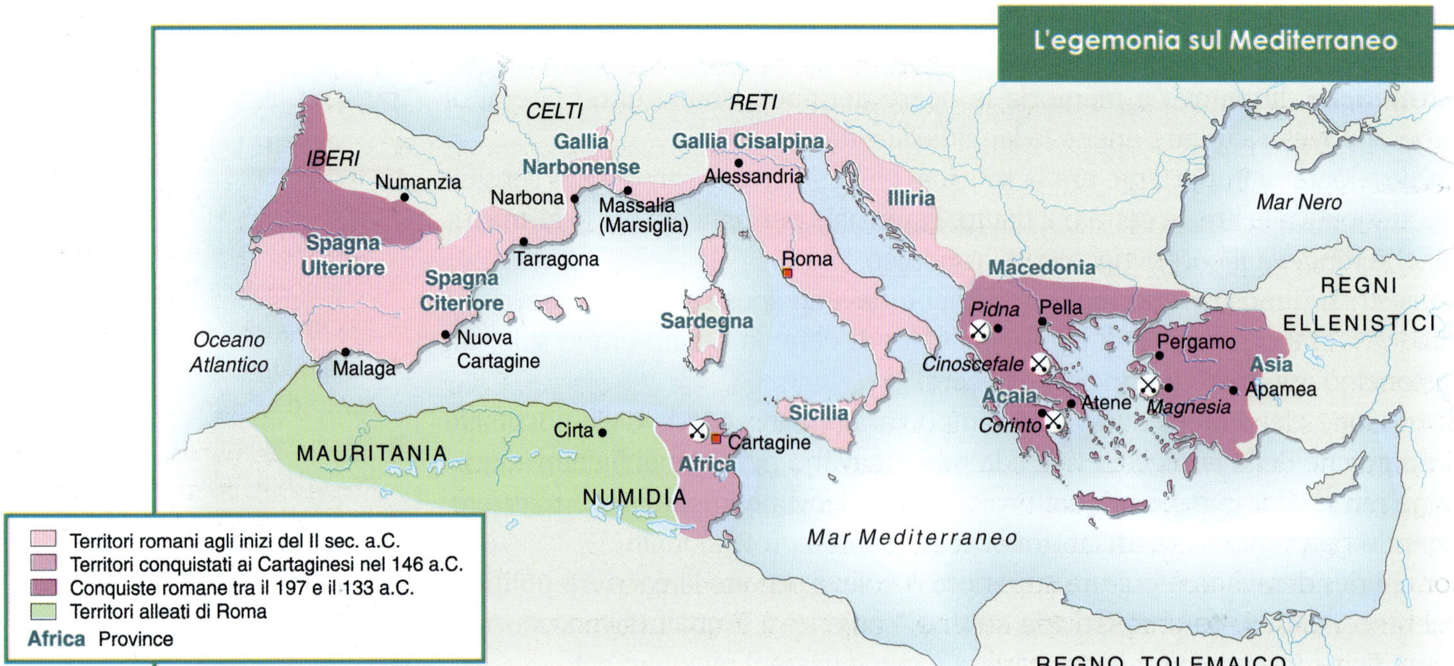

L'impero romano nella sua massima espansione (II sec. d.C.)

L'EVOLUZIONE DELLE ISTITUZIONI POLITICHE

CAIO GIULIO CESARE, IL CONQUISTATORE

OTTAVIANO AUGUSTO, IL PRINCIPE DI ROMA

La monarchia (753 a.C.-509 a.C.)

Il primo regime della città fu monarchico. Secondo la tradizione si succedettero **sette re**: prima latini e sabini, poi etruschi. Sotto questi ultimi, Roma cominciò a diventare forte militarmente e vivace dal punto di vista economico.

LA REPUBBLICA (509 a.C.-31 a.C.)

Nel **509 a.C.** il regime monarchico venne sostituito da una **repubblica**. I poteri non furono più concentrati in una sola persona, ma divisi, in modo che esercitassero un reciproco controllo. Il potere esecutivo e militare era affidato a due **consoli**. Il potere legislativo era rappresentato dal **senato** (propriamente organo consultivo) e dai **comizi** (assemblee) del popolo. Nel corso del I sec. a.C. le istituzioni repubblicane furono progressivamente travolte da una serie di conflitti sociali e politici che precipitarono Roma nella **guerra civile**. Le dimensioni raggiunte dallo Stato romano e il suo ruolo di potenza mediterranea richiedevano profonde riforme nel governo e nell'amministrazione. Il tentativo compiuto in tal senso da **Giulio Cesare** venne interrotto da una congiura che ne provocò l'assassinio nel 44 a.C.

L'IMPERO (31 a.C.-476 d.C.)

L'uccisione di Cesare causò un clima di violenze e scontri da cui emerse **Caio Ottaviano**, il vincitore della battaglia di **Azio** (**31 a.C.**), che prenderà il nome di **Augusto**. Egli concentrò nelle sue mani tutti i poteri (**27 a.C.**) instaurando un governo di tipo monarchico. Per la vastità dei domini e la molteplicità dei popoli soggetti si trattava di un **governo imperiale**.
Roma era ormai il centro economico e culturale di un vero impero.
Nel **II sec. d.C.**, sotto l'imperatore Traiano, l'impero di Roma raggiunse la sua massima espansione territoriale.

PER LA COMPRENSIONE

- Quando, secondo la leggenda, venne fondata Roma?
- Quali furono le fasi dell'espansione di Roma?
- Che cosa erano le province?
- Quale regime resse la città di Roma all'inizio della sua storia?
- Quando il regime repubblicano si rivelò inadeguato?
- Che cosa fece Ottaviano Augusto?

Società ed economia a Roma

PATRIZI E PLEBEI

La società romana antica era divisa tra patrizi e plebei. I **patrizi** erano i nobili, una minoranza che aveva accesso a tutte le cariche politiche. I **plebei** erano la maggioranza della popolazione, ma erano tenuti ai margini della vita politica. Con il passare del tempo, i plebei cominciarono a chiedere maggiore considerazione. Progressivamente riuscirono a conquistare il diritto di partecipare più attivamente alle decisioni della città, fino ad avere accesso a tutte le **magistrature**.

Statua di Aulo Metello, detta l'Arringatore del Trasimeno, 90 a.C. circa.

IL CETO DEI CAVALIERI

Durante le guerre di conquista molti cittadini romani si arricchirono con le attività commerciali e finanziarie.
Si formò così una potentissima classe sociale, detta **ceto equestre** o dei **cavalieri** (perché, grazie alla loro ricchezza, potevano permettersi cavallo e armatura necessari per militare nella cavalleria). A questo ceto appartenevano coloro che si aggiudicavano gli **appalti** delle opere pubbliche (perciò detti *pubblicani*), il più ambito dei quali era la riscossione, per conto dello Stato, delle tasse nei territori conquistati.

TRASFORMAZIONI ECONOMICHE E SOCIALI

L'ampliamento territoriale portò alla formazione di grandi proprietà, dette **latifondi**, nelle mani di pochi e ricchi proprietari terrieri.
Le guerre portavano a Roma anche molti **schiavi**, che venivano in gran parte impiegati nei **lavori agricoli**.
Migliore era la sorte degli schiavi domestici, che prestavano servizio nella casa o nella bottega del padrone e a cui spesso veniva restituita la libertà (**liberti**).
Il ceto dei **piccoli proprietari terrieri** scomparve: impegnati a lungo nelle guerre, al ritorno essi erano spesso costretti a vendere le proprietà, decadute durante la loro assenza, ai latifondisti.
Molti migrarono a Roma, unendosi alla parte più povera della plebe urbana, il **proletariato** (così detto perché non aveva altra ricchezza che la prole, cioè i figli).
L'afflusso di ricchezze a Roma, comunque, incrementò le **attività manifatturiere**, soprattutto la costruzione di armi, ma anche di prodotti dell'abbigliamento di lusso e della casa.

GLOSSARIO

Appalto

L'appalto è un contratto mediante il quale l'amministrazione pubblica affida a un privato la costruzione o la gestione di opere pubbliche, come edifici di vario genere e strade, oppure la gestione di pubblici servizi come la riscossione delle imposte.

PER LA COMPRENSIONE

- Chi erano i patrizi? Chi erano i plebei?
- Chi erano i cavalieri e quali funzioni svolgevano?
- Che cos'era il latifondo?
- Cosa accadde ai piccoli proprietari terrieri?
- Quali erano le principali spese dello Stato?

FINANZA E OPERE PUBBLICHE

Dalle province giungevano a Roma forti somme, sotto forma di **tributi**, necessari a sostenere le ingenti e crescenti spese per mantenere gli eserciti in zone sempre più lontane; per costruire navi della flotta militare; per pagare gli addetti alla pubblica amministrazione, ecc.
Lo Stato spendeva molto anche per le **opere pubbliche**, come per la costruzione e la manutenzione di edifici, strade, canali; oppure per la distribuzione di grano ai cittadini bisognosi a prezzo ridotto o gratuitamente. Si trattava di una forma di assistenza pubblica, praticata per mantenere il consenso ai governanti e limitare il pericolo di rivolte.
Per amministrare gli ingenti flussi di denaro si svilupparono le attività bancarie e si perfezionò l'uso della **moneta**.
Con le conquiste si diffusero anche mode e costumi nuovi, che influenzarono profondamente la civiltà romana.

LA MONETA A ROMA

Superata la fase dello scambio in natura (**baratto**), il primo sistema monetario di Roma si basò sull'utilizzo del rame allo stato greggio. Si trattava di **pezzi di rame** (*aes*) di forma assai irregolare (in latino *aes rude*), il cui valore per essere determinato richiedeva la **pesatura**.
In seguito l'asse venne fuso in pani o lingotti dalle forme più regolari e del peso di circa 1500 grammi, con impresso un segno: ramo secco, spina di pesce, ecc. (*aes signatum*).

La prima moneta

La prima vera e propria moneta emessa dalla repubblica romana comparve intorno al IV secolo a.C.: si trattava dell'***asse librale***, che aveva il peso di una libra latina (272 gr) e, successivamente, di una libra romana (327 gr).

L'asse librale, prima moneta di Roma. Su una faccia è raffigurato il dio Giano bifronte, con la barba e una corona di alloro. Sull'altra faccia è raffigurata la prua di una nave.

Altre monete romane

A partire dal III secolo a.C. venne introdotto il ***denario***, la prima moneta d'argento. Esso rimase la moneta più importante di Roma per quasi mezzo millennio, accompagnando l'evoluzione della città da potenza regionale a impero universale.
Seguirono poi l'***aureus***, moneta d'oro coniata regolarmente a partire da Augusto, e il ***sesterzio***, moneta di metallo vile (una lega di rame e zinco simile all'ottone) di grande diffusione: in età imperiale i valori dei patrimoni e i prezzi delle merci erano espressi in *sesterzi* e migliaia di *sesterzi*.

Cultura e civiltà di Roma

UN POPOLO PRATICO

Mentre il mondo greco elaborò una cultura in gran parte orientata all'**indagine teorica** (matematica, filosofia, astronomia...), i Romani raggiunsero l'eccellenza in **discipline pratiche** come il *diritto*, l'*architettura*, l'*urbanistica*, l'*ingegneria*, la *strategia militare*. Erano questi, infatti, i saperi necessari alla costruzione di un grande impero.

IL DIRITTO

Tutte le leggi emanate nel corso della storia di Roma (repubblicana e imperiale) andarono costituendo il ricco patrimonio giuridico del **diritto romano**: un sistema di princìpi e di norme che costituisce uno dei maggiori contributi della civiltà romana alla cultura occidentale.

I Romani distinsero il diritto in due ambiti principali:

- il **diritto pubblico**, che riguardava l'organizzazione della repubblica e tutto ciò che concerneva la vita comune;
- il **diritto privato**, che considerava gli interessi e i rapporti dei singoli cittadini, con particolare riguardo ai temi della proprietà e della famiglia.

PER LA COMPRENSIONE

- Qual era la differenza tra diritto pubblico e diritto privato presso i Romani?
- Quali tecniche architettoniche usarono i Romani per costruire i loro edifici pubblici?
- In che modo i Romani garantirono le comunicazioni e gli spostamenti?

Schema della struttura di un acquedotto romano.

A destra: Il Pont du Gard, l'acquedotto costruito nel I sec. d.C. per portare l'acqua alla città di Nîmes, nella Francia meridionale, misura 273 m di lunghezza e 49 m di altezza.

ARCHITETTURA E INGEGNERIA

Fin dai primi tempi della repubblica, Roma realizzò importanti opere di **architettura** e di **ingegneria civile**, che rimangono ancor oggi una delle testimonianze più alte della sua civiltà.

L'architettura romana raggiunse livelli straordinari grazie all'adozione della tecnica edilizia fondata sull'uso dell'**arco etrusco a tutto sesto**. Con la tecnica dell'arco i Romani costruirono ponti, acquedotti, archi di trionfo, grandi edifici con cupole e volte.

I Romani furono abilissimi nel costruire **strade**, realizzando e mantenendo nei secoli una **rete viaria** su cui si muovevano truppe, merci, posta e viaggiatori.

Area del mercato a Leptis Magna (Libia).

CITTÀ VECCHIE E NUOVE

La civiltà di Roma si caratterizzò per la fioritura e l'importanza dei **centri urbani**.

Soprattutto in **età imperiale** molte città si aggiunsero a quelle già esistenti: alcune sorsero come colonie per sollecitazione di Roma, altre furono opera di iniziative locali.

Nuove città nacquero soprattutto lungo i **confini dell'impero** e presso gli **accampamenti stanziali** delle truppe: lungo il confine del Reno vennero fondati grandi centri come le attuali Bonn, Magonza, Wiesbaden, Strasburgo; sul Danubio nacquero Budapest, Vienna e Belgrado: tutti insediamenti di **origine militare**.

Anche in Africa fiorirono in età imperiale diverse città, alcune preesistenti al dominio di Roma, come Volubilis (Marocco), Sabratha e Leptis Magna (Libia), altre sorte per iniziativa dei Romani, come Sufetula (Tunisia) e Timgad (Algeria).

Le città di recente fondazione o i quartieri nuovi di città preesistenti erano edificati secondo una **planimetria prefissata** e nelle tipologie degli edifici – soprattutto quelli pubblici, come i *templi*, i *teatri*, le *terme* e i *fori* – imitavano lo **stile di Roma**, che era considerata una sorta di modello per tutte le città dell'impero. Le abitazioni erano prevalentemente strutturate su diversi piani.

In alcune città si rivelava l'origine dell'accampamento militare, con il **cardo** e il **decumano** che si intersecavano perpendicolarmente e, intorno ad essi, le strade disposte a scacchiera.

GLOSSARIO

Cardo - Decumano

Il cardo e il decumano erano i due assi viari perpendicolari che determinavano l'orientamento e la divisione interna del territorio di una colonia, dello spazio urbano e degli accampamenti militari.

L'URBE E IL FORO

PER LA COMPRENSIONE

- Dove sorsero le principali città in età imperiale?
- Quali tipologie di edifici caratterizzavano le città romane?
- Cos'erano il cardo e il decumano?

LE STRADE DI ROMA

Le **strade** furono una delle migliori realizzazioni dell'ingegneria civile dei Romani, certamente i più grandi costruttori di strade dell'antichità, sia per la tecnica che per l'efficacia dell'intero **sistema viario**.
Le strade seguivano per lo più una linea retta e il percorso più breve possibile, anche se ciò comportava il superamento di ostacoli naturali consistenti, ai quali si rimediava con **ponti** e **gallerie**.
Scelto il tracciato, veniva scavato il terreno; quindi si formava il piano della strada con strati sovrapposti di pietrisco di varie dimensioni (**massicciata**), sul quale si stendevano grosse pietre (**lastricato**), leggermente inclinate verso i lati della strada per consentire lo scolo dell'acqua.

La prima strada romana

La prima strada romana costruita con questa tecnica fu l'**Appia antica** (nel IV sec. a.C.) per collegare Roma a Capua.
Su ogni strada si indicava la distanza progressiva da Roma con **pietre** dette ***miliari***, in quanto venivano poste alla distanza di un miglio (circa un chilometro e mezzo).
Le strade romane si rivelarono assai resistenti, come provano i selciati ancora oggi visibili in molti luoghi, ed efficaci, tanto che gran parte delle strade attuali segue il tracciato di quelle romane.

La rete stradale nell'Italia romana

Data	Via	Data	Via
312 a.C	1 Via Appia	187 a.C.	10 Via Flaminia
307 a.C.	2 Via Valeria	154 a.C.	11 Via Cassia
287 a.C.	3 Via Clodia	153 a.C.	12 Via Annia
285 a.C.	4 Via Appia	148 a.C.	13 Via Postumia
283 a.C.	5 Via Caecilia	132 a.C.	14 Via Popilia
241 a.C.	6 Via Aurelia vetus	131 a.C.	15 Via Annia
225 a.C.	7 Via Minucia	127 a.C.	16 Via Latina nova
220 a.C.	8 Via Flaminia	119 a.C.	17 Via Aurelia nova
187 a.C.	9 Via Aemilia	107 a.C.	18 Via Aemilia Scauri

UN'IMPONENTE RETE VIARIA

Furono queste strade a rendere più facili gli spostamenti degli eserciti, ma anche a favorire i collegamenti, i trasporti ed il **commercio**.

Si formò, così, una rete di grandi vie di comunicazione, che collegavano Roma con i poli più importanti del suo territorio.

Lungo le strade, il viaggiatore trovava frequenti punti di ristoro e **stazioni di servizio**, dove poteva rifocillarsi ed effettuare il cambio dei cavalli; si viaggiava, infatti, su muli o su carri trainati da cavalli. La velocità dei trasporti era molto bassa; si calcola che in media si potessero percorrere circa 5 miglia romane all'ora.

La **posta** ordinaria impiegava da tre a quattro giorni per andare da Roma a Pozzuoli, distante poco più di 200 km.

LA RELIGIONE ROMANA

Religione e comunità politica

Nel mondo antico, in Grecia come a Roma, la religione era intrecciata con la vita politica e sociale.

La città era concepita come una **comunità**, in cui convivevano uomini e dèi. Le relazioni che si instauravano tra i primi e i secondi erano regolate dalla **religione**: il termine indicava un insieme di regole e atti precisi da seguire, per accattivarsi la benevolenza delle divinità o per allontanarne il cattivo influsso. Ad esse ci si rivolgeva in ogni occasione con offerte e preghiere, per ottenerne l'aiuto o placarne l'ira.

Il **culto** era una forma di partecipazione collettiva alla vita della città. I riti erano vissuti sempre in gruppo, non individualmente. I **sacerdoti** erano gli esperti, scelti a rappresentare la comunità di fronte agli dèi.

A Roma gli stessi magistrati svolgevano la funzione di sacerdoti, presiedendo molte cerimonie pubbliche, coadiuvati dai sacerdoti esperti; nell'esercito era il comandante a celebrare i riti; tra le pareti domestiche fungeva da sacerdote il capofamiglia.

PER LA COMPRENSIONE

- Qual era la funzione della religione?
- Quali caratteri presentava il politeismo romano?
- Chi celebrava i culti?

Statua Barberini. Un patrizio mostra i busti dei suoi antenati.

IL POLITEISMO ROMANO

Non vi era aspetto della vita che non avesse divinità protettrici. Anche i concetti astratti erano visti come divinità: la *speranza*, la *fedeltà*, la *vittoria*, ecc. erano personificate come dee.

Il dio supremo era **Giove**, dio del Cielo e del fulmine. Sotto di lui vi erano innumerevoli divinità della Terra, del Cielo, del mare, dell'aldilà.

L'Olimpo dei Romani si allargò con le varie conquiste: gli dèi della Grecia e quelli di altri popoli si sovrapposero e si fusero con le divinità italiche e romane, le più antiche delle quali, secondo gli studiosi, furono **Giove**, **Marte** (dio della guerra) e **Quirino** (antica divinità etrusco-italica).

Si conservò sempre, invece, il culto delle **divinità domestiche** e degli **antenati**: i Lari, protettori della casa, i Penati, protettori della famiglia, e i Mani, cioè gli spiriti dei defunti.

Come abbiamo detto, era il **capofamiglia** che presiedeva questi culti, riunendo i familiari attorno all'altare posto in ogni casa.

Tipico sacrificio domestico era quello di offrire bevande o cibo, versandone una parte nel fuoco.

Altare domestico per il culto dei Lari, in una abitazione di Pompei.

Vi erano diversi **collegi di sacerdoti** con funzioni diverse. Il collegio dei sacerdoti chiamati **pontefici** stabiliva il calendario e le feste, custodiva le leggi, aggiornava gli avvenimenti notevoli accaduti nell'anno.
Tra loro veniva eletto il **pontefice massimo**, che era la suprema autorità religiosa. Altri sacerdoti erano addetti a culti di singoli dèi.
Vi erano anche le sacerdotesse: le più note erano le **vestali**, vergini dedite alla custodia del fuoco sacro nel tempio di Vesta, dea del focolare collettivo.
Consultati in special modo erano gli **àuguri**, sacerdoti esperti nel decifrare i segnali divini attraverso il volo degli uccelli, il comportamento dei polli sacri, i fulmini, gli eventi insoliti (secondo una pratica appresa dagli Etruschi). Agli àuguri si rivolgevano sia i cittadini privati sia le autorità pubbliche.

Raffigurazione di un sacrificio alla dea Vesta.

Un maestro con i suoi alunni, rappresentati in un rilievo.

L'ISTRUZIONE SCOLASTICA

Presso le famiglie ricche erano gli stessi genitori ad occuparsi dell'istruzione primaria dei figli oppure essi venivano inviati nelle **scuole di grammatica** (*ludi letterari*), scuole collettive a pagamento non pubbliche, nelle quali il maestro insegnava la lettura, la scrittura e le tecniche di numerazione.
A partire dagli 11-12 anni i ragazzi frequentavano una sorta di "scuola secondaria", nella quale si studiavano a fondo la grammatica e la sintassi latina e greca, attraverso la lettura e la traduzione di opere letterarie.
Chi continuava gli studi frequentava poi le **scuole di retorica**, le quali costituivano l'istruzione superiore. In esse i *rhetores* latini insegnavano l'eloquenza o oratoria, cioè l'arte di comporre e recitare discorsi di vario argomento. Tale insegnamento, inizialmente osteggiato, venne poi considerato utile a formare la classe politica romana e quindi vantaggioso per lo Stato. Chi se lo poteva permettere perfezionava la sua istruzione retorica in Grecia.
La scuola romana rimase sempre **scuola privata**, fino a tutto il I secolo d.C.; le prime vere **scuole pubbliche** vennero aperte per iniziativa di alcune città e, dal IV sec. d.C., esse soppiantarono le scuole private.

PER LA COMPRENSIONE

- Quale funzione avevano i pontefici?
- Chi erano gli àuguri?
- Che tipo di istruzione veniva impartita ai cittadini romani?

Crisi dell'Impero e diffusione del Cristianesimo

L'IMPERO SI DIVIDE

Agli inizi del III secolo l'Impero romano appariva minato da gravi problemi sociali ed economici.
La crisi si aggravò progressivamente: la stessa vastità dei domini creava difficoltà di controllo; troppo potere era concesso agli **eserciti**; i popoli **barbari** premevano ai **confini**, pronti a invadere le province romane.
Verso la fine del III secolo, l'imperatore **Diocleziano** tentò di arginare la decadenza, riorganizzando l'esercito e tutto lo Stato su nuove basi.
Divise l'impero in quattro parti (**tetrarchia**) e riordinò il sistema fiscale. Tuttavia, la crisi fu frenata, ma non fu bloccata.
All'inizio del IV secolo, l'imperatore **Costantino** riunì ancora una volta tutto l'impero, ma fissò la capitale imperiale nella parte orientale, a Bisanzio, detta poi **Costantinopoli**.
Dopo Costantino le tensioni si accrebbero. I popoli barbari penetravano sempre più nel territorio romano.
Dopo un breve periodo di unione sotto l'imperatore **Teodosio**, nel **395** l'Impero si divise definitivamente in due parti (Occidente e Oriente), che andarono incontro a destini molto diversi.

I Tetrarchi, reggitori delle quattro parti in cui Diocleziano divise l'Impero.

Scena di combattimento tra Romani e barbari.

PER LA COMPRENSIONE

- Qual era la situazione dell'Impero romano agli inizi del III secolo?
- Che cosa fece Diocleziano?
- Cosa accadde con la morte di Teodosio?

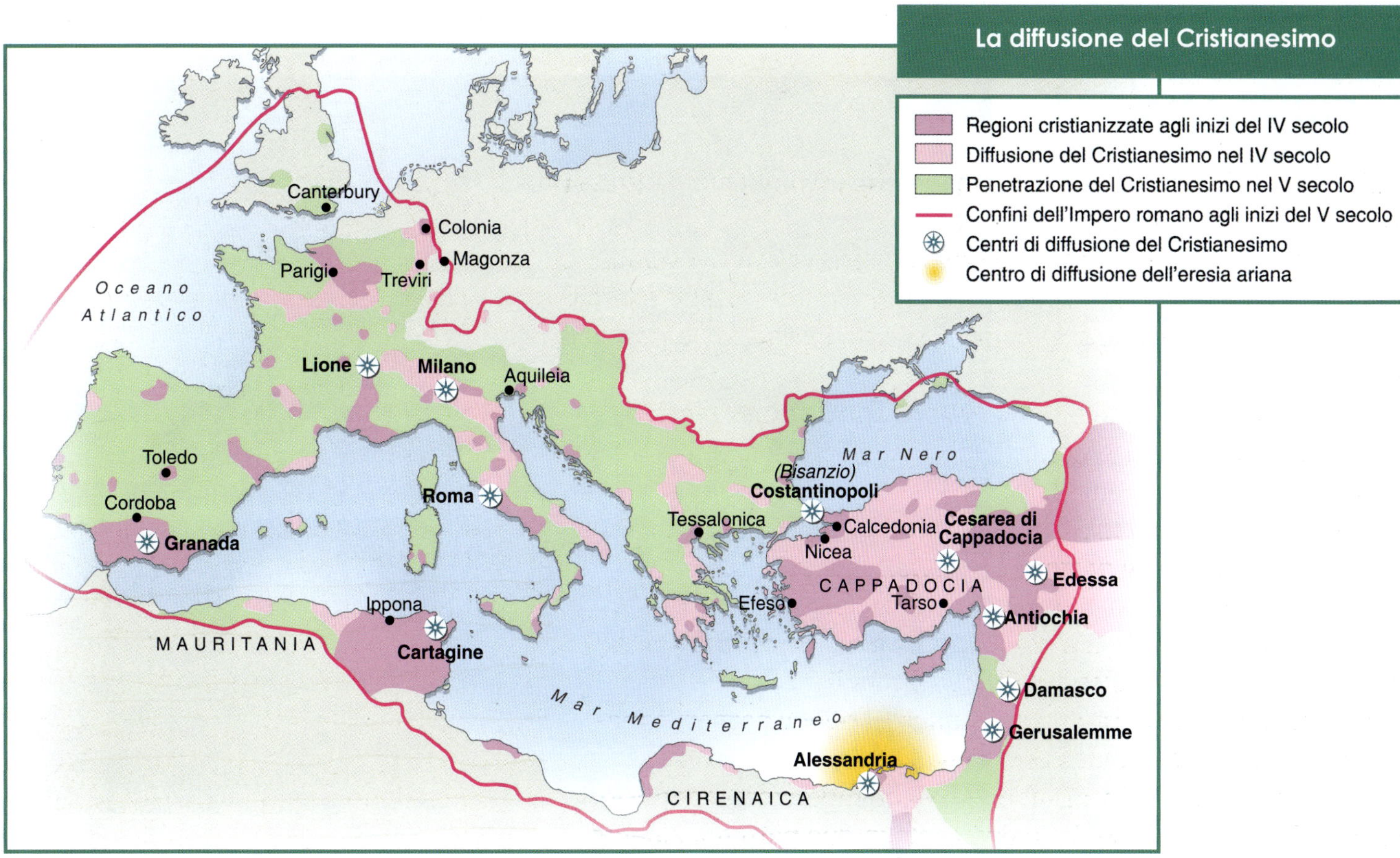

La diffusione del Cristianesimo

NASCITA E AFFERMAZIONE DEL CRISTIANESIMO

Mentre l'Impero romano entrava in crisi, si diffondeva la nuova religione del **Cristianesimo**.

Esso ebbe origine dall'insegnamento di **Gesù Cristo** in Palestina, che nel 63 a.C. era finita sotto il controllo di Roma. Tra gli Ebrei vi era malcontento per la libertà perduta e diversi gruppi contrastavano il **dominio romano**. In questa situazione, Gesù apparve un pericoloso rivoluzionario e fu messo a morte.

Il messaggio di Gesù (contenuto nel **Vangelo**), pur inserendosi nella tradizione ebraica, presentava elementi nuovi, che sconvolgevano la mentalità tradizionale. Soprattutto l'affermazione dell'**uguaglianza tra gli uomini** capovolgeva il vecchio modo di giudicare la società. La nuova religione, inoltre, aveva un carattere **universale**: il "popolo di Dio" non era più limitato agli Ebrei, ma si apriva a tutti gli uomini.

La nuova concezione religiosa spingeva i primi Cristiani a diffonderla nel mondo, favoriti in questo dall'unità dell'Impero romano. Le prime comunità cristiane sorsero in Palestina, in Siria, in Egitto, poi si diffusero in Occidente dove Roma, luogo del martirio di Pietro e Paolo, divenne il centro della cristianità. Di qui il Cristianesimo ebbe modo di farsi conoscere e di espandersi in modo inarrestabile: il Vicino Oriente, l'Europa, l'Africa settentrionale videro la nascita di moltissime chiese, cioè di comunità cristiane.

I Romani, inizialmente tolleranti verso i Cristiani, scatenarono in seguito contro di loro feroci persecuzioni. Poiché i Cristiani predicavano che l'autorità derivava solo da Dio, gli imperatori vedevano nella loro religione una minaccia per il proprio potere. Le persecuzioni divennero sempre più intense con la crisi dell'impero, finché anche gli imperatori dovettero prendere atto della forza del Cristianesimo. Nel **313** Costantino ne riconobbe il **diritto di culto (Editto di tolleranza)**; nel **380** Teodosio ne fece la **religione di Stato**.

GLOSSARIO

Vangelo

La parola Vangelo deriva dal greco eu-anghélion, "buona notizia", che indica sia il messaggio stesso di Gesù, che si caratterizza come la "buona notizia" della salvezza portata agli uomini, sia i libri attraverso i quali essa venne trasmessa alle generazioni di Cristiani che non avevano conosciuto il Cristo.

L'EDITTO DI TOLLERANZA

PER LA COMPRENSIONE

- In che senso il Cristianesimo era una religione universale?
- Che cosa significa "Vangelo"?
- Come cambiò nel tempo l'atteggiamento delle autorità romane verso il Cristianesimo?

LA CHIESA CRISTIANA

Il principio su cui, fin dalle origini, il Cristianesimo basò la sua organizzazione fu quello della cosiddetta successione apostolica: i **vescovi** (dal termine greco *epíscopos*, "sorvegliante") delle varie comunità o chiese locali erano diretti successori degli **apostoli**, testimoni diretti della vita di Gesù.

La cosiddetta "Tomba di Pietro", nelle Grotte Vaticane, in corrispondenza dell'altare della Basilica di San Pietro.

GLOSSARIO

Apostolo
Il termine apostolo deriva dal greco apóstolos che significa "inviato". Così sono chiamati nei Vangeli i dodici uomini che Gesù volle sempre con sé durante gli anni della sua attività pubblica e che, prima di morire, incaricò di diffondere il suo messaggio, inviandoli in tutto il mondo.

Rilievo con Gesù tra gli apostoli Pietro e Paolo.

L'organizzazione della Chiesa

Fra tutte le chiese (dal greco *ecclesía*, "assemblea") quella di Roma assunse subito un'importanza fondamentale in quanto fu fondata e guidata dall'**apostolo Pietro**, che Gesù stesso aveva dichiarato primo e più importante fra tutti gli apostoli: "Tu sei Pietro e su questa pietra edificherò la mia Chiesa". Ed egli sancirà con il martirio, avvenuto tra il 64 e il 67 d.C., sotto l'imperatore Nerone, questo suo ruolo.
Da allora, al vescovo di Roma venne riconosciuta via via una autorità straordinaria fino all'affermazione del suo primato, come "**papa**", cioè padre e custode della Chiesa *cattolica* ("universale").
Ogni vescovo, comunque, aveva responsabilità su una città o su un territorio (che solo molto più tardi fu chiamato **diocesi**), nel quale vi erano diverse comunità.
A capo di ogni **comunità** vi erano i *presbiteri* (termine greco che significa "più anziani" e da cui deriva la parola italiana "prete"), eletti dai fedeli; i presbiteri, a loro volta, erano aiutati dai *diáconi*, laici incaricati delle opere di carità e di assistenza.
A livello universale, l'organizzazione della Chiesa si consolidò fortemente dopo l'**Editto di tolleranza** di Costantino del 313 (che legittimava il culto cristiano) e più ancora con l'**Editto di Tessalonica** dell'imperatore Teodosio nel 380: esso proclamava il Cristianesimo **religione ufficiale dell'Impero** romano, condannando, di fatto, tutti gli altri culti religiosi.
Da questo momento il Cristianesimo andò acquistando una straordinaria importanza non solo sul piano **religioso**, ma anche dal punto di vista **politico**, perché i vescovi iniziarono ad assumere un ruolo decisivo collaborando, insieme alle autorità civili, all'amministrazione delle città.

L'EDITTO DI TESSALONICA

Testi e dottrina del cristianesimo

Le notizie sulla vita e l'insegnamento di Gesù sono affidate alle opere che compongono il ***Nuovo Testamento***, cioè i libri della Nuova Alleanza fra Dio e l'uomo: i *Vangeli* di Marco, Matteo, Luca e Giovanni; gli *Atti degli Apostoli* di Luca; le *Lettere* di Paolo, Pietro, Giacomo, Giovanni e Giuda; il *Libro dell'Apocalisse* di Giovanni.
Il Cristianesimo incontrò resistenze soprattutto tra gli abitanti dei villaggi di campagna, detti **pagani** (da *pagus*, "villaggio"), assai legati al politeismo tradizionale; il termine "pagano", in seguito, assunse proprio il significato di "colui che non aderisce o è contrario al Cristianesimo".
Nei primi secoli i Cristiani si impegnarono a definire i princìpi che stavano alla base della loro fede: la natura di Dio, il concetto di divinità, l'umanità e la divinità di Gesù, la maternità divina di Maria.
Non furono discussioni facili e su tali questioni i Cristiani si divisero. Così, nel 325 a Nicea, in un Concilio, la Chiesa cattolica condannò come **eresia** l'*arianesimo*, cioè il principio sostenuto dal prete Ario secondo il quale Gesù era inferiore al Padre, perché da lui creato in un secondo momento.
I più antichi scrittori e filosofi che si impegnarono ad approfondire, divulgare e difendere il pensiero cristiano furono chiamati "**Padri della Chiesa**" e il complesso delle loro opere è detto "patristica".
Tra i più noti padri della Chiesa è bene ricordare: **Tertulliano** e **Origene**, vissuti nel III secolo; **san Girolamo**, o Gerolamo (347-420 circa), il quale tradusse dal greco e dall'aramaico in latino la Bibbia, in una versione chiamata *Vulgata*, che divenne il testo biblico ufficiale della Chiesa Cattolica fino al 1979, quando subì una revisione; **sant'Ambrogio** (334 o 339 circa-397), vescovo di Milano; il grande filosofo, scrittore e teologo **sant'Agostino** (354-430) e **san Giovanni Crisostomo** (345-407), patriarca di Costantinopoli.
Nel Medioevo questi scrittori saranno considerati delle "**autorità**" non solo in campo religioso, ma anche sotto il profilo culturale in genere. Il loro pensiero esercitò per secoli una straordinaria influenza sul modo di pensare e di agire degli Europei e di tutti i Cristiani d'Occidente e d'Oriente.

Monogramma di Cristo, costituito dalla sovrapposizione delle prime due lettere che compongono il nome in lingua greca (ΧΡΙΣΤΟΣ): Χ (chi) e Ρ (rho). Le due lettere piccole ai lati, Α (alfa) e ω (omega), sono, rispettivamente, la prima e l'ultima lettera dell'alfabeto greco e simboleggiano il principio e la fine.

GLOSSARIO

Eresia

Il termine eresia deriva dal greco aíresis, che significa "scelta". Nel linguaggio cristiano indica una dottrina che si oppone all'insegnamento ufficiale della Chiesa riguardo alle verità di fede.

I CRISTIANI E L'IMPERO

SIMBOLI CRISTIANI

Miniatura raffigurante Gesù che cammina sulle acque e afferra Pietro.

✓ SINTESI

AUDIOSINTESI

Gudea, re di Lagash, in Mesopotamia.

LE PRIME CIVILTÀ STORICHE

✔ Le prime grandi civiltà della storia sorsero nella regione della ***Mezzaluna fertile***: si svilupparono le **città**, fu inventata la **scrittura**, venne scoperta la fusione dei metalli e iniziò la **metallurgia**.

IL MONDO GRECO

✔ A partire dall'VIII sec. a.C. prese forma la civiltà della **Grecia**, caratterizzata in primo luogo dalla creazione della ***pólis***, comunità di **uomini liberi** capaci di governarsi con proprie leggi e propri magistrati.

✔ Tra tutte le *póleis* greche, **Sparta** e **Atene** furono le più importanti dal punto di vista della potenza militare ed economica.
Sparta incarnò il modello di **governo oligarchico**, mentre Atene sviluppò gradualmente il modello di **governo democratico**.

✔ La **cultura greca** (arte, scienza, filosofia, teatro) ha posto le fondamenta della civiltà occidentale alla quale apparteniamo.

IL MONDO ROMANO

✔ Sorta nell'VIII sec. a.C., **Roma** conobbe un processo di espansione territoriale che la portò a dominare la penisola italiana (inizio III sec. a.C.), il Mediterraneo occidentale (II sec. a.C.) e, al culmine della sua potenza, l'intero **bacino mediterraneo**, dalla Britannia all'Africa, dalla penisola iberica alla Mesopotamia (II sec. d.C.).

✔ Roma sviluppò una straordinaria civiltà di tipo urbano, unificando gran parte del mondo conosciuto sotto le proprie leggi (**diritto romano**), collegandolo con le proprie **strade**, edificando **città** organizzate sul modello urbanistico di Roma (con acquedotti, fori, terme, teatri).
Assimilando l'eredità culturale e civile della Grecia, Roma portò a maturazione la **civiltà greco-romana**, massima espressione del mondo antico.

FINE DEL MONDO ANTICO

✔ Il tramonto di questa civiltà e delle sue strutture economiche e sociali (**latifondo** e **lavoro schiavile**), la crisi e il successivo **crollo dell'Impero romano** sotto la pressione delle **genti germaniche**, daranno spazio alla diffusione del **Cristianesimo** e alla organizzazione della **Chiesa**, nuove forze che concorreranno al passaggio dal mondo antico a una nuova epoca storica.

CRONOLOGIA

- 3500 a.C. – Prime civiltà storiche
- fine XII sec. a.C. – Invasione dorica
- VIII-VI sec. a.C. – Formazione della pólis e grande colonizzazione
- 776 a.C. – Prima Olimpiade
- 753 a.C. – Fondazione di Roma
- inizio VI sec. a.C. – Riforma di Solone
- fine VI sec. a.C. – Riforma di Clistene
- 509 a.C. – A Roma si instaura la repubblica
- 431-404 a.C. – Guerra del Peloponneso
- 323 a.C. – Morte di Alessandro Magno
- fine II sec. a.C. – Roma unifica il Mediterraneo
- 44 a.C. – Morte di Cesare
- 31 a.C. – Battaglia di Azio
- II sec. d.C. – Massima espansione dell'Impero romano
- 313 d.C. – Libertà di culto per i Cristiani
- 380 d.C. – Cristianesimo religione di Stato

VERIFICA DI COMPRENSIONE

VERIFICHE INTERATTIVE

Le prime civiltà

1. Indica se le affermazioni sono vere (V) o false (F).

☐ **a.** La *Mezzaluna fertile* è solcata da grandi fiumi.

☐ **b.** La scrittura si affermò molto prima della formazione delle città.

☐ **c.** La prima forma di scrittura fu quella alfabetica, di gran lunga più semplice.

☐ **d.** I caratteri cuneiformi venivano incisi su tavolette di argilla.

☐ **e.** La metallurgia rappresenta il livello tecnologico delle prime civiltà.

Il mondo greco

2. Indica se le affermazioni sono vere (V) o false (F).

☐ **a.** La *pólis* costituisce un carattere proprio della civiltà greca.

☐ **b.** I cittadini della *pólis* erano esentati dal servizio militare.

☐ **c.** La *Magna Grecia* si trovava in Asia Minore.

☐ **d.** La società spartana si divideva in Spartiati, Perieci e Iloti.

☐ **e.** Solone e Clistene furono uomini politici ateniesi.

☐ **f.** Pericle fu un fiero oppositore del regime democratico.

☐ **g.** La democrazia ateniese escludeva le donne, gli stranieri e gli schiavi.

☐ **h.** La Grecia uscì indebolita dalla Guerra del Peloponneso e cadde sotto il dominio macedone.

Il mondo romano

3. Collega ogni elemento della colonna di sinistra con la conseguenza corrispondente nella colonna di destra.

a. conquistata la penisola italica, Roma ambì all'egemonia sul Mediterraneo

b. nel I sec. a.C. Roma era una potenza mediterranea che comprendeva diverse province, ma era sconvolta da conflitti interni che sfociarono nella guerra civile

c. l'espansione territoriale di Roma determinò uno straordinario sviluppo delle attività economiche e finanziarie

d. Roma condusse numerose e vittoriose guerre di conquista

e. il nerbo dell'esercito romano era costituito dal ceto dei contadini proprietari di terra, impegnati in lunghe campagne militari

.... **1.** le istituzioni repubblicane si rivelarono inadeguate e si profilarono riforme che condussero al governo imperiale

.... **2.** si affermò il nuovo e potente ceto dei cavalieri, di cui facevano parte gli appaltatori di opere pubbliche

.... **3.** scoppiò un lungo e drammatico conflitto con Cartagine

.... **4.** la piccola proprietà terriera decadde fino a scomparire a vantaggio del latifondo

.... **5.** una massa di schiavi giunse a Roma e venne impiegata sia nei latifondi sia nei servizi domestici

La civiltà greco-romana

4. Indica con una ✗ la conclusione corretta tra quelle proposte.

a. La religione greca e quella romana erano
- ☐ 1. entrambe monoteiste.
- ☐ 2. entrambe politeiste.
- ☐ 3. rispettivamente, politeista e monoteista.

b. La schiavitù era presente
- ☐ 1. in Grecia e a Roma.
- ☐ 2. in Grecia, ma non a Roma.
- ☐ 3. a Roma, ma non in Grecia.

c. Presso i Greci nacquero
- ☐ 1. la matematica e l'astronomia.
- ☐ 2. il diritto e l'architettura.
- ☐ 3. il teatro e la filosofia.

d. Le grandi città romane possedevano
- ☐ 1. teatri, templi e terme.
- ☐ 2. templi, agorà e acropoli.
- ☐ 3. teatri, terme e santuari.

2 GLI INIZI DEL MEDIOEVO

LINEE GUIDA

VIDEO INTRODUTTIVO

- I primi tre secoli del Medioevo furono caratterizzati dalle **migrazioni** e dalle **invasioni** di cui si resero protagonisti popoli che dall'Europa settentrionale, centrale e orientale penetrarono in Occidente, sovrapponendosi alle popolazioni esistenti.
- Mentre la parte orientale dell'Impero (**Impero bizantino**) si mantenne in vita, per l'Italia e per l'Europa Occidentale si aprì un periodo di devastazioni e di instabilità. Questi secoli, tuttavia, furono cruciali per la formazione della cosiddetta civiltà europea: nei regni (regni latino-germanici) che si vennero formando, infatti, si sperimentò l'incontro-scontro tra mondi culturalmente diversi (**latino** e **germanico**).
- Fondamentale si rivelò in questo contesto il ruolo del Cristianesimo e della Chiesa, la quale seppe svolgere un'opera di mediazione, guidando il **processo di integrazione** fra i propri valori religiosi, quelli della cultura latina e delle culture dei popoli germanici. Grazie al monachesimo benedettino, la **civiltà cristiana** si consoliderà sempre di più e diventerà uno degli elementi fondanti della cultura occidentale.

II sec. d.C. Massima espansione dell'Impero romano

313 Editto di Milano

380 Editto di Tessalonica

395 Divisione dell'Impero romano

410 I Visigoti saccheggiano Roma

476 Fine dell'Impero romano d'Occidente

493 Gli Ostrogoti invadono l'Italia

300 — 400

IMPERATORE COSTANTINO 306-337

BENEDETTO DA NORCIA 480-543

REGNO DI TEODORICO 493-526

GLI SPAZI DELLA STORIA

Impero romano d'Oriente

Gli spazi delle civiltà latino-germanica e bizantina

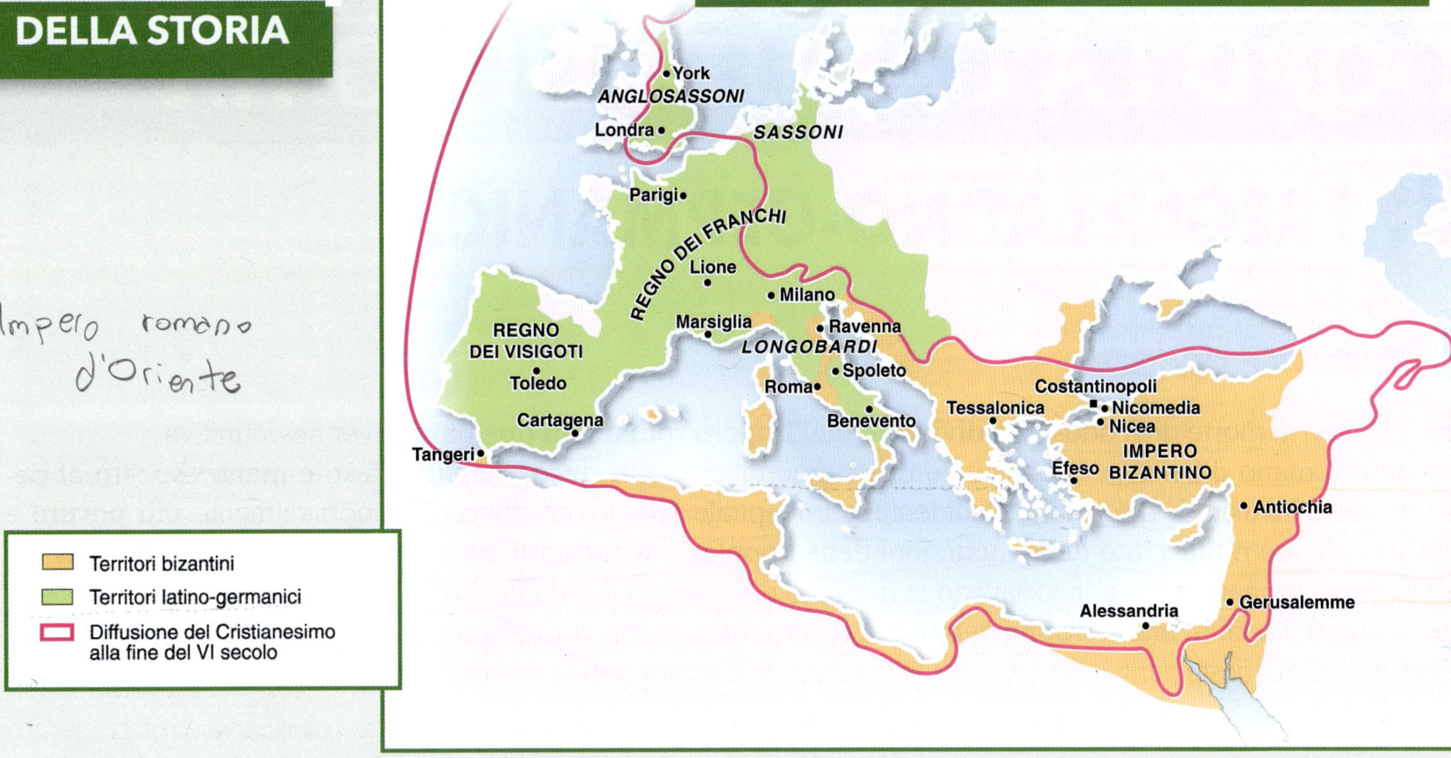

Lo spazio unitario dell'Impero romano, che si estendeva in Europa e nel bacino del Mediterraneo, viene meno.
L'Occidente si frammenta in vari organismi territoriali (**regni latino-germanici**) spesso precari, mentre la parte orientale dell'Impero si avvia a diventare una struttura autonoma.

500 Editto di Teodorico

535-553 Guerra greco-gotica

568 I Longobardi invadono l'Italia

643 Editto di Rotari

728 Donazione di Sutri

500 — 600 — 700

REGNO DI GIUSTINIANO 527-565

PAPA GREGORIO MAGNO 590-604

REGNO DI ROTARI 636-652

L' OCCIDENTE E L'ORIENTE DOPO LA CADUTA DI ROMA

3. I REGNI LATINO-GERMANICI

L' Impero diviso

Nel 395, con la morte di Teodosio, la **divisione dell'Impero romano in due parti** divenne definitiva.
L'Impero romano d'Oriente, con capitale Costantinopoli, era **più ricco, meglio difeso e meno esposto al pericolo delle invasioni**. L'Impero d'Occidente, con capitale Milano, era invece economicamente **più povero e continuamente minacciato dalle incursioni delle popolazioni germaniche**.
Tra i popoli germanici che minacciavano le frontiere dell'Impero d'Oriente e d'Occidente, **i più minacciosi erano i Visigoti**. I confini erano **troppo deboli per essere difesi** in maniera efficace: persino l'Impero d'Oriente subì le incursioni di queste genti, che dopo essere passate da Costantinopoli e avere attraversato la Grecia, si diressero verso Roma.

L' Impero romano d'Occidente cessa di esistere

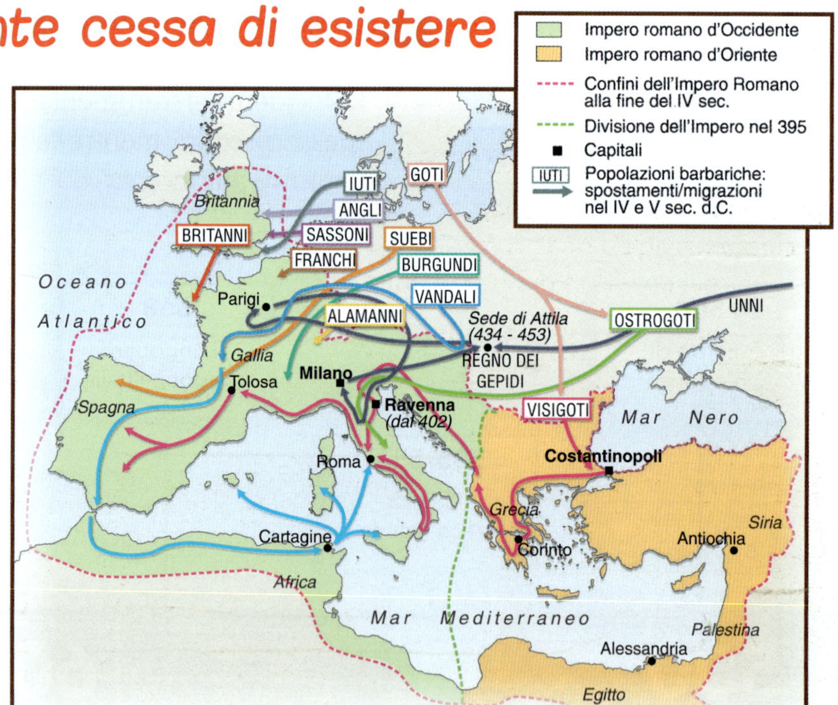

La carta illustra le direttrici delle invasioni e migrazioni delle popolazioni barbariche che irruppero nei territori dell'Impero romano.

Nel 410 **i Visigoti, guidati dal loro re Alarico, conquistarono Roma** e la sottoposero a un duro saccheggio. La città, un tempo "capitale del mondo", era prostrata e umiliata e l'intero territorio imperiale divenne preda dei diversi popoli invasori.
In un ultimo, estremo tentativo di salvare Roma, un generale di nome **Ezio** decise di **affrontare l'esercito degli Unni**, comandati dal re-condottiero Attila, soprannominato "flagello di Dio". Ezio **riuscì a vincerlo**, nel 451, ma l'anno dopo Attila ricomparve, penetrando nella penisola italiana e saccheggiando le città più importanti, tra cui Milano.
L'esercito romano era ormai impotente e gli imperatori, che avevano spostato la capitale a Ravenna, non avevano più nessun potere. **L'unica autorità in grado di difendere la popolazione era quella religiosa** e così fu **papa Leone I** che tentò di fermare Attila.
Nel 476 l'Impero romano d'Occidente cessò di esistere definitivamente, con la deposizione dell'ultimo imperatore, un ragazzo di nome Romolo, detto scherzosamente Augustolo, cioè "piccolo Augusto". Il giovane sovrano fu **deposto da Odoacre**, capo della tribù germanica degli Eruli, che assunse il governo dell'Italia senza però proclamarsi imperatore. Segno che ormai l'Impero romano d'Occidente non esisteva più.

IL SACCO DI ROMA

ROMOLO AUGUSTOLO DEPOSTO DAL TRONO

focus

INIZIA IL MEDIOEVO

La fine dell'Impero romano d'Occidente non fu un evento improvviso e imprevisto, ma solo la conclusione di un lungo processo di indebolimento delle sue strutture politico-amministrative e dell'autorità imperiale. I contemporanei quasi neppure si accorsero di quanto era accaduto.

476, UNA DATA EPOCALE

Ciononostante, questo evento ha assunto per i posteri un **significato simbolico** e il **476** il valore di una **data epocale**, perché rappresenta formalmente la fine di circa 1000 anni di storia segnati dall'autorità di Roma e dalla centralità del Mediterraneo. Contemporaneamente, però, essi segnano l'inizio di una nuova epoca.

LA FINE DI UN MONDO E L'INIZIO DI UNA NUOVA EPOCA

La caduta dell'Impero romano (476), infatti, segna l'inizio di una nuova epoca che si chiuderà con la scoperta dell'America (1492) e che viene chiamata dagli storici Medioevo (cioè "età di mezzo", perché compresa fra l'età antica e quella moderna).

Questo termine fu introdotto dagli intellettuali del XV secolo ed esprimeva un giudizio negativo, volendo indicare che si trattava di un periodo di passaggio tra la splendida civiltà antica e quella moderna, che stava allora per cominciare (chiamata Rinascimento).

Secondo questi letterati il Medioevo coincideva con una fase di decadenza della civiltà, un'età buia.

In realtà i mille anni di storia medievale furono un periodo fondamentale per la trasformazione dell'intera società europea e del Mediterraneo, un periodo che diede un contributo determinante alla storia della civiltà.

Nel Medioevo, infatti, affonda le sue radici la nuova Europa, con l'integrazione tra popoli diversi grazie alla mediazione del Cristianesimo e con l'incontro-scontro con la civiltà islamica.

IL MEDIOEVO VIENE SOLITAMENTE SUDDIVISO IN DUE FASI

ALTO MEDIOEVO

comprende i secoli che vanno dal V secolo all'anno Mille, caratterizzati da una profonda crisi socio-politica e dal prevalere di un'economia agricola.

BASSO MEDIOEVO

comprende il periodo che va dall'anno Mille alla fine del XV secolo (1492), con il risveglio della vita urbana e di tutte le attività economiche.

PER LA COMPRENSIONE

- Che cosa accadde dopo la morte di Teodosio?
- Quali erano le differenze principali tra l'Impero d'Oriente e l'Impero d'Occidente?
- Qual era la popolazione germanica più minacciosa? Perché erano pericolosi?
- Chi era Alarico? Che cosa fece?
- Che cosa fece il generale Ezio?
- Perché fu un papa a tentare di fermare Attila?
- Quando ebbe fine l'Impero romano d'Occidente? Chi fu l'ultimo imperatore? Chi lo destituì?

Si formano i regni latino-germanici

Dopo il crollo dell'Impero romano d'Occidente il volto dell'Europa cambiò rapidamente. Il territorio dell'impero si disgregò completamente: mentre l'Oriente resistette, **l'Occidente si divise in tanti regni detti "latino-germanici"**.

Il termine "latino-germanici", usato per indicare i nuovi regni sorti in Occidente, rimanda a **una realtà complessa**, nella quale continuavano a sopravvivere elementi caratteristici della romanità, mescolati insieme ad altri **tipici dei popoli germanici**.

Inizialmente i rapporti tra Latini (cioè i popoli che abitavano i territori appartenuti all'Impero) e Germani furono **difficili**: erano **diversi gli usi, la lingua, la mentalità, le religioni, le leggi**.

A poco a poco, però, le popolazioni **si integrarono** e soprattutto i Germani fecero proprio il sistema di organizzazione politica e amministrativa dei Romani. Un ruolo importante fu esercitato dal **Cristianesimo**: la sua diffusione tra Latini e Germani favorì il processo di fusione tra le varie popolazioni.

Fibula gota databile fra la fine del V e l'inizio del VI secolo.

Altorilievo raffigurante il duello tra Odoacre e Teodorico, scolpito all'ingresso della chiesa di San Zeno a Verona.

In Italia si insediano gli Ostrogoti

Nel 493 la penisola italica fu invasa dagli **Ostrogoti** (una **tribù** germanica appartenente alla popolazione dei Goti), guidati dal re **Teodorico**.

L'imperatore d'Oriente, Zenone, cercò di stringere un'alleanza con gli Ostrogoti per **recuperare un po' del suo potere in Italia**. Teodorico, che non aveva intenzione di sottomettersi a Costantinopoli, capì però che l'amicizia con l'Oriente era importante. Dopo avere sconfitto e ucciso Odoacre, nel 493, Teodorico stabilì la propria **capitale** a **Ravenna** e da lì cominciò a **governare i territori conquistati come un vero e proprio re**, anche se era solo un rappresentante dell'imperatore d'Oriente.

GLOSSARIO

Tribù
Organizzazione tipica delle popolazioni dedite alla vita nomade, costituita da gruppi di famiglie unite da legami di parentela e guidate da un capo.

TI RACCONTO LA STORIA
TEODORICO, UN BARBARO EDUCATO DA VERO ROMANO

I REGNI LATINO-GERMANICI

Nel VI secolo l'Europa si presentava divisa in diversi regni. La penisola iberica era occupata dai Visigoti; la Gallia era diventata il Regno dei Franchi; in Britannia si formarono diversi regni degli Anglosassoni; in Italia si imposero gli Ostrogoti, poi sostituiti dai Longobardi. In Africa settentrionale, Corsica e Sardegna si costituì il Regno dei Vandali.

*I **Franchi**, stanziatisi nelle regioni un tempo appartenute alla Gallia romana, giocheranno un ruolo politico decisivo in Europa a partire dall'VIII secolo.*

*I **Visigoti** diedero vita nella penisola iberica a un regno che si mantenne saldo fino alla conquista araba, nel VII secolo.*

*Il regno degli **Ostrogoti** in Italia fu uno dei più importanti ed estesi.*

*L'**Impero romano d'Oriente** conservò pressoché intatto il proprio territorio dopo il 476.*

Un oggetto di oreficeria burgunda risalente alla fine del V secolo.

PER LA COMPRENSIONE

- Come cambiò il volto dell'Europa dopo la caduta dell'Impero romano?
- Che cosa significa l'espressione "latino-germanici" riferita ai regni sorti in Occidente?
- Com'erano i rapporti tra i Latini e i Germani? Perché?
- Da che cosa venne favorita l'integrazione tra i popoli?
- Quale tribù germanica invase la penisola nel 493? Da chi era guidata?
- Perché l'imperatore Zenone cercò l'alleanza degli Ostrogoti?
- Che cosa fece Teodorico?

ANALISI DELLA CARTA STORICA

- Quali nuovi regni si vennero a formare in Europa dopo la caduta dell'Impero romano d'Occidente?
- Quali erano i regni più estesi?
- Quale regno si insediò nell'Africa settentrionale?
- In quali territori dell'antico Impero romano non vennero fondati nuovi regni?

Mosaico raffigurante il palazzo di Teodorico nella Basilica di Sant'Apollinare Nuovo a Ravenna.

La convivenza di Goti e Latini

LA STORIA COME INCONTRO DI POPOLI

Teodorico cercò di **creare le condizioni affinché Latini e Goti potessero convivere pacificamente**, senza però mescolarsi tra loro (per esempio, proibì i matrimoni misti). Le alte cariche militari furono riservate ai Goti, ma nel governo egli cercò l'aiuto di collaboratori romani, soprattutto nella sua opera di legislatore.

Il cosiddetto ***Editto di Teodorico***, promulgato nell'anno 500, era una **raccolta di leggi ispirata alla tradizione romana**, ma contenente anche **norme nuove derivanti dalle consuetudini germaniche**, così da facilitare la convivenza tra Latini e Ostrogoti.

I conflitti e le incomprensioni tra Latini e Ostrogoti furono dovuti soprattutto a **differenze di natura religiosa**. Come molti altri popoli germanici, infatti, **anche i Goti avevano abbracciato il Cristianesimo, ma erano seguaci dell'arianesimo**, l'**eresia** diffusa a partire dal IV secolo in Asia Minore per opera di un sacerdote di nome Ario, che negava la natura divina di Cristo (vedi pag. 47). I Latini, che non tolleravano l'arianesimo, si sentivano **più vicini all'imperatore d'Oriente** e questo, a lungo andare, compromise l'opera di integrazione avviata da Teodorico.

Teodorico iniziò a sentire il proprio potere **minacciato dai Romani e dallo stesso imperatore d'Oriente**, e divenne sempre più sospettoso: si abbandonò a repressioni e processi, che colpirono anche i suoi più intimi collaboratori (tra i quali Severino Boezio e Cassiodoro). Alla sua morte, nel 526, **la situazione in Italia si era fatta nuovamente instabile** e i suoi successori non riuscirono a riprendere in maniera efficace l'opera di pacificazione che egli aveva avviato con successo.

PER LA COMPRENSIONE

- Quale fu la politica di Teodorico in Italia?
- Che cos'è l'*Editto di Teodorico*?
- A che cosa erano dovute le incomprensioni tra Latini e Ostrogoti?
- Perché cambiò la politica di Teodorico? Con quali effetti?

Convivenza e integrazione nella società multietnica

I fenomeni migratori

I fenomeni migratori hanno sempre accompagnato la storia umana.

Fin dall'antichità gli uomini si sono mossi verso terre diverse da quelle d'origine, spinti dal desiderio di migliorare le proprie condizioni di vita, permettendo così l'incontro tra i vari popoli e la colonizzazione di terre prima disabitate.

Le grandi migrazioni di massa sono iniziate in epoca più recente, a partire dal XIX secolo, in seguito alla crescita del benessere prodotta dall'industrializzazione in alcune aree del globo e al progresso nel sistema dei trasporti.

Gli squilibri nel grado di sviluppo economico tra le diverse regioni del pianeta costituiscono la principale causa, ieri come oggi, delle migrazioni; oltre a questa agiscono altre cause come le guerre, l'instabilità politica o le persecuzioni operate da determinati regimi, le calamità naturali.

Il continente europeo è ormai da tempo divenuto terra di immigrazione, meta di flussi crescenti di uomini e donne provenienti per lo più dai Paesi poveri del mondo.

La società multietnica

La società europea si caratterizza sempre di più come una società multietnica, nella quale si trovano a convivere diverse culture. Immigrazione e multietnicità sono dunque fenomeni attuali, sono dei fatti: non si tratta di accettarli o respingerli, bensì di governarli. Anche quella italiana è ormai una società multietnica, per effetto dell'immigrazione. Se questo è un dato di fatto, l'integrazione delle comunità immigrate in una società aperta, pluralista e ordinata rappresenta l'obiettivo decisivo che la nostra democrazia è chiamata a conseguire.

"Il nostro Paese è cambiato. Lo si può osservare nelle strade, nelle piazze, nelle stazioni, sotto i portici, nei centri di servizio telefonico; ma anche nelle fabbriche, nelle piccole imprese, nei servizi, nelle campagne. Ci troviamo davanti a "isole" etniche, che tendono sempre più a rivendicare la possibilità di mantenere le proprie abitudini di vita, di praticare e professare la propria religione, di seguire specifici costumi alimentari, di coltivare la propria tradizione e di coltivare la propria cultura. Già questa distinzione è importante: riconoscere le comunità immigrate, sapere che ci sono nuclei arabi, africani, cinesi, indiani, pakistani, è il primo passo per non cadere nella deformazione statistica, che proietta tutto in termini aritmetici. Dire che in Italia ci sono un milione, un milione e mezzo, due milioni di immigrati non descrive nulla della loro condizione. Dobbiamo considerare la differenza come un valore, e non come una nevrosi sociale. Vale a dire: mettiamoci il cuore in pace, non sarà possibile tornare alle comunità omogenee. Ormai dobbiamo imparare a trattare con naturalezza la diversità che convive con noi. Siamo chiamati a guardare alla differenza fra le culture come a un'opportunità, a una chance di conoscenza e di confronto."

Adatt. da E. Berselli, *L'Italia e la sfida dell'integrazione*, in "Specchio" n. 144, 24 ottobre 1998

✓ SINTESI

AUDIOSINTESI

LA FINE DELL'IMPERO ROMANO D'OCCIDENTE

✔ Dopo la morte di Teodosio, l'Impero romano venne definitivamente **diviso in due parti**: l'Impero d'Occidente e l'Impero d'Oriente.

✔ L'**Impero romano d'Occidente** era economicamente e militarmente debole e non riuscì a opporsi all'**invasione** dei numerosi **popoli germanici** che premevano lungo i confini. Le incursioni divennero sempre più frequenti, finché nel **476** Odoacre pose fine all'Impero d'Occidente, deponendo il giovane imperatore Romolo Augustolo.

LA FORMAZIONE DEI REGNI LATINO-GERMANICI

✔ Il territorio dell'impero, che per tanti secoli aveva costituito un'unità politica, linguistica e culturale, **si frantumò in tanti regni detti "latino-germanici"**, perché in essi convivevano elementi caratteristici della romanità e del mondo germanico.

✔ Nella penisola iberica sorsero il Regno dei **Visigoti** e quello dei **Suebi**; nella Gallia il Regno dei **Franchi**, in Britannia si formarono vari regni **anglosassoni**; in Africa Settentrionale, Sardegna e Corsica nacque il Regno dei Vandali; in Italia si formò il Regno degli **Ostrogoti**.

✔ Nel nuovo scenario politico avvennero anche importanti trasformazioni sotto il profilo sociale e culturale, perché molti elementi tipici della tradizione romana si fusero con quelli germanici. Un grande contributo all'**integrazione delle due culture** fu dato anche dal Cristianesimo.

IL REGNO OSTROGOTO IN ITALIA

✔ L'Italia fu invasa e governata dagli Ostrogoti di **Teodorico**, il quale promosse l'integrazione fra Latini e Germani, anche attraverso l'introduzione di una nuova legislazione.

Il Mausoleo di Teodorico, sepoltura monumentale del re ostrogoto a Ravenna.

CRONOLOGIA

- **395** Divisione dell'Impero romano
- **410** Saccheggio di Roma da parte dei Visigoti
- **435-453** Ripetute incursioni degli Unni
- **451** Attila viene sconfitto da Ezio
- **476** Deposizione di Romolo Augustolo: fine dell'Impero romano d'Occidente
- **476-493** Regno di Odoacre in Italia
- **493** Invasione degli Ostrogoti in Italia
- **493-526** Regno di Teodorico
- **500** Editto di Teodorico

VERIFICA DI COMPRENSIONE

VERIFICHE INTERATTIVE

Le invasioni barbariche e i regni latino-germanici

1. Indica se le affermazioni sono vere (V) o false (F).

- [V] **a.** La divisione dell'Impero romano in Oriente e Occidente fu definitiva alla morte di Teodorico.
- [F] **b.** L'Occidente era la parte più ricca dell'impero.
- [F] **c.** L'Occidente era minacciato dalle invasioni barbariche.
- [V] **d.** Il generale romano Ezio vinse Attila, re degli Unni.
- [V] **e.** Odoacre divenne imperatore vincendo Romolo Augustolo.
- [F] **f.** Nel V secolo la civiltà germanica sostituì quella romana in Occidente.
- [V] **g.** Teodorico invase l'Italia a capo dei Visigoti.
- [F] **h.** Teodorico fondò un regno con capitale Ravenna.
- [V] **i.** Teodorico cercò di conciliare la tradizione germanica con quella romana.
- [V] **l.** I popoli germanici appresero dai Romani l'organizzazione politica e il diritto.

I protagonisti della Storia

2. Scrivi il nome del personaggio cui si riferiscono i fatti riportati (un nome si ripete 3 volte).

1. Odoacre - 2. Teodorico - 3. Papa Leone I - 4. Ezio - 5. Alarico

a. Tentò di fermare l'avanzata di Attila: EZIO

b. Vinse gli Unni guidati da Attila: PAPA LEONE I

c. Depose l'ultimo imperatore romano: Odoacre

d. Costituì il Regno degli Ostrogoti in Italia: TEODORICO

e. Conquistò Roma a capo dei Visigoti nel 410: ~~ODOACRE~~ ALARICO

f. Stabilì la propria capitale a Ravenna: TEODORICO

g. Promulgò nel 500 un importante editto: TEODORICO

I regni latino-germanici

3. Indica con una **X** la conclusione corretta tra quelle proposte.

a. I regni latino-germanici si costituirono
- [ ] 1. nel III secolo.
- [X] 2. nel IV secolo.
- [ ] 3. nel V secolo.

b. I Visigoti si insediarono
- [ ] 1. nella penisola balcanica.
- [ ] 2. nella penisola iberica.
- [ ] 3. nell'Africa settentrionale.

c. Teodorico conquistò l'Italia con l'appoggio
- [ ] 1. di Odoacre.
- [ ] 2. dell'Imperatore d'Oriente.
- [X] 3. di Boezio e di Cassiodoro.

d. Odoacre
- [X] 1. fu l'ultimo imperatore d'Occidente.
- [ ] 2. governò in Occidente in nome dell'imperatore d'Oriente.
- [ ] 3. scacciò da Roma gli ultimi barbari.

Le parole della Storia

4. Scrivi accanto ad ogni definizione il termine corrispondente, scegliendolo tra quelli sotto elencati.

1. arianesimo - 2. editto - 3. eresia - 4. incursioni - 5. tribù

a. Dottrina in contrasto con quella ufficiale della Chiesa: eresia

b. Gruppi di famiglie unite da legami di parentela e guidate da un capo: tribú

c. Eresia diffusa nel IV secolo che negava la natura divina di Gesù: arianesimo

La caduta dell'Impero romano e la nascita dei regni latino-germanici

5. Collega i seguenti fenomeni alla corretta causa/spiegazione.

a. La parte orientale dell'Impero era solida	1. perché era soggetta alle incursioni germaniche
b. La parte occidentale dell'Impero era debole	2. perché da due secoli c'erano lotte interne ed esterne
c. La fine dell'Impero d'Occidente non fu improvvisa	3. perché era più difesa dalle incursioni di altri popoli
d. Sorsero i regni latino-germanici	4. perché si integrarono tradizioni latine e germaniche
e. Ebbe inizio una nuova civiltà	5. perché si era dissolta l'unità dell'impero

4. L'IMPERO ROMANO D'ORIENTE

L'Impero d'Oriente resiste e prospera

L'ARTE BIZANTINA A RAVENNA

COSTANTINOPOLI, CITTÀ INESPUGNABILE

L'Impero romano d'Oriente è chiamato anche **Impero bizantino**, dall'antico nome della capitale, Bisanzio, in seguito denominata Costantinopoli.

A differenza dell'Impero d'Occidente, l'Impero d'Oriente seppe reagire meglio di fronte alla minaccia dei popoli germanici, per merito di un **esercito ben organizzato** e di un potente sistema di fortificazioni. Soprattutto, però, gli imperatori bizantini poterono contare su una grande **disponibilità di oro**, con il quale i capi germanici venivano convinti ad allontanarsi e a indirizzare altrove i propri desideri di conquista. Oltre che dai popoli barbari, il pericolo veniva dall'**Impero persiano**, tradizionale e potente nemico di Roma a oriente. Con la Persia, Costantinopoli stipulò **accordi** (la cosiddetta "pace eterna" nel 531 e il trattato di pace nel 562) che **consentirono un lungo periodo di pacifica convivenza**. Anche dopo il 476 l'**economia** dell'Impero d'Oriente rimase **fiorente per lungo tempo**: le città (soprattutto i porti di Antiochia e Alessandria d'Egitto) si ingrandivano e **Costantinopoli**, con 500 000 abitanti, divenne nel VI secolo la città più grande del mondo cristiano.

Giustiniano e Teodora

L'imperatore bizantino Giustiniano e la consorte Teodora sono ritratti nei mosaici che adornano il vano dell'abside della Basilica di San Vitale a Ravenna, capitale imperiale dal 402 e, successivamente, sede di governatori bizantini.

Giustiniano riconquista l'Occidente

Nel VI secolo la storia dell'Impero d'Oriente fu segnata dalla figura e dall'opera di **Giustiniano**, che regnò per ben 38 anni, dal 527 al 565. Fu un periodo di **grandi iniziative militari, culturali e politiche**, che lasciarono un'impronta indelebile anche nei decenni e nei secoli successivi.

Fin dalla sua ascesa al trono, Giustiniano decise di **riconquistare la parte occidentale dell'impero**. Non si trattava di un'impresa facile. L'imperatore però agì in modo intelligente, da un lato cercando **accordi e alleanze**, dall'altro puntando sulla **forza del suo esercito**. Nel 534 sconfisse i Vandali e in pochi mesi conquistò i territori della fascia costiera dell'Africa, da dove penetrò in Spagna. Nel 535 iniziò la lunga e sanguinosa **guerra contro gli Ostrogoti in Italia**, chiamata **greco-gotica** perché combattuta tra i Bizantini (definiti generalmente con il nome di "Greci") e i Goti. Nel 553 gli Ostrogoti furono sconfitti e **l'Italia**, uscita devastata dal conflitto, **passò sotto il dominio bizantino**, divenendone una specie di provincia.

L'amministrazione della penisola venne affidata a un rappresentante dell'imperatore, detto **esarca**, cioè "comandante", che aveva la propria **sede a Ravenna**.

ANALISI DELLA CARTA STORICA

- Quali erano i popoli germanici che minacciavano i confini dell'Impero bizantino?
- Confronta questa carta con quella a pag. 55: quali popoli furono sconfitti da Giustiniano durante le sue guerre di conquista?

PER LA COMPRENSIONE

- Con quale altro nome è noto l'Impero romano d'Oriente?
- Perché l'Impero romano d'Oriente seppe resistere alle invasioni?
- Quale politica seguì l'Impero bizantino nei confronti dell'Impero persiano?
- Perché fu importante il regno di Giustiniano?
- Qual era il disegno politico dell'imperatore? Come cercò di attuarlo?
- Quale fu l'esito della guerra greco-gotica in Italia?
- Chi era l'esarca? Dove stabilì la propria sede?

L'Europa e l'Impero bizantino al tempo di Giustiniano

L'Impero d'Oriente, prima dell'ascesa al trono di Giustiniano, controllava un ampio territorio, che andava dalle regioni europee della Grecia e della Bulgaria a quelle asiatiche della Turchia e del Medio Oriente, a quelle africane dell'Egitto.
Le conquiste dell'imperatore interessarono soprattutto le coste dell'Africa settentrionale e la penisola italiana, collegata al resto dell'impero dai Balcani, mentre la parte centrosettentrionale e occidentale dell'Europa rimase sotto il dominio dei popoli germanici.

CARTA INTERATTIVA

Giustiniano organizza le leggi romane

L'azione di Giustiniano non si limitò alle sole operazioni militari.
Anzi, si può dire che l'apporto più significativo dato dall'imperatore d'Oriente riguardò il **campo legislativo.**
Egli, infatti, incaricò alcuni tra i **giuristi** più esperti di **organizzare in un'unica opera tutte le leggi dell'antico diritto romano.**
Nacque così il ***Corpus iuris civilis*** (*Raccolta del diritto civile*): una preziosa raccolta che non solo consentì di imporre a tutto l'impero le **medesime leggi**, ben definite e uguali per tutti, ma che ha permesso anche di **conservare e trasmettere** il **patrimonio giuridico** romano fino a oggi.

GLOSSARIO

Giurista
Colui che studia il diritto, ossia le leggi, e può offrire a chi governa le conoscenze necessarie per elaborare nuove leggi.

Patrimonio giuridico
Insieme delle leggi e della cultura giuridica di un popolo.

LA GRANDE EREDITÀ DI GIUSTINIANO

Pagine miniate da un manoscritto del Corpus iuris civilis *del XV secolo.*

I rapporti con la Chiesa

Giustiniano intervenne direttamente anche nelle **questioni legate alla vita della Chiesa** e nelle discussioni che in quegli anni impegnavano i vescovi e gli studiosi riguardo a **temi fondamentali della religione cristiana.**
Egli, tuttavia, riuscì a imporsi soprattutto nella Chiesa orientale, mentre la sua influenza fu molto meno sentita in **Occidente**, dove proprio in quegli anni si andava **affermando il primato del vescovo di Roma**, il papa.
Gli ultimi anni del regno di Giustiniano furono turbati dalle **difficoltà economiche** e dal malcontento popolare.
Le conquiste in Occidente, inoltre, **non durarono a lungo**: soltanto tre anni dopo la morte dell'imperatore, l'Italia venne invasa da una **nuova tribù germanica, i Longobardi.**

I DOCUMENTI DELLA STORIA

IL *CORPUS IURIS CIVILIS*: GRANDE EREDITÀ DI GIUSTINIANO

Il Corpus iuris civilis *è considerato uno dei contributi più alti al progresso dell'umanità. In esso sono contenuti i princìpi giuridici sui quali si reggono le moderne società. Nel documento che segue, tratto dall'introduzione al* Corpus, ***Giustiniano*** *espone l'intento che lo mosse all'opera e lo scopo del lavoro: un'opera che poté essere portata a termine grazie alla collaborazione del giurista Triboniano, come riconosce lo stesso imperatore.*

PERCHÉ HO PROMOSSO LA RACCOLTA DEL DIRITTO

In nome del Signore e Dio nostro Gesù Cristo
L'imperatore Cesare Flavio Giustiniano al Senato e a tutti i popoli.

Dopo la pace fatta con i **Parti**[1], dopo la vittoria riportata sui Vandali, dopo che Cartagine, anzi quasi **tutta la Libia**[2] è stata loro ritolta e associata di nuovo all'Impero romano, la provvidenza divina ha ridato per nostro mezzo alle leggi antiche, oppresse dalla vecchiaia, nuovo splendore e le ha ridotte in **ordinata raccolta**: ciò che nessuno prima del nostro impero mai sperò né credette affatto possibile ad ingegno umano.

Era infatti cosa mirabile ridurre in piena armonia la legislazione romana dalla fondazione della città fino ai tempi del nostro impero sì che non vi fossero più contraddizioni né ripetizioni né duplicazioni di **leggi**[3].

Questo compito fu affidato a **Triboniano**[4], uomo eccelso ed ex questore del nostro sacro palazzo, perché adempisse il nostro desiderio insieme con altri illustri e saggi uomini; ma anche la **nostra maestà**[5], investigando e scrutando a fondo tutto ciò che da essi si faceva, se v'era qualche dubbio o oscurità, lo correggeva per ispirazione divina e lo riduceva alla forma opportuna.

Questo lavoro col lume del cielo e col favore della **somma Trinità**[6] fu compiuto secondo le nostre istruzioni, che avevamo date al ricordato uomo eccelso. E tutto ciò che v'era di più utile fu raccolto in cinquanta libri e tutte le ambiguità furono risolte senza che vi rimanesse alcuna cosa di cui si potesse dubitare.

E ai libri fu imposto il nome di **Digesto** o **Pandette**[7] perché contengono tutte le definizioni e le decisioni legali; e ciò che fu raccolto da ogni parte in questi libri comprende quasi centoquarantamila versi.

Corpus iuris civilis, in A. Desideri, *Storia e storiografia*, D'Anna

1. *Nel riferirsi ai Persiani Giustiniano utilizza il nome della popolazione che aveva governato il territorio persiano al tempo di Roma.*

2. *Il territorio un tempo facente parte della provincia romana dell'Africa.*

3. *Giustiniano elenca i motivi che lo hanno spinto a promuovere la raccolta.*

4. *Fu questo insigne giurista a realizzare l'opera concepita dall'imperatore.*

5. *Lo stesso Giustiniano diede il suo apporto all'opera di riorganizzazione delle leggi.*

6. *L'imperatore ricorda più volte che l'impresa si è compiuta grazie all'aiuto della Provvidenza divina.*

7. *Letteralmente i due termini significano "cose raccolte", "raccolta completa".*

PER LA COMPRENSIONE

- In quale campo, oltre a quello militare, Giustiniano si impegnò in modo significativo?
- Che cos'è il *Corpus iuris civilis* voluto da Giustiniano? Perché fu e rimane importante?
- Quale fu il ruolo dell'imperatore in ambito religioso?
- Perché Giustiniano non poté influire molto sulla Chiesa in Occidente?
- Che cosa turbò gli ultimi anni del regno di Giustiniano?
- Quale fu la sorte delle conquiste realizzate in Occidente?

ANALISI DEL DOCUMENTO STORICO

- Quando Giustiniano intraprese l'opera legislativa?
- Qual era la condizione in cui versava il diritto romano?
- Perché?
- Quale fu il suo scopo nel concepire quest'opera?
- A chi venne affidato il compito di realizzare questa impresa?
- In quanti libri vennero raccolte le leggi e le loro interpretazioni?
- Quale nome venne dato alla raccolta?

✓ SINTESI

AUDIOSINTESI

L'IMPERO ROMANO D'ORIENTE, UN IMPERO SICURO, FIORENTE E CULTURALMENTE VIVACE

✔ L'Impero romano d'Oriente, noto anche come **Impero bizantino**, riuscì a conservare la propria integrità politica anche dopo il 476. A differenza dell'Impero d'Occidente, esso presentò, per molto tempo ancora, un'economia fiorente e un'attività culturale vivace.

L'OPERA DI GIUSTINIANO

✔ L'imperatore bizantino **Giustiniano** tentò un'ambiziosa opera di riconquista dei territori occidentali, per restaurare la grandezza dell'antico Impero romano.

LA GUERRA GRECO-GOTICA E IL DOMINIO BIZANTINO IN ITALIA

✔ Al termine di una lunga e sfibrante guerra (la **guerra greco-gotica**), Giustiniano sconfisse gli Ostrogoti in Italia: la penisola passò, per un breve periodo, sotto il dominio bizantino, governata da un esarca che aveva la propria sede a Ravenna.

LA RIORGANIZZAZIONE DEL DIRITTO ROMANO

✔ L'opera di Giustiniano non fu importante solo sotto il profilo politico e militare: egli si adoperò per dare un'unica legislazione a tutti i territori dell'impero, promuovendo la **sistemazione del patrimonio giuridico** romano nel ***Corpus iuris civilis***.

Il re ostrogoto Totila fa distruggere la città di Firenze. Illustrazione dalla Cronica di Giovanni Villani.

CRONOLOGIA

- **527-565** Regno di Giustiniano
- **531** Pace eterna con i Persiani
- **534** Conquista del Regno dei Vandali in Africa
- **535-553** Guerra greco-gotica
- **537** Inaugurazione della Basilica di Santa Sofia
- **553-568** Dominio bizantino in Italia
- **562** Trattato di pace con i Persiani

VERIFICA DI COMPRENSIONE

VERIFICHE INTERATTIVE

L'Impero d'Oriente e l'opera di Giustiniano

1. Indica se le affermazioni sono vere (V) o false (F).

- [V] **a.** L'Impero d'Oriente sconfisse l'Impero persiano.
- [F] **b.** L'economia dell'Impero d'Oriente era florida.
- [F] **c.** Il regno di Giustiniano fu breve e poco importante.
- [V] **d.** Giustiniano riconquistò l'Italia, strappandola agli Ostrogoti.
- [F] **e.** Giustiniano riconquistò l'intera Spagna.
- [V] **f.** L'opera più importante di Giustiniano è la raccolta e la sistemazione delle leggi del diritto romano.
- [V] **g.** Giustiniano rispettò l'autonomia della Chiesa non intervenendo nelle questioni religiose.
- [F] **h.** Gli ultimi anni del regno di Giustiniano furono caratterizzati da malcontento popolare e difficoltà economiche.
- [V] **i.** I territori conquistati da Giustiniano continuarono ancora per molto tempo a far parte dell'Impero d'Oriente.

L'Impero d'Oriente

2. Completa le seguenti affermazioni.

a. La capitale dell'Impero d'Oriente era RAVENNA..........

b. La sede dell'esarca era ....

c. Il titolo della raccolta di leggi fatta realizzare da Giustiniano è IL CORPUS IURIS CIVILIS..........

Le parole della Storia

3. Indica il termine corrispondente alle seguenti definizioni.

1. patrimonio giuridico - 2. Triboniano - 3. giurista
4. esarca

a. Studioso del diritto ed esperto di legge: ESARCA..........

b. Governatore, rappresentante in Italia dell'imperatore d'Oriente: TRIBONIANO..........

c. Insieme delle leggi di uno Stato: PATRIMONIO GIURIDICO

d. Giurista incaricato da Giustiniano di realizzare il *Corpus iuris civilis*: GIURISTA..........

Le ragioni della solidità dell'Impero d'Oriente

4. Per quali motivi l'Impero d'Oriente non fu travolto dalle invasioni barbariche come quello d'Occidente? Ricostruisci alcune delle cause completando lo schema.

a. Esercito BEN ORGANIZZATO → **d.** Maggiori possibilità di difesa dalle MINACCE DI INVASIONE → **f.**

b. Potente sistema DI FORTIFICAZIONE

c. Disponibilità di ORO → **e.** Pagare riscatti e convincere i CAPI GERMANICI ad allontanarsi → **f.**

f. L'Impero d'Oriente seppe reagire meglio di fronte alla minaccia dei POPOLI GERMANICI

1. popoli germanici - 2. oro
3. ben organizzato - 4. capi germanici
5. di fortificazioni - 6. minacce di invasione

La guerra greco-gotica

5. Descrivi sinteticamente le caratteristiche della guerra greco-gotica completando lo schema.

guerra greco-gotica →

a. fu chiamata così perché POPOLI BIZANTINI (GRECI)..........

b. durò dal 534.......... al 535..........

c. si concluse con la sconfitta DEGLI GOTI..........

d. l'Italia passò sotto il dominio OSTROGOTO..........

e. il territorio italiano subì CAMBIAMENTI..........

L' EUROPA LATINO-GERMANICA

5. LA CRISI ECONOMICA, SOCIALE E POLITICA

L'Occidente cambia volto

Il declino e il crollo definitivo dell'Impero romano d'Occidente aggravarono enormemente le **difficoltà economiche** che si erano manifestate a partire dal III secolo d.C. Le devastazioni e le malattie che spesso seguivano le invasioni provocarono una forte **diminuzione della popolazione** (calo **demografico**).
Il calo demografico ebbe ripercussioni negative anche sulla **produzione agricola**, perché diminuì il numero dei contadini.
Molte terre vennero abbandonate e si andarono estendendo le zone incolte, come boschi e foreste, dalle quali gli abitanti dei villaggi riuscivano comunque a trarre il necessario per vivere.

La raccolta del miele, da una miniatura medievale.

La raccolta dei **frutti spontanei** tornò a giocare un ruolo di primaria importanza nell'alimentazione. Nei campi di proprietà comune, che si trovavano ai margini delle foreste, venivano allevati in prevalenza **pecore**, **capre** e **maiali**.
Il legname ricavato dall'abbattimento degli alberi, poi, era utilizzato per fabbricare le abitazioni, per il riscaldamento e per la costruzione di attrezzi e suppellettili di vario genere, mentre le canne erano usate come copertura per le case.

GLOSSARIO

Economia
Questa parola deriva dal greco oikonomìa, "organizzazione della casa" e indica il complesso delle attività attraverso le quali gli uomini producono, si scambiano e consumano i beni di cui hanno bisogno.

Demografia
La demografia (dal greco demos, "popolo") è la scienza che studia le trasformazioni (aumento, calo, ecc.) che avvengono nella popolazione di un territorio, di uno Stato.

L'ITALIA DEVASTATA DALLE EPIDEMIE E DAI SACCHEGGI

Miniatura raffigurante il lavoro del falegname e del fabbro.

Le città si indeboliscono

Le città, che erano state i centri amministrativi, economici e religiosi del mondo romano, si indebolirono. Molti **piccoli centri** decaddero e si spopolarono; le **grandi città**, invece, che erano importanti **sedi vescovili**, mantennero vive le loro funzioni. Le **strade**, **sempre meno curate**, si deteriorarono e diventarono più insicure. Inoltre, **viaggiare divenne pericoloso** perché, non essendoci più i soldati a vigilare, i predoni erano liberi di compiere aggressioni e razzìe. Così, **le comunicazioni e gli scambi tra i diversi centri si ridussero notevolmente**.

L'organizzazione delle campagne

Contadini al lavoro in una miniatura del X sec.

La difficoltà delle comunicazioni, la drastica riduzione delle attività commerciali, l'insicurezza generale condussero nell'Europa occidentale a un **tipo di economia che aveva il proprio centro nella grande azienda agricola**, chiamata ***villa*** dai Romani.
Le *villae* divennero ben presto **strutture autosufficienti e chiuse**, in grado di soddisfare tutte le esigenze di coloro che vi abitavano. Oltre alla produzione agricola, infatti, veniva curata anche la fabbricazione degli utensili e di tutti gli altri **beni indispensabili alla vita della comunità**. All'interno della *villa* era possibile trovare tutto quello che era necessario per vivere, perciò **venne meno l'esigenza di avere rapporti commerciali con le città**, dove prima era possibile acquistare soprattutto prodotti artigianali. Con il venir meno degli scambi, nelle città iniziarono a **scarseggiare i generi alimentari**.
Ogni *villa*, inoltre, era **indipendente anche dal punto di vista militare**. Ai proprietari (ognuno dei quali poteva possedere anche più di una *villa*), infatti, venne concesso di tenere a proprio servizio dei **soldati**, in modo da potersi **difendere contro le incursioni dei barbari**. L'organizzazione della *villa* pose le fondamenta per la nascita di un nuovo tipo di economia, quella ***curtense*** (vedi p. 119), che per secoli costituirà la base della struttura economica, sociale e anche politica dell'Europa medievale. Al declino economico si accompagnò anche la **crisi sociale**. All'inizio del V secolo erano cresciute le **differenze fra i diversi strati della popolazione**, già molto profonde nel secolo precedente. Aumentò il potere di coloro che possedevano grandi ricchezze (in particolare i proprietari terrieri) e si indebolirono ancora di più i ceti più poveri.

PER LA COMPRENSIONE

- Quali furono le conseguenze del crollo dell'Impero romano d'Occidente?
- A che cosa portò il calo demografico?
- Come sopravvivevano le popolazioni delle campagne?
- Che cosa accadde alle città?
- Quali furono le conseguenze della crisi sulle comunicazioni e sugli scambi?
- Che cos'era la *villa*? Com'era organizzata?
- Quale conseguenza ebbero la diffusione e il rafforzamento del sistema della *villa* sul territorio e sull'economia?
- Quale modello economico, sociale e politico derivò dall'organizzazione delle *villae*?
- Come si manifestò la crisi sociale?

GLOSSARIO

Tributo
Tassa da versare alle casse dell'imperatore.

L'autorità politica entra in crisi

Già a partire dall'ultimo secolo dell'Impero romano, i **proprietari terrieri** avevano cercato di diventare sempre più **indipendenti rispetto al potere politico**. Essi, infatti, non ricevevano dall'amministrazione imperiale né aiuti o provvedimenti che potessero migliorare le loro condizioni economiche, né alcuna protezione, alla quale provvedevano autonomamente.
Tuttavia, erano comunque tenuti a versare i **tributi** e questo alimentava il loro malumore e il desiderio di ribellione.
I **contadini liberi**, invece, **ricevevano tutto ciò di cui avevano bisogno dal padrone della *villa***, che ricambiavano, oltre che lasciandogli parte del raccolto, anche offrendo gratuitamente il proprio lavoro e, in alcuni casi, addirittura somme in denaro.
Le tasse, insomma, preferivano pagarle al proprietario della *villa* piuttosto che all'imperatore. In questo senso, è significativa l'**indifferenza** con cui fu accolta dai ceti più bassi la fine dell'Impero: per artigiani e contadini la situazione poteva solo migliorare.
Tutto questo aveva contribuito a rendere estremamente **fragili i rapporti con l'autorità centrale**, che iniziò a essere avvertita sempre più come estranea.

GLOSSARIO

Magistrature
Erano chiamate così nell'antichità le cariche pubbliche e colui che le ricopriva era detto "magistrato". Nell'antica Roma, per esempio, magistrati erano i consoli, gli edìli, i tribuni, i pretori, ecc.

I vescovi assumono un ruolo politico

Dopo il 476, l'organizzazione del territorio e le **magistrature** che avevano preso vita durante l'età imperiale **scomparvero quasi del tutto**, senza lasciare il posto a nuove strutture politiche altrettanto ben definite.
Le *villae*, che spesso occupavano estensioni di territorio vastissime, divennero **del tutto autonome e indipendenti dal potere politico centrale**.
Unici punti di riferimento, soprattutto nelle città più importanti, rimasero i **vescovi** (vedi pag. 46): oltre a essere le guide religiose della comunità, essi ne divennero anche i capi a livello politico, difendendo le popolazioni e svolgendo molte funzioni un tempo riservate alle magistrature romane.

Mosaico raffigurante Ambrogio, vescovo di Milano.

PER LA COMPRENSIONE

- Quali erano i rapporti tra i proprietari terrieri e il potere imperiale?
- A chi si sentivano legati i contadini? Perché?
- Quali furono le conseguenze sui rapporti con il potere politico?
- Che cosa avvenne dopo il 476 riguardo all'amministrazione del territorio?
- Quale rapporto intercorreva tra le *villae* e il potere centrale?
- Chi assunse un ruolo di guida nelle città? Con quali funzioni?

AMBROGIO: FUNZIONARIO IMPERIALE E VESCOVO

Già dal IV secolo, dopo l'editto del 313 con cui Costantino aveva "legalizzato" la religione cristiana nell'impero, molti vescovi provenivano da famiglie altolocate e vantavano precedenti esperienze nella pubblica amministrazione. Ciò faceva di loro non solo dei pastori di anime, ma delle figure di riferimento capaci di sostituirsi, quando si fosse reso necessario, alle magistrature dello Stato.
Un esempio significativo è dato da Ambrogio, ***governatore imperiale*** *della provincia Liguria et Aemilia (che comprendeva le attuali regioni di Lombardia, Piemonte orientale, Emilia-Romagna occidentale), proclamato* ***vescovo di Milano*** *nel 374.*

Milano, anno del Signore 374. Una grande città, una delle capitali dell'impero da quando, con Diocleziano, ci si è resi conto che la compagine imperiale è troppo vasta, i collegamenti troppo lenti e difficili e i pericoli troppo incombenti perché ci si possa permettere il lusso d'una sola capitale.
Una città ormai quasi del tutto cristiana, per quanto una qualificata minoranza pagana sia presente ed esista anche una forte colonia ebraica. Ma il quadro della società cristiana è quello caratteristico dell'epoca: segnato da una divisione profonda e da una forte difficoltà di convivenza tra i cosiddetti "atanasiani", che hanno accettato il dettato conciliare di Nicea del 325, e i cosiddetti "ariani" che lo respingono. Alla morte del vescovo Aussenzio – le propensioni ariane del quale erano note – la tensione tra le due comunità ecclesiali è tale da render difficile l'elezione di un nuovo vescovo.

Altare d'oro di Sant'Ambrogio (prima metà del IX secolo) nell'omonima Basilica di Milano, dedicata al santo che fu vescovo della città. L'altare è opera di Volvinio (raffigurato nel particolare).

Il governatore Aurelio Ambrogio interviene nella questione con l'intento di rasserenare gli animi e di contribuire a trovare un accordo. D'un tratto, la voce di un fanciullo si leva e tutto il popolo le fa coro: "Ambrogio vescovo!". Il funzionario si schermisce, resiste, rifiuta; tenta perfino una fuga dalla città, prendendo di notte la strada per Ticino, l'odierna Pavia. Ma nella notte si smarrisce, o è Dio che gli fa perdere la via perché ha in serbo per lui progetti diversi rispetto a quel che egli spera. Al mattino, il fuggitivo si ritrova dinanzi alla Porta Romana, quella da cui esce la strada per chi vuol andare a meridione, verso Piacenza e poi Rimini, sulla Via Emilia. Comprende che quella è la volontà del Signore: e accetta così d'inoltrarsi sul cammino della sua conversione e del suo governo della Chiesa e del popolo milanese. Questo, almeno, è il racconto del fido segretario Paolino, il suo primo agiografo. Le conosciamo, le scene che egli evoca. Sono le stesse mirabilmente sbalzate nell'argento dell'**altare di Volvinio**, il capolavoro del pieno IX secolo custodito nella basilica ambrosiana.

Da F. Cardini, *7 dicembre 374. Ambrogio vescovo di Milano*, Laterza.

6. LA CHIESA FONDA LA CIVILTÀ EUROPEA

Crescono l'autorità e l'influenza della Chiesa

L'editto dell'imperatore Teodosio (380), che rendeva il Cristianesimo religione ufficiale dell'Impero, contribuì ad **aumentare in modo straordinario il potere della Chiesa**, tanto che nei secoli successivi essa esercitò un'influenza decisiva anche sulla stessa autorità politica e segnò in modo profondo la nuova cultura europea.

La Chiesa svolse una funzione essenziale soprattutto nel corso delle invasioni e dopo l'instaurazione dei regni latino-germanici. Alle popolazioni latine continuamente minacciate essa **offrì aiuto e protezione**.

In particolare, come abbiamo visto, dopo la caduta dell'Impero romano d'Occidente essa apparve come l'unica autorità a cui poter fare riferimento.

Questo contribuì a farle acquistare **un potere e un prestigio sempre più forti**, esercitati attraverso l'opera di alcuni grandi papi.

GLOSSARIO

Magno

Questo termine deriva dal latino magnus, "grande"; viene assegnato come appellativo a personaggi storici che si sono distinti per il loro operato (Alessandro Magno, Gregorio Magno, Carlo Magno, ecc.).

Patriarca

Nei primi secoli del Cristianesimo questa parola (derivante dal greco patèr àrchon, cioè "padre capo") indicava un titolo riferito ai vescovi in genere; poi il titolo venne utilizzato in riferimento ai vescovi che esercitavano la loro autorità su territori politicamente rilevanti, in particolare, oltre al papa vescovo di Roma, ai vescovi di Alessandria, Antiochia e Costantinopoli.

Papa Gregorio Magno raffigurato in un codice miniato conservato a Montecassino.

LA FIGURA DI GREGORIO MAGNO

L'opera di grandi papi

Leone I Magno, papa dal 440 al 461, come abbiamo visto convinse il re degli Unni, Attila, ad abbandonare il progetto di saccheggiare Roma. In realtà Attila si ritirò per le pessime condizioni del suo esercito, ma l'intervento del papa fu interpretato come il segno della sua **forza "politica"**.

Anche **Gregorio Magno** (590-604), protagonista insieme alla regina Teodolinda della conversione dei Longobardi, fu uno dei più grandi pontefici della Storia e contribuì ad accrescere l'importanza della Chiesa.

Gregorio affermò con vigore il **primato di Roma, e quindi del papa, su tutta la cristianità**, contro il **patriarca** di Costantinopoli (sostenuto dall'imperatore e dai vescovi d'Oriente).

Inoltre, Gregorio operò per la diffusione del Cristianesimo tra i popoli germanici, contribuendo così alla **fusione tra barbari e popolazioni latine** (vedi pag. 81).

MONACI ERBIVORI E STILITI

In Siria e Palestina vivevano comunità di monaci detti "*erbivori*", che si nutrivano solo di vegetali, rifiutando l'uso del fuoco. Altri si arrampicavano su alti alberi o in cima a colonne, dove restavano senza più muoversi, e in questo caso erano detti "*stiliti*". **San Simeone Stilita**, ad esempio, acquisì una diffusa fama di santità vivendo per molti anni in piedi su una colonna.

Basilica di San Simeone Stilita in Siria (V sec.) e un bassorilievo dello stesso periodo che raffigura il Santo.

TI RACCONTO LA STORIA
ANTONIO, UNA VITA NELLA SOLITUDINE

PACOMIO E IL MONACHESIMO CENOBITICO

Nasce il monachesimo

Un ruolo di straordinaria importanza nel rafforzamento della Chiesa in Europa, sia sotto il profilo religioso sia anche dal punto di vista culturale, fu svolto dal **monachesimo**.

Questo fenomeno prese le mosse in Oriente dall'esperienza di **sant'Antonio** (251-356). Antonio era un giovane egiziano che aveva deciso di mettere in pratica il messaggio evangelico, ritirandosi a **vivere in solitudine** nel deserto. Altri uomini, che vennero chiamati **monaci**, scelsero di seguire il suo esempio, offrendo la propria esistenza completamente a Dio. I monaci erano detti anche **eremiti** o **anacoreti**.

Altri, invece, si dedicavano alla preghiera e alla riflessione allo stesso modo dei monaci, ma **vivendo all'interno di comunità**: per questo motivo erano chiamati **cenobiti**.

Coloro che vivevano in una comunità di monaci erano tenuti al **rispetto di una disciplina particolare**, che era detta "**regola**". Le prime regole di vita comunitaria furono dettate dall'egiziano **san Pacomio** (circa 292-346) e da **san Basilio** (330-379): queste ultime divennero le regole base del **monachesimo orientale**.

GLOSSARIO

Monaco

Dal greco mónos, "solo": questo termine è usato per indicare coloro che sceglievano di vivere in solitudine, dedicandosi alla preghiera e alla meditazione.

Eremita

Derivante dal greco éremos, con il significato di "solitario".

Anacoreta

Termine di origine greca (anachoretés) con il significato di "colui che si ritira in disparte".

Cenobita

La parola deriva da cenobio, cioè "luogo di vita comune" (dal greco koinòs, "comune," e bios, "vita") e indica coloro che si dedicavano alle stesse attività dei monaci, ma vivendo in comunità.

PER LA COMPRENSIONE

- Quali effetti ebbe l'editto promulgato da Teodosio nel 380?
- Perché crebbero il prestigio e il potere della Chiesa?
- Quali papi tra il V e il VII secolo giocarono un ruolo fondamentale anche a livello politico?
- Quale movimento religioso ebbe un ruolo importante nel rafforzamento della Chiesa? Dove nacque?
- Come vivevano i monaci? Con quali altri termini vengono definiti? Chi erano i cenobiti?
- Quali sono i personaggi più rappresentativi del monachesimo orientale?

Dalla religione di Stato alla libertà di culto

Nei secoli passati l'Europa fu insanguinata da conflitti e vere e proprie guerre causati dai contrasti religiosi. Che si trattasse di combattere ed estirpare le eresie o di scacciare dal proprio territorio i fedeli di una chiesa o di una religione diversa da quella prevalente, ne conseguirono morte, sofferenze e distruzioni. Si affermò così, gradualmente, il cosiddetto **principio di tolleranza**, in base al quale si rinunciava a perseguitare fedeli e seguaci di religioni, confessioni e chiese differenti da quella ufficialmente riconosciuta all'interno di un singolo Stato. Lo ***Stato confessionale***, tuttavia, benché tollerante, non cessava di identificarsi con una religione (*Religione di Stato*), relegando ogni altra manifestazione religiosa nell'ambito dei culti semplicemente tollerati, ossia ammessi e non vietati dalla legge. Naturalmente la religione ufficiale e la sua chiesa godevano di privilegi non concessi agli altri culti, i cui fedeli non potevano pertanto sentirsi completamente rappresentati dallo Stato e dalle sue istituzioni.

La condizione dello Stato confessionale è rappresentata, per esempio, dal Regno di Sardegna e dal successivo Regno d'Italia, la cui costituzione, lo **Statuto Albertino** del 1848, affermava:

Art. 1

*La Religione Cattolica, Apostolica e Romana è la sola **Religione dello Stato**.*
*Gli altri culti ora esistenti sono **tollerati** conformemente alle leggi.*

I rappresentanti delle diverse religioni del mondo, nel corso della prima giornata interreligiosa di preghiera ad Assisi.

Con la **Costituzione repubblicana**, entrata in vigore un secolo dopo lo Statuto Albertino (1 gennaio 1948), lo Stato confessionale lasciò il posto allo ***Stato laico***, ossia uno Stato che non si identifica con alcuna religione ufficiale. Benché la Chiesa cattolica sia maggioritaria e lo Stato ne riconosca la sovranità (al pari di uno Stato estero), la Repubblica italiana riconosce piena libertà e pari dignità a qualsiasi culto, ponendo come unica condizione il rispetto delle leggi.

Art. 7

Lo Stato e la Chiesa cattolica sono, ciascuno nel proprio ordine, indipendenti e sovrani. [...]

Art. 8

Tutte le confessioni religiose sono egualmente libere davanti alla legge.
Le confessioni religiose diverse dalla cattolica hanno il diritto di organizzarsi secondo i propri statuti, in quanto non contrastino con l'ordinamento giuridico italiano.
I loro rapporti con lo Stato sono regolati per legge sulla base di intese con le relative rappresentanze.

Art. 19

Tutti hanno diritto di professare liberamente la propria fede religiosa in qualsiasi forma, individuale o associata, di farne propaganda e di esercitarne in privato o in pubblico il culto, purché non si tratti di riti contrari al buon costume.

Benedetto da Norcia fonda il monachesimo occidentale

L'esperienza monastica nata in Oriente si diffuse presto anche in Occidente, con caratteristiche particolari. Qui, infatti, si sviluppò un monachesimo **attento non solo alla preghiera individuale, ma anche al lavoro e all'aiuto verso i contadini**. A questo modo di intendere la vita religiosa diede un grande impulso **Benedetto da Norcia** (480-543 circa).

Nel 529 Benedetto riunì intorno a sé una comunità di monaci a **Montecassino**, nel Lazio, e si dedicò alla stesura di una *Regola* fondata su due princìpi fondamentali, riassunti poi nella famosa massima *Ora et labora* ("Prega e lavora").

Ai **momenti di preghiera comunitaria e di meditazione** personale che scandivano le ore della giornata, si alternavano tempi dedicati al lavoro necessario per il mantenimento della comunità.

La *Regola* di Benedetto, oltre a fissare con precisione i tempi da dedicare alla preghiera e alla meditazione, valorizzava infatti le **attività manuali** e in particolare quelle dell'**agricoltura** e dell'**artigianato**.

I monaci che seguivano la *Regola* di Benedetto (chiamati "**Benedettini**") abitavano stabilmente un monastero (o **abbazia**, vedi anche pag. 146) sotto la guida di un **abate**, il quale aveva la dignità di un vescovo.

Dall'Italia **il movimento benedettino si diffuse in tutta Europa**, sostenuto da papa Gregorio Magno; il pontefice si appoggiò ad esso per favorire l'**evangelizzazione del mondo britannico e germanico**.

Miniatura di Montecassino raffigurante San Benedetto ormai prossimo alla morte sostenuto dai suoi monaci, XI sec.

GLOSSARIO

Abate/abbazia

Il termine abate deriva dall'ebraico abba, che significa "padre", ed è il nome con cui viene indicato il superiore di una comunità benedettina.
Da abba deriva anche la parola abbazia, usata per indicare il monastero in quanto luogo in cui vive la comunità retta dall'abate.

PER LA COMPRENSIONE

- Quali furono le caratteristiche del monachesimo occidentale?
- Chi è considerato il fondatore del monachesimo occidentale? Da dove prese le mosse?
- Su quali princìpi fondamentali si basa la *Regola* di Benedetto da Norcia?
- A quali attività manuali si dedicavano i monaci?
- Chi era l'abate?
- Quale funzione assunse il monachesimo occidentale?

ALLE ORIGINI DELLA CIVILTÀ EUROPEA

San Benedetto e Gregorio Magno sono due delle figure più importanti dell'Alto Medioevo. Essi hanno lasciato un'impronta duratura nella storia del continente, tanto che ***San Benedetto*** *è stato proclamato "****patrono d'Europa****". Il movimento benedettino da lui fondato non ha influenzato solo la vita religiosa, ma anche quella culturale, economica e politica dell'Europa.*

SAN BENEDETTO DA NORCIA

L'INCONTRO DI BENEDETTO E SCOLASTICA

PREGHIERA, STUDIO E LAVORO NELLA REGOLA BENEDETTINA

La ***Regola*** *di Benedetto, suddivisa in 72 capitoli, descrive in modo puntiglioso ogni aspetto e ogni tempo della vita del monastero. Essa, inoltre, offre dettagliate indicazioni sul comportamento che ogni monaco deve tenere, comportamento fondato su* ***6 pilastri fondamentali****: castità, povertà, obbedienza, umiltà, coscienza e silenzio. La giornata del monaco era molto intensa, scandita dal ritmo della preghiera comunitaria, sette volte al giorno (vedi pagg. 150 151). Notevole è l'importanza data al lavoro manuale, opposta alla concezione del mondo barbarico, secondo la quale solo il mestiere delle armi era degno di onore.*

L'ozio è nemico dell'anima, perciò i monaci devono dedicarsi al lavoro in determinate ore e in altre, pure prestabilite, allo studio della parola di Dio. Quindi pensiamo di regolare gli orari di queste due attività fondamentali nel modo seguente:
da Pasqua fino al 14 settembre, al mattino verso le 5 quando escono da Prima [la preghiera dell'alba], lavorino secondo le varie necessità fino alle 9; dalle 9 fino all'ora di Sesta [mezzogiorno] si dedichino allo studio della parola di Dio.

Dopo l'Ufficio di Sesta e il pranzo, quando si alzano da tavola, riposino nei rispettivi letti in assoluto silenzio e, se eventualmente qualcuno volesse leggere per proprio conto, lo faccia in modo da non disturbare gli altri.

Si celebri Nona [le quindici] con un po' di anticipo, verso le 14, e poi tutti riprendano il lavoro assegnato dall'obbedienza fino all'ora di Vespro. Ma se le esigenze locali o la povertà richiedono che essi si occupino personalmente della raccolta dei prodotti agricoli, non se ne lamentino, perché i monaci sono veramente tali, quando vivono del lavoro delle proprie mani come i nostri padri e gli Apostoli. [...]

Durante la Quaresima leggano dall'alba fino alle 9 inoltrate e poi lavorino in conformità agli ordini ricevuti fino verso le 4 pomeridiane. In quei giorni di Quaresima ciascuno riceva un libro dalla biblioteca e lo legga ordinatamente da cima a fondo. [...]

E per prima cosa bisognerà incaricare uno o due monaci anziani di fare il giro del monastero nelle ore in cui i fratelli sono occupati nello studio, per vedere se per caso ci sia qualche monaco indolente, che, invece di dedicarsi allo studio, perda tempo oziando e chiacchierando e quindi, oltre a essere improduttivo per sé, distragga anche gli altri.

Se si trovasse – non sia mai! – un fratello che si comporta in questo modo, sia rimproverato una prima e una seconda volta, ma se non si corregge, gli si infligga una punizione prevista dalla Regola, in modo da incutere anche negli altri un salutare timore. [...].

Dalla *Regola* di San Benedetto

Benedetto da Norcia in un affresco del XII secolo.

*Papa **Gregorio Magno** fu al tempo stesso religioso, uomo politico e letterato. Viene definito "l'**inventore del Medioevo**" per la sua lungimirante visione del nuovo Occidente europeo, fondato sulla cristianità, sulla centralità del vescovo di Roma e sui regni latino-germanici.*
Riportiamo due documenti significativi per conoscere questi protagonisti del Medioevo europeo.

GREGORIO MAGNO

EVANGELIZZARE RISPETTANDO LE TRADIZIONI DEI POPOLI

***Gregorio Magno** dedicò gran parte del suo pontificato all'**opera missionaria**, cioè alla conversione al Cristianesimo delle popolazioni non latine. Egli era convinto che la condivisione della stessa fede religiosa avrebbe sia favorito l'integrazione tra popolazioni latine e germaniche sia dato maggiore stabilità politica all'Europa. Anche in questo aspetto del suo operato il pontefice mostrò una lungimiranza e una modernità sorprendenti, come testimonia la seguente lettera inviata ai missionari presso gli Angli. In essa si nota la preoccupazione del pontefice di non opporsi drasticamente alla cultura di quel popolo, ma di educarlo alla fede partendo dal suo stesso patrimonio di tradizioni e di usanze.*

Gregorio all'abate Mellito presso i Franchi.
Dopo la partenza della nostra missione che è con te siamo stati in pena perché non abbiamo potuto sapere niente sulle condizioni del vostro viaggio. Quando Iddio onnipotente vi avrà concesso di arrivare dal reverendissimo fratello nostro, il vescovo Agostino, ditegli ciò che dopo lunga riflessione ho pensato a proposito del problema degli Angli e cioè che non si debbano distruggere i templi degli idoli, ma solo gli idoli che in essi ci sono.
Si benedica l'acqua e con essa si purifichino i templi, si costruiscano altari, vi si depongano delle reliquie, giacché, se i templi sono costruiti bene, è necessario trasformarli da luogo di culto dei demoni in luoghi di devozione del vero Dio. Infatti, il popolo, se non vedrà distruggere i suoi templi, abbandonerà il suo errore, riconoscerà il vero Dio e accorrerà devotamente a quei luoghi che gli sono familiari. E poiché è loro consuetudine sacrificare ai demoni molti buoi, deve rimanere immutata questa loro tradizione per cui, nell'anniversario di consacrazione della chiesa o nel giorno natale dei santi martiri, le cui reliquie vi saranno deposte, costruiscano con dei rami degli altari accanto a quelle chiese ricavate dagli antichi templi e celebrino solennemente i loro banchetti rituali; non sacrifichino animali al diavolo, ma uccidano le loro bestie a lode di Dio e lo ringrazino per l'abbondanza del cibo, affinché, nel momenti in cui vengono riservati ad essi alcuni piaceri materiali, essi siano anche più disponibili all'edificazione spirituale.
Non c'è dubbio infatti che sia impossibile liberare le loro menti ottuse di tutti gli errori contemporaneamente, giacché non può portarsi in alto con un balzo chi sale un monte passo per passo. Così Dio si rivelò al popolo d'Israele in Egitto, ma tuttavia rivendicò alla sua adorazione i sacrifici tradizionali che di solito venivano offerti al diavolo; insegnò agli uomini a sacrificargli animali, affinché, essendo mutato il loro cuore, dei sacrifici tradizionali qualcosa dimenticassero e qualcosa ricordassero; per cui, anche se erano sempre gli stessi animali a essere sacrificati, tuttavia, perché venivano offerti a Dio e non agli idoli, non erano più gli stessi sacrifici.

Da Gregorio Magno, *Epistole*, IX, in *La storia medievale, attraverso i documenti*, a cura di A: M. Lumbelli e G. Miccoli, Zanichelli

Antonello da Messina, Ritratto di papa Gregorio Magno, *XV secolo.*

✓ SINTESI

AUDIOSINTESI

LA CRISI CAMBIA IL VOLTO DELL'OCCIDENTE

✔ Tra il IV e il V secolo l'Europa visse un momento di grave **crisi**. Le invasioni e le **malattie** provocarono una forte **diminuzione della popolazione** e il **crollo della produzione agricola**. Molti villaggi furono abbandonati e le città si indebolirono. Le comunicazioni e gli scambi si ridussero drasticamente.

LE CAMPAGNE DIVENTANO IL CENTRO DELLA VITA ECONOMICA

✔ La crisi determinò l'affermarsi di un tipo di economia incentrata sulla ***villa***, cioè la grande azienda agricola romana. Le *villae* rappresentavano di fatto nuclei politici, economici e sociali autosufficienti e chiusi. Tale organizzazione sarà alla base dell'economia curtense. Il declino economico si accompagnò ad una forte crisi sociale.

LA CRISI POLITICA E IL RUOLO DEI VESCOVI

✔ Dopo il crollo dell'Impero romano d'Occidente l'organizzazione politica del territorio venne meno, senza che vi fossero nuove strutture politiche ben definite. L'autorità centrale cominciò ad essere sentita sempre più come estranea. Nuovi punti di riferimento per le popolazioni, soprattutto nelle città, divennero i **vescovi**, che videro crescere la propria **autorità** e il proprio **prestigio** non solo sul piano religioso, ma anche sotto il profilo politico.

LA CHIESA FONDA LA NUOVA CIVILTÀ EUROPEA

✔ Dopo l'*editto di Teodosio* (380) l'autorità della Chiesa aumentò ed essa svolse un importante ruolo di ***guida politica dell'Europa***. Di fronte alle invasioni essa fornì aiuto alle popolazioni minacciate e il suo prestigio crebbe anche grazie all'opera di alcuni grandi papi, come ***Leone I Magno*** e ***Gregorio Magno***.

LA NASCITA DEL MONACHESIMO

✔ Un ruolo importante nel consolidamento della Chiesa ebbe il **monachesimo**, un movimento religioso sorto in Oriente sulla scia dell'esperienza di sant'Antonio. I monaci vivevano in solitudine dedicandosi alla preghiera, alla lettura dei testi sacri e alla meditazione. Il monachesimo si diffuse in Occidente, assumendo caratteristiche in parte diverse. Fondatore del monachesimo occidentale fu **Benedetto da Norcia**; la sua *Regola* prevedeva una vita monastica fondata sulla preghiera, lo studio e le attività manuali. I monasteri benedettini svolsero un'importante **funzione sociale**, **economica** e **culturale** oltre che religiosa.

San Benedetto consegna la sua Regola a San Mauro e ad altri monaci del suo ordine. Monastero di St. Gilles, 1129.

CRONOLOGIA

- **251-356** Vita di sant'Antonio
- **292-346 ca.** Vita di san Pacomio
- **330-379** Vita di san Basilio
- **374** Ambrogio vescovo di Milano
- **380** Editto di Teodosio
- **410** I Visigoti saccheggiano Roma
- **440-461** Leone Magno papa
- **476** Fine dell'Impero romano d'Occidente
- **480-543** Vita di san Benedetto
- **fine V secolo** Diffusione monachesimo irlandese
- **529** San Benedetto fonda l'abbazia di Montecassino
- **590-604** Gregorio Magno papa
- **VI secolo** Conversione dei Visigoti, dei Longobardi e degli Angli

VERIFICA DI COMPRENSIONE

VERIFICHE INTERATTIVE

La crisi politica, socio-economica e il ruolo della Chiesa

1. Indica se le affermazioni sono vere (V) o false (F).

- ☐ **a.** Dopo la caduta dell'Impero romano d'Occidente vi fu un periodo di declino economico.
- ☐ **b.** L'organizzazione del territorio e le magistrature di età romana sopravvissero anche nei primi secoli del Medioevo.
- ☐ **c.** Agli inizi del Medioevo si registrò un forte calo demografico.
- ☐ **d.** Nelle città crebbe l'autorità politica dei vescovi.
- ☐ **e.** I primi secoli del Medioevo furono caratterizzati da un notevole incremento della produzione agricola.
- ☐ **f.** Gregorio Magno dettò la regola del monachesimo orientale.
- ☐ **g.** Il monachesimo benedettino contemplava momenti di preghiera e momenti di lavoro.
- ☐ **h.** Gli abati erano monaci che conducevano una vita isolata ed eremitica.
- ☐ **i.** Nei tempi riservati al lavoro i monaci benedettini si dedicavano esclusivamente alle attività agricole.
- ☐ **l.** Agli inizi del Medioevo il centro della vita economica si sposta dalle città alle campagne.

Le conseguenze della crisi socio-economica e politica

2. Indica le conseguenze dei seguenti eventi/fenomeni, scegliendo tra quelle proposte.

a. Le devastazioni e le malattie causarono ....

b. La riduzione delle terre coltivate causò ....

c. La decadenza delle magistrature romane causò ....

d. L'incuria e l'insicurezza delle strade causarono ....

e. L'aiuto e la protezione offerti dalla Chiesa alle popolazioni determinarono ....

1. il rafforzamento dell'autorità politica dei vescovi – 2. la fine dei grandi commerci – 3. la crescita del prestigio e dell'autorità della Chiesa – 4. l'estensione dei boschi e delle foreste – 5. la diminuzione della popolazione

Le trasformazioni economiche: dalla villa alla curtis

3. Descrivi la nascita dell'economia curtense, completando opportunamente lo schema.

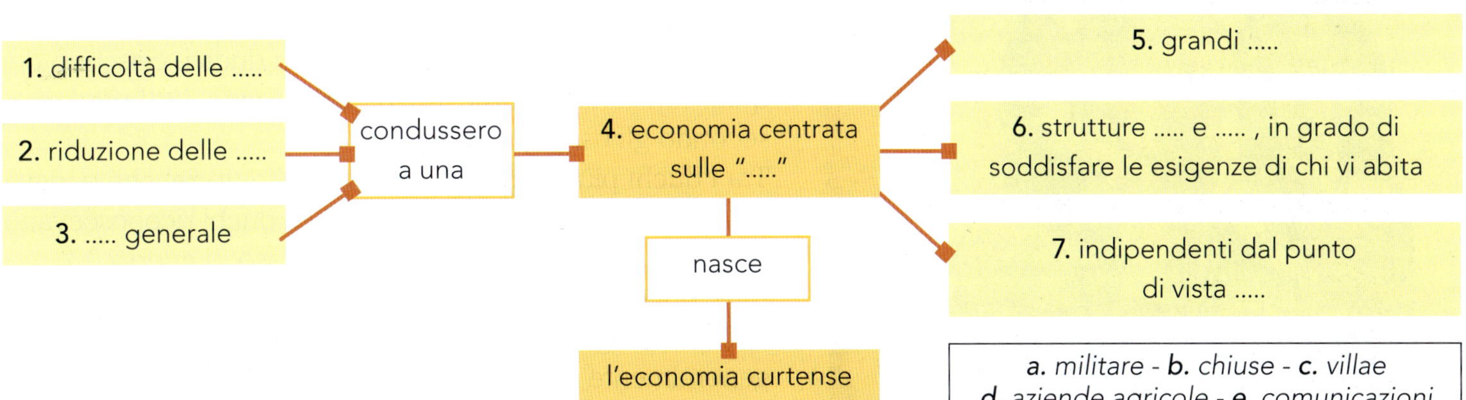

a. militare - b. chiuse - c. villae
d. aziende agricole - e. comunicazioni
f. insicurezza - g. autosufficienti
h. attività commerciali

Le parole della Storia

4. Indica a quale termine corrispondono le seguenti definizioni.

- ☐ **a.** Cariche pubbliche nell'antica Roma.
- ☐ **b.** Insieme delle attività attraverso le quali gli uomini producono e scambiano i beni di cui hanno bisogno.
- ☐ **c.** Scienza che studia le trasformazioni che avvengono nella popolazione di un territorio.
- ☐ **d.** Vescovo che esercitava la sua autorità su territori politicamente rilevanti.
- ☐ **e.** Coloro che sceglievano di vivere in solitudine, dedicandosi alla preghiera e alla meditazione.
- ☐ **f.** Monaci che vivevano in comunità.
- ☐ **g.** Monaco a capo di una comunità benedettina.
- ☐ **h.** Tassa da versare alle casse dell'imperatore.
- ☐ **i.** Appellativo dato a personaggi storici che si sono distinti per il loro operato.

1. cenobiti – 2. patriarca – 3. magistrature – 4. monaci – 5. abate – 6. demografia – 7. economia – 8. Magno – 9. tributo

7. I LONGOBARDI IN ITALIA

I Longobardi invadono l'Italia

I **Longobardi** erano una popolazione di stirpe germanica proveniente dalla Scandinavia e stanziatasi in Pannonia, una regione corrispondente all'odierna Ungheria.
Cacciati dalle loro terre dagli **Ávari**, una popolazione nomade originaria della Mongolia, nel VI secolo **i Longobardi si spostarono in massa verso occidente**. Nel 568, guidati dal re **Alboino**, penetrarono nel Friuli e da lì dilagarono in gran parte della penisola italica.
I **Bizantini**, che con Giustiniano avevano da poco recuperato il controllo della penisola, **non seppero opporsi in modo efficace agli invasori**: i Longobardi occuparono dapprima Milano, poi **Pavia**, che divenne la loro capitale.
In pochi anni i Longobardi riuscirono a **conquistare gran parte della penisola italiana**, a eccezione di alcuni territori costieri e meridionali, che rimasero sotto il dominio bizantino.

GLOSSARIO

Longobardi
Il nome di questa popolazione significa probabilmente "dalla lunga lancia" (da lang, "lungo", e barthe, "scure, lancia") e si riferisce alle armi utilizzate da questo popolo guerriero. Secondo altri studiosi, invece, il nome Longobardi significherebbe "dalle lunghe barbe" (da lang ,"lungo," e bart, "barba"), riferito all'usanza di portare lunghe barbe incolte.

I re longobardi Ratchis e Astolfo raffigurati in un manoscritto del X secolo.

Il periodo dei duchi

Nell'occupazione del territorio italiano i Longobardi mantennero la loro **organizzazione di tipo tribale**, per clan e gruppi di famiglie (***fare***); questi erano sottoposti all'autorità di un capo militare che la popolazione italica chiamò **duca**.
Il territorio italiano fu perciò diviso in ducati, ciascuno dei quali funzionava **come un piccolo regno indipendente**, secondo gli usi germanici.
Tra i duchi più importanti veniva scelto un **re**, che godeva di un particolare prestigio e al quale i duchi riconoscevano un'autorità superiore, soprattutto in caso di guerra.
Il re longobardo veniva designato mediante **elezione**, ma anche salvaguardando il criterio dell'**ereditarietà**, quindi generalmente veniva scelto all'interno dello stesso gruppo familiare.
Per molto tempo i Longobardi **si comportarono da conquistatori**, saccheggiando, sfruttando e opprimendo le popolazioni italiane e imponendo a tutti le proprie leggi.

GLOSSARIO

Duca
Parola derivante dal latino dux, che significa "comandante", originariamente in riferimento alla guida delle truppe.

RE ALBOINO ORGANIZZA I TERRITORI

GLI ORI DEI LONGOBARDI

L'ITALIA DIVISA IN DUE: LONGOBARDÌA E ROMÀNIA

*Alla fine della guerra greco-gotica (553) l'Italia era diventata un dominio bizantino. Si trattava di un territorio difficile da difendere e i Longobardi riuscirono a occuparlo senza incontrare grandi resistenze. Con il consolidamento delle conquiste longobarde la penisola si trovò divisa in due: da una parte i territori soggetti ai Longobardi (**Longobardìa**) e dall'altra i domini bizantini (**Romània**). La carta illustra la situazione dell'Italia alla metà del VII secolo.*

*Come segno della conversione del popolo longobardo al cattolicesimo, a **Monza** la regina Teodolinda fece costruire il Duomo, nel quale è conservata la Corona Ferrea.*

*La capitale, **Pavia**, era collocata strategicamente al centro dell'Italia settentrionale ed era a quel tempo difesa da paludi che la rendevano inaccessibile.*

*Dopo la conquista longobarda, i territori bizantini amministrati dall'esarca con sede a **Ravenna** furono molto ridimensionati.*

L'Italia alla metà del VII secolo

__Cividale__, l'antica Forum Julii, fu la prima città incontrata dagli invasori. Divenne la sede del primo ducato longobardo e fu uno dei centri politici e culturali più importanti.

Le regioni orientali e settentrionali furono le prime a essere occupate dai Longobardi.

La rivalità fra i vari ducati e i contrasti tra i duchi e il re, che risiedeva a Pavia, furono tra le cause della debolezza del regno longobardo in Italia.

La Chioccia con sette pulcini, del VI-VII sec., è uno dei preziosi oggetti di oreficeria longobarda che formano il cosiddetto Tesoro del Duomo di Monza.

PER LA COMPRENSIONE

1. Da dove provenivano i Longobardi?
2. Perché si spostarono verso Occidente?
3. Perché i Longobardi riuscirono a conquistare facilmente gran parte dell'Italia?
4. Dopo la conquista longobarda come si trovò divisa l'Italia?
5. Chi era il duca? Come organizzarono i Longobardi il territorio conquistato?
6. Come veniva scelto il loro re?
7. Come si comportarono all'inizio i Longobardi nei confronti della popolazione italica?

ANALISI DELLA CARTA STORICA

- Da quale regione i Longobardi fecero il loro ingresso nella penisola italica?
- Quali territori occuparono? In quali parti della penisola si insediarono?
- Quale città scelsero come capitale?
- Quali territori rimasero sotto il dominio dei Bizantini?

I Longobardi si convertono al cattolicesimo

Rotari emana il proprio editto. Manoscritto dell'XI secolo.

I Longobardi, che in origine erano ariani, una volta giunti nella penisola italiana entrarono presto in contrasto con la Chiesa di Roma. Tra il VI e il VII secolo, tuttavia, **abbandonarono l'arianesimo e si convertirono al cattolicesimo**.
La conversione dei Longobardi fu dovuta soprattutto all'iniziativa della regina **Teodolinda** (589-616), aiutata dal papa **Gregorio Magno**.
I motivi della conversione non furono solo religiosi. Teodolinda, infatti, convinse i due re che ebbe come mariti, prima Autari (584-590) e poi Agilulfo (590-615), che un avvicinamento alla Chiesa avrebbe portato **grandi vantaggi per i Longobardi**, perché avrebbero avuto **nel papa un potente alleato.** La conversione al cattolicesimo portò i Longobardi ad assimilare molti elementi della cultura latina. Il primo codice scritto delle leggi longobarde, l'**Editto di Rotari** (dal nome del re che lo promulgò nel **643**), ad esempio, fu redatto in lingua latina.

I Longobardi in contrasto con il papa

Nell'VIII secolo venne eletto re **Liutprando** (712-744), il cui governo garantì nella penisola un periodo di pace e di stabilità.
Liutprando ebbe il merito di essere un **grande legislatore** e di **cancellare ogni barriera tra Longobardi e Italici**, permettendo matrimoni misti e sepolture comuni, fino a quel tempo proibiti.
Nel corso del suo regno Liutprando volle **proseguire la conquista della penisola italiana**, combattendo contro i Bizantini. Dopo avere sottomesso gran parte dei territori dell'esarcato, si diresse verso il Lazio.
Giunto nei pressi di Roma, nel **728**, Liutprando si fermò di fronte all'intervento di papa Gregorio II e **accettò di ritirarsi**, donando al pontefice i territori conquistati (tra i quali il **castello di Sutri**) in segno di **fedeltà** e di **alleanza con la Chiesa**.
L'**alleanza con il papa**, però, **non durò a lungo**, perché Liutprando e i suoi successori cercarono continuamente di estendere la loro autorità sui ducati longobardi meridionali e sui territori bizantini, minacciando così il potere del papa su Roma e i territori circostanti.

focus

LA DONAZIONE DI SUTRI E IL PATRIMONIO DI SAN PIETRO

Durante le campagne militari intraprese per la conquista della penisola italiana, Liutprando si trovò per la prima volta a misurarsi con il Papato. Il pontefice, che in quegli anni era Gregorio II, non possedeva una grande forza militare e i suoi protettori, i Bizantini, erano deboli. Godeva però di un grande prestigio e soprattutto era temuto per la sua autorità religiosa.
Liutprando rinunciò, seppure malvolentieri, a occupare Roma e per mostrare la propria fedeltà al pontefice gli donò il castello di Sutri (nell'alto Lazio), strappato ai Bizantini, insieme ai territori circostanti.
Questi nuovi possedimenti si andarono ad aggiungere a quelli che già costituivano il vasto **Patrimonio di San Pietro** (cioè i possedimenti di proprietà della Chiesa), ma con un'importante novità.
Al papa venne infatti ufficialmente riconosciuta la piena giurisdizione sulla città di Sutri, della quale egli diventava a tutti gli effetti sovrano.
Per questo motivo la donazione di Sutri è considerata per convenzione il primo nucleo e l'atto di nascita di quello che nei decenni e nei secoli successivi si sarebbe trasformato in un vero e proprio regno: lo **Stato della Chiesa**.

L'EDITTO DI ROTARI

L'Editto di Rotari, emanato nel 643, fu redatto in una lingua latina talora approssimativa. L'editto è composto da 338 articoli ed è suddiviso in capitoli che riguardano il diritto penale (reati politici, contro le persone, contro le cose), eredità, donazioni e testamenti, diritto di famiglia, proprietà e contratti. Fondamentalmente si basa sulle tradizioni longobarde, di cui conserva anche quelle più crudeli che, pur condannate dalla Chiesa, durarono per molto tempo. Nonostante fosse una raccolta di ***norme tribali****, l'Editto di Rotari conteneva elementi di grande novità, segno della progressiva assimilazione, da parte dei Longobardi, di* ***alcuni princìpi propri del diritto romano****.*

Io, **in nome di Dio**[1], Rotari, uomo eccellentissimo e diciassettesimo re della gente longobarda, con l'aiuto divino nell'anno ottavo del mio regno e trentottesimo della mia vita, e nel settantaseiesimo anno dopo l'ingresso dei Longobardi in Italia da quando vi furono condotti col favore divino da Alboino allora re. Redatto a Pavia nel palazzo reale. [...]

1. Se un uomo trama o si consiglia [con qualcuno] **contro la vita del re**[2], la sua vita sia messa in pericolo e i suoi beni siano confiscati. [...]

45. Delle ferite o dell'indennizzo delle ferite che accadessero tra **uomini liberi**[3], si paghi il risarcimento secondo che qui si dispone, cessando la **faida**[4], cioè l'inimicizia. [...]

77. Se qualcuno percuoterà un **aldio**[5] o un **servo ministeriale**[6] altrui, se comparirà una ferita o un livido, per una ferita paghi un soldo; se ne avrà fatte due, paghi due soldi; se ne avrà fatte tre, paghi tre soldi; se ne avrà fatte quattro, paghi quattro soldi; se saranno di più non si conteranno. [...]

279. Delle **bande di contadini**[7]. Se dei servi, cioè una banda, saranno penetrati a mano armata in un villaggio per recare danno, e un uomo libero posto sotto l'autorità del nostro regno sarà stato alla loro testa, sia condannato a morte, ovvero paghi novecento soldi, metà al re e metà a colui che è stato danneggiato.

1. L'invocazione a Dio testimonia l'influenza cristiana sul popolo longobardo, fattasi più intensa con la conversione al cattolicesimo.

2. Per chi attenta alla vita del re, macchiandosi del reato che nel diritto romano era chiamato "alto tradimento", è prevista la pena di morte.

3. I Longobardi, dominatori, sono uomini liberi (o arimanni) che si riconoscono nell'autorità del loro re.

4. Il principio di sostituire un costume tribale come la faida (cioè la vendetta personale in caso di offese) con un risarcimento economico (in proporzione al tipo di offesa) chiamato guidrigildo, è una delle novità più importanti di tutto l'Editto.

5. Nella società longobarda agli uomini liberi erano sottomessi gli aldi, o uomini semiliberi. Il risarcimento per le colpe o offese era maggiore per gli uomini liberi e minore per gli aldi, cioè era stabilito in base alla diversa posizione sociale.

6. I servi ministeriali erano quelli preposti al governo della casa del padrone e dei suoi terreni.

7. Nel regno longobardo esistevano situazioni di anarchia, a cui l'Editto cerca di porre dei rimedi con la pena più severa: la morte.

PER LA COMPRENSIONE

- Qual era la regione dei Longobardi all'arrivo in Italia?
- Chi promosse la conversione dei Longobardi al cattolicesimo?
- Quali vantaggi ne trassero i Longobardi?
- Quale effetto produsse la conversione al cattolicesimo?
- Che cos'era l'*Editto di Rotari*?
- Come fu il regno di Liutprando? Quali meriti ebbe questo sovrano?
- Qual era il suo progetto politico?
- Quali furono i suoi rapporti con la Chiesa? Perché venne meno l'alleanza con il papa?
- Che cos'è la "Donazione di Sutri"?

ANALISI DEL DOCUMENTO STORICO

- In quale anno di regno Rotari emanò l'*Editto*?
- Quanti anni dopo l'arrivo dei Longobardi in Italia?
- Dove venne redatto l'*Editto*?
- Che cosa prevedeva l'articolo 1?
- Che cosa stabiliva l'articolo 45? Chi riguardava?
- Quale costume tribale sostituiva?
- Chi erano gli arimanni? Chi erano gli aldi?
- I componenti della società longobarda erano uguali davanti alla legge? Fai qualche esempio.
- Che cosa prevedeva l'*Editto* per chi, alla guida di una banda armata, assaltava i villaggi?

✓ SINTESI

AUDIOSINTESI

I LONGOBARDI INVADONO L'ITALIA

✔ Dopo la morte dell'imperatore Giustiniano, l'Italia venne invasa da una nuova tribù germanica: i **Longobardi**. Guidati da Alboino, si stabilirono nella penisola e posero la capitale del loro regno a **Pavia**, organizzando il territorio in **ducati**.

LA CONVERSIONE AL CATTOLICESIMO E L'ASSIMILAZIONE DI ELEMENTI CULTURALI LATINI

✔ Inizialmente i rapporti tra i Longobardi e la Chiesa furono difficili, perché i Longobardi avevano abbracciato l'**eresia ariana**. In seguito, però, la regina Teodolinda e il papa Gregorio Magno riuscirono a ottenere la conversione al **cattolicesimo** da parte di tutta la popolazione. Ciò favorì anche l'assimilazione di elementi della cultura latina, testimoniata dall'adozione delle **prime leggi scritte**.

L'ESPANSIONE LONGOBARDA E I CONTRASTI CON LA CHIESA

✔ Sotto il regno di **Liutprando** l'Italia godette di un periodo di pace e di stabilità. Egli tentò di estendere l'autorità del regno longobardo al resto dell'Italia. Dichiarò guerra ai Bizantini e nel 728 giunse fino a Roma, ma fu convinto a ritirarsi da papa Gregorio II.

✔ La **politica espansionistica** di Liutprando e dei suoi successori finì con il deteriorare i rapporti con la Chiesa, che sentiva minacciata la sua autorità sui territori laziali.

Statue in marmo nel tempietto longobardo di Cividale del Friuli.

Fibula in argento dorato con cammeo antico proveniente da una tomba longobarda.

CRONOLOGIA

- **568** I Longobardi invadono l'Italia
- **572-584** Morte di Alboino Periodo di anarchia
- **584-590** Regno di Autari
- **589-616** Teodolinda regina
- **590** Gregorio Magno eletto papa
- **590-615** Regno di Agilulfo
- **636-652** Regno di Rotari
- **643** Editto di Rotari
- **712-744** Regno di Liutprando
- **728** Donazione di Sutri

VERIFICA DI COMPRENSIONE

VERIFICHE INTERATTIVE

L'invasione e l'insediamento dei Longobardi in Italia

1. Indica se le affermazioni sono vere (V) o false (F).

☐ **a.** I Longobardi erano una popolazione di origine slava.
☐ **b.** In Italia i Longobardi occuparono molta parte dei domini bizantini.
☐ **c.** La popolazione longobarda era divisa in tribù.
☐ **d.** I Longobardi fondarono subito un regno in Italia.
☐ **e.** Il re longobardo era scelto tra i duchi.
☐ **f.** I Longobardi erano ariani.
☐ **g.** Per molto tempo i Longobardi si comportarono come conquistatori e saccheggiatori.
☐ **h.** La regina Teodolinda favorì la conversione al cattolicesimo dei Longobardi.
☐ **i.** Il re Rotari donò al papa il castello di Sutri.
☐ **l.** Papa Gregorio II convinse Liutprando ad abbandonare la conquista dell'Italia.

L'invasione e l'insediamento dei Longobardi in Italia

2. Indica con una **✗** la conclusione corretta tra quelle proposte.

a. I Longobardi giunsero in Italia
☐ 1. nel V secolo
☐ 2. nel VI secolo
☐ 3. nel VII secolo

b. La capitale del regno longobardo era
☐ 1. Ravenna
☐ 2. Pavia
☐ 3. Milano

c. La prima codificazione scritta delle leggi longobarde fu fatta da
☐ 1. Rotari
☐ 2. Alboino
☐ 3. Liutprando

d. Sotto il dominio longobardo l'Italia
☐ 1. fu unificata in un solo regno
☐ 2. si trovò divisa tra regno longobardo e domini bizantini
☐ 3. era divisa tra regno longobardo e regni latino-germanici

I protagonisti della Storia

3. **Nelle affermazioni che seguono gli eventi sono stati attribuiti al personaggio sbagliato.**
Correggi il nome del personaggio, in modo che le affermazioni siano corrette.

a. Teodolinda guidò la migrazione dei Longobardi in Italia.
....

b. Alboino emanò il primo codice di leggi longobarde.
....

c. Liutprando contribuì a convertire i Longobardi al cattolicesimo.
....

d. Rotari voleva estendere il dominio longobardo su tutta l'Italia.
....

e. Gregorio Magno emanò leggi per favorire l'integrazione tra Longobardi e Latini.
....

Le parole della Storia

4. **Indica il termine corrispondente alle seguenti definizioni, scegliendolo tra quelli indicati.**

1. guidrigildo - 2. arimanni - 3. Romània - 4. aldi - 5. duca - 6. Patrimonio di San Pietro - 7. faida - 8. fare

a. Denominazione dei territori italiani soggetti ai Bizantini:
....
b. Capo militare longobardo: ....
c. Vendetta personale nei confronti di un'offesa ricevuta:
....
d. Denominazione dei possedimenti di proprietà della Chiesa ....
e. Nella società longobarda erano gli uomini liberi:
....
f. Nella società longobarda erano gli uomini semiliberi:
....
g. Risarcimento economico di un'offesa: ....
h. Clan, gruppi di famiglie: ....

Gli eventi della storia longobarda: cause e conseguenze

5. Collega correttamente le seguenti espressioni.

MAPPA CONCETTUALE E LINEA DEL TEMPO

a. I Longobardi si spostarono verso occidente perché

b. La conversione al cattolicesimo ebbe conseguenze culturali e politiche perché

c. La donazione del castello di Sutri al papa fu importante perché

1. fu fondato il primo nucleo dello Stato della Chiesa

2. i Longobardi si avvicinarono alla cultura ed alla tradizione latina

3. i Longobardi ottennero l'appoggio del papa

4. gli Àvari avevano invaso il loro territorio

3 IL MEDITERRANEO ISLAMICO E LA NUOVA EUROPA

LINEE GUIDA

VIDEO INTRODUTTIVO

- Nel VII secolo sulla scena della storia europea e mediterranea si affaccia una **nuova potenza**, quella **araba**. Sotto la guida di **Maometto** le tribù arabe divennero protagoniste di un'inarrestabile espansione, animata da una profonda ispirazione religiosa, quella dell'**Islam**.
- La **civiltà arabo-islamica** seppe fondere e rielaborare **apporti culturali diversi**, che divennero così patrimonio comune dell'Europa e del mondo.
- Nell'Europa continentale occidentale **Carlo Magno** riuscì a creare un vasto impero (**Sacro Romano Impero**), che voleva essere la continuazione dell'Impero romano nel segno della fede cristiana.
- L'organizzazione del Sacro Romano Impero divenne il fondamento della **società feudale**, un sistema politico, giuridico ed economico che caratterizzò a lungo l'Europa.

622 Ègira: inizio dell'era musulmana

VII-VIII sec. Espansione musulmana

732 Battaglia di Poitiers

771-814 Regno di Carlo Magno

VIII-IX sec. Incursioni normanne

800 Sacro Romano Impero

827-902 Conquista araba della Sicilia

843 *Trattato di Verdun*

877 *Capitolare di Kiersy*

600 | 700 | 800

MAOMETTO 570-632

CARLO MAGNO 742-814

VICHINGHI/ NORMANNI

GLI SPAZI DELLA STORIA

Il Meditarraneo islamico e l'Europa carolingia (IX sec.)

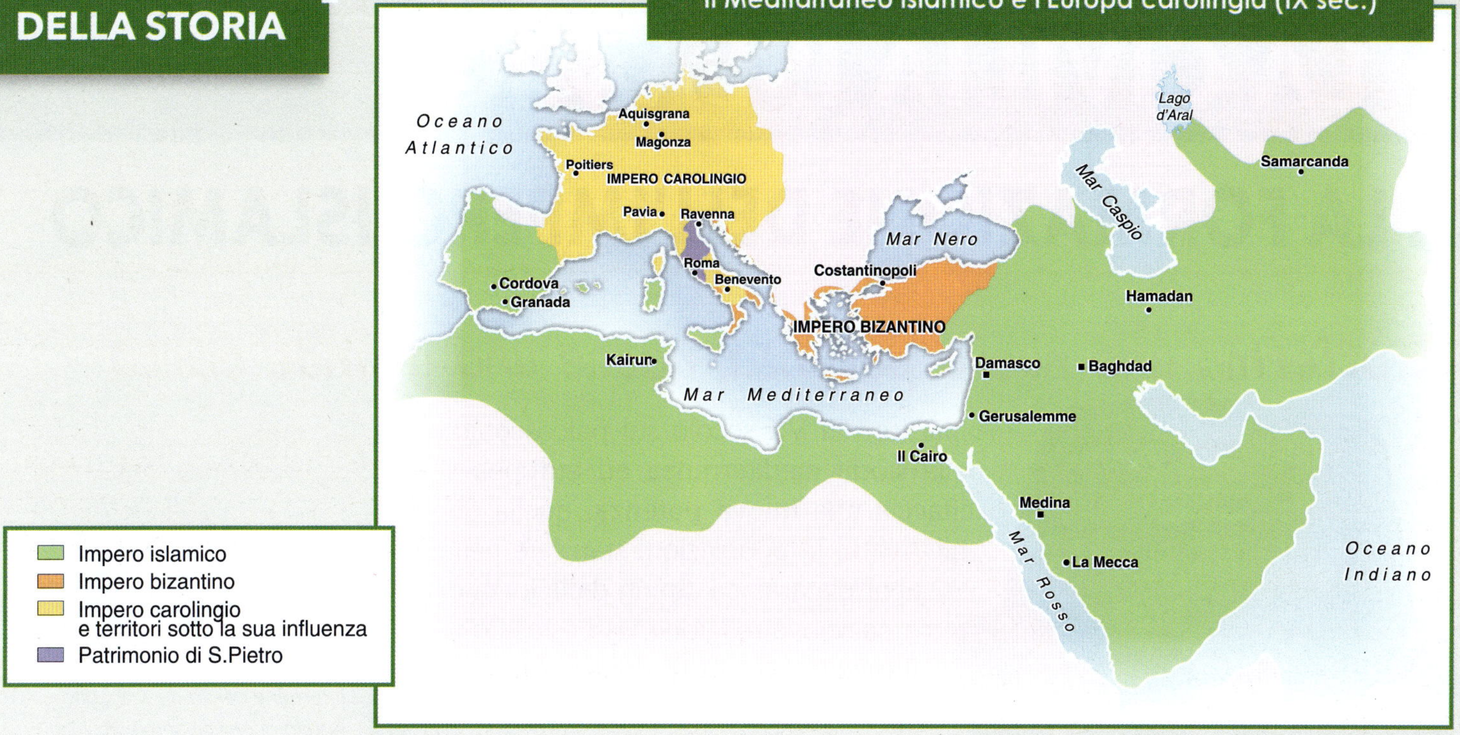

L'espansione araba cambiò la geografia dell'Europa e del Mediterraneo. Gli Arabi estesero la loro egemonia sulle sponde meridionali e orientali del bacino del Mediterraneo, insediandosi anche nella penisola iberica. L'Europa continentale occidentale ritornò per poco tempo a costituire un organismo unitario (Sacro Romano Impero o Impero carolingio).

887 Fine dell'Impero carolingio

IX-X sec. Incursioni ungare

962 Sacro Romano Impero Germanico

1037 *Constitutio de feudis*

XI sec. Normanni in Inghilterra e Italia meridionale

900 — **1000**

SARACENI

OTTONE I 912-973

FEUDATARI CAVALIERI MONACI CONTADINI

GLI ARABI E LA CIVILTÀ ISLAMICA

8. LA FORMAZIONE DELL'IMPERO ISLAMICO

Si afferma una nuova potenza, nasce una grande civiltà

A partire dal VII secolo sul palcoscenico della storia mediterranea ed europea si affaccia una **nuova potenza**, quella degli **Arabi**, le popolazioni stanziate nella penisola arabica. Spinti dalla forza di una nuova religione, essi estesero in breve tempo il loro dominio su vasti territori.

Gli Arabi ebbero un ruolo fondamentale nella storia europea, perché **favorirono lo scambio** di idee, tecniche e prodotti commerciali **tra l'Oriente e l'Occidente**. Essi seppero **fondere e assimilare varie culture** in una grande civiltà.

Stele antropomorfa rinvenuta nel nord della penisola arabica, risalente al IV millennio a.C.

GLOSSARIO

Arabo/Beduino
Il termine deriva da arab, *una parola di origine semitica, il cui significato è "nomade".*
Simile significato ha la parola beduino, *dall'arabo* bedewin/bedawi, *che significa "abitante della steppa, del deserto (*badw*)".*

PERCHÉ L'ISLAM HA AVUTO UN SUCCESSO COSÌ GRANDE

L'Arabia fino al VII secolo

Anticamente, l'Arabia **era abitata dai beduini**, soprattutto nella parte settentrionale e centrale.

Essi erano pastori nomadi, **allevatori** di dromedari e cammelli e **dediti al commercio** carovaniero; vivevano in **tribù** indipendenti le une dalle altre e molto spesso erano in lotta tra loro per il controllo delle **oasi** più fertili e delle piste carovaniere.

Già nell'antichità nella penisola arabica meridionale sorsero alcune **città ricche e potenti**; esse divennero il centro di un fiorente **commercio di aromi** (in particolare dell'**incenso** e della **mirra**), di **spezie** (che servivano per produrre medicine e profumi) e di **pietre preziose**.

Lo splendore di queste città era tale che i Romani chiamavano la regione ***Arabia felix*** ("Arabia prospera").

Fino al VII secolo, tuttavia, la penisola arabica fu una **regione marginale**, posta ai confini con l'Impero romano (e poi con quello bizantino), di cui alcune città erano alleate commerciali.

LA PENISOLA ARABICA NEL VI SECOLO

*L'Arabia è una vasta penisola dell'Asia (si parla infatti anche di "**penisola arabica**"), grande circa 10 volte l'Italia, bagnata dal Mar Rosso e dall'Oceano Indiano. La penisola arabica oggi coincide quasi interamente con il regno dell'Arabia Saudita. Nella restante parte, a sud e lungo le coste del Golfo Persico, sorgono oggi Stati più piccoli: Yemen, Oman, Emirati Arabi Uniti, Qatar, Kuwait e una parte dell'Iraq meridionale.*
Attraverso le vie carovaniere (così chiamate perché erano percorse dalle carovane dei mercanti che trasportavano le merci sui dromedari e sui cammelli) dalle regioni più interne era possibile raggiungere il Mediterraneo e da lì la Grecia e Roma.

1 *Intensi erano i traffici commerciali con l'Egitto e con alcune importanti città bizantine, come Damasco, Palmira e Gerusalemme. Attraverso questi contatti gli Arabi potevano arrivare al Mediterraneo.*

2 *In prossimità di alcune città e oasi occidentali erano presenti **tribù ebraiche e cristiane**.*

3 *Le piste carovaniere univano le **città più importanti**, tutte situate a poca distanza dal mare e in prossimità di grandi oasi.*

4 *Le **piste carovaniere** arabe si collegavano a importanti vie commerciali terrestri (come la Via della seta) e marittime, grazie alle quali gli Arabi intrattenevano rapporti con l'Oriente.*

*Ad eccezione delle fertili regioni meridionali bagnate dall'Oceano Indiano e delle oasi, il territorio della penisola arabica era un'immensa **distesa desertica e rocciosa**.*

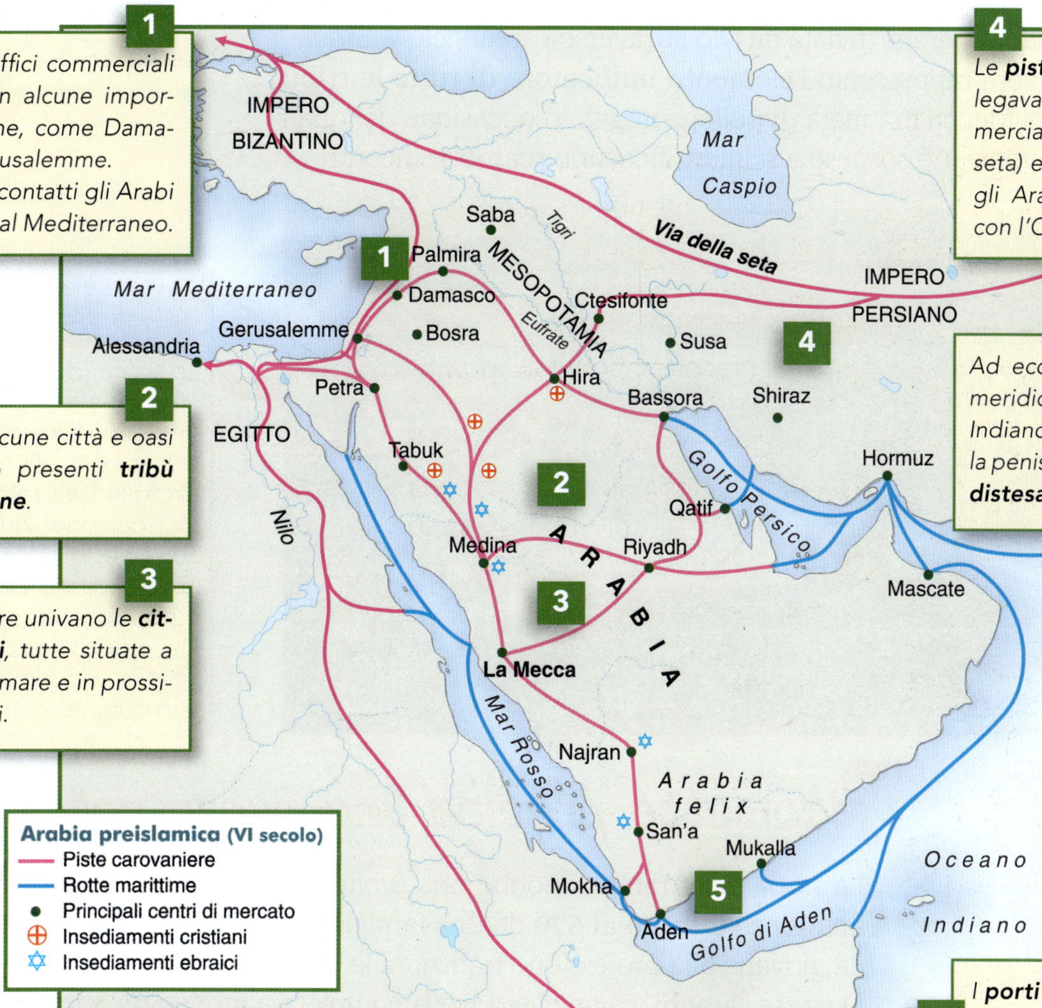

5 *I **porti** più importanti erano situati nel Sud, dove la conformazione delle coste permetteva l'attracco delle navi.*

PER LA COMPRENSIONE

- Quale nuova potenza influenzò la storia europea e mediterranea a partire dal VII secolo?
- Perché ebbe un ruolo fondamentale nella storia medievale?
- Da chi era abitata anticamente l'Arabia?
- A quali attività erano dediti gli Arabi?
- In quale modo erano organizzate le popolazioni arabe?
- A che cosa era dovuta l'importanza di alcune città arabe fin dall'antichità?
- Quale ruolo aveva svolto la regione araba fino al VII secolo?

ANALISI DELLA CARTA STORICA

- Quali città erano messe in comunicazione dalle piste carovaniere?
- Quali erano i porti più importanti che facevano da snodo per le vie marittime?
- Dove si dirigevano le rotte commerciali?
- Dove erano insediate comunità ebraiche e cristiane?
- Dove erano situate le città più importanti?
- Come si presentava il territorio della penisola arabica?

Gli Arabi veneravano molti idoli

A partire dal VI secolo tra le città della penisola **acquistò grande importanza La Mecca** (in arabo *Makka*), sia dal punto di vista economico sia religioso. Essa, infatti, era un **punto di snodo nei traffici commerciali** tra il nord e il sud della penisola verso l'Impero bizantino. Al tempo stesso la città aveva acquisito un ruolo religioso di primo piano, perché ospitava il più **importante** santuario della **religione politeista** di tutti gli Arabi: la **Ka'ba**.
Secondo la tradizione, la *Ka'ba* era stata edificata dal patriarca biblico Abramo. Qui era conservata, accanto a centinaia di **idoli**, una **Pietra Nera** (un piccolo meteorite), ritenuta **sacra** perché inviata da Dio attraverso l'arcangelo Gabriele. Il culto della Pietra Nera rappresentò l'**elemento unificatore di tutte le tribù arabe**. Ogni anno, La Mecca era meta di **pellegrinaggi**, in occasione dei quali le ostilità fra le tribù venivano sospese e si intensificavano scambi e incontri.

GLOSSARIO

Idolo
Derivante dal greco éidolon, "immagine, simulacro, statua". Nell'antichità gli idoli erano generalmente oggetti o statue raffiguranti divinità o creature fantastiche, alle quali venivano attribuiti poteri magici. Come tali, gli idoli erano oggetto di venerazione.

Fedeli musulmani presso la Ka'ba.

La Ka'ba, copia della casa di Dio

La Ka'ba (dall'arabo *al-Ka'ba*, "il dado") è un piccolo edificio in pietra di forma cubica, nel cui spigolo orientale è incastrata la Pietra Nera. Secondo la tradizione, questo edificio sarebbe la copia della casa di Dio in cielo. Esso costituisce il punto di riferimento in direzione del quale ogni credente musulmano deve rivolgere il viso durante la preghiera.

Maometto predica una nuova religione

La storia dell'Arabia conobbe una svolta decisiva grazie a **Maometto. Nato a La Mecca intorno al 570** da una famiglia di **mercanti**, Maometto si dedicò fin da giovane alla professione tradizionale della famiglia.
Durante i lunghi viaggi che doveva compiere a motivo del suo lavoro, Maometto era solito osservare le **tradizioni dei luoghi nei quali soggiornava** e interessarsi alle **consuetudini di coloro che vi abitavano**. Egli rimase particolarmente colpito dalle **religioni monoteiste** dell'Ebraismo e del Cristianesimo (diffuse anche presso alcune tribù nella penisola arabica) e cominciò a mostrare insofferenza per il **politeismo** professato dal suo popolo.
Nel 610 Maometto iniziò a predicare pubblicamente una **nuova religione**, che portava in sé elementi sia della religione ebraica sia di quella cristiana. Egli affermava di essere inviato dall'**unico Dio**, **Allah** (da *al-Ilāh*, che significa "il dio per eccellenza"), il quale per mezzo dell'arcangelo Gabriele gli aveva rivelato tutte le **verità della nuova fede**, raccolte in un libro sacro, il ***Corano***.
La nuova religione predicata da Maometto prese il nome di ***Islàm***: questa parola araba significa "abbandono, consegna" (di sé all'unico Dio, Allah).
I fedeli dell'Islam vennero chiamati ***musliman***, o "**musulmani**", che significa, appunto, "sottomessi" (ad Allah).

TI RACCONTO LA STORIA
MIO MARITO MUHAMMAD

La fuga dalla Mecca: inizia l'era musulmana

La religione professata da Maometto **si scontrava con il tradizionale politeismo** arabo; essa presupponeva, inoltre, la nascita di una comunità all'interno della quale **non esistevano differenze tra i credenti**; l'unico legame che contava era quello della fede in Allah, un legame superiore a qualsiasi vincolo familiare e tribale.

La predicazione di Maometto fu perciò accolta con ostilità dai suoi concittadini; egli fu addirittura costretto ad abbandonare La Mecca e a ritirarsi nella città di **Yatrib**, in seguito chiamata **Medina** (in arabo *Madinat al Nabi*, cioè "Città del **Profeta**").

La partenza di Maometto per Yatrib avvenne nel 622: essa è chiamata **ègira** (dall'arabo *hígra*, "emigrazione"). Questo evento segnò il **punto di partenza di una nuova epoca**. I seguaci della nuova religione, infatti, iniziarono a contare gli anni proprio dalla data dell'ègira.

A Medina Maometto progettò di **unire gli Arabi in un'unica comunità, religiosa e politica** (chiamata ***umma***). In pochi anni, egli convinse numerose tribù di beduini a **superare il loro isolamento**, dando vita a un forte movimento politico. Cercò, inoltre, di convertire gli Ebrei presenti a Medina, ma non riuscì nel suo proposito.

GLOSSARIO

Profeta

L'origine della parola risale al verbo greco prophànai, *che significa "predire, preannunciare" (da* pro, *"prima, davanti", e* phànai, *"parlare"). Il profeta è colui che dichiara di parlare per ispirazione di una divinità, manifestando la sua volontà e spesso preannunciando il futuro in suo nome.*

Il ritorno vittorioso alla Mecca

Maometto e i suoi seguaci attaccarono ripetutamente le carovane dirette alla Mecca, danneggiando in questo modo l'economia della città.

Nel **630** Maometto **tornò a La Mecca** con un potente esercito e **conquistò la città**. Liberò la Ka'ba dagli idoli che vi erano custoditi, ma **conservò il culto della Pietra Nera**, facendo proprio della ***Ka'ba* il luogo religioso più importante dell'Islam**.

Alla morte di Maometto, nel 632, la nuova religione si era **diffusa in tutta l'Arabia**, la quale si stava **unificando anche dal punto di vista politico**.

focus — IL CALENDARIO ISLAMICO

L'ègira costituisce l'**inizio dell'era musulmana**.

La data dell'emigrazione di Maometto dalla Mecca è fissata al primo giorno del mese di *Muharram* dell'***anno 1 dell'ègira***, corrispondente al **16 luglio 622** dell'era cristiana.

L'anno musulmano è composto da **dodici mesi lunari** di 29 o 30 giorni: *Muharram, Safar, Rabi' I, Rabi' II, Jumada I, Jumada II, Rajab, Sha'ban, Ramadan, Shawwal, Dhul-Qa`, Dhul-hijja*.

In un ciclo di trent'anni, il secondo, quinto, settimo, decimo, tredicesimo, sedicesimo, diciottesimo, ventunesimo, ventiquattresimo e ventiseiesimo sono anni bisestili di 355 giorni; tutti gli altri sono composti da 354 giorni. L'anno lunare musulmano è di dieci o undici giorni più breve di quello solare.

Ad esempio, il 15 novembre 2012 inizia l'anno 1434, il 5 novembre 2013 inizia l'anno 1435.

La maggior parte dei Paesi musulmani usa il calendario dell'ègira (*higri*) insieme a quello cristiano.

Libero adattamento da www.arab.it

PER LA COMPRENSIONE

1 ■ Perché La Mecca acquisì grande importanza nel VI secolo?
2 ■ Qual era la religione prevalente fra le tribù arabe?
3 ■ Che cos'era la *Ka'ba*?
4 ■ Quando e dove nacque Maometto? Quale fu la sua prima occupazione?
5 ■ Da che cosa rimase colpito Maometto durante i suoi viaggi?
6 ■ Quando Maometto iniziò a predicare la nuova religione? Che cos'è il Corano?
7 ■ Che cosa predicava la nuova religione?
8 ■ Perché la nuova religione prese il nome di Islam?
9 ■ Perché Maometto dovette lasciare La Mecca? Dove si ritirò?
10 ■ Che cos'è l'ègira? Perché è importante?
11 ■ Quale progetto politico elaborò Maometto a Medina?
12 ■ Che cosa accadde nel 630?
13 ■ Quando morì Maometto?
14 ■ Come si presentava l'Arabia dopo la morte di Maometto?

I doveri del musulmano

Per conquistare la vita eterna il fedele musulmano deve osservare **cinque doveri fondamentali** (chiamati i "**pilastri della fede**"):

1. la **professione di fede** assoluta in Allah e la fedeltà totale alla predicazione di Maometto, riassunte nella frase: *"Allah è l'unico dio e Maometto è il suo Profeta"*;
2. la **preghiera**, che il fedele deve ripetere cinque volte al giorno, ovunque si trovi, inginocchiandosi a terra e rivolgendosi verso La Mecca;
3. il **digiuno** dall'alba al tramonto nel mese del Ramadàn, il nono del calendario islamico;
4. l'**elemosina**, in particolare il fedele deve destinare la decima parte di quanto guadagna in beneficenza;
5. il **pellegrinaggio a La Mecca** almeno una volta nella vita. Se non ne ha la possibilità, può sostituire il pellegrinaggio facendo delle elemosine.

Il musulmano, inoltre, è tenuto a **diffondere la religione islamica tra coloro che non la conoscono**. In nome di quest'obbligo (che alcuni considerano il **sesto pilastro**) i Musulmani si sentono autorizzati a combattere la guerra santa contro gli infedeli: il ***Jihâd***.

IL PELLEGRINAGGIO A LA MECCA

focus

IL JIHÂD

In vari passi del Corano tra i doveri del musulmano viene ricordato anche il ***Jihâd***, tradotto solitamente con "**guerra santa**". In realtà il termine significa letteralmente "sforzo per il regno di Dio" e originariamente era riferito alla dimensione interiore di ciascun credente, impegnato a combattere il male a partire da se stesso, per fare trionfare il bene.

In seguito, però, la parola Jihâd ha avuto diverse interpretazioni nelle varie epoche, tra le quali quella di dovere di ogni fedele per fare trionfare l'Islam. Questo impegno comprendeva quindi sia la difesa dell'Islam dagli attacchi degli infedeli sia la missione di diffondere la fede in Allah nel mondo intero, anche facendo ricorso alla forza e alle armi.

A quest'ultima interpretazione si rifanno gli attuali movimenti islamici fondamentalisti, che attuano la lotta armata con l'obiettivo di far trionfare l'Islam.

PER LA COMPRENSIONE

- Quali sono i "cinque pilastri" dell'Islam?
- Quale altro obbligo avevano i musulmani?
- Che cos'è il *Jihâd*?

LA PAROLA DI ALLAH

*Il **Corano** (dall'arabo Qu'ran, che significa"recitare ad alta voce ") è il **libro sacro** dei Musulmani. In esso è contenuta la parola che Allah ha rivolto a Maometto, attraverso l'arcangelo Gabriele. Secondo la tradizione islamica, il Corano sarebbe "disceso" già perfetto e compiuto a Maometto, al quale sarebbe spettato solo il compito di ricordarlo e trasmetterlo ai suoi seguaci. Quando Maometto era ancora in vita la trasmissione delle rivelazioni venne fatta oralmente e solo in un secondo momento esse furono messe per iscritto. Dopo la morte di Maometto le rivelazioni vennero redatte per iscritto dai suoi discepoli, perlopiù testimoni diretti della predicazione del Profeta. La prima raccolta completa delle rivelazioni fu eseguita per ordine del califfo Abu Bakr (632-634), il primo successore di Maometto. Il Corano è composto da circa 6200 versetti (ayat), divisi in **114** capitoli o **sure**. Esse (ad eccezione della nona) iniziano con le parole "Nel nome di Dio clemente e misericordioso"; ogni sura prende il nome da un'espressione particolare del testo oppure dall'oggetto della rivelazione.*

Il contenuto del Corano è assai vario: accanto a esortazioni ed ammonimenti sono riportati norme giuridiche, racconti e leggende, la proclamazione della nuova fede. Tutti questi temi sono mescolati tra loro.

Dal punto di vista religioso, soprattutto per quanto riguarda la concezione della divinità, l'Islam presenta molti punti di contatto con l'Ebraismo e il Cristianesimo.

I versetti che seguono (contenuti nella XXVII sura) riguardano l'annuncio fondamentale dell'Islam: la grandezza e l'unicità di Allah.

DIO È UNO, ONNIPOTENTE E MISERICORDIOSO

59. Di': "Lode ad Allah e pace sui Suoi servi che ha prescelti!". È migliore Allah o quel che Gli associano?

60. Egli è Colui Che ha creato i cieli e la terra; e dal cielo ha fatto scendere per voi un'acqua, per mezzo della quale Noi abbiamo fatto germogliare giardini rigogliosi; i cui alberi voi non sapreste far germogliare. Vi è forse un'altra divinità assieme ad Allah? No, quella è gente che attribuisce eguali [ad Allah].

In questi versetti si contrappongono, in affermazioni alternate, l'onnipotenza di Allah e l'incapacità dell'animo umano di comprendere la verità.

61. Non è Lui, Che ha fatto della terra uno stabile rifugio, Che vi ha fatto scorrere i fiumi, vi ha posto immobili montagne e stabilito una barriera tra le due acque? Vi è forse un'altra divinità, assieme ad Allah? No, la maggior parte di loro non sanno.

62. Non è Lui Che risponde quando l'affranto Lo invoca, Che libera dal male e Che ha fatto di voi gli eredi delle generazioni morte sulla terra? Vi è forse un'altra divinità, assieme ad Allah? Quanto poco riflettete!

*L'**unicità di Allah** è il perno della religione islamica ed è la novità dirompente della predicazione di Maometto, in opposizione al politeismo tribale arabo.*

63. Non è Lui Che vi guida nelle tenebre della terra e del mare, Colui Che invia i venti nunzi della buona novella, che precedono la Sua misericordia? Vi è forse un'altra divinità, assieme ad Allah? Allah è ben più Alto, di ciò che [Gli] associano.

64. Non è Lui Che ha dato inizio alla creazione e la ricrea, Colui Che vi nutre dal cielo e dalla terra? Vi è forse un'altra divinità, assieme ad Allah?

Di': "Producete la vostra prova, se siete sinceri".

*Ad Allah vengono riconosciuti i medesimi attributi del Dio ebraico e cristiano: **onnipotenza**, **onniscienza**, **giustizia**, **provvidenza creatrice**.*

Il Corano, sura XXVII (An-Naml "Le Formiche), vv. 59-64

ANALISI DEL DOCUMENTO STORICO

- Quali sono i segni dell'onnipotenza di Allah?
- Con quali espressioni si sottolinea l'incapacità dell'uomo di comprendere che esiste un unico Dio?
- In quale modo si rivelano la giustizia e la misericordia di Allah?

L'espansione islamica (VII - IX sec.)

In pochi anni, dopo la morte di Maometto, gli Arabi occuparono un territorio immenso, conquistando la Siria, la Mesopotamia, la Persia, l'Egitto e le coste dell'Africa settentrionale fino all'attuale Tunisia. In seguito a tale espansione l'Impero bizantino fu notevolmente ridimensionato, mentre quello persiano di fatto scomparve. Sotto le dinastie degli Omayyadi e degli Abbasidi, l'Impero islamico si dilatò ancora di più soprattutto verso occidente, raggiungendo un'estensione assai superiore a quella dell'antico Impero romano. L'entrata nel cuore dell'Europa fu invece contrastata dai Franchi che, sotto la guida di Carlo Martello, sconfissero gli Arabi nella battaglia di Poitiers, nel 732.

GLI ARABI SONO "COME LA SERA"

Gli Arabi conquistano vasti territori

Dopo la morte di Maometto sorsero dispute su chi dovesse essere il suo successore (chiamato **califfo**). I califfi vennero scelti inizialmente tra i compagni del Profeta.

I primi quattro califfi, che si succedettero **dal 632 al 661, consolidarono l'organizzazione sociale** e **politica** degli Arabi musulmani seguendo l'esempio del Profeta. Inoltre, essi **operarono una decisa e rapida espansione militare**.

Nel 661, dopo la morte del califfo Alì, il califfato diventò **ereditario** all'interno della potente dinastia degli **Omayyadi**, che governò per quasi un secolo, dando ai territori conquistati una salda organizzazione unitaria. La capitale fu trasferita da Medina alla ricca e fastosa **Damasco**, nell'attuale Siria.

Nel 711, dall'Africa gli Arabi superarono lo stretto di Gibilterra e **occuparono la Spagna**, strappandola ai Visigoti. Avanzarono poi oltre i Pirenei, ma non riuscirono a penetrare nel Regno dei Franchi in seguito alla sconfitta di **Poitiers** (732). Verso oriente, invece, i musulmani **raggiunsero e conquistarono regioni dell'India e l'area della città di Samarcanda**, ai confini con l'Impero cinese.

Nel 750 il califfato passò alla dinastia degli **Abbàsidi**, che manterranno il potere fino al XIII secolo. Essi spostarono il centro dell'Impero islamico verso oriente e fondarono la nuova capitale, **Baghdad** (nell'attuale Iraq). La dominazione araba **raggiunse la massima espansione nella prima metà del IX secolo**. L'immenso territorio, che si estendeva dalla Spagna alla valle dell'Indo in oriente, costituì un unico **Impero islamico**.

GLOSSARIO

Califfo
Parola derivante dall'arabo khalifa, *che significa letteralmente "successore, vicario".*

L'organizzazione dell'Impero islamico

Fin dal VII secolo gli Arabi governarono i territori conquistati contando soprattutto sulla forza dell'esercito e accontentandosi di **mantenere il controllo militare dei territori conquistati**. Le popolazioni sottomesse poterono **continuare a dedicarsi alle loro attività**, con l'unico obbligo di pagare i tributi ai nuovi dominatori.

All'inizio, gli Arabi mostrarono **tolleranza verso i popoli conquistati** e vennero compiuti **importanti sforzi di integrazione** con le diverse popolazioni. La religione ufficiale dell'impero era ovviamente l'Islam, che però non venne imposta con la forza ai sudditi. Anzi, a tutti veniva data la possibilità di **professare liberamente la propria fede**, con l'unico obbligo, per chi non era musulmano, di pagare una tassa speciale. Nei territori dell'impero la **vita sociale ed economica venne regolata dalle leggi coraniche**.

Il Corano, infatti, oltre a contenere la parola rivelata di Dio e le disposizioni religiose, era considerato la **fonte del diritto**.

Una pagina del Corano.

PER LA COMPRENSIONE

- Chi furono i successori di Maometto? Che cosa fecero?
- Che cosa accadde dopo la morte del califfo Alì?
- Verso quali direzioni continuò l'espansione islamica? Dove si arrestò?
- Quando l'Impero islamico raggiunse la sua massima estensione? Sotto quale dinastia?
- Quali erano le città più importanti dell'Impero islamico? Dove erano situate?
- Quali erano i regni o gli imperi che confinavano con i domini arabi?
- Come si comportarono gli Arabi nei confronti delle popolazioni sottomesse?
- Quale atteggiamento mostrarono i musulmani verso i fedeli di altre religioni?
- Come venne regolata la vita sociale ed economica?

La famiglia di Maometto in un manoscritto arabo del XV secolo.

L'Impero islamico si frantuma

L'Impero islamico ebbe **difficoltà a mantenersi unito** fin dai primi secoli a causa delle lotte per il califfato tra le varie fazioni. Presto l'immenso impero si frantumò nei **califfati autonomi** di **Marocco** (già nel 789), **Tunisia** (801), **Egitto**, **Siria** (868) e **Spagna** (928).

Si diffuse anche il fenomeno della **pirateria**. Predoni arabi che vivevano in Africa e in Spagna (chiamati anche **Saraceni**), attaccavano le coste dell'Italia e della Francia meridionale saccheggiando città e villaggi. I Saraceni giunsero a controllare le più importanti vie di comunicazione, depredando viaggiatori e commercianti.

Anche la **Sicilia** e le coste della **Sardegna**, per anni sottoposte agli attacchi dei pirati Saraceni, furono alla fine occupate dagli Arabi (827-902). La Sicilia, in particolare, ricavò notevoli **vantaggi economici dalla dominazione musulmana**, della quale rimangono ancora oggi molte tracce, dalla toponomastica alle opere architettoniche.

Anche l'**unità religiosa del mondo arabo venne meno**, già a partire dal VII secolo. Si crearono due diverse correnti religiose:

1. i **sunniti** si ispiravano direttamente alla tradizione religiosa trasmessa da Maometto e intendevano **mantenere separati il potere civile e quello religioso**;
2. gli **sciiti** ritenevano che i califfi dovessero essere scelti solo tra i discendenti di Alì, cugino e genero del Profeta; essi intendevano applicare in modo più rigoroso i precetti della legge islamica e consideravano non separabili **l'autorità politica e quella religiosa**.

GLOSSARIO

Sunniti

La parola deriva da sunna, "regola, norma". La sunna è il complesso di credenze religiose, principi giuridici e politici creatisi nei primi secoli dell'islamismo e riconducibili alla predicazione di Maometto. I Sunniti costituiscono oggi la maggioranza dei credenti musulmani.

Sciiti

La parola deriva da shi'at 'Alì e significa letteralmente "il partito di Alì". Gli sciiti considerano capi legittimi della comunità islamica Alì e i suoi discendenti (imàm). Accanto ai precetti contenuti nel Corano e al comportamento di Maometto, gli sciiti riconoscono come validi anche il complesso delle interpretazioni e dei principi elaborati dagli imàm. Gli sciiti costituiscono oggi la corrente minoritaria dell'Islam.

PALERMO, PERLA ARABA IN SICILIA

Il minareto della Grande Moschea di Samarra (848-852) in Iraq, dalla caratteristica forma a spirale, simbolo dell'ascesa spirituale.

PER LA COMPRENSIONE

- Quali regioni si resero presto indipendenti dall'Impero islamico?
- Chi erano i Saraceni? Che cosa facevano?
- Quali vantaggi ricavò la Sicilia dalla dominazione musulmana?
- In che cosa differivano sciiti e sunniti?

✓ SINTESI

CRONOLOGIA

- **570** Nascita di Maometto
- **610** Inizio della predicazione di Maometto
- **622** Ègira (emigrazione di Maometto da La Mecca)
- **630** Ritorno di Maometto a La Mecca
- **632** Morte di Maometto
- **632-661** Regno dei primi quattro califfi
- **661** Il califfato diventa ereditario
- **661-750** Califfato degli Omayyadi
- **711** Inizia l'occupazione della Spagna
- **711-732** Incursioni arabe nel Regno dei Franchi
- **732** Battaglia di Poitiers
- **750** Inizio del califfato degli Abbàsidi
- **827-902** Occupazione della Sicilia

AUDIOSINTESI

L'ARABIA PREISLAMICA

✔ Gli abitanti della penisola arabica erano in prevalenza **beduini**, pastori nomadi che vivevano in tribù autonome spesso in lotta tra loro, dediti all'allevamento e al commercio carovaniero.
In Arabia sorsero anche fiorenti centri urbani, che si arricchirono grazie alle attività commerciali sviluppate lungo le **piste carovaniere** che percorrevano la penisola.
Una delle città più importanti era **La Mecca**, meta di pellegrinaggi da tutta l'Arabia per la presenza della Ka'ba, dove era custodita la **Pietra Nera**, oggetto di venerazione insieme a molti altri idoli.

LA PREDICAZIONE DI MAOMETTO E LA NASCITA DELL'ISLAM

✔ **Maometto** iniziò la sua predicazione prendendo spunti sia dalla religione ebraica sia da quella cristiana. La nuova fede, l'**Islam**, riconosceva un solo dio, Allah, in contrasto con il tradizionale politeismo arabo. I suoi precetti erano raccolti nel **Corano**, il libro sacro consegnato dall'arcangelo Gabriele.
Inizialmente la religione predicata da Maometto non venne accolta a La Mecca ed egli dovette lasciare la città per stabilirsi a Yatrib (Medina). Questa "migrazione", in arabo ***ègira***, ebbe luogo nel 622 e segnò l'inizio dell'**era islamica**.
Nel 630 Maometto tornò a La Mecca e impose la nuova religione.
La diffusione dell'Islam costituì la base per l'unione anche politica delle molte tribù beduine che vivevano in Arabia.
Ogni musulmano deve rispettare cinque precetti fondamentali, i "**cinque pilastri**" dell'Islam: la professione di fede, la preghiera, il digiuno, l'elemosina e il pellegrinaggio a La Mecca.
A questi obblighi si aggiunge quello della diffusione della fede islamica, anche attraverso la guerra santa, il Jihâd.

L'ESPANSIONE ISLAMICA E LA FORMAZIONE DELL'IMPERO

✔ Dopo la morte di Maometto (632) la comunità islamica fu governata per circa 30 anni da capi politici e religiosi scelti per elezione, i **califfi**. Sotto i califfi gli Arabi conquistarono vastissimi territori che vennero organizzati in un **impero**.

✔ Nel VII secolo la carica di califfo divenne ereditaria con la dinastia degli **Omayyadi**, che governò per circa un secolo, proseguendo la politica di espansionismo territoriale. Una nuova dinastia iniziò nel 750 e regnò fino al XIII secolo: gli **Abbàsidi**. L'Impero islamico raggiunse la sua massima estensione, dalla penisola iberica fino alle regioni dell'India e ai confini della Cina.

Moneta araba di epoca omayyade, VII secolo.

LA FRANTUMAZIONE POLITICA E LE DIVISIONI RELIGIOSE

✔ L'Impero islamico, dilaniato dalle **lotte tra le varie dinastie**, si frantumò ben presto in **califfati autonomi**. L'Islam conobbe anche divisioni di carattere religioso, come quella tra **sciiti** e **sunniti**.

VERIFICHE INTERATTIVE

VERIFICA DI COMPRENSIONE

La predicazione di Maometto e l'espansione islamica

1. Indica con una ✗ la conclusione corretta tra quelle proposte.

a. La Mecca era
- ☐ 1. la capitale dell'Arabia.
- ☐ 2. il luogo sacro per tutti gli Arabi.
- ☐ 3. la città dove si ritirò Maometto.

b. Prima di dedicarsi alla predicazione della nuova fede, Maometto svolgeva l'attività di
- ☐ 1. artigiano.
- ☐ 2. mercante.
- ☐ 3. allevatore.

c. Maometto abolì
- ☐ 1. il culto della "Pietra Nera" alla Ka'ba.
- ☐ 2. il politeismo e il culto degli idoli.
- ☐ 3. il culto dell'arcangelo Gabriele.

d. Il libro sacro dei musulmani è
- ☐ 1. il Corano.
- ☐ 2. la Bibbia.
- ☐ 3. il Canone.

e. Gli Arabi
- ☐ 1. imposero l'Islam alle popolazioni conquistate.
- ☐ 2. lasciarono libertà di culto, richiedendo un tributo ai non musulmani.
- ☐ 3. imposero alle popolazioni conquistate il culto degli idoli venerati alla Ka'ba.

f. Gli Arabi conquistarono la Sicilia
- ☐ 1. nel VII secolo.
- ☐ 2. nell'VIII secolo.
- ☐ 3. nel IX secolo.

g. I califfi erano
- ☐ 1. i successori di Maometto.
- ☐ 2. i luogotenenti di Maometto.
- ☐ 3. i governatori delle province arabe.

h. Gli Arabi raggiunsero la massima espansione
- ☐ 1. nel IX sec.
- ☐ 2. nel X sec.
- ☐ 3. nell'XI sec.

i. La dinastia degli Omayyadi governò
- ☐ 1. dopo il X secolo.
- ☐ 2. dal 661 al 750.
- ☐ 3. dal 750.

l. La dinastia degli Abbàsidi governò
- ☐ 1. dopo il X secolo.
- ☐ 2. dal 661 al 750.
- ☐ 3. dal 750.

m. A partire dal VII secolo l'Islam si divise in due correnti religiose:
- ☐ 1. califfi e imàm.
- ☐ 2. Abbàsidi e Omayyadi.
- ☐ 3. sunniti e sciiti.

I precetti fondamentali dell'Islam

2. Elenca i "cinque pilastri" dell'Islam.

a. ....

b. ....

c. ....

d. ....

e. ....

Le divisioni religiose del mondo islamico

3. Indica a quale gruppo religioso islamico si riferiscono le definizioni.

a. Considerano come capi legittimi della comunità islamica solo i discendenti di Alì, cugino e genero di Maometto; intendono applicare in modo più rigoroso i precetti della religione islamica; ritengono che l'autorità politica e quella religiosa non siano separabili: ....

b. Si ispirano direttamente alla tradizione religiosa riconducibile alla predicazione di Maometto; ritengono che l'autorità politica vada separata da quella religiosa: ....

c. Costituiscono oggi la maggioranza dei credenti musulmani: ....

Le parole della Storia

4. Indica il termine corrispondente alle seguenti definizioni.

1. umma - 2. Musulmani - 3. califfi - 4. beduini - 5. Saraceni - 6. Jihâd - 7. idoli - 8. ègira - 9. politeismo 10. profeta - 11. Islam

a. Abitanti del deserto: ....

b. Pirati arabi: ....

c. Emigrazione di Maometto da La Mecca: ....

d. La religione predicata da Maometto, il cui significato è "sottomissione a Dio": ....

e. Seguaci dell'Islam, "coloro che sono sottomessi a Dio": ....

f. Capi religiosi e politici, successori di Maometto: ....

g. "Sforzo per il regno di Dio", dovere per ogni fedele di far trionfare l'Islam: ....

h. La comunità dei credenti musulmani: ....

i. Chi dichiara di parlare per ispirazione di una divinità: ....

l. Religioni nelle quali sono venerate più divinità: ....

m. Oggetti e statue raffiguranti divinità, venerate in quanto tali: ....

9. LA CIVILTÀ ARABO-ISLAMICA

L'unità culturale del mondo arabo

La frantumazione politica dell'Impero islamico e le divisioni religiose **non ruppero l'unità culturale del mondo musulmano**. In particolare, unica rimase la lingua, quella araba, indispensabile per la lettura del Corano, e unica era pure la **moneta**. Questo facilitò lo sviluppo del commercio interno e verso l'esterno.
La civiltà araba medievale ha lasciato numerosissime tracce: nei **monumenti**, nella storia della **scienza**, nelle **innovazioni tecniche**, nell'**arte** e nella **lingua** di vari popoli europei.

Particolare dello spettacolare colonnato della Grande Moschea di Cordova, nota anche come Mezquita.

Una fiorente civiltà urbana

Quella araba fu fondamentalmente una **civiltà di tipo urbano**. Tra l'VIII e l'XI secolo, nel vasto territorio dell'Impero islamico sorsero o si ingrandirono numerose città: **La Mecca** e **Medina** in Arabia, **Baghdad**, **Mossul** e **Bassora** nell'attuale Iraq, **Damasco** ed **Aleppo** nei territori che oggi appartengono alla Siria, **Samarcanda** e **Bukhara** nell'Asia centrale, **Il Cairo** in Egitto, **Tunisi** in Tunisia, **Fez** e **Marrakech** in Marocco, **Cordova/Cordoba**, **Siviglia** e **Granada** in Spagna, oltre alle città dell'odierno Iran e nel nord dell'India.
Le città, di antica o di nuova fondazione, erano **le più vaste del mondo**.
Baghdad, nel IX secolo, secondo fonti contemporanee aveva **più di un milione di abitanti**. Il geografo Ya Qubi la descrive come "la città che non trova uguali né in Oriente né in Occidente", un luogo in cui vive gente di ogni parte del mondo, centro di commerci di lungo raggio, sede di uomini esperti in ogni scienza e in ogni professione.

Antica pianta della città di Baghdad, una delle più grandi e splendide città arabe.

PER LA COMPRENSIONE

- In che cosa consisteva l'unità culturale del mondo arabo?
- Quali sono le principali tracce della civiltà araba medievale?
- Quali erano le principali città dell'Impero islamico?
- Che cosa dicono le fonti del tempo a proposito di Baghdad?

La città araba

Nel centro di ogni città sorgeva la grande **moschea**, il **luogo di culto principale** per i musulmani, con a fianco uno o più **minareti**, alte torri dalle quali il *muezzìn* richiamava il popolo alla preghiera cinque volte al giorno.
Nelle antiche città musulmane, accanto alla moschea centrale c'erano il **tribunale**, le **scuole** di grado più elevato, **librerie** e **negozi con oggetti di devozione**. Un altro luogo importante della città era la piazza del **mercato** centrale, il **suq** (o *suk*), dove **si scambiavano prodotti di ogni genere**. Il suq divenne ben presto un mercato stabile e nelle sue vicinanze si aprivano i negozi che vendevano le merci più ricercate, quali spezie, gioielli, tessuti pregiati; c'erano **magazzini** per le merci importate e gli **uffici dei cambiavalute**, ai quali si rivolgevano i mercanti che trafficavano con Paesi lontani.
Gli edifici del commercio erano addossati l'uno all'altro o formavano un quadrilatero intersecato da strette vie. I **quartieri degli artigiani** erano formati da vicoli ciechi e stradine che confluivano in una via principale.

Il Patio dei Leoni all'interno dell'Alhambra.

GLOSSARIO

Moschea
Il termine deriva dallo spagnolo mezquita, parola a sua volta di origine araba: masǧid, *che significa letteralmente "luogo (ma-) in cui ci si deve prostrare (*sağad*)".*

I quartieri periferici e le cittadelle

Lontano dal centro, fino oltre le mura, sorgevano gli edifici più poveri. In questi quartieri periferici si estendevano gli orti che servivano per l'**approvvigionamento delle città** e i cortili nei quali si organizzavano le **carovane** per i lunghi viaggi e dove erano acquistati ed equipaggiati gli animali. Gli artigiani si dedicavano a mestieri come la **concia delle pelli**.
I governanti, che nei primi secoli stavano nel centro urbano, successivamente si spostarono in una **cittadella appartata**.
In essa, nella parte più interna, si trovava il **palazzo del califfo o del governatore** e, in edifici annessi, la **zecca**, le **sale del consiglio**, gli **uffici dei funzionari**.
Nei palazzi più esterni si trattavano gli affari pubblici, si ricevevano gli ambasciatori, si amministrava la giustizia.
Esempi mirabili di palazzi-fortezza sono l'***Alhambra*** di Granada e l'***Alcazar*** di Siviglia.

L'economia nel mondo arabo

Brocca con decoro a lustro metallico, da Gurgan in Iran, XIII secolo.

Commercio, **artigianato** e **agricoltura** erano le attività sulle quali si reggeva l'economia del mondo arabo. Attraverso i mercanti musulmani passavano le sete, le spezie, le pietre preziose della **Cina** e dell'**India**, i coralli del **Mar Rosso**, l'oro e gli schiavi dell'**Africa**, il grano dell'**Egitto**, il legname del **Libano**. Fiorente era la produzione artigianale: famosi erano i tappeti, i mobili, le armi, le lavorazioni del cuoio. Tra la città e le campagne non c'era una separazione netta e l'**agricoltura** rivestiva una grande importanza. Infatti, **era necessaria una grande quantità di prodotti per soddisfare la numerosa popolazione dei centri urbani**. Tuttavia non si sa molto sulla vita nelle campagne, perché gli antichi scrittori non hanno lasciato testimonianze. Le situazioni dovevano essere le più varie, data l'ampiezza e la diversità dei territori. In alcune zone, come nella Spagna, furono messe a coltura nuove terre, grazie alle **tecniche di irrigazione**. Furono proprio gli Arabi a importare in Occidente molte **nuove piante**. Essi, però, **non erano agricoltori per tradizione** e, nelle regioni conquistate, la terra era affidata agli schiavi o ai contadini che già vi risiedevano. La **pastorizia**, con l'allevamento di pecore, capre e cammelli, era l'attività più antica.

PER LA COMPRENSIONE

- Che cos'è la moschea? Quale posizione occupava nella città?
- Quali edifici sorgevano nei pressi della moschea?
- Come era organizzata l'area destinata ai commerci?
- Quali attività si svolgevano nei quartieri periferici?
- Dove risiedevano i governanti? Quali edifici sorgevano nelle cittadelle? Quali esempi mirabili di palazzi-fortezza sono rimasti?
- Quali erano le principali attività economiche nel mondo arabo?
- Quali prodotti venivano importati dai mercanti arabi?
- Qual era il ruolo dell'agricoltura nel mondo arabo?
- Perché non abbiamo molte conoscenze sulla vita nelle campagne arabe?
- A chi erano affidate le attività agricole nei territori conquistati?

focus

LA STORIA NELLE PAROLE

Insieme ai prodotti e alle merci che trasportavano nel territorio dell'impero, da e per Paesi lontani, gli Arabi diffusero un vero e proprio "**vocabolario del commercio**", che ha lasciato numerose tracce in varie lingue europee. Ecco alcuni esempi del lessico commerciale italiano di origine araba.

- **magazzino**: locale in cui si conservano e depositano prodotti vari. Deriva dall'arabo *makhazin*, "depositi".
- **dogana**: luogo o ufficio preposto al controllo delle merci che attraversano il confine dello Stato. Dalla parola araba *diwān*, che significava "registro, libro in cui si segnavano le merci in transito".
- **fondaco**: complesso di edifici dove i mercanti stranieri svolgevano i loro commerci e spesso alloggiavano. Dall'arabo *funduq*, "alloggio per mercanti", risalente alla parola greca *pandokeion*, "albergo".
- **tara**: solitamente costituita dall'imballaggio, è ciò che si deve detrarre dal peso lordo di una merce per ottenere il peso netto. Dall'arabo *tarh*, che significa "detrazione".
- **tariffa**: prezzo stabilito di un bene o di un servizio. Deriva dal termine arabo *ta'rîfa* con il significato di "notificazione, informazione", dal verbo *'árraf* "dare a conoscere".
- **facchino**: uomo di fatica. Deriverebbe dalla parola araba *faqîh*, che originariamente significava "giureconsulto, teologo"; in seguito il termine passò a indicare il "funzionario chiamato a dirimere questioni relative alla dogana", poi "rivenditore ambulante". Il passaggio da "ufficiale di dogana" all'attuale significato di "uomo di fatica, portatore di pesi" sarebbe avvenuto nel XIV-XV secolo, quando, in seguito alla crisi economica del mondo arabo-islamico, gli antichi funzionari si dedicarono al piccolo commercio di stoffe, che essi stessi provvedevano a trasportare sulle spalle.

L'organizzazione della società araba

La società araba si presentava divisa in vari ceti sociali. Gli **ùlama** (o *ùlema*) presiedevano le **funzioni religiose**, come la predicazione del venerdì o la guida delle preghiere nella moschea; inoltre, **insegnavano** e **interpretavano la legge**. Essi non rappresentavano un gruppo sociale definito, ma potevano occupare posizioni prestigiose.

Ai gradi più alti della scala sociale c'erano i **grandi commercianti**, che si occupavano di **importazioni ed esportazioni su grandi distanze**.

Gli artigiani avevano laboratori e botteghe e si tramandavano il mestiere di padre in figlio. Godevano di considerazione e di un certo benessere, perché esercitavano **un'attività stabile**. La maggioranza delle persone era invece dedita a lavori precari e scarsamente retribuiti.

I **pastori** che vivevano nelle campagne, **si consideravano superiori ai contadini e anche agli artigiani**.

Nelle città musulmane vivevano anche **Cristiani** ed **Ebrei**: pur non riconoscendo loro gli stessi diritti, gli Arabi mostrarono generalmente **rispetto** e **tolleranza**. Oltre a essere tenuti a pagare una **tassa speciale** (*jizya*), Cristiani ed Ebrei dovevano vestire abiti che, per foggia e colore, li **distinguessero dai musulmani. Non potevano portare armi e andare a cavallo, e neppure costruire nuovi edifici di culto**, ma solo restaurare quelli antichi.

LA SITUAZIONE DEI CRISTIANI SOTTO L'ISLAM

PER LA COMPRENSIONE

- Chi erano e quali funzioni esercitavano gli ùlama?
- Quale posto occupavano i grandi mercanti nella scala sociale?
- Quale posto avevano gli artigiani nella scala sociale? Perché?
- Quale trattamento era riservato a Cristiani ed Ebrei nelle società arabe?
- A quali restrizioni erano sottoposti?

Un cristiano e un arabo giocano a scacchi, miniatura dal "Libro di giochi, dadi e tavole" di Alfonso X il Saggio (1283).

Dibattito immaginario fra il filosofo e teologo greco Porfirio e Averroè. Opera del XIV secolo

GLOSSARIO

Filosofia

Letteralmente la parola significa "amore del sapere" e indica la disciplina che si occupa della riflessione sull'esistenza, sull'uomo e sul mondo in generale.
La filosofia è nata nell'antica Grecia, così come greca è l'origine della parola: da filo- "amore" e sofía, "sapienza".

TI RACCONTO LA STORIA
PERCHÉ SONO GRATO AGLI ARABI

BAGHDAD, CENTRO DI SVILUPPO E RECUPERO CULTURALE

Gli Arabi e la cultura antica

La cultura araba formatasi a partire dall'VIII secolo affonda le sue radici nell'**antichità classica greca ed ellenistica** e nelle **civiltà orientali** contemporanee. Gli Arabi attribuirono sempre **grande importanza alla formazione culturale**. In numerose città sorsero scuole, università e biblioteche.
Nel IX secolo, a Baghdad, furono fondati dai califfi una scuola di traduttori e un osservatorio astronomico. A Cordova, nel X secolo, esisteva una biblioteca di 400 000 volumi. Tra questi vi erano **opere dell'antichità greca dimenticate nei Paesi di cultura latina**, testi indiani e persiani sconosciuti in Occidente, come alcuni fondamentali trattati scientifici.
Assai vari sono i campi del sapere a cui si dedicarono gli studiosi arabi. Alla base c'era la **filosofia**, che nell'Antichità e nel Medioevo comprendeva anche le **scienze naturali** e la **matematica**.
Il più grande filosofo fu **Averroé** (1126-1198), nato a Cordova. Egli studiò e commentò in modo originale e profondo le opere degli antichi greci, soprattutto quelle di Aristotele, il maggiore filosofo greco.

PER LA COMPRENSIONE

- Quali sono le radici della cultura araba?
- In quale modo gli Arabi espressero il loro interesse per la formazione culturale?
- A quale disciplina si dedicarono in particolare gli studiosi arabi?
- Chi fu il più grande filosofo arabo?
- Quando visse?

focus LE TRADUZIONI ARABE HANNO SALVATO IL SAPERE ANTICO E CREATO LA LINGUA SCIENTIFICA

Dobbiamo agli Arabi, alla loro curiosità intellettuale e al loro amore per il sapere se oggi possiamo leggere opere dell'antichità greca, indiane e persiane i cui originali sono andati perduti.
La **geometria di Euclide** (III secolo a.C.), ad esempio, fu conosciuta in Occidente solo grazie alla traduzione che ne fecero gli studiosi musulmani.
Sempre da una traduzione araba si diffusero in Occidente le teorie astronomiche e geografiche di **Tolomeo** (II secolo d.C.). La sua rappresentazione dell'Universo, che poneva al centro la Terra, fu seguita in Europa fino al secolo XVI.
Traducendo nella loro lingua le opere antiche greche e siriache, gli Arabi costruirono a poco a poco una **lingua scientifica**, dalla quale derivano termini come *zero*, *algebra*, *alambicco*, *astrolabio*, ecc.

GLI ARABI DIFFONDONO IL SAPERE SCIENTIFICO E TECNOLOGICO

Pagina tratta dalla copia araba (XIII secolo) di un manoscritto del "Trattato di medicina e botanica" di Dioscoride, medico e botanico greco vissuto nel I secolo d.C.

LA MATEMATICA

L'apporto più noto degli Arabi alla scienza occidentale è la **scrittura posizionale dei numeri a base dieci**, che essi appresero dagli Indiani e che è la stessa che usiamo noi oggi.
Per essere completo, questo sistema richiese l'**introduzione dello zero**, che non era conosciuto nell'antichità.
Il sistema dei **numeri arabi** (chiamati **cifre**) si dimostrò subito **più semplice di quello romano**, in uso fino a quel momento, e ben presto **si impose anche nel mondo occidentale**.
L'iniziatore della matematica araba fu il persiano **Muhammad Ibn Musa al-Huwarizmi**, vissuto nel IX secolo. In particolare, egli è considerato l'inventore della parte della matematica chiamata **algebra**. Scrisse inoltre diversi **trattati di geometria**, in cui affrontava anche problemi di carattere pratico.

LA MEDICINA E LA FARMACOLOGIA

Gli Arabi fondarono scuole di medicina a Baghdad, Samarcanda e Damasco in Oriente, Cordova, Siviglia e Toledo in Spagna. Le scuole erano centri di studio, con sale di lettura e di scrittura, biblioteche, aule per l'insegnamento. Il più grande medico arabo fu Avicenna (980-1037), noto anche come uomo politico e filosofo. Celebre divenne il suo *Canone*, un trattato in cinque libri in cui egli approfondiva l'**anatomia** umana e il funzionamento degli organi (**fisiologia**), secondo le dottrine degli antichi medici greci e latini.
Gli Arabi diedero un fondamentale contributo alla farmacologia, cioè allo studio delle medicine. Per ricavare i loro rimedi utilizzavano soprattutto le **piante**, che trattavano con precisi metodi di preparazione. Alla cultura araba si deve il **laboratorio del farmacista** e la bottega farmaceutica, che si diffusero in tutta l'Europa.

L'ALCHIMIA

Gli Arabi approfondirono e portarono varie novità anche nell'alchimia. L'alchimia è la disciplina con la quale gli studiosi di quel tempo cercavano di modificare la materia e che è alla base della moderna chimica. Famosa, per esempio, fu la ricerca di alcuni alchimisti che cercarono in modo appassionato la formula per trasformare qualsiasi tipo di metallo in oro.
Più concretamente, gli alchimisti indagarono metodi per **raffinare i metalli** e colorare la seta. Con la bilancia di precisione determinarono il **peso specifico** di molte sostanze e prepararono alcuni **acidi** (l'acido solforico e l'acido nitrico). Per raggiungere buoni risultati nel campo farmaceutico e alchimistico inventarono anche nuovi strumenti come le **storte** e gli **alambicchi**.

Apparato per la distillazione.

L'ASTRONOMIA

Gli Arabi appresero dagli Indiani diverse conoscenze **astronomiche**, cioè relative ai corpi celesti, che ampliarono con i loro studi.
Il maggiore astronomo fu **Albaterio** (Al Battani), che visse nel X secolo, in Mesopotamia. Egli compose **nuove carte del cielo**, determinò la posizione di alcuni astri e descrisse le loro orbite.
Altri scienziati dei secoli X e XI, vissuti in Persia e in Egitto, descrissero le **eclissi lunari e solari**.
Osservando il cielo, **modificarono il calendario**, introducendo nella misurazione del tempo gli anni bisestili.

Astrolabio arabo.

SCIENZA E TECNICA NEL MONDO ARABO

Globo celeste arabo in ottone del 1085.

IL PROGRESSO TECNOLOGICO

Notevole fu l'apporto che gli Arabi diedero anche al progresso della tecnica occidentale, arricchendola di **conoscenze e metodi appresi dalle civiltà orientali**. Per esempio, essi **migliorarono la navigazione** con l'utilizzo dell'**astrolabio** e della **bussola**, di invenzione cinese. Introdussero anche l'uso delle **vele triangolari**, usate dagli Indiani.
Gli Arabi furono assai esperti nella realizzazione di **canali per l'irrigazione**, spesso anche sotterranei, nei Paesi a clima caldo. In questo modo, **resero fertili terre in precedenza aride. Diffusero colture fino ad allora sconosciute in Occidente**, come la canna da zucchero, il cotone, il riso, il dattero, l'albicocco, il carciofo, l'asparago e il gelso.
Gli Arabi appresero dai Cinesi come fabbricare la carta, che era usata in Cina già da secoli. Samarcanda divenne, dal IX secolo, il primo grande centro di produzione della carta, diffusasi progressivamente nei secoli successivi dall'Oriente fino all'Egitto, dove sostituì il papiro. In Europa comparve solo nel XII secolo e fu usata su più larga scala a partire dal secolo XIV, **sostituendo a poco a poco la pergamena**.

Planisfero per uso nautico.

PER LA COMPRENSIONE

- Da chi appresero gli Arabi la scrittura posizionale dei numeri?
- Chi fu l'inventore dell'algebra?
- Dove sorsero le maggiori scuole di medicina?
- Chi fu il più grande medico arabo?
- Che cos'è il *Canone*?
- Quale contributo diedero gli Arabi allo studio delle medicine?
- Che cos'è l'alchimia? Quali furono le principali scoperte arabe in questa disciplina?
- Quali importanti studi fece l'astronomo arabo Al Battani?
- In quale modo gli Arabi migliorarono la navigazione?
- Quali progressi introdussero nell'agricoltura?
- Quale prodotto di invenzione cinese diffusero gli Arabi in Europa?

La letteratura

Gli Arabi si dedicarono a vari **generi letterari**. Oltre ai **trattati storici e scientifici** erano particolarmente diffuse le narrazioni. Se la **poesia** era un genere letterario apprezzato dalle persone colte, maggiore fortuna incontravano i **romanzi**, lunghe narrazioni di viaggi, avventure e amori.
I romanzi avevano un'**origine orale** e, tramandati per questa via, si arricchivano di **racconti sempre nuovi**. Questa fu probabilmente l'origine anche dell'opera più nota in Occidente, ***Le mille e una notte***, una raccolta di novelle.
A un nucleo iniziale che comprendeva pochi racconti, si aggiunsero nel tempo storie di vario tipo, fino alla stesura definitiva giunta a noi.

L'ARTE ISLAMICA

Le arti

Arabeschi all'Alhambra di Granada.

Furono soprattutto i califfi a promuovere le arti, in particolare l'architettura. Essi fecero costruire **opere monumentali**: moschee e minareti, palazzi e giardini.
A **Cordova** nacque una **cultura raffinata** dal tempo in cui i califfi Omayyadi (VII-VIII secolo) vollero alla loro corte **studiosi** e **artisti andalusi**, **arabi**, **berberi**, **ebrei**. In seguito la cultura continuò a fiorire nei regni in cui fu diviso il califfato omayyade.
La dinastia degli Abbàsidi (VIII-XIII secolo) fece di **Baghdad** uno straordinario **centro culturale**.
L'arte islamica fu largamente influenzata da quella bizantina e persiana.
Essa si caratterizza per **l'assenza di raffigurazioni di uomini o di animali**: **il Corano**, infatti, **le proibiva** per il pericolo che venissero adorate come idoli. Le pareti delle moschee e dei palazzi erano ricoperte di preziosi mosaici e ceramiche a **motivi geometrici o floreali ripetuti all'infinito (arabeschi)**. Nelle moschee vi erano anche citazioni del Corano, riprodotte con caratteri che risultavano motivi ornamentali.

PER LA COMPRENSIONE

- A quali generi letterari si dedicarono gli Arabi?
- Qual è l'opera letteraria più conosciuta? In quale periodo fiorirono le arti?
- Quali città divennero importanti centri culturali? Sotto quale dinastia?
- Perché nell'arte islamica mancano raffigurazioni di uomini e animali?
- Che cosa sono gli arabeschi?

LA SCIENZA E LA TECNICA PARLANO ARABO

Algebra, algoritmo, cifra, zero; almanacco, auge, nadir, zenit; alchimia, alambicco, elisir, canfora, talco, alcali, borace; arsenale, darsena, gomena, libeccio, scirocco; arancia, limone, carciofo, melanzana, zafferano, zucchero, cotone... Queste sono soltanto alcune delle **parole italiane di origine araba** (arabismi) relative alle varie scienze (matematica, astronomia, chimica, farmacologia), tecniche (navigazione, agricoltura) e piante alimentari diffuse in Occidente dagli Arabi.

Assai interessante e affascinante è scoprire il significato originario delle parole arabe relative al campo della matematica.

- **Algebra** risale all'arabo ***al-giabr***. Inizialmente era un termine medico e significava "restaurazione, riduzione al proprio posto delle ossa slegate", alludendo a quell'operazione medica che serve a rimettere a posto arti slogati tirando da una parte e dall'altra. Successivamente tale termine passò nei trattati arabi di matematica; esso compare per la prima volta nel IX secolo nel trattato del matematico Muhammad ibn Musa al-Huwarizmi, nella frase *al-Kitab al-mukhtasar fi hisab al-jabr wa'l-muqabala*, che contiene la definizione dell'algebra come "scienza delle riduzioni e comparazione (opposizione)". Il metodo algebrico si basa infatti sull'utilizzo delle equazioni, cioè su operazioni che mettono a confronto due elementi, cercando di riportarli in equilibrio.
- **Algoritmo** deriva da ***algorithmus*** o ***algorismus***, latinizzazione medievale del nome dello stesso matematico al-Huwarizmi. In età medievale il termine algoritmo indicava il procedimento di calcolo numerico basato sull'uso delle cifre indo-arabiche. Oggi questa parola, come nome comune, indica un procedimento di calcolo.
- **Zero** deriva dall'arabo ***şifr***, che significa "vuoto (cioè assenza di unità)", ma la storia di questa parola ha inizio in India. I matematici indiani per indicare lo *zero* usavano l'aggettivo *sunyà*, "vuoto" e la stessa cosa fecero gli Arabi, trasmettendo la parola, con il nuovo significato, in Occidente. Agli inizi del XIII secolo il termine arabo ***şifr*** fu latinizzato in *zephirum*, poi diventato in italiano *zefiro* e infine *zero*. La stessa parola araba, trascritta nella forma *cifra*, verrà utilizzata per indicare qualsiasi segno numerico indoarabico.

LA TOPONOMASTICA ARABA IN SICILIA

Gli Arabi occuparono la Sicilia dall'827 fino alla seconda metà dell'XI secolo. Della dominazione araba nell'isola è rimasta traccia evidente anche nella **toponomastica**.

Nomi di luogo chiaramente arabi sono quelli composti con ***qal'at***, "rocca" (*Caltanissetta, Caltagirone, Castellammare*, ecc.); con **gabal/gibal**, "monte" (Ghibellina, Gibilmanna, Mongibello, che è la forma popolare per Etna, ecc.); con ***marsa***, "porto" (*Marsala, Marzameni*, ecc.); con ***rahal***, "casale, sosta" (*Racalmuto, Regalbuto*, ecc.) e con ***as-saqqah***, "fenditura, fessura" (*Sciacca*). Nella maggioranza dei casi gli Arabi trascrissero secondo la loro pronuncia i toponimi di origine greca e fenicia: è il caso, ad esempio, di Palermo, che risale al greco *Pànormos* e che gli Arabi adattarono in *Balerm*.

✓ SINTESI

AUDIOSINTESI

UNA FIORENTE CIVILTÀ URBANA

- L'Impero islamico mantenne sempre una profonda **unità culturale**, caratterizzata dall'utilizzo della stessa lingua e della stessa moneta. La civiltà araba medievale ha lasciato numerose tracce in Europa, nel Mediterraneo e in Asia (arte, scienza, innovazioni tecnologiche, lingua).
- Quella araba fu una **civiltà urbana**. Nel territorio dell'impero sorsero numerose città, alcune delle quali di straordinaria grandezza.
- La **moschea** con il **minareto**, il **suq** e il **palazzo del califfo** o del governatore costituivano gli elementi caratterizzanti delle città arabe.

LE ATTIVITÀ ECONOMICHE

- L'economia araba si fondava essenzialmente sul **commercio** e sull'**artigianato**. L'agricoltura, le cui produzioni erano necessarie per l'approvvigionamento delle città, era lasciata agli schiavi o ai contadini locali. Gli Arabi migliorarono le tecniche agricole (sistemi di irrigazione) e introdussero nuove colture.

L'ORGANIZZAZIONE DELLA SOCIETÀ

- La società urbana era variamente stratificata e composta. Oltre agli **ùlama**, ai gradini più elevati vi erano i grandi **commercianti**, seguiti poi dagli **artigiani**. Insieme ai Musulmani vivevano comunità di Cristiani ed Ebrei, che, pur libere di professare la loro religione, erano tenute a pagare una tassa.

LA CIVILTÀ ARABA, MEDIATRICE DI CULTURA

- La cultura araba si è formata a partire dall'VIII secolo; le sue radici sono l'**antichità classica greca** ed **ellenistica** e le **civiltà orientali** contemporanee.
- Grazie ai loro studi e alle loro traduzioni, gli Arabi hanno svolto un importante ruolo di **mediazione culturale** tra l'Oriente e l'Occidente, di cui quest'ultimo ha ampiamente beneficiato.

LA CIVILTÀ SCIENTIFICAMENTE E TECNOLOGICAMENTE PIÙ AVANZATA

- Il contributo arabo allo sviluppo delle **scienze** si è esteso dalla matematica (algebra e geometria) alla medicina, dall'alchimia all'astronomia.
- Quanto alle **tecniche**, gli Arabi hanno diffuso in Occidente importanti **strumenti di navigazione**, sistemi di irrigazione e **nuove colture**, la fabbricazione e l'uso della **carta**.

LA LETTERATURA E LE ARTI

- La letteratura araba privilegiava il genere narrativo. L'opera più nota in Occidente è la raccolta di novelle *Le mille e una notte*.
- L'arte islamica, influenzata da quella bizantina e persiana, si è espressa soprattutto in opere monumentali come **moschee** e **minareti**, **palazzi**, **caravanserragli**. Essa si caratterizzava per l'**assenza di raffigurazioni umane** e di animali, proibite dal Corano. Gli edifici erano finemente decorati da mosaici e ceramiche a motivi geometrici o floreali ripetuti all'infinito (**arabeschi**).

CRONOLOGIA

metà VIII secolo	Adozione del sistema numerico posizionale e dello zero. Introduzione del metodo di fabbricazione della carta
772	Fondazione di Baghdad
785	Inizio della costruzione della Moschea di Cordova
829	Realizzazione dell'Osservatorio astronomico di Baghdad
metà IX secolo	Muore il matematico Muhammad ibn Musa al-Huwarizmi
metà IX secolo	Prime traduzioni dall'indiano e dal persiano delle "Mille e una notte"
fine IX secolo	Traduzione araba delle opere di Euclide
X secolo	Introduzione della lavorazione del cotone e della seta in Sicilia
980-1037	Avicenna, medico e filosofo, autore del Canone
XII secolo	Diffusione in Europa dell'uso della carta
1126-1198	Averroè, filosofo e scienziato
1200	Diffusione dell'uso della bussola nel Mediterraneo

VERIFICA DI COMPRENSIONE

VERIFICHE INTERATTIVE

La società e la cultura islamiche

1. Collega ogni affermazione alla conclusione corretta (riporta accanto il numero corrispondente).

a. Gli ùlama godevano di grande considerazione ......
b. Gli artigiani godevano di considerazione e di un certo benessere ......
c. Gli Arabi contribuirono allo sviluppo dell'agricoltura europea ......
d. Gli Arabi ebbero un ruolo fondamentale nella cultura ......
e. Gli Arabi svolsero il ruolo di mediatori tra Occidente e Oriente ......
f. Nelle moschee non erano rappresentate figure umane o di animali ......

1. *perché esercitavano un'attività stabile.*
2. *perché fecero conoscere le antiche opere greche di cui si erano perse tracce in Occidente.*
3. *perché diffusero in Occidente conoscenze e innovazioni tecniche apprese dalle civiltà orientali.*
4. *perché il Corano le proibiva per il timore che venissero adorate come idoli.*
5. *perché diffusero tecniche innovative e nuove colture, importandole dall'Oriente.*
6. *perché insegnavano la lingua araba, il Corano e le leggi.*

Le città arabe

2. Sottolinea nel seguente elenco i nomi delle principali città in cui fiorì la civiltà arabo-islamica.

1. *Roma* - **2.** *Baghdad* - **3.** *Cividale* - **4.** *Poitiers*
5. *Cordova* - **6.** *La Mecca* - **7.** *Samarcanda* - **8.** *Bukhara*
9. *Damasco* - **10.** *Siviglia* - **11.** *Costantinopoli*
12. *Pavia* - **13.** *Granada* - **14.** *Il Cairo* - **15.** *Ravenna*
16. *Marrakech* - **17.** *Tunisi* - **18.** *Fez* - **19.** *Monza*

Le attività commerciali

3. Indica la provenienza geografica dei prodotti scambiati dai mercanti musulmani.

1. *oro, schiavi* - **2.** *legname*
3. *sete, spezie, pietre preziose* **4.** *grano* - **5.** *coralli*

a. Cina, India: ......
b. Mar Rosso: ......
c. Africa: ......
d. Egitto: ......
e. Libano ......

Cristiani ed Ebrei nelle società arabe

4. Quale posizione occupavano Ebrei e Cristiani nelle città musulmane? Quali obblighi erano tenuti a rispettare, quali diritti avevano? Sottolinea le affermazioni corrette.

a. Cristiani ed Ebrei godevano gli stessi diritti dei Musulmani.
b. Per poter vivere nelle città musulmane Ebrei e Cristiani dovevano abbracciare la religione islamica.
c. Cristiani ed Ebrei potevano professare la loro religione, ma dovevano versare un tributo.
d. Nelle città musulmane Cristiani ed Ebrei potevano costruire i loro edifici di culto.
e. Cristiani ed Ebrei erano oggetto di intolleranza.
f. Nelle città musulmane Cristiani ed Ebrei dovevano vestire abiti che li distinguessero dai cittadini musulmani.
g. A Cristiani ed Ebrei era consentito portare armi e andare a cavallo dietro pagamento di una tassa.

Il contributo arabo alla diffusione del sapere scientifico e tecnologico

5. Indica sul quaderno i contributi della civiltà islamica nei seguenti campi del sapere scientifico e tecnologico.

a. matematica - **b.** medicina e farmacologia - **c.** astronomia - **d.** alchimia - **e.** tecnologia

MAPPA CONCETTUALE
E LINEA DEL TEMPO

Luoghi, edifici e monumenti arabi

6. Collega ogni luogo con la relativa definizione.

a. Moschea	**1.** luogo di culto principale
b. Alhambra	**2.** alta torre da cui il muezzin invita alla preghiera
c. Suq	**3.** mercato centrale
d. Minareto	**4.** cittadella-fortezza di Granada

L'EUROPA CAROLINGIA

10. IL SACRO ROMANO IMPERO

Nasce il Regno dei Franchi

Dopo la caduta dell'Impero romano d'Occidente, i **Franchi**, una popolazione di stirpe germanica stanziatasi nella **regione settentrionale dell'antica Gallia romana**, diedero vita a un nuovo regno latino-germanico.

I Franchi accrebbero la loro potenza agli inizi del VI secolo, sotto il regno di **Clodoveo** (481-511), appartenente alla dinastia dei **Merovingi**.

Nel 496 **Clodoveo si convertì al Cristianesimo** e con lui anche tutti i suoi sudditi. Questo fatto favorì la nascita di un **rapporto privilegiato tra la Chiesa di Roma e i re franchi**, destinato ad avere grande importanza anche nei secoli successivi.

Alla morte di Clodoveo, secondo una **tradizione tipica dei re germanici**, i possedimenti dei Franchi furono suddivisi tra i suoi figli in regni più piccoli.

I successori di Clodoveo si meritarono il soprannome di "**re fannulloni**", perché si disinteressarono delle faccende di governo, preferendo dedicarsi a ogni genere di svago. Il potere effettivo era esercitato dai maestri di palazzo, o "**maggiordomi**": ministri ai quali i sovrani affidavano di fatto il governo del regno.

Nel 732 il maestro di palazzo **Carlo Martello** alla guida dell'esercito dei Franchi riuscì a **sconfiggere gli Arabi** nella **battaglia di Poitiers**.

Questa vittoria arrestò l'avanzata dei **musulmani** verso l'Europa centrale.

GLOSSARIO

Franchi

L'origine di questo temine risale al germanico frank con il significato di "libero". Letteralmente il termine indicava "gli uomini liberi del popolo dei Franchi".

Maggiordomo

Parola di origine latina, il cui significato è "il (servo) maggiore, principale della casa". Presso i Merovingi erano detti maggiordomi i maestri di palazzo, cioè coloro che si occupavano del governo dei possedimenti franchi per conto dei sovrani.

La formazione del Regno dei Franchi e la Francia

I Franchi erano stanziati originariamente nel territorio dell'Austrasia, lungo il fiume Reno. Clodoveo conquistò prima la Neustria, poi il territorio abitato dagli Alamanni e l'Aquitania, popolata dai Visigoti.

I successori di Clodoveo estesero ulteriormente il Regno dei Franchi conquistando il territorio abitato dai Burgundi.

Questi territori, corrispondenti all'incirca all'antica Gallia romana, assumeranno nel corso del Medioevo la denominazione di Francia ("paese occupato dai Franchi").

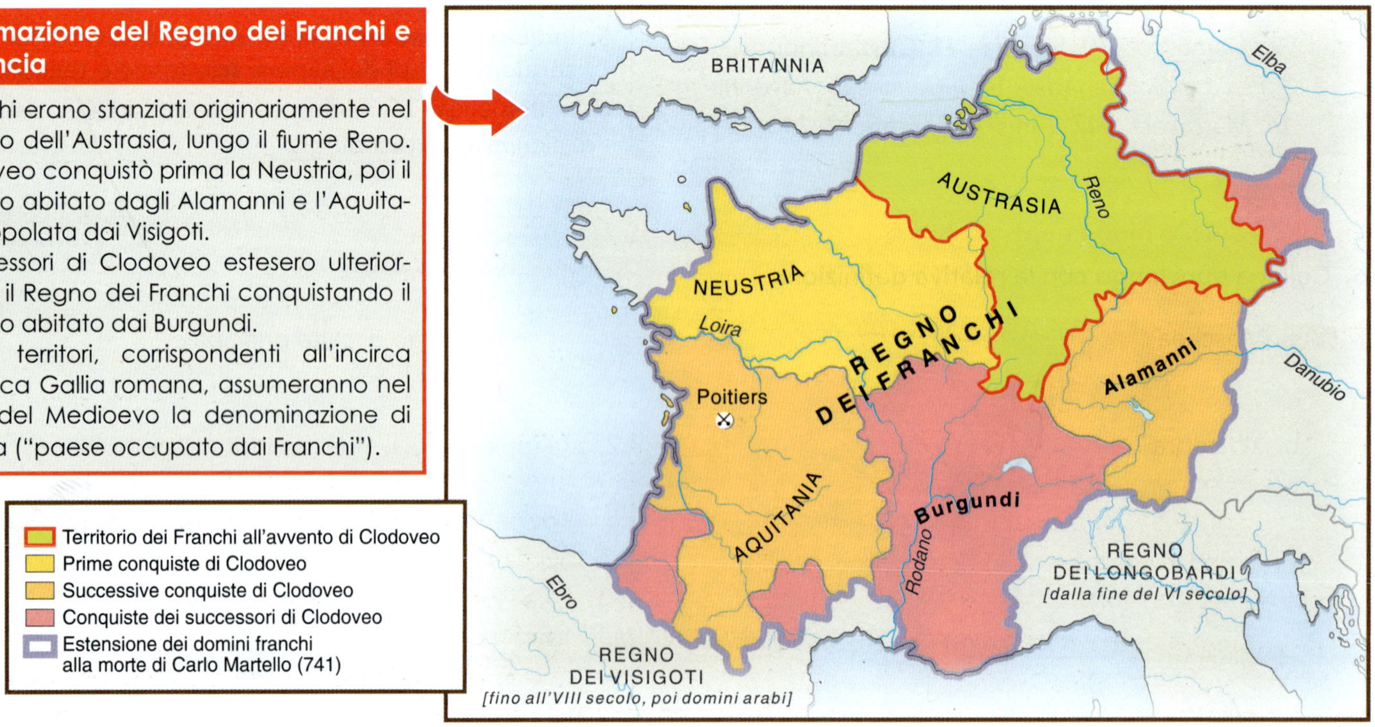

Si afferma la dinastia carolingia

Dopo la battaglia di Poitiers, l'autorità e il prestigio di Carlo Martello crebbero sempre di più.
Quando morì, suo figlio **Pipino il Breve** era ormai così potente che **riuscì a farsi proclamare re** al posto del sovrano merovingio.
Per essere considerato il vero sovrano a tutti gli effetti, Pipino cercò di ottenere il riconoscimento del papa. Offrì in cambio il suo aiuto contro i **Longobardi**, che minacciavano di occupare i territori della Chiesa. Dopo essere stato consacrato re da papa **Stefano II**, nel 754 Pipino scese in Italia e **sconfisse i Longobardi, quindi, nel 756, donò al papa le terre a loro sottratte**, allargando ulteriormente i possedimenti pontifici.
Alla morte di Pipino il Breve, nel 768, il regno venne **diviso tra i suoi figli Carlo e Carlomanno**. Morto improvvisamente Carlomanno, Carlo si fece acclamare unico re dei Franchi. Il suo regno è durato quasi 50 anni (771-814).
Iniziava così l'ascesa della dinastia che prese il nome di **Carolingi**.

UN REGNO DI GUERRIERI

Nei regni germanici il ruolo del sovrano era soprattutto quello di **comandante militare**, di guida dell'esercito in guerra.
Attraverso le campagne militari il sovrano franco si procurava le risorse (bottino, terre) con le quali ricompensava i nobili che combattevano con lui, assicurandosi così la loro fedeltà.

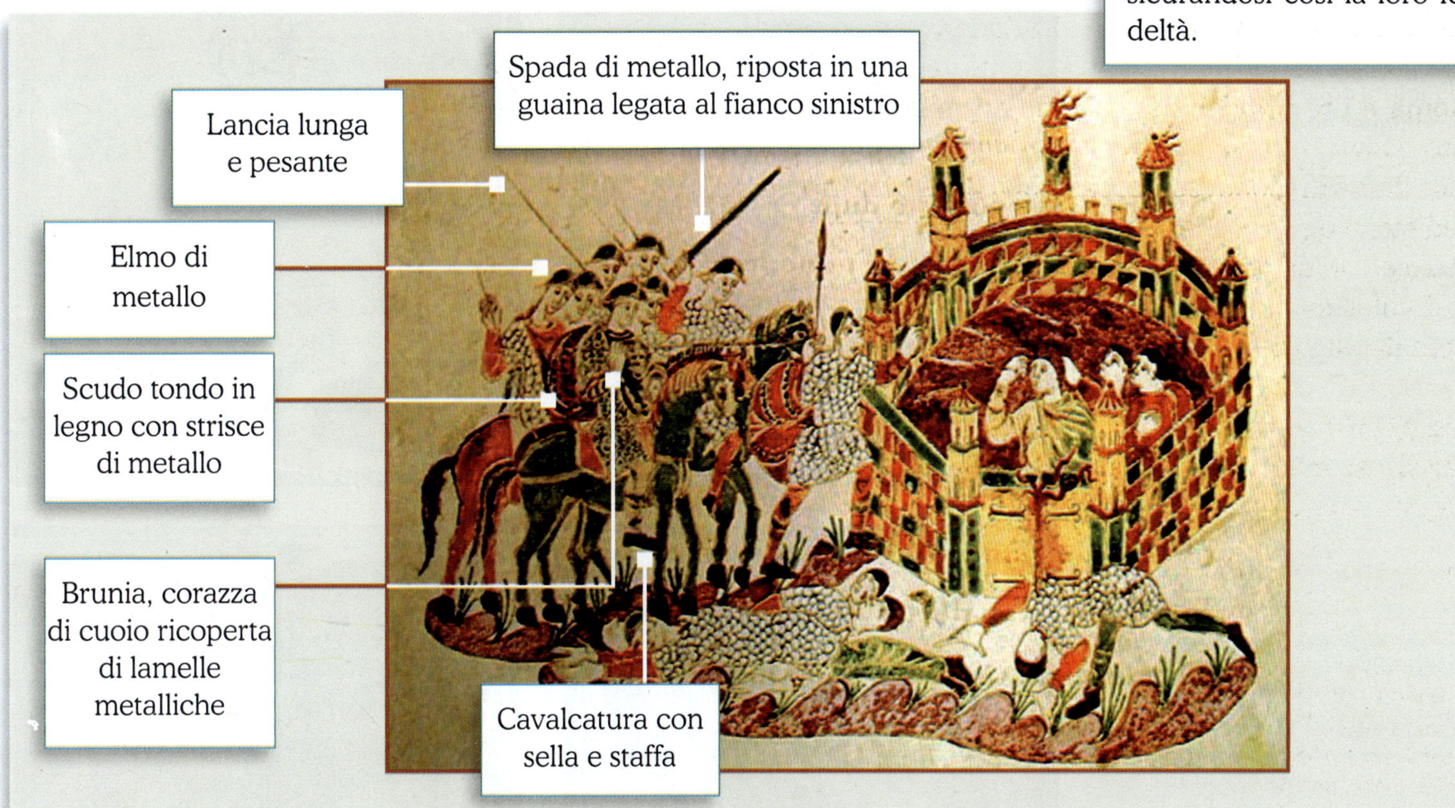

PER LA COMPRENSIONE

- Dove era situato il primo nucleo del Regno dei Franchi?
- Chi fu l'artefice dell'ascesa dei Franchi?
- Perché fu importante la conversione dei Franchi al Cristianesimo voluta da Clodoveo?
- Quali furono le conseguenze della divisione del Regno dei Franchi dopo la morte di Clodoveo?
- Perché i re merovingi furono chiamati "Re fannulloni"? Chi esercitava veramente il potere?
- Quale impresa fu compiuta da Carlo Martello? Perché fu importante?
- Che cosa fece Pipino il Breve?
- Perché Pipino il Breve aveva bisogno del riconoscimento del papa?
- Quali furono le conseguenze della guerra contro i Longobardi?
- Che cosa accadde alla morte di Pipino il Breve?

Carlo Magno conquista vasti territori

Carlo, passato alla storia come **Carlo Magno**, cioè "Grande", intraprese **numerose campagne militari**, che gli permisero di estendere notevolmente i confini del suo regno.
Nel 773 i Longobardi, guidati dal re Desiderio, invasero i territori del papa e Carlo fu chiamato in soccorso del pontefice.
Sceso in Italia, nel 774 il re franco **sconfisse Desiderio e pose fine al Regno longobardo**. Si proclamò re d'Italia e donò alla Chiesa vasti territori un tempo longobardi o bizantini.
Carlo riuscì a sottomettere altri importanti popoli germanici, come i **Sassoni** – che furono convertiti con la forza al Cristianesimo – e i **Bavari** (787-793), e la popolazione mongola degli **Àvari** (791-796). Meno fortunate furono invece le spedizioni **contro gli Arabi**: il re franco riuscì faticosamente a contenerli nei loro territori, ma mai a sconfiggerli.

Carlo Magno combatte contro i Saraceni (rappresentati anche come demoni) e riceve i vescovi cattolici.
Miniature dalle Grandes Chroniques de France.

PER LA COMPRENSIONE

- In che modo Carlo estese i confini del suo regno?
- Perché Carlo Magno scese in Italia?
- Quali guerre combatté Carlo Magno in Europa?
- Come si conclusero?

LE CAMPAGNE MILITARI DI CARLO MAGNO

Durante il suo regno Carlo Magno fu **sempre in guerra**.
Da nord a sud, da est ad ovest egli combatté contemporaneamente contro varie popolazioni, per estendere e consolidare i confini del suo impero. Le sue vittorie militari, oltre che all'esperienza acquisita sul campo al seguito del padre Pipino il Breve, erano dovute alla sua grande **capacità logistica**, cioè di organizzare e programmare spostamenti di uomini e mezzi e di provvedere alle risorse necessarie al mantenimento dell'esercito.

SASSONI

Dal 772 all'804 furono ripetutamente soggetti alla pressione militare e diplomatica di Carlo Magno. Furono costretti con la violenza a convertirsi al Cristianesimo e le loro ribellioni furono punite con migrazioni forzate.

BÀVARI

Stanziate nell'attuale Boemia e in Baviera, queste popolazioni erano già da tempo vassalle dei Franchi. Nel 793 Carlo Magno depose il loro duca (che complottava con Bizantini, Àvari e Longobardi) sottomettendoli all'autorità carolingia.

LONGOBARDI

Il decennale scontro tra Franchi e Longobardi consumò le sue fasi finali nel 774, quando Carlo Magno espugnò dopo un anno di assedio la capitale Pavia e assunse il titolo di re dei Franchi e dei Longobardi.

Le conquiste di Carlo Magno e la formazione dell'impero carolingio

ÀVARI

Contro questo ricco e potente regno, che minacciava il Friuli e la Baviera, Carlo Magno intraprese una campagna militare nel 791 con il figlio Pipino; nel 795-796 ne saccheggiò la capitale, portando via un enorme tesoro e decretando il declino del regno àvaro. Ai suoi confini venne costituita la Marca orientale.

BRETONI

Ripetute campagne militari (786, 799, 811) porteranno alla sottomissione delle popolazioni bretoni, ma l'autorità carolingia non si consoliderà mai anche per la minaccia delle incursioni normanne.

MUSULMANI

Nonostante alcuni successi, i Franchi non riuscirono a penetrare nel territorio spagnolo a spese dell'Emirato di Cordova. Nell'801 riuscirono a conquistare Barcellona e a ottenere il controllo della regione a nord del fiume Ebro, costituendo poi la Marca spagnola.

VASCONI

Furono i Vasconi, popolazioni pirenaiche antenate dei Baschi, a tendere nel 778 la famosa imboscata di Roncisvalle alle truppe franche di ritorno dall'assedio di Saragozza.
Da questo episodio nacque la leggenda di Orlando. Nel confinante territorio nel 781 Carlo Magno costituì il Regno dell'Aquitania, affidato a uno dei suoi figli.

SLAVI

Nel 791 Carlo Magno inizia una serie di spedizioni militari contro i popoli slavi (Boemi, Linoni, Wilzi) stanziati tra il fiume Elba e l'Oder, fra la Saale e l'Elba e in Boemia.

Lib. adatt. da *Storica*

CARLO MAGNO IMPERATORE

Carlo Magno in un ritratto del pittore tedesco Albrecht Dürer del 1512, con i **simboli del potere regio e imperiale**.
L'*aquila nera* è il simbolo dell'autorità imperiale; i *gigli dorati* su campo azzurro sono l'emblema araldico della monarchia francese; il *globo* sormontato dalla croce indica il dominio di Cristo sul mondo; la *corona* e la *spada* sono i simboli tipici della regalità. La spada è quella utilizzata per l'incoronazione dei re di Francia.

TI RACCONTO LA STORIA
CARLO ERA PROPRIO UN GRANDE

LA CULTURA CRISTIANA DELL'IMPERO CAROLINGIO

Nasce il Sacro Romano Impero

I rapporti tra i Franchi e il Papato si andarono consolidando sempre di più nel corso degli anni. Carlo Magno continuò a offrire il proprio sostegno ai pontefici, tanto da essere considerato il **difensore della fede cristiana**.
Questo suo ruolo ottenne la consacrazione ufficiale nella **notte di Natale dell'anno 800**, a Roma, quando papa Leone III incoronò Carlo imperatore di un nuovo impero: il **Sacro Romano Impero**. Il nuovo impero era **sacro**, perché investito della funzione di difendere la fede cristiana; **romano**, perché erede ideale dell'**antico Impero di Roma**.
La donazione alla Chiesa di territori longobardi e bizantini e, soprattutto, la ricostituzione di un impero in Occidente suscitarono reazioni negative da parte dell'imperatore bizantino, il quale lo considerava del tutto illegale. In questo contesto sarebbe stata elaborata la cosiddetta **Donazione costantiniana**, un documento che legittimava il potere temporale della Chiesa.

focus LA DONAZIONE COSTANTINIANA

La **Donazione costantiniana** è un documento che porta la data del 313 d.C. Con esso l'imperatore Costantino, nel momento in cui si apprestava a trasferire la capitale dell'impero a Costantinopoli, avrebbe ceduto al papa la sovranità su Roma e sull'Occidente.
La Donazione costantiniana legittimò per secoli la pretesa dei pontefici di esercitare sui territori il **potere temporale**, cioè un potere simile a quello dei sovrani.
Tale sostegno venne meno nel XV secolo, quando lo studioso Lorenzo Valla dimostrò che il documento era falsamente attribuito a Costantino, poiché era stato redatto molti secoli dopo.

IL RACCONTO DELL'INCORONAZIONE DI CARLO MAGNO

Il racconto dell'incoronazione di Carlo Magno ci è pervenuto attraverso molte versioni. Eginardo, il biografo di Carlo Magno, sottolinea la sorpresa e il fastidio del re franco di fronte all'iniziativa del papa. In realtà sembra difficile credere che Carlo Magno non aspirasse all'incoronazione imperiale.
Riportiamo di seguito la narrazione dell'evento nella versione ufficiale della curia pontificia (contenuta nel Liber Pontificalis, raccolta delle biografie dei pontefici), risalente all'816. In questo racconto non si accenna alla ritrosia del sovrano, mentre viene dato grande risalto al ruolo del papa.

Essendo venuto il Natale di Nostro Signore Gesù, tutti nuovamente si riunirono nella predetta **basilica dell'apostolo san Pietro**[1].
E allora il venerabile e beatissimo **pontefice**[2] lo incoronò con le sue stesse mani di una preziosissima corona.
Allora tutti i fedeli romani, vedendo quanto aveva difeso e amato la santa Chiesa romana e il suo vicario, unanimemente lo **acclamarono**[3] a gran voce, per la volontà di Dio e del beato Pietro, portatore delle chiavi del regno dei cieli: "A Carlo, piissimo Augusto, coronato da Dio grande e pacifico imperatore, vita e vittoria".
Ciò fu detto tre volte davanti all'altare della confessione del beato apostolo Pietro e con l'invocazione di molti santi; e da tutti fu costituito **imperatore dei Romani**[4].
Subito dopo il santo vescovo e pontefice **unse con l'olio santo**[5] Carlo, il suo eccellentissimo figlio, nello stesso giorno della natività del Nostro Signore Gesù Cristo.

1. L'incoronazione avvenne nell'antica basilica di San Pietro.

2. L'incoronazione di Carlo avviene per mano del pontefice.

3. Carlo è acclamato dal popolo, secondo l'uso degli antichi imperatori romani.

4. Carlo viene proclamato "imperatore dei Romani".

5. L'unzione riprende un rito già ricordato nell'Antico Testamento e recuperato da Pipino il Breve.

Il momento solenne dell'incoronazione imperiale in una miniatura del XIV secolo.

PER LA COMPRENSIONE

- Perché Carlo Magno venne considerato il "difensore della fede"?
- Quando Carlo fu incoronato imperatore? Da chi?
- Come fu chiamato il nuovo impero? Perché?
- Quali reazioni suscitò la donazione alla Chiesa di territori longobardi e bizantini?
- Che cos'è la Donazione costantiniana?

ANALISI DEL DOCUMENTO STORICO

- Quando avvenne l'incoronazione?
- Dove si tenne la cerimonia?
- Che cosa fecero i fedeli romani?
- Come venne chiamato Carlo Magno?
- Con quale rito il pontefice suggellò l'incoronazione?

L'Impero carolingio si basa sul vassallaggio

Carlo organizzò l'impero secondo un modello tipico delle popolazioni germaniche. Esso si fondava su **rapporti di natura personale** fra il sovrano e i propri uomini di fiducia, che divennero i suoi **vassalli**. I vassalli erano nobili o compagni d'armi ai quali veniva affidato un territorio più o meno vasto chiamato "**beneficio**" (più tardi detto "**feudo**").

Il rapporto di vassallaggio veniva sancito nel corso di una cerimonia durante la quale il vassallo faceva un atto di **omaggio** al proprio signore, una sorta di giuramento di fedeltà: egli si impegnava a garantire il proprio **aiuto in caso di guerra** e ad **amministrare il beneficio ricevuto in nome del re**. In cambio, il sovrano gli assicurava la sua protezione e la facoltà di godere delle ricchezze derivanti dal feudo.

Il vassallo, tuttavia, **non diventava padrone del beneficio** e non poteva lasciarlo in eredità ai propri figli. Alla sua morte, il feudo tornava al re, il quale ne disponeva a proprio piacimento: poteva affidarlo ai figli del vassallo defunto, oppure ad altre persone di propria fiducia. Anzi, il beneficio concesso poteva essere addirittura **revocato**, se il sovrano non era soddisfatto del modo in cui il vassallo lo amministrava.

GLOSSARIO

Vassallaggio

La parola deriva da vassus, vocabolo di origine celtica che significa "servo". Il vassallaggio consisteva in un rapporto personale di dipendenza fra un uomo libero (che si assoggetta, cioè si rende vassallo), e il suo signore.

Feudo

Termine di origine incerta, forse derivante dal germanico few, che indicava il possesso di una certa quantità di bestiame. In seguito fu usato per indicare il territorio concesso in beneficio ai vassalli.

L'OMAGGIO DEL VASSALLO

La miniatura raffigura l'atto con il quale si stabiliva un rapporto di vassallaggio. Tale atto si chiamava **omaggio** (dal latino *homo*, nel significato di "servo"), perché colui che lo compiva diventava "uomo di un altro, servo".

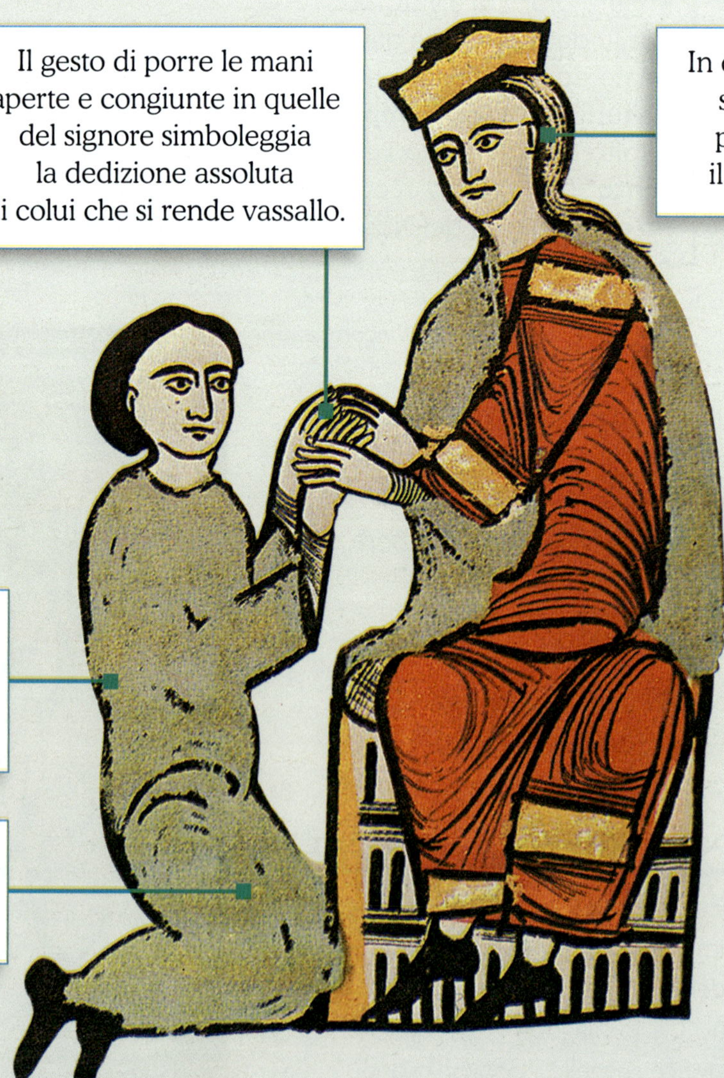

Il gesto di porre le mani aperte e congiunte in quelle del signore simboleggia la dedizione assoluta di colui che si rende vassallo.

In cambio della fedeltà del suo vassallo il signore promette protezione e il godimento del feudo.

Il vassallo promette che non tradirà mai il suo signore e che gli darà il suo aiuto in guerra

Il futuro vassallo è piegato in ginocchio davanti al signore.

CARLO MAGNO AI SUOI VASSALLI

Carlo Magno organizza il suo impero

Nonostante il nome, quello creato da Carlo Magno era assai diverso dall'Impero romano, non soltanto per le dimensioni (più ridotte), ma per la sua struttura. Come abbiamo visto, esso si basava su una rete di rapporti di vassallaggio ed era ben diverso dalla struttura centralizzata romana.
Per **unificare il suo impero** e mettere ordine a livello economico e sociale, Carlo Magno intraprese una vasta **opera legislativa**, introdusse numerose **riforme economiche** e promosse la **cultura** e l'**istruzione** (vedi pag. 122).
L'impero venne organizzato in aree territoriali, che l'imperatore assegnava ai suoi vassalli: esse si distinguevano sostanzialmente in **contee** e **marche**. Le contee, governate dai conti, erano costituite da **territori situati nell'interno** e disponevano di eserciti piuttosto limitati, perché si riteneva che non corressero grandi rischi. Le **marche** (dal germanico *marka*, "segno di confine"), che avevano a capo un funzionario chiamato **marchese**, erano collocate in **zone di confine**: erano **strategicamente assai importanti** e in esse venivano raccolte ingenti truppe, perché potevano essere soggette a invasioni da parte dei popoli vicini.
Accanto alle contee e alle marche esistevano anche i **ducati**, territori di recente conquista o caratterizzati da una forte identità culturale (come la Bretagna e la Baviera), i quali venivano affidati ad un **duca**.
Incarichi di governo venivano assegnati anche ai **vescovi**, che generalmente amministravano le **città**. Carlo Magno favorì la fondazione di **nuovi vescovadi e monasteri**, ai quali era affidato il compito di organizzare le attività agricole dei territori circostanti.
Carlo Magno emanò numerose leggi, raccolte nei cosiddetti ***Capitolari*** (dal latino *capitulare*, che significava "diviso in capitoli"). Per farle conoscere e applicare in tutto l'impero, Carlo Magno istituì i ***missi dominici*** (cioè"inviati del signore", *dominus*).
Si trattava di **ispettori itineranti** che visitavano i feudi: essi controllavano che conti e marchesi rispettassero e facessero rispettare le leggi, raccoglievano eventuali lamentele nei confronti dei funzionari imperiali.
Lo stesso Carlo Magno, per controllare l'impero, si spostava continuamente con tutta la corte. Esistevano pertanto diverse **sedi imperiali**, tra le quali la preferita era **Aquisgrana** per la sua posizione centrale.

GLOSSARIO

Conte
Conte deriva dalla parola latina comes, che significa "compagno", soprattutto nel senso di "compagno d'armi".
In età carolingia il termine venne usato per designare la persona delegata dal sovrano al governo di un territorio.

CARLO MAGNO, "PADRE DELL'EUROPA"?

L'organizzazione dell'impero carolingio

PER LA COMPRENSIONE

- Chi erano i vassalli? Che cosa erano i benefici o feudi?
- Che cosa avveniva durante la cerimonia dell'investitura?
- Che cosa accadeva alla morte del vassallo? A chi passava il beneficio?
- Quali sono le principali differenze tra l'Impero romano e quello carolingio?
- In quale modo Carlo Magno cercò di unificare il suo impero?
- Quali territori dell'impero vennero organizzati come marche? Dove si trovavano?
- Cosa erano le contee?
- Quali funzioni venivano spesso affidate ai vescovi?
- In che modo Carlo Magno esercitava il proprio controllo sull'impero?
- Chi erano i *missi dominici*?
- Dove sorgevano le sedi imperiali?

✓ SINTESI

AUDIOSINTESI

DAI MEROVINGI AI CAROLINGI

✔ I Franchi erano un popolo di origine germanica, che si stabilì nei territori dell'antica Gallia romana. Il re franco Clodoveo, della dinastia dei **Merovingi**, ampliò notevolmente i possedimenti dei Franchi e si convertì al Cristianesimo.

✔ I successori di Clodoveo non seppero mantenere il potere, che delegarono ai maestri di palazzo o "maggiordomi". Tra questi, grande prestigio ottenne **Carlo Martello**, il quale fermò l'espansione araba nella storica battaglia di Poitiers nel 732.

✔ Il figlio di Carlo Martello, **Pipino il Breve**, con l'appoggio del papa depose l'ultimo re della dinastia dei Merovingi e si fece proclamare re dei Franchi.

CARLO MAGNO E IL SACRO ROMANO IMPERO

✔ Il successore di Pipino, **Carlo Magno**, ampliò ulteriormente i territori del regno. Sollecitato dal papa, minacciato dai Longobardi, Carlo scese in Italia, sconfisse il re longobardo Desiderio e si fece incoronare re d'Italia.

✔ Pochi anni dopo, papa Leone III fu ancora aiutato da Carlo e, per ricompensarlo, lo incoronò **imperatore del Sacro Romano Impero**.

L'ORGANIZZAZIONE DELL'IMPERO

✔ Carlo organizzò l'Impero secondo un modello fondato su rapporti di natura personale stabiliti fra il sovrano e i propri uomini di fiducia, che divennero i suoi **vassalli**. I vassalli erano nobili o compagni d'armi ai quali veniva affidato un territorio più o meno vasto chiamato beneficio o **feudo**.

✔ Per meglio controllare i propri domìni, Carlo Magno divise i territori dell'Impero in **contee** e **marche**, affidandoli ai propri compagni più fidati, che divennero suoi vassalli con il titolo di conte o marchese. L'operato di conti e marchesi era sottoposto alla supervisione dei ***missi dominici***, che dovevano verificare che le leggi (capitolari) e le indicazioni date dal sovrano fossero rispettate.
Per unificare il suo Impero Carlo Magno promosse una vasta opera di riforma legislativa, economica e culturale.

Carlo Magno e il figlio Pipino dettano nuove leggi per il regno. Manoscritto del X secolo.

CRONOLOGIA

- 496 – Conversione al Cristianesimo dei Franchi
- 732 – Battaglia di Poitiers
- 751 – Pipino il Breve re dei Franchi. Inizio della dinastia carolingia
- 771 – Carlo Magno re dei Franchi
- 772-804 – Campagne militari contro i Sassoni
- 774 – Carlo Magno sconfigge i Longobardi
- 778 – Rotta di Roncisvalle
- 791-796 – Campagne militari contro gli Àvari
- 800 – Nascita del Sacro Romano Impero
- 814 – Morte di Carlo Magno

VERIFICA DI COMPRENSIONE

VERIFICHE INTERATTIVE

SVOLGO GLI ES. SUL LIBRO, POI SUL QUAD
CORREGGO LE FALSE

Il Regno dei Franchi e la nascita del Sacro Romano Impero

1. Indica se le affermazioni sono vere (V) o false (F).

- [F] a. I Franchi aderirono alla fede cristiana dopo la conversione di re Meroveo.
- [V] b. Carlo Martello era un ministro del re dei Franchi.
- [V] c. Carlo Martello sconfisse gli Arabi a Poitiers.
- [V] d. Carlo Magno fu il primo sovrano della dinastia dei Carolingi.
- [V] e. Carlo Magno vinse i Longobardi in Italia.
- [F] f. Carlo Magno fu incoronato imperatore nel 774 a Roma.
- [V] g. Carlo Magno fece convertire con la forza i Sassoni al Cristianesimo.
- [F] h. I *capitolari* erano i funzionari di Carlo Magno.
- [V] i. I vassalli erano nobili o compagni d'armi cui il sovrano affidava un feudo.
- [V] l. I *missi dominici* erano ispettori itineranti.
- [F] m. Carlo Magno stabilì la sede imperiale a Poitiers.

Merovingi e Carolingi

SCRIVO PRIMA IL NOME DEL PROTAGONISTA POI LA SPIEGAZIONE

2. Indica a quale personaggio si riferiscono le seguenti affermazioni (alcuni nomi vanno inseriti più volte).

> *1. Carlo Magno - 2. Carlomanno - 3. Pipino il Breve*
> *4. Clodoveo - 5. Carlo Martello - 6. Eginardo*

a. Nel 774 sconfisse il re Desiderio e pose fine al Regno longobardo: Carlo Magno

b. Fu consacrato re dei Franchi da papa Stefano II: PIPINO IL BREVE

c. Sconfisse gli Arabi a Poitiers nel 732: CARLO MARTELLO

d. Fu incoronato imperatore da papa Leone III: CARLO MAGNO

e. Fu il biografo di Carlo Magno: EGINARDO

f. Si convertì al Cristianesimo alla fine del V secolo: CLODOVEO

g. Sconfisse i Longobardi nel 754 e donò al papa le terre sottratte a loro: PIPINO IL BREVE

h. Fratello di Carlo Magno: Carlomanno

i. Sconfisse gli Àvari: CARLO MAGNO

L'organizzazione dell'Impero carolingio

3. Indica con una ✗ la conclusione corretta tra quelle proposte.

a. L'Impero carolingio si estendeva su un territorio
- [x] 1. più limitato rispetto a quello romano.
- [ ] 2. più vasto rispetto a quello romano.

b. L'Impero carolingio fu organizzato secondo
- [ ] 1. le consuetudini romane.
- [x] 2. le consuetudini germaniche.

c. L'Impero carolingio si basava su
- [x] 1. rapporti di natura personale tra il sovrano e i vassalli.
- [ ] 2. l'operato di funzionari devoti all'Impero.

d. Il beneficio o feudo era
- [ ] 1. una somma di denaro che il vassallo riceveva dal sovrano.
- [x] 2. un territorio affidato dal sovrano al vassallo perché lo amministrasse a nome suo.

e. Le marche erano
- [x] 1. territori dell'Impero situati in zone di confine strategicamente importanti e con forti contingenti militari.
- [ ] 2. territori dell'Impero situati all'interno e con contingenti militari limitati.

Le parole della Storia

SUL QUAD, SCRIVO PRIMA IL NOME E POI LA SPIEGAZIONE

4. Collega ogni termine alla definizione corrispondente.

a. Contea	1. Nobili e compagni d'arme del sovrano, cui erano affidati territori in cambio della fedeltà
b. Vassallaggio	2. L'uomo più importante del palazzo, primo collaboratore dei sovrani merovingi
c. Capitolari	3. Territorio affidato dal sovrano a un suo fedele
d. Vassalli	4. Territorio posto all'interno dell'impero
e. Beneficio	5. Territorio posto ai confini dell'impero
f. Maggiordomo	6. Cerimonia in cui il vassallo prestava fedeltà al sovrano
g. Marca	7. Leggi emanate dal sovrano
h. Omaggio	8. Rapporto personale di dipendenza di un uomo libero che si assoggetta a un signore
i. Ducato	9. Territorio di recente conquista o di forte identità culturale

11. L'ETÀ CAROLINGIA

La rinascita socio-economica

L'organizzazione politico-amministrativa che Carlo Magno aveva dato al suo impero garantì una maggiore sicurezza alla popolazione e ne migliorò le condizioni di vita.
L'imperatore promosse il **ripristino di numerose strade romane** cadute in disuso negli ultimi secoli; **favorì l'istituzione di fiere e mercati**, che rivitalizzarono il commercio, l'artigianato e le città; vennero sostenute e regolamentate le **attività agricole**.
A tale scopo Carlo Magno favorì la fondazione di vescovadi e monasteri: ad essi veniva affidato il compito di organizzare le attività agricole dei territori circostanti.

Denario d'argento con l'effigie di Carlo Magno.

GLOSSARIO

Usura
Prestito di denaro per la restituzione del quale si chiede un interesse eccessivo.

Speculazione
Attività volta a ricavare notevoli profitti dalla compravendita di merci e beni, sfruttando le variazioni dei prezzi.

Pedaggi
Tassa dovuta per ottenere il diritto di passaggio in un luogo per persone, merci o animali.

Dazi
Tassa imposta sulle merci in circolazione da uno Stato all'altro.

Le riforme economiche di Carlo Magno

Carlo Magno emanò numerose leggi per favorire lo sviluppo economico del suo impero e per imporre norme valide per tutti.
Egli portò a compimento un'importante **riforma monetaria**, in base alla quale solo al re spettava coniare le monete, stabilendo come **unica valuta** il *denario d'argento*.
Cercò di **combattere l'usura**, prevedendo pene severe per chi prestava denaro a interesse; cercò di **stabilizzare i prezzi**, fissandone il **livello massimo per i generi alimentari** di prima necessità (come i cereali) e mettendo sul mercato le scorte di grano pubbliche per frenare la **speculazione**.
Ridusse inoltre i **pedaggi** e i **dazi**, che ostacolavano la circolazione delle merci.

Calendario con la rappresentazione dei lavori agricoli associati ai singoli mesi, risalente al IX secolo.

Attività agricole raffigurate in un manoscritto del XII secolo.

Si afferma il sistema economico curtense

Tra il V e l'VIII secolo, l'organizzazione economica e sociale della *villa* (vedi pag. 67) si trasformò nella **curtis** (plurale *curtes*).

Simili al modello della *villa*, le aziende agricole curtensi miravano ad assicurare un'**autosufficienza produttiva** il più possibile completa: all'interno della *curtis* veniva prodotto e si scambiava tutto quanto era necessario (cibo, vestiti, utensili, armi, mobili, ecc.).

Si trattava di un sistema di "economia chiusa", nel senso che il **ricorso agli scambi con l'esterno era ridotto** e **marginale**.

Gli acquisti e le vendite di merci al di fuori dei confini di una *curtis* avvenivano solo **durante fiere o mercati**, che avevano luogo in occasioni legate solitamente a feste religiose.

All'interno e tra le *curtes* dello stesso proprietario, invece, a motivo della scarsa circolazione della moneta, **gli scambi avvenivano prevalentemente attraverso forme di baratto**.

Il sistema economico curtense raggiunse il massimo sviluppo tra il **IX e il X secolo**. Intorno all'800 Carlo Magno emanò delle leggi (raccolte nel *Capitulare de villis*) che definivano l'ordinamento e la gestione delle *curtes* regie.

GLOSSARIO

Curtis
Il termine latino curtis è collegato a cohors, "spazio delimitato, luogo chiuso"; esso indicava dunque, in senso stretto, ciò che si trovava all'interno del recinto che circondava la residenza del signore e le varie strutture agricole.

PER LA COMPRENSIONE

- In quale modo Carlo Magno favorì la rinascita economica?
- In che cosa consisteva la riforma monetaria?
- Quali misure adottò per frenare la speculazione?
- A quale modello economico tendevano le *curtes*?
- Come erano praticati gli scambi con l'esterno? Come avvenivano gli scambi all'interno?
- Quando il sistema curtense raggiunse il massimo sviluppo?
- Che cos'è il *Capitulare de villis*?
- Come era divisa la *curtis*?

L'ORGANIZZAZIONE DELLA *CURTIS*

La curtis era una azienda agricola che comprendeva generalmente una porzione di terreno **coltivabile, boschi** *e altri* **terreni adibiti al pascolo***.*

Ciascuna curtis era divisa **in due parti***: la* **pars dominica** *e la* **pars massaricia***. Nella* **pars dominica** *si trovava la casa del signore (dominus), dove egli risiedeva con la sua famiglia e i servi-domestici. La restante parte della curtis, la* **pars massaricia***, era divisa in appezzamenti (mansi) affidati ai massari (dal latino massarius, "contadino").*

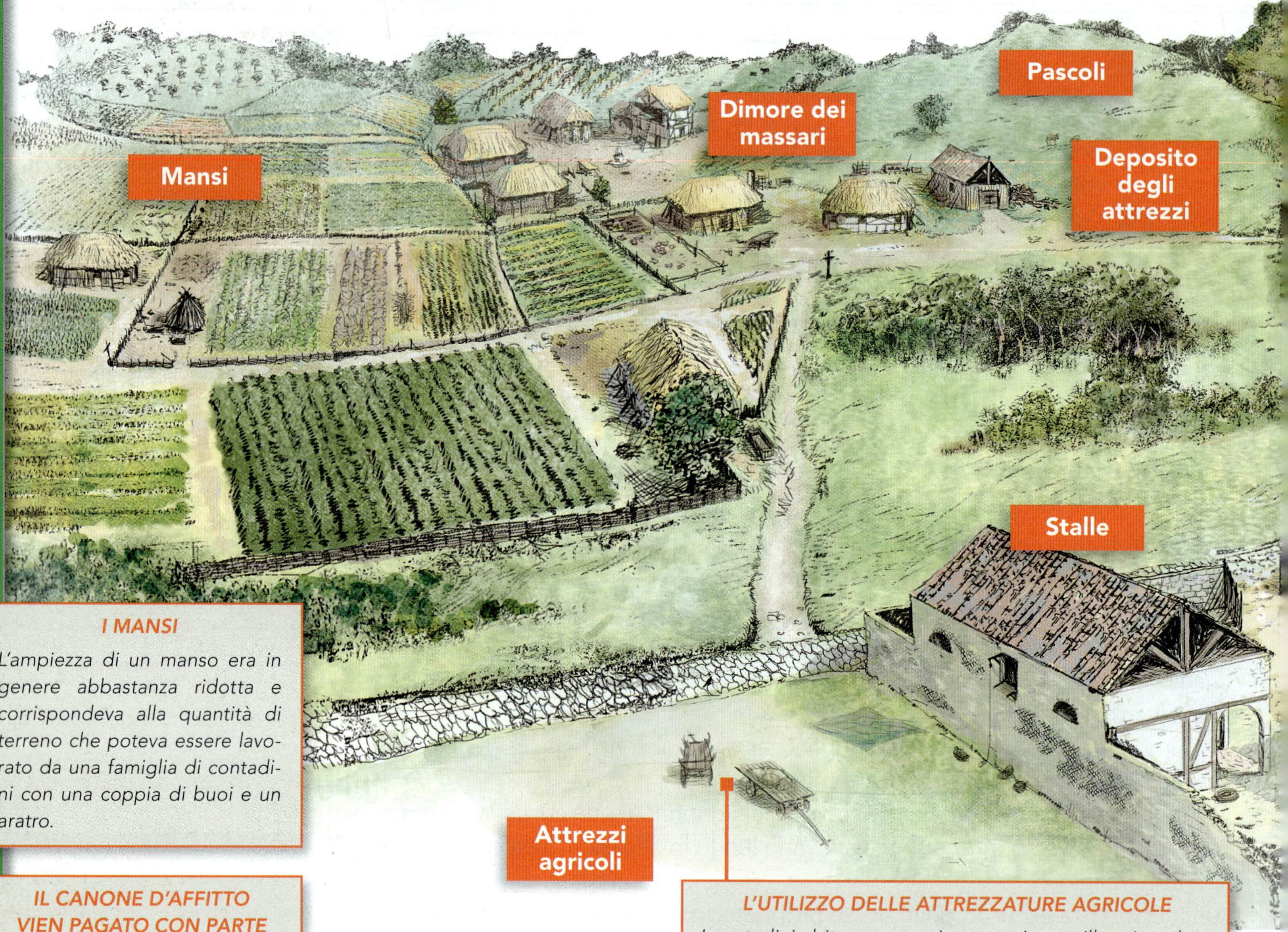

I MANSI

L'ampiezza di un manso era in genere abbastanza ridotta e corrispondeva alla quantità di terreno che poteva essere lavorato da una famiglia di contadini con una coppia di buoi e un aratro.

L'UTILIZZO DELLE ATTREZZATURE AGRICOLE

I contadini abitavano quasi sempre in un villaggio, o borgo, situato nei pressi della dimora padronale. Avevano il permesso di utilizzare il mulino, il frantoio per le olive, il torchio da uva che appartenevano al signore, pagando ogni volta una sorta di "tassa" in prodotti agricoli.

IL CANONE D'AFFITTO VIEN PAGATO CON PARTE DEI PRODOTTI E PRESTAZIONI DI LAVORO GRATUITE

La terra concessa ai massari era data in cambio del pagamento di una sorta di affitto. I contadini cedevano al proprietario una parte dei prodotti ricavati dal lavoro agricolo e dall'allevamento degli animali.

Inoltre, erano tenuti a lavorare gratuitamente per alcune giornate nelle terre della pars dominica. Queste prestazioni gratuite vennero dette corvées (che significa letteralmente "opera richiesta").

LA CESSIONE DEI MANSI È REGOLATA DA CONTRATTI: TERRA E PROTEZIONE IN CAMBIO DI FEDELTÀ

I contadini liberi erano legati al loro signore da veri e propri contratti, in base ai quali il proprietario della curtis garantiva, oltre alla terra, anche la propria protezione. In cambio, i massari erano tenuti alla fedeltà nei confronti del loro signore, per il quale dovevano essere anche disposti a imbracciare le armi.

pars massaricia

La pars massaricia era divisa in appezzamenti più piccoli, detti **mansi**, affidati ai massari. I massari erano servi che vivevano in regime di semilibertà (e godevano di alcuni diritti negati ai servi della gleba) oppure contadini liberi che si erano posti sotto la protezione del signore.

I SERVI DELLA GLEBA

I contadini che lavoravano sulla pars dominica erano considerati proprietà del padrone della curtis e parte del suo patrimonio.
A motivo di questo stretto legame alla terra su cui lavoravano, vennero chiamati "servi della gleba" (gleba era la zolla di terra).

pars dominica

Intorno alla residenza del signore, della sua famiglia e dei servi-domestici si estendevano i pascoli, i boschi e le terre coltivate da servi posti alle dirette dipendenze del ***proprietario****.*

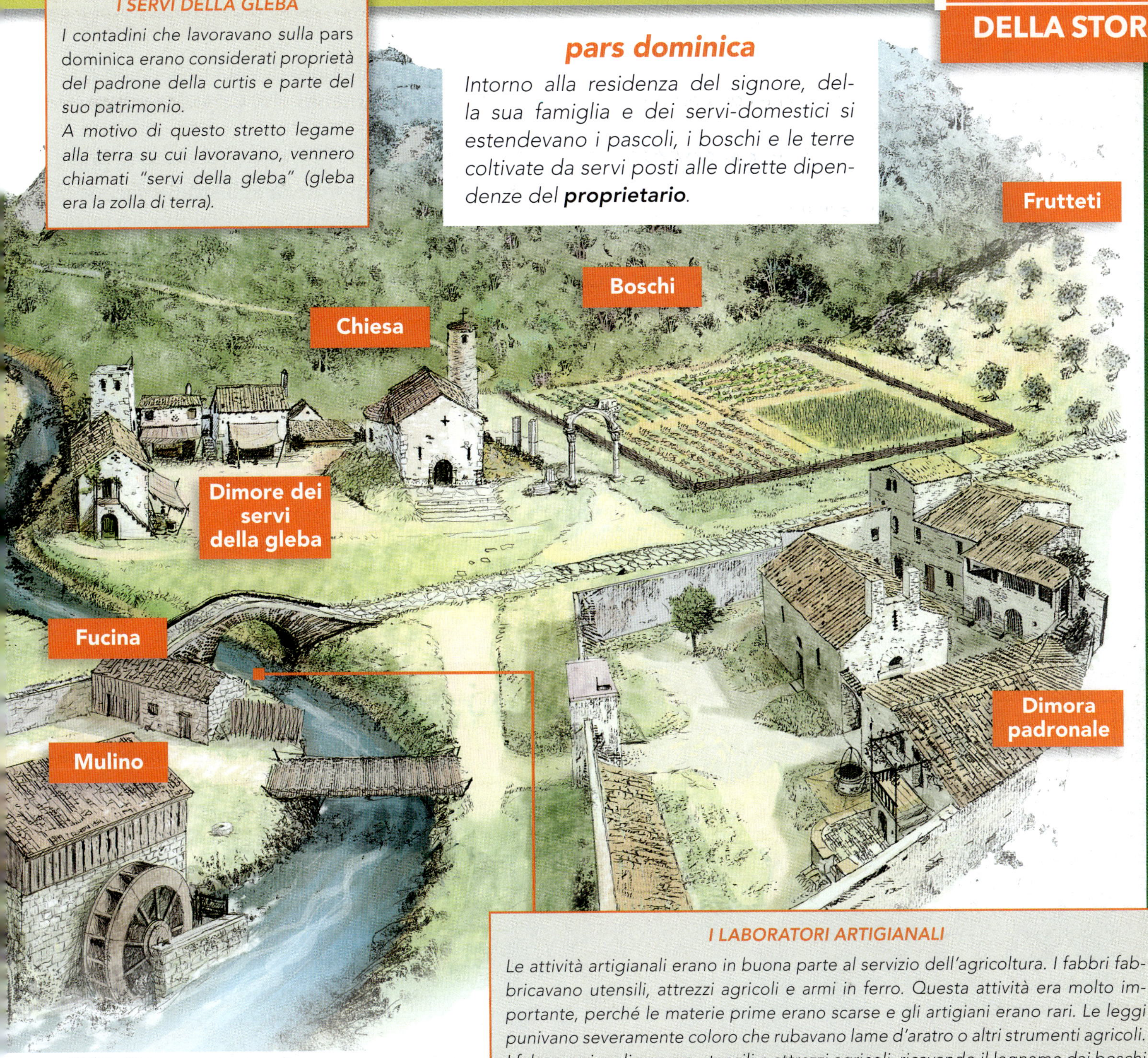

I LABORATORI ARTIGIANALI

Le attività artigianali erano in buona parte al servizio dell'agricoltura. I fabbri fabbricavano utensili, attrezzi agricoli e armi in ferro. Questa attività era molto importante, perché le materie prime erano scarse e gli artigiani erano rari. Le leggi punivano severamente coloro che rubavano lame d'aratro o altri strumenti agricoli. I falegnami realizzavano utensili e attrezzi agricoli, ricavando il legname dai boschi vicini. La produzione di stoffe e capi di vestiario avveniva solitamente con telai domestici, utilizzando lino, canapa e lana.

PER LA COMPRENSIONE

- Com'era organizzata la *pars dominica*?
- Chi erano i servi della gleba? Perché erano chiamati così?
- Com'era organizzata la *pars massaricia*?
- Qual era la dimensione dei *mansi*?
- Chi erano i massari?
- Come erano regolati i rapporti tra i contadini liberi e il proprietario della *curtis*?
- Che cosa offrivano i contadini liberi in cambio della terra?
- A chi appartenevano le attrezzature agricole? Che cosa dovevano fare i contadini per poterle utilizzare?
- Quali erano le attività artigianali più diffuse?
- Perché il lavoro dei fabbri era assai importante?

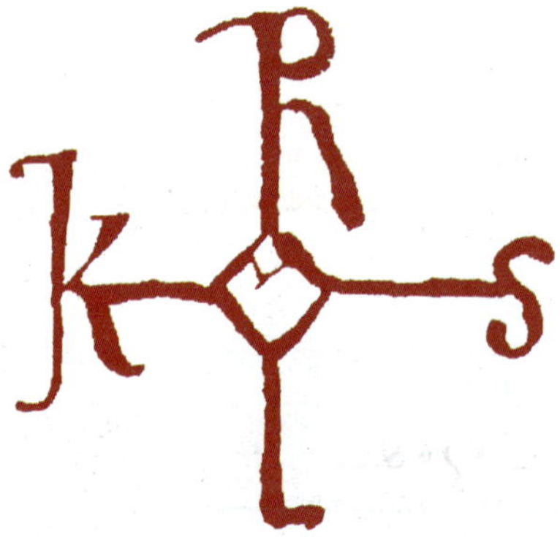

Monogramma di Carlo Magno.

Carlo Magno promuove cultura e istruzione

I secoli VIII e IX furono importanti non solo dal punto di vista politico ed economico, ma anche per il **processo di rinnovamento** che Carlo Magno avviò nel **campo culturale e artistico**.

Carlo Magno sapeva forse leggere, ma certamente non sapeva scrivere se non il proprio nome. Eppure, egli attribuiva molta **importanza agli studi** e faceva di tutto per **promuovere l'istruzione**, in un'epoca in cui l'analfabetismo era molto diffuso. Carlo Magno era convinto che la cultura costituisse uno strumento necessario per **consolidare il proprio potere**.

La Scuola Palatina diventa il motore della "rinascita carolingia"

L'imperatore **raccolse intorno a sé gli uomini di cultura più importanti dell'epoca**, come Alcuino di York (forse l'uomo più erudito del suo tempo), Paolo Diacono, storico dei Longobardi, l'architetto Eginardo, suo segretario e biografo.

Essi costituirono ad Aquisgrana la **Scuola Palatina** ("scuola del palazzo"): qui si discuteva della Bibbia, dei testi classici latini e di scienze naturali.

La Scuola Palatina divenne il motore di quella **fioritura artistica, letteraria e intellettuale** conosciuta come "**rinascita carolingia**".

Le **scuole** si diffusero in tutto l'Impero, soprattutto **presso i vescovadi e i monasteri**.

In numerosi capitolari Carlo Magno definì l'organizzazione delle scuole e stabilì **programmi di studio** uguali per tutte.

Essi prevedevano la suddivisione in sette "materie", chiamate **Arti liberali** (vedi pag. 225), e rimasero sostanzialmente invariati per tutto il Medioevo.

In queste scuole si formarono i funzionari di cui aveva bisogno l'Impero.

Rabano Mauro e il suo maestro Alcuino (Albinus) dinnanzi a san Martino di Tours.

focus

CON I PALADINI DI CARLO INIZIA LA LETTERATURA FRANCESE

La rinascita carolingia coincise con la **nascita della lingua francese**, una delle lingue neolatine, dette anche "volgari" perché utilizzate inizialmente solo come lingue parlate dal popolo, in latino *vulgus* (vedi pag. 227).
Le prime opere della **letteratura francese** sono costituite da **poemi epici**, nei quali si narravano in modo leggendario le imprese compiute da eroi di epoca carolingia.
Il più antico e famoso di questi poemi è la ***Canzone di Orlando*** (la *Chanson de Roland*), scritta a metà dell'XI secolo.
Essa narra le imprese di Carlo Magno e dei suoi paladini (cioè i guerrieri più valorosi e fedeli) nella guerra contro gli Arabi.
Precisamente, il poema narra l'episodio di Roncisvalle (778), quando la retroguardia di Carlo Magno, di ritorno da una spedizione contro Saragozza, fu massacrata in un'imboscata dai montanari baschi (Vasconi): qui trovò la morte anche Orlando, il paladino più valoroso, nipote dell'imperatore.
Il fatto storico da cui prende spunto la narrazione è in realtà poco significativo. L'autore, però, lo rielabora (attribuendo l'imboscata non ai Baschi ma agli Arabi) e ne ricava un poema che avrebbe influenzato per secoli l'**epica medievale** e **rinascimentale**, incentrata sullo scontro tra i difensori della fede cristiana e "i nuovi barbari", cioè gli "infedeli" musulmani.

La battaglia di Roncisvalle in una miniatura del XIV secolo.

La conservazione dei testi antichi e la fioritura artistica

Nelle scuole dei monasteri, precisamente nei loro laboratori di scrittura, riprese vigore la **trascrizione delle opere dell'antichità classica e dei testi sacri del Cristianesimo**, che altrimenti sarebbero andati persi per sempre. In questi manoscritti (vedi pag. 151) venne introdotto un nuovo tipo di **scrittura minuscola, più semplice e chiara** delle precedenti, detta "**carolina**" o minuscola carolina; essa è alla base del moderno minuscolo latino.
L'epoca carolingia fu caratterizzata anche da una grande **fioritura artistica e architettonica**. Di notevole valore sono i **codici miniati**, cioè abbelliti da disegni chiamati **miniature**.
Vennero costruiti nuovi edifici, eleganti e imponenti, tra i quali spicca la **Cappella Palatina** di Aquisgrana.

IL LIBRO FRA I SIMBOLI DI PRESTIGIO

PER LA COMPRENSIONE

- Quale importanza attribuiva Carlo Magno alla cultura? Perché?
- Che cosa fece Carlo Magno per promuovere la cultura? Che cos'era la Scuola Palatina?
- Come venne chiamato questo periodo di fioritura culturale?
- Come venne organizzata l'attività scolastica?
- A quale attività si dedicavano i monaci? Perché fu importante?
- Che cos'è la scrittura carolina?
- Quali sono le opere di particolare rilievo artistico dell'età carolingia?

✓ SINTESI

AUDIOSINTESI

LA RINASCITA SOCIO-ECONOMICA DELL'ETÀ CAROLINGIA

✔ L'organizzazione politico-amministrativa di Carlo Magno favorì la **rinascita socio-economica**: si ripristinarono le vie di comunicazione romane; rifiorirono le attività economiche, anche grazie a importanti riforme promosse dall'imperatore (riforma monetaria, stabilizzazione dei prezzi, riduzione delle tasse).

L'AFFERMAZIONE DELL'ECONOMIA CURTENSE

✔ Tra il V e l'VIII secolo, notevole importanza assunsero le **grandi aziende agricole** organizzate sul modello della ***curtis***, sviluppo della *villa*, la grande azienda agricola di epoca romana.

✔ Ogni *curtis* era divisa in due parti: la ***pars dominica***, sottoposta al controllo diretto del padrone e nella quale lavoravano i servi della gleba, e la ***pars massaricia***, divisa in mansi affidati ai massari, uomini liberi o servi che vivevano in regime di semilibertà.

✔ I massari, oltre alla terra, ricevevano dal padrone della *curtis* anche protezione contro le aggressioni esterne. In cambio, essi dovevano garantire fedeltà al proprio signore e pagare una sorta di affitto per la porzione di terreno agricolo ricevuto. Il pagamento avveniva attraverso la cessione al padrone di una parte dei prodotti ricavati dal lavoro agricolo e con prestazioni di lavoro gratuito nella *pars massaricia* (***corvées***).

UN SISTEMA ECONOMICO CHE MIRAVA ALL'AUTOSUFFICIENZA

✔ Il sistema economico curtense, che raggiunse il massimo sviluppo tra il IX e il X secolo, mirava ad assicurare l'**autosufficienza** produttiva. Gli acquisti e le vendite delle merci al di fuori dei confini della *curtis* avvenivano in occasione di piccole fiere e mercati. All'interno della *curtis* gli scambi si basavano essenzialmente sul baratto.

LA RINASCITA CULTURALE E LA DIFFUSIONE DELLE SCUOLE

✔ Carlo Magno diede **impulso alla cultura, all'istruzione e all'arte**, convinto dell'importanza della cultura anche come strumento per consolidare il potere.

✔ Carlo Magno promosse la diffusione di scuole in tutto l'impero, soprattutto presso vescovadi e monasteri, stabilendo programmi di studio uguali per tutte. Nei laboratori di scrittura dei monasteri vennero copiati numerosi testi degli autori classici e cristiani, che altrimenti sarebbero andati perduti per sempre. Venne introdotto un tipo di scrittura più semplice (scrittura carolina), antenato del moderno minuscolo.

✔ La fioritura artistica, letteraria e intellettuale che caratterizzò il suo impero è nota come "rinascita carolingia". Motore di tale rinascita fu la cosiddetta **Scuola Palatina**, costituita dagli uomini di cultura più importanti dell'epoca (Alcuino di York, Paolo Diacono, ecc.) che Carlo Magno raccolse intorno a sé. Tra le opere artistiche più notevoli spiccano le **miniature** e la Cappella Palatina ad Aquisgrana.

CRONOLOGIA

- **V-VIII secolo** – Evoluzione della "villa" romana nella "curtis" medievale
- **735-804** – Alcuino di York
- **770-840** – Eginardo
- **782** – Fondazione della Scuola Palatina
- **789** – Inizia la costruzione del Palazzo Imperiale di Aquisgrana
- **800 ca.** – Capitulare de villis
- **805** – Consacrazione della Cappella Palatina
- **IX-X secolo** – Massimo sviluppo del sistema curtense
- **metà XI secolo** – Elaborazione della "Chanson de Roland"

 VERIFICHE INTERATTIVE

REALIZZO UNO SCHEMA SUL QUAD CON IL TITOLO: LA RINASCITA ECONOMICA
FACCIO TUTTO SUL LIBRO POI SUL QUAD

La rinascita economica

1. Indica in quali modi Carlo Magno rafforzò l'economia dell'Impero collegando correttamente le seguenti espressioni.

a. Ripristinò	1. le attività agricole
b. Favorì	2. i pedaggi e i dazi
c. Regolamentò	3. l'usura
d. Affidò	4. il livello massimo dei prezzi per i generi alimentari
e. Combatté	5. l'istituzione di fiere e mercati
f. Ridusse	6. a vescovadi e monasteri il compito di organizzare le attività agricole
g. Fissò	7. numerose strade romane

Il sistema economico curtense

2. Indica con una ✘ la conclusione corretta tra quelle proposte.

a. Il sistema curtense raggiunse il massimo sviluppo
- ☐ 1. tra il V ed il VI secolo.
- ☒ 2. tra il IX ed il X secolo.
- ☐ 3. tra il XII ed il XIII secolo.

b. La *curtis* era
- ☒ 1. un'azienda agricola.
- ☐ 2. una villa signorile.
- ☐ 3. un territorio dell'impero carolingio.

c. Le *curtes* erano organizzate per
- ☐ 1. vendere sul mercato prodotti agricoli e dell'artigianato.
- ☐ 2. pagare le tasse all'imperatore.
- ☒ 3. assicurare un'autosufficienza produttiva il più possibile completa.

d. L'uso della moneta all'interno nel sistema economico curtense era
- ☒ 1. limitato.
- ☐ 2. del tutto assente.
- ☐ 3. molto frequente.

e. La parte della *curtis* sottoposta al diretto controllo del signore si chiama
- ☐ 1. *pars dominica.*
- ☒ 2. *pars massaricia.*
- ☐ 3. *manso.*

f. La parte della *curtis* divisa in mansi affidati a contadini liberi o semiliberi si chiama
- ☐ 1. *pars dominica.*
- ☐ 2. *pars massaricia.*
- ☒ 3. *corvées.*

La rinascita carolingia

CORREGGO LE FALSE SUL QUAD

3. Indica se le affermazioni sono vere (V) o false (F).

- F a. Nei secoli VI e VII si ebbe un forte rinnovamento culturale e artistico.
- F b. Carlo Magno attribuì poca importanza agli studi e all'istruzione.
- V c. Carlo Magno si circondò dei più importanti uomini di cultura del suo tempo.
- F d. Il numero delle scuole in tutto l'Impero carolingio diminuì.
- V e. Con l'espressione "rinascita carolingia" si intende la ricostituzione dell'Impero romano da parte di Carlo Magno.
- V f. Carlo Magno definì l'organizzazione delle scuole dell'Impero e stabilì programmi di studio uguali per tutte.
- F g. Al tempo di Carlo Magno l'analfabetismo era poco diffuso.
- V h. Le scuole furono istituite soprattutto presso i vescovadi e i monasteri.

Le riforme economiche promosse da Carlo Magno

FACCIO UNO SCHEMA CON TITOLO: ↗

4. Completa la tabella inserendo correttamente le riforme elencate (riporta la lettera corrispondente).

stabilizzazione dei prezzi	sviluppo dei commerci	sviluppo dell'agricoltura	riforma monetaria
e	d	c	b
i	h	f	g

a. *ripristino di antiche strade romane - **b.** solo il re può coniare le monete - **c.** nuovi regolamenti per le attività agricole - **d.** istituzione di fiere e mercati - **e.** limite massimo dei prezzi per i generi alimentari - **f.** vescovadi e monasteri hanno il compito di organizzare le attività agricole - **g.** il denario d'argento è l'unica moneta dell'impero - **h.** vendita sul mercato delle scorte di grano - **i.** riduzione di pedaggi e dazi*

12. LE INVASIONI DI FINE MILLENNIO E L'IMPERO

L'Impero carolingio viene spartito

Carlo Magno morì nell'814 e la corona imperiale passò al figlio **Ludovico il Pio**. Alla morte di Ludovico, nell'840, **i possedimenti carolingi furono divisi tra i suoi figli**, Lotario, Ludovico il Germanico e Carlo il Calvo. Essi entrarono subito in disaccordo e iniziarono a combattere l'uno contro l'altro.

Dopo tre anni di conflitti, nell'843 i tre fratelli arrivarono a un accordo e stipularono il **Trattato di Verdun**, che stabiliva la spartizione dell'impero in tre regni.

- **Lotario** (che mantenne il titolo di **imperatore**) ebbe l'**Italia settentrionale**, la **Borgogna** e la **Lotaringia** (l'attuale territorio della Lorena);
- a **Ludovico il Germanico** furono assegnati i territori dell'Europa centrosettentrionale (la **Germania**);
- **Carlo il Calvo** ebbe in eredità la **Francia occidentale** e la **Marca spagnola**.

Ludovico il Pio riceve la notizia della morte di Carlo Magno. Miniatura del XIV secolo.

I feudi diventano ereditari

Il Trattato di Verdun **accelerò il processo di disgregazione dell'Impero carolingio**, già in atto durante il regno di Carlo Magno. Conti e marchesi, infatti, non solo tentavano di sottrarsi all'autorità imperiale **governando** autonomamente i loro benefici, ma chiedevano di poterli **trasmettere in eredità**.

Nell'877, con il **Capitolare di Kiersy**, i grandi feudatari ottennero dall'imperatore Carlo il Calvo la facoltà di **lasciare i propri benefici in eredità ai figli**. In questo modo, **la posizione dei feudatari si rafforzò notevolmente** rispetto al sovrano, la cui autorità risultò assai indebolita, perché di fatto egli **perse il controllo su gran parte del suo territorio**.

Proprio i grandi feudatari fecero fallire più tardi il tentativo di riunificazione dell'impero messo in atto da **Carlo il Grosso** (881-887). La sua deposizione, cioè la rimozione forzata dalla carica di imperatore, nell'**887**, decretò **la fine dell'Impero carolingio** e la formazione di altri regni indipendenti.

LA FINE DELL'IMPERO CAROLINGIO

Le carte illustrano il processo di **frammentazione dell'Impero carolingio** nella seconda metà del IX secolo.
Il vasto territorio unificato da Carlo Magno agli inizi del secolo, in seguito alle violente lotte fra i suoi discendenti, venne dapprima smembrato in tre parti (Trattato di Verdun), poi, con la deposizione di Carlo il Grosso (887), cessò di esistere.
Al suo posto si vennero formando i **nuovi regni** dei Franchi, di Germania, Italia, Alta e Bassa Borgogna.
Questo processo preannuncia la futura articolazione politica in più nazioni dell'Europa occidentale.

843 - l'Impero viene diviso in tre parti

887 - l'Impero cessa di esistere

focus

I GIURAMENTI DI STRASBURGO, PRIMO DOCUMENTO PUBBLICO IN LINGUA VOLGARE

Al periodo delle lotte tra i figli di Ludovico il Pio risale quello che è considerato il primo documento pubblico in lingua volgare: i **Giuramenti di Strasburgo**.
Nell'842 Carlo il Calvo e Ludovico il Germanico si incontrarono a Strasburgo per stringere un patto di alleanza contro il fratello Lotario.
Per far sì che i soldati di entrambi gli schieramenti comprendessero i termini del patto (che prevedeva, tra l'altro, la disobbedienza dei soldati verso il loro re, qualora quest'ultimo comandasse azioni sleali contro l'alleato), i due sovrani si scambiarono i giuramenti nella lingua parlata dalle truppe dell'altro: Ludovico in *romana lingua* (volgare francese), Carlo in volgare germanico (*lingua teudisca*).
Gli eserciti dei due sovrani, poi, giurarono nelle rispettive lingue volgari.
Le formule di giuramento in lingua volgare sono state tramandate nell'opera dello storico carolingio Nitardo, scritta in latino, lingua nella quale erano stati redatti fino ad allora gli atti pubblici.

PER LA COMPRENSIONE

1. Che cosa accadde alla morte di Ludovico il Pio?
2. Che cosa sanciva il Trattato di Verdun? Quando venne stipulato?
3. Perché si accelerò il processo di disgregazione dell'Impero carolingio?
4. Che cosa sanciva il Capitolare di Kiersy? Quali conseguenze ebbe?
5. Che cosa accadde nell'887? Che cosa decretò questo evento?

Invasioni e ondate migratorie

La flotta saracena attacca l'isola di Creta. Miniatura da un manoscritto prodotto in Sicilia nel XII secolo.

Tra il IX e il X secolo il Mediterraneo e l'Europa divennero zone di ***migrazione*** *e di* ***conquista*** *di popolazioni provenienti dal Nord, dall'Est e dall'Africa settentrionale. Questa ondata migratoria, favorita dalla debolezza dovuta alla disgregazione dell'Impero carolingio, imprimerà una* ***svolta decisiva*** *alla storia dell'Europa. Nonostante le distruzioni che incursioni e guerre provocarono, si crearono le condizioni per l'****integrazione tra popolazioni diverse*** *e per la nascita di una nuova civiltà. Tra i popoli che si riversarono in Europa spiccano i Saraceni (provenienti dal Nordafrica e dalla Spagna), i* ***Vichinghi*** *o* ***Normanni*** *(da Nord), gli* ***Slavi*** *e gli* ***Ungari*** *(provenienti da Est).*

Le scorrerie dei Saraceni

I Saraceni erano pirati arabi che per almeno due secoli tennero sotto la loro minaccia il Mediterraneo, compiendo **violente scorrerie lungo le coste dell'Italia e della Francia meridionale**.

Nell'846 sbarcarono a Ostia e giunsero a saccheggiare Roma, suscitando grande impressione nel mondo cristiano. I Saraceni, che si limitavano solitamente a compiere razzie e saccheggi, finirono con l'**insediarsi stabilmente in Sicilia** (vedi pagg. 94 e 105), a Cipro e a Creta. Queste isole divennero a loro volta il punto di partenza di incursioni. La minaccia saracena cominciò a venir meno solo nell'XI secolo con l'indebolimento della potenza araba e per l'azione di contrasto delle flotte delle città marinare di Genova e di Pisa.

L'immagine di una nave su una moneta vichinga del IX secolo.

Le incursioni degli Ungari

Alle scorrerie saracene si alternavano le incursioni degli **Ungari** (chiamati anche **Magiàri** dal nome della loro tribù più numerosa). Gli Ungari erano un popolo di **allevatori nomadi** e di **abilissimi cavalieri**, che viveva nelle steppe asiatiche. Sospinti da altre popolazioni verso le regioni centrali del continente, si riversarono nelle **pianure steppose sulla riva sinistra del Danubio**, occupando la regione della Pannonia, nell'attuale Ungheria.

Proseguirono poi le loro incursioni, devastando la Sassonia, la Borgogna, la Lorena e l'Italia centrosettentrionale. Definitivamente **sconfitti da Ottone I di Sassonia** (vedi pag. 132), gli Ungari si stabilirono nell'area che da essi prese il nome e che grosso modo coincide con l'**attuale Ungheria**. Qui si trasformarono da nomadi in allevatori sedentari e **si convertirono al Cristianesimo** sotto la guida del loro capo, che venne incoronato re con il nome di **Stefano I** (997-1037).

LE MIGRAZIONI RIDISEGNANO LA GEOGRAFIA DELL'EUROPA

La carta illustra i vasti movimenti migratori che interessarono l'Europa tra il IX e l'XI secolo. Il continente divenne un vero e proprio campo di battaglia. Ad aggravare le conseguenze degli attacchi saraceni, ungari e vichinghi fu, per alcune regioni, il loro sovrapporsi e incrociarsi.

*L'**espansione vichinga** ebbe un raggio d'azione assai vasto, dall'Atlantico agli Urali, superando i confini europei e mediterranei. Le tribù dei **Danesi** ebbero come meta la vicina Inghilterra; gli **Svedesi** si diressero principalmente verso la Russia; i **Norvegesi** organizzarono spedizioni che li portarono in Groenlandia e lungo le coste mediterranee.*

*Gli **Ungari** furono costretti a riversarsi nell'Europa orientale premuti dall'avanzata dei Peceneghi, una popolazione turca.*

*I **Saraceni** tennero sotto la loro continua minaccia tutte le coste del Mediterraneo occidentale. La penisola italiana fu la regione più esposta ai loro attacchi. Prese di mira furono soprattutto le isole piccole, ma anche quelle maggiori, come la Sicilia, che venne occupata a partire dall'827.*

ANALISI DELLA CARTA STORICA

- Da dove provenivano i Saraceni? Dove erano dirette le loro scorrerie?
- Dove si insediarono gli Ungari sospinti dall'avanzata dei Peceneghi?
- Quali territori furono meta delle loro razzie?
- Da dove provenivano i Vichinghi? In quali direzioni si mosse la loro espansione?
- Che cosa differenzia le incursioni degli Ungari da quelle di Saraceni e Vichinghi?
- Quali furono le regioni dell'Europa maggiormente esposte alle invasioni di fine millennio?

PER LA COMPRENSIONE

- Che cosa favorì l'ondata migratoria lungo le coste del Mediterraneo e in Europa tra il IX e il X secolo?
- Quali furono le conseguenze dei movimenti migratori?
- Chi erano i Saraceni?
- Chi erano gli Ungari? Da quali terre provenivano? Dove si erano stanziati?
- Da chi furono sconfitti gli Ungari nella loro espansione verso l'Europa occidentale?

Le incursioni dei Vichinghi

I **Vichinghi** (cioè "coloro che escono dai *vik*", nome locale dei fiordi, le insenature costiere scandinave) erano popolazioni germaniche originarie della Scandinavia. Erano suddivise in vari gruppi, fra i quali c'erano Danesi, Norvegesi e Svedesi. Nel Medioevo erano noti con il nome di **Normanni**, cioè "uomini del Nord". I Vichinghi erano **navigatori abilissimi e forti combattenti**, dediti al **commercio** e alle **esplorazioni**, ma anche ai saccheggi e alla pirateria. Verso la fine dell'VIII secolo essi cominciarono a organizzare incursioni sempre più frequenti lungo le regioni costiere dei Paesi europei vicini, spinti dalla **ricerca di ricchezze e di nuovi territori** in cui insediarsi. In Oriente i Vichinghi vennero chiamati **Vareghi** o **Variaghi**: giunsero in Russia e fino al Mar Nero commerciando spezie. Mescolatisi con le popolazioni slave, verso la fine del IX secolo essi fondarono i Principati di Novgorod e di Kiev (*Rus' di Kiev*), nucleo originario del futuro impero russo. La stessa parola "**russo**" deriverebbe dal termine *Rus'*, nome di una delle tribù dei Variaghi. Grazie alla loro abilità guerriera i Vichinghi costituirono degli eserciti **mercenari**, che, in cambio di bottino e ricchezze, offrivano la loro opera alle fazioni in lotta nei territori da essi raggiunti.

Nave vichinga raffigurata in un manoscritto del X secolo.

I Normanni fondano nuovi regni

Nell'845 i Vichinghi risalirono con le loro navi la Senna, in Francia, giungendo ad attaccare la città di Parigi; lo stesso accadrà nell'885. Per farli allontanare, agli assalitori vennero offerti immensi tesori; ma essi **avevano bisogno di conquistare terre fertili dove stabilirsi**. Così, nel 911, il re Carlo il Semplice fu costretto a cedere un territorio situato tra le foci dei fiumi Loira e Senna. Nacque così il Ducato di Normandia, uno dei primi insediamenti stabili normanni.
Più tardi, il danese Canuto il Grande (994 circa-1035) unificò la **Danimarca, parte dell'Inghilterra** (che aveva conquistato vincendo gli Angli e i Sassoni che la occupavano da secoli) e **della Norvegia** in un grande **Regno del Nord**.
Verso l'anno 1000 alcuni mercenari normanni giunsero nell'Italia meridionale, intervenendo nelle vicende politiche della regione e prendendone possesso agli inizi dell'XI secolo insieme alla Sicilia.
Con l'occupazione stabile di vasti territori e il riconoscimento dei loro possessi terminarono le incursioni dei Normanni, i quali organizzarono politicamente i loro domini secondo il **modello delle monarchie occidentali**, creando, oltre al Principato di Kiev e al Ducato di Normandia, il Regno normanno dell'Italia meridionale (vedi pag. 197) e il Regno d'Inghilterra (vedi pag. 200).

PER LA COMPRENSIONE

- Chi erano i Vichinghi? Con quale nome erano noti? Quali erano le loro caratteristiche?
- Quali furono le cause delle loro incursioni?
- Come vennero chiamati in Oriente? Quale regno fondarono?
- Che cosa rese possibili le incursioni ed esplorazioni vichinghe?
- Che cosa accadde quando i Vichinghi assediarono Parigi?
- Su quali territori si estendeva il regno di Canuto il Grande?
- Quali territori della penisola italiana furono invasi dai Normanni?
- Quale organizzazione diedero i Normanni ai territori conquistati?

L'ABILITÀ MARINARA DEI VICHINGHI

A rendere possibili le imprese dei Vichinghi furono le loro imbarcazioni. Le **navi vichinghe** potevano non solo affrontare le tempeste del Mare del Nord, ma persino attraversare l'Oceano Atlantico, tanto da raggiungere probabilmente il continente americano ben 500 anni prima di Colombo. Conosciamo le **tecniche di costruzione navale** grazie al rinvenimento di alcune navi funerarie (cioè utilizzate per seppellire personaggi importanti).

LE NAVI DI ROSKILDE, UN TESORO SEPOLTO NEL MARE

VELE E TIMONE

Le **vele**, introdotte intorno al VII-VIII secolo, erano per lo più quadrangolari e cucite in diagonale con rinforzi in pelle. Un remo fissato con cuoio costituiva il **timone centrale** della nave.

DIVERSI TIPI DI NAVE

Le navi vichinghe erano di tipo diverso: c'erano gli *snekkia*, i battelli usati nelle scorrerie; i *langskip*, le imbarcazioni da combattimento; i *knorr* (o *knarr*), le imbarcazioni da trasporto. Tutte le imbarcazioni presentavano una prua decorata (polena) con animali fantastici, principlamente a forma di muso di drago, per incutere timore oppure per esorcizzare gli spiriti maligni. Proprio per questa caratteristica tutte le navi vichinghe vengono genericamente chiamate *drakkar* ("draghi").

GLI SCAFI

Le navi vichinghe erano robuste, ma molto maneggevoli e versatili. Gli **scafi** erano costruiti con assi legate tra di loro con fibre naturali. Possedevano stupefacenti doti di elasticità e di manovrabilità durante le tempeste, grazie al fatto che esse si potevano muovere le une sulle altre assorbendo gli sforzi sostenuti e ripartendoli sull'intera struttura dello scafo. Le imbarcazioni vichinghe erano lunghe oltre 20 metri e larghe circa 5.

VERSO L'AMERICA SENZA BUSSOLA

Una delle imprese vichinghe più straordinarie (considerati gli strumenti di navigazione allora a disposizione) fu l'attraversamento dell'Atlantico e il raggiungimento non solo dell'**Islanda**, ma anche della **Groenlandia** e, sembra, persino delle **coste nordamericane**. L'impresa viene attribuita al leggendario **Erik il Rosso**, che nell'anno 982 sarebbe salpato dall'Islanda alla volta di un terra che chiamò *Groenlandia*, cioè"terra verde" (forse allora libera dai ghiacci per le diverse condizioni climatiche, oppure chiamata così dal suo scopritore per attirarvi altri coloni). Da qui suo figlio Laif si sarebbe spinto ancora più ad ovest, raggiungendo una terra che chiamò *Vinland* ("terra pianeggiante"), forse da identificare con l'Isola di Terranova, al largo delle coste canadesi.

I VICHINGHI E L'AMERICA: LA SCOPERTA DIMENTICATA

La ricostituzione dell'Impero

Le lotte dei grandi feudatari

Dopo la dissoluzione dell'Impero carolingio, i territori di Francia, Italia e Germania furono dilaniati dalle **lotte tra i grandi feudatari**, che frammentarono il regno in numerosi vasti feudi.
In Francia, nel 987, i grandi feudatari scelsero come re **Ugo Capeto** (941-996), che diede vita alla dinastia dei **Capetingi**.
In Italia, divisa tra i grandi feudatari franchi al nord, i Longobardi nel Ducato di Benevento, i Bizantini e gli Arabi a sud, nessun feudatario riuscì a imporsi sugli altri. Alla fine l'Italia settentrionale fu annessa al Regno di Germania.

Ottone I fonda il Sacro Romano Impero Germanico

Ottone I di Sassonia sottomette Berengario e assume il controllo diretto dell'Italia Settentrionale.

CARTA INTERATTIVA

L'IMPERO DI OTTONE I

Tra i grandi feudatari tedeschi, invece, prevalse il duca di Sassonia **Ottone I il Grande** (912-973), che ad Aquisgrana nel 936 si fece incoronare **re di Germania**. Ottone I cercò di limitare il potere dei grandi feudatari tedeschi con l'istituzione dei **vescovi-conti**, cioè vescovi a cui erano affidati i feudi con i relativi compiti politici e amministrativi.
Essendo religiosi essi non potevano sposarsi e avere figli, per cui alla loro morte i feudi ritornavano al re.
Ottone I **consolidò il suo potere conquistando la Lorena, la Borgogna e l'Italia settentrionale**, di cui si proclamò re nel 951. **La vittoria di Lechfeld** sugli Ungari (955) gli procurò un enorme prestigio.
Nel 962 fu consacrato a Roma da papa Giovanni XII **imperatore del Sacro Romano Impero Germanico.** Diversamente dall'Impero carolingio, l'imperatore veniva eletto dai grandi feudatari tedeschi e il suo dominio era localizzato **nell'Italia settentrionale e, soprattutto, nei territori tedeschi**. Per questi motivi l'impero fu chiamato "germanico". Ottone I e i suoi successori, pur riconoscendo l'autorità spirituale del pontefice, tentarono di **limitarne il potere in campo politico**. Con un decreto imperiale, il cosiddetto "***Privilegio ottoniano***", Ottone I attribuì a sé e ai suoi successori il diritto di esercitare un controllo diretto sull'elezione del papa e dei vescovi. Questo atto rappresentò l'inizio dello scontro tra il potere imperiale e l'autorità papale.

PER LA COMPRENSIONE

- Che cosa accadde dopo la dissoluzione dell'Impero carolingio?
- Che cosa avvenne in Francia? Che cosa accadde in Italia?
- Che cosa avvenne, invece, in Germania? In quale modo Ottone I consolidò il suo potere e il suo prestigio ?
- Quali titoli assunse Ottone I?
- Perché il nuovo Impero fu chiamato "germanico"?
- Quali furono i rapporti tra il nuovo Impero e la Chiesa?
- Che cos'è il "*Privilegio ottoniano*"? Quali conseguenze ebbe?

OTTONE SALVA LA CRISTIANITÀ

UN'ANTICA MINACCIA

Nell'immaginario europeo la minaccia orientale è stata in qualche modo sempre presente, come un incubo ricorrente: dall'antichità al Medioevo, le incursioni o le invasioni dei cavalieri della steppa furono viste come una sorta di piaga biblica mandata da Dio per purgare i peccati della cristianità.
Tale era stata la reazione del mondo civilizzato di fronte agli Unni, considerati alla stregua di bestie, e di fronte agli Àvari, che minacciarono l'Europa germanica del dopo Impero d'Occidente; fu la stessa di fronte agli Ungari che, alla fine del primo millennio della nostra era, sembravano dover far rivivere gli orrori delle incursioni unne.
La struttura sociale e quindi anche militare degli Ungari era quella tipica dei popoli nomadi o seminomadi delle steppe: una serie di clan che talvolta si riunivano sotto un capo tribale più forte degli altri per una spedizione o un'impresa particolarmente importante ed impegnativa.
Fu proprio uno di questi capi, Arpad, che nell'896 o nell'897 condusse gli Ungari verso occidente fino ad occupare quell'anticamera della steppa centroasiatica che era la Pannonia, attuale Ungheria.

GLI UNGARI SI SCONTRANO CON OTTONE

Nel 955 gli Ungari invasero la Baviera, ma commisero l'errore di fermarsi attorno alla città fortificata di **Augusta** offrendo all'esercito di Ottone la possibilità di una battaglia campale e rinunciando al grande vantaggio della loro mobilità. Sapendo che una vittoria contro i predoni ungari sarebbe stata il coronamento ideale per la restaurazione del suo potere, Ottone aveva concentrato un esercito di cavalieri svevi, boemi, franchi, sassoni e bavaresi ai piedi della selva di Franconia. Da qui, puntando a sud, intendeva tagliare ai Magiari la via di ritirata per costringerli ad accettare battaglia.
Dopo aver marciato su Augusta, l'esercito germanico incontrò il nemico a **Lechfeld**, in una strettoia tra i fiumi Lech e Schmutter.
Quello sarebbe stato il campo per la battaglia che Ottone voleva.

La battaglia di Lechfeld in una miniatura del 1457.

CONSEGUENZE DELLA VITTORIA

La vittoria di Lechfeld e la fine della minaccia ungara furono accolte con grande entusiasmo in tutta Europa e Ottone, che da allora fu detto il Grande, fu salutato come il **salvatore della cristianità**.
Questo permise all'imperatore germanico di rafforzare il suo potere, che ancora pochi anni prima era stato messo in discussione da una serie di rivolte, e di spostare la sua attenzione verso la politica italiana, inaugurando quella tradizione di **intervento nelle cose d'Italia** e, di conseguenza, del papato, che tanto peso avrebbe avuto sulla storia dell'Impero nei secoli successivi.

Adatt. da *Le grandi battaglie. Armi, tattiche e strategie militari*, La Biblioteca di Repubblica

✓ SINTESI

AUDIOSINTESI

LA DISGREGAZIONE DELL'IMPERO CAROLINGIO

✔ Il Sacro Romano Impero si disgregò pochi decenni dopo la morte di Carlo Magno (814). Nell'843 il Trattato di Verdun sancì la **divisione dell'Impero in tre parti**: Francia, Germania, Lotaringia con l'Italia settentrionale. L'**ereditarietà dei feudi maggiori** sancita con il Capitolare di Kiersy dell'877 indebolì ulteriormente l'autorità regia.
Con la deposizione di Carlo il Grosso nell'887 l'Impero cessò di esistere.

L'EUROPA DIVENTA META DI INVASIONI E MOVIMENTI MIGRATORI

✔ Tra il IX e il X secolo l'Europa dovette subire le **invasioni di Ungari, Normanni e Saraceni**, spinti dalla bellicosità e dalla necessità di trovare nuove terre; le invasioni furono favorite anche dalla debolezza dei regni europei.

✔ Le coste mediterranee furono sottoposte per quasi due secoli alle incessanti scorrerie dei **Saraceni**, pirati arabi provenienti dalle coste dell'Africa e della Spagna.

✔ Intanto, gli **Ungari**, un popolo di origine orientale che si era stabilito in Pannonia, l'attuale Ungheria, invadevano l'Europa. Definitivamente sconfitti da Ottone di Sassonia (955), abbandonarono il nomadismo e si convertirono al Cristianesimo.

✔ Protagonisti di imponenti movimenti migratori furono anche i **Vichinghi**, una popolazione di stirpe germanica della Scandinavia, noti con il nome di **Normanni**, cioè "uomini del Nord". Abilissimi navigatori e forti guerrieri i Vichinghi si stanziarono successivamente in alcune delle terre invase, fondando **regni** e **ducati** nell'Europa settentrionale (**Regno del Nord, Ducato di Normandia**) e in Russia (**Principato di Kiev**) e successivamente in **Inghilterra** e nell'**Italia meridionale**.

I GRANDI FEUDATARI FRAMMENTANO I REGNI DELL'EX IMPERO

✔ Le lotte tra i grandi feudatari in Francia, Italia settentrionale e Germania danno vita a un periodo di anarchia e alla frammentazione dei regni in numerosi feudi.

LA RINASCITA DELL'IMPERO

✔ Verso la fine del IX secolo Francia e Germania si avviarono verso l'unificazione, mentre l'Italia rimase divisa.
In Francia, nel 987, i feudatari scelsero come re Ugo Capeto, che diede vita alla dinastia dei **Capetingi**.

✔ In Germania prevalse tra i feudatari **Ottone I di Sassonia**, che nel 936 si fece incoronare **re di Germania**. Dopo aver consolidato il suo potere con la conquista della Lorena, della Borgogna e dell'Italia settentrionale, restaurò il potere imperiale fondando il **Sacro Romano Impero Germanico**.

Corona del Sacro Romano Impero Germanico, commissionata da Ottone I.

CRONOLOGIA

- **IX-X secolo** – Invasioni di Vichinghi, Ungari e Saraceni
- **814** – Morte di Carlo Magno
- **843** – Trattato di Verdun
- **845** – I Vichinghi attaccano Parigi
- **846** – I Saraceni saccheggiano Roma
- **877** – Capitolare di Kiersy
- **885** – I Vichinghi attaccano Parigi
- **887** – Deposizione di Carlo il Grosso
- **911** – I Vichinghi si insediano in Normandia
- **936** – Ottone di Sassonia, re di Germania
- **955** – Ottone I sconfigge gli Ungari a Lechfeld
- **962** – Ottone I incoronato imperatore del Sacro Romano Impero Germanico
- **987** – Massimo sviluppo del sistema curtense; Inizio della dinastia capetingia
- **997** – Stefano I re d'Ungheria

VERIFICA DI COMPRENSIONE

VERIFICHE INTERATTIVE

La dissoluzione dell'Impero carolingio

1. Indica se le affermazioni sono vere (V) o false (F).

- [F] **a.** Alla morte di Carlo Magno i possedimenti carolingi furono divisi tra i suoi figli Lotario, Ludovico il Germanico e Carlo il Calvo.
- [V] **b.** Il Trattato di Verdun sancì la spartizione dell'Impero carolingio in tre regni.
- [F] **c.** La Francia Occidentale e la Marca spagnola furono assegnate a Lotario.
- [V] **d.** I territori dell'Europa centrosettentrionale furono assegnati a Ludovico il Germanico.
- [F] **e.** L'Italia settentrionale, la Borgogna, la Lotaringia ed il titolo di imperatore furono assegnati a Carlo il Calvo.
- [F] **f.** Il Trattato di Verdun pose fine al processo di disgregazione dell'Impero carolingio.
- [F] **g.** La disgregazione dell'Impero carolingio era iniziata fin dal tempo di Carlo Magno.
- [V] **h.** I grandi feudatari come i conti ed i marchesi cercarono di sottrarsi all'autorità imperiale.
- [V] **i.** Con il Capitolare di Kiersy, l'imperatore Carlo il Calvo riconobbe ai grandi feudatari la possibilità di lasciare i propri benefici in eredità ai figli.
- [V] **l.** Dopo il Capitolare di Kiersy l'autorità del sovrano sui feudatari risultò rafforzata.

Invasioni e ondate migratorie alla fine del I millennio

2. Indica con una ✗ la conclusione corretta tra quelle proposte.

a. Le scorrerie dei Saraceni colpirono le coste
- ☐ 1. dell'Inghilterra.
- ☒ 2. del Mediterraneo.
- ☐ 3. dell'Oceano Atlantico.

b. Gli Ungari occuparono
- ☐ 1. la pianura danubiana.
- ☐ 2. le coste dell'Italia meridionale.
- ☒ 3. la penisola iberica.
- ☐ 4. le isole britanniche.

c. Gli Ungari furono definitivamente sconfitti da
- ☐ 1. Carlo il Calvo.
- ☐ 2. Stefano I.
- ☒ 3. Ottone I di Sassonia.
- ☐ 4. Carlo Magno.

d. La minaccia saracena diminuì solo nel
- ☐ 1. IX secolo.
- ☐ 2. X secolo.
- ☒ 3. XI secolo.
- ☐ 4. XVI secolo.

I Vichinghi

3. Completa il testo inserendo correttamente i termini mancanti scegliendo fra quelli sotto elencati.

1. Normanni - 2. incursioni - 3. Norvegesi - 4. esploratori - 5. Scandinavia - 6. germaniche - 7. Svedesi - 8. territori - 9. Vareghi - 10. navigatori - 11. pirateria - 12. insenature

I Vichinghi provenivano dalla ...Scandinavia... , abitavano infatti lungo le coste, nelle ...insenature... ("vik"). Erano popolazioni ...germaniche... suddivise in vari gruppi, come i Danesi, gli ...Svedesi... , i ...Norvegesi... . In seguito sono stati chiamati anche ...Normanni... , cioè "uomini del Nord", mentre in Oriente erano noti con il nome di ...Vareghi... o Variaghi. Erano abili ...navigatori... , forti guerrieri, ...esploratori... e commercianti. Si dedicavano anche al saccheggio ed alla ...pirateria... . Verso la fine dell'VIII secolo organizzarono molte ...incursioni... alla ricerca di ricchezze e nuovi ...territori... in cui stabilirsi.

Ottone I il Grande

MAPPA CONCETTUALE E LINEA DEL TEMPO

4. Collega correttamente le seguenti espressioni.

a. Fu consacrato imperatore del Sacro Romano Impero Germanico	**1.** ottenne un enorme prestigio.
b. Consolidò il proprio potere	**2.** nel 962.
c. Con la vittoria di Lechfeld sugli Ungari	**3.** per limitare il potere dei grandi feudatari tedeschi.
d. Istituì i vescovi - conti	**4.** conquistando la Lorena, la Borgogna e l'Italia settentrionale.

LA SOCIETÀ FEUDALE

13. L'ORGANIZZAZIONE DELLA SOCIETÀ FEUDALE

Il sistema feudale si diffonde in Europa

Tra il IX e il X secolo si diffuse in Europa il **sistema feudale** o **feudalesimo**. Con questo termine si indica l'organizzazione politico-territoriale ed economica fondata sulla vasta rete di **rapporti di vassallaggio** che Carlo Magno aveva esteso a tutto il suo impero (vedi pag. 114).
Il sistema vassallatico era fondato sui **legami di fedeltà reciproca** che univano il sovrano e i suoi feudatari, cioè coloro ai quali era concesso un **beneficio**, detto anche "**feudo**" (da cui deriva il termine "feudalesimo"), consistente appunto in un territorio.

Gli obblighi del feudatario

Il feudatario amministrava il territorio affidatogli come fosse di sua proprietà, impegnandosi al rispetto di alcuni obblighi, che egli dichiarava durante la cerimonia dell'**investitura**.
L'accettazione del feudo, da parte del vassallo, comportava:

- un **vincolo di fedeltà** esclusivo nei confronti del sovrano;
- l'**applicazione**, all'interno del feudo, **delle leggi promulgate dal re**;
- il **versamento di una parte dei tributi** riscossi;
- la garanzia del **sostegno militare** in caso di guerra.

Insieme al feudo il vassallo riceveva il potere di **esercitare l'autorità sugli abitanti** dello stesso e il **diritto di amministrare la giustizia e riscuotere i tributi**. Alla morte del feudatario il feudo **tornava al sovrano**, che poteva disporne liberamente.

PER LA COMPRENSIONE

- Che cosa si intende con il termine "feudalesimo"?
- Su che cosa era fondato il sistema vassallatico?
- Quali erano gli obblighi del feudatario nei confronti del sovrano?
- Quali poteri e diritti acquisiva il feudatario?
- Che cos'era la cerimonia dell'investitura?
- Chi erano i valvassori?
- Quali esigenze portarono alla loro istituzione?
- Chi erano i valvassini?
- In che cosa consisteva il reato di fellonìa? Come veniva punito?
- In quale modo può essere raffigurata l'organizzazione della società feudale? Perché?

LE ORIGINI DEL VASSALLAGGIO

LA CERIMONIA DELL'INVESTITURA FEUDALE

La cerimonia dell'investitura ricalcava quella dell'**omaggio vassallatico**.
Essa conservava antichi gesti che stavano a significare la fedeltà e la subordinazione del feudatario e gli impegni assunti nei suoi confronti da parte del re o dell'imperatore.
Il vassallo, per esempio, si presentava a capo scoperto e disarmato e poneva le proprie mani in quelle del suo signore, in segno di totale dedizione e affidamento a lui. Questi, a sua volta, gli consegnava una spiga di grano o una zolla di terra (a simboleggiare il feudo), la spada, segno del servizio militare che egli era tenuto a rendere, una chiave o uno stendardo con i colori del regno, simbolo dell'autorità che egli era autorizzato a esercitare.

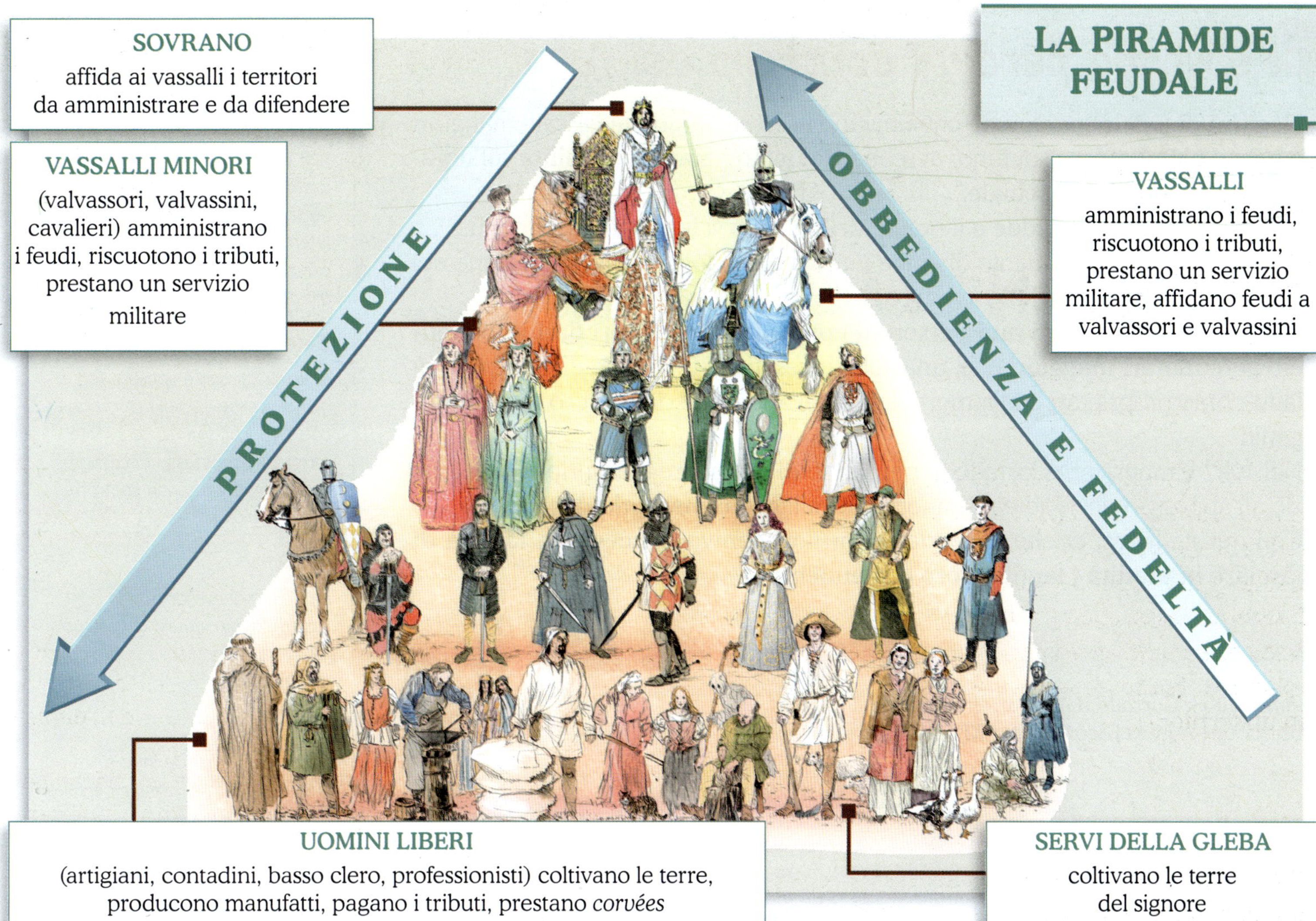

La struttura della società feudale

I **grandi feudatari** – ossia conti, marchesi e tutti coloro che ricevevano il feudo direttamente dal sovrano – **non disponevano sempre di forze sufficienti** per mantenere il controllo completo dei loro feudi, che spesso erano molto estesi. Per questo motivo, dovevano assegnare porzioni di territorio in beneficio a uomini di cui avevano fiducia, che diventavano a loro volta vassalli del feudatario: essi erano chiamati **valvassori**.

I valvassori, a loro volta, **per far fronte ai medesimi problemi**, oppure per manifestare la propria **gratitudine** nei confronti di guerrieri particolarmente fedeli o valorosi, concedevano ad altri **feudatari più piccoli**, i **valvassini**, porzioni sempre più ridotte di territorio.

Anche tra tutti questi feudatari subalterni, restava essenziale il **vincolo di fedeltà**: se un feudatario **tradiva il proprio signore**, commetteva il reato di **fellonìa**, che poteva essere punito anche con la **privazione del feudo**.

In questo modo si venne a creare una società che presentava un'organizzazione di **forma piramidale**: a livelli diversi, corrispondevano gradi di potere e funzioni di importanza progressivamente crescenti, che culminavano nella massima autorità, cioè il sovrano.

La base della piramide era costituita principalmente da **contadini**, **artigiani**, **ecclesiastici minori** e **servi della gleba**; a costoro, soprattutto nelle città, si affiancavano anche mercanti, giudici, notai e medici.

TI RACCONTO LA STORIA
DUE CONTADINI PASSATI ALLA STORIA COME GRANDI RE

VESTIRSI NEL MEDIOEVO

UN CONTRATTO DI LIVELLO

CIBI E ABITUDINI ALIMENTARI NEL MEDIOEVO

Il sovrano perde il controllo dei feudi

I **legami di fedeltà personale** che univano i vassalli minori ai vassalli maggiori e questi ultimi al loro sovrano, avrebbero dovuto garantire **stabilità all'organizzazione politica e sociale**.
Questo, però, non accadde e il potere del sovrano si indebolì sempre più.
Il processo di indebolimento divenne inarrestabile dopo la promulgazione del Capitolare di Kiersy nell'877 (vedi pag. 126).
Da quel momento, **i sovrani persero il controllo dei territori dati in beneficio ai feudatari maggiori** che, una volta investiti del feudo, ne diventavano di fatto come proprietari e alla morte lo lasciavano in eredità ai loro figli primogeniti.
Nel 1037 l'imperatore Corrado II, pensando di rafforzare il proprio potere grazie all'appoggio dei feudatari minori, promulgò la ***Constitutio de feudis***.
Con questa legge, **anche ai feudatari minori veniva concessa la facoltà di lasciare in eredità i feudi ai loro discendenti.**

L'imperatore Corrado II e la consorte ai piedi di Cristo.
Dal Codex Aureus Escorialensis, *XI secolo.*

GLOSSARIO

Laico
È colui che non appartiene all'insieme delle persone di Chiesa (clero, chierici), non è cioè vescovo né sacerdote né monaco.
Il termine è esteso anche a tutto ciò che non è legato alla Chiesa e alla religione in generale.

Celibato
Stato di chi non è sposato (ed è quindi "celibe"). Nella tradizione cattolica, chi diventa sacerdote formula la promessa di celibato, che lo impegna a non contrarre matrimonio.

Castello
La parola deriva dal latino castellum, *diminutivo di* castrum, *"fortezza", e indicava una piccola fortificazione.*

Ecclesiastico
Parola usata per definire tutto ciò che è riferito alla Chiesa: persone, beni, cultura, ecc.

I feudi assegnati ai vescovi-conti

Fin dai tempi di Carlo Magno, un feudo poteva essere affidato a un **laico**, ma anche a un **vescovo** o all'**abate** di un grande monastero, che diventavano così **vescovi-conti**.
L'investitura feudale di un vescovo o di un abate comportava dei vantaggi.
Poiché costoro erano legati all'impegno del **celibato** e quindi **non avevano figli**, alla loro morte **non potevano lasciare il proprio feudo in eredità a nessuno** e perciò esso tornava al sovrano o ai grandi feudatari. In questo modo essi potevano mantenere il pieno controllo dei propri possedimenti.
Il forte aumento dei feudi assegnati ai vescovi e agli abati, soprattutto a partire dal regno di Ottone I (vedi pag. 132), contribuì enormemente ad accrescere la **potenza territoriale della Chiesa**, ma contemporaneamente portò a una **maggiore dipendenza del clero dai re e dai grandi feudatari**.
Tutto ciò porterà a uno scontro lungo e violento tra gli imperatori e i pontefici, conosciuto con il nome di **lotta per le investiture** (vedi pag. 186).

Il castello di Murol in Francia (Puy-de-Dome). Durante il Medioevo furono edificati circa 10000 castelli tra Francia e Germania e 2000 tra Inghilterra e Irlanda. Si calcola che nelle campagne ci fosse un castello ogni 30 chilometri.

I feudatari fortificano il territorio

A partire dal X secolo i feudatari, **per difendersi dalle incursioni sempre più frequenti** di Ungari, Vichinghi e Saraceni (vedi pagg. 126-130), circondarono di robuste **fortificazioni** le città, i villaggi, i monasteri. Essi, inoltre, sempre a scopo di difesa, costruirono numerosi **castelli** in posizioni strategiche, soprattutto in luoghi elevati dai quali era possibile controllare il territorio circostante. Quest'**opera di fortificazione** del territorio, detta "**incastellamento**", consentì al feudatario – che veniva chiamato anche "**castellano**" – di offrire **protezione anche agli abitanti della campagna circostante**.
In caso di pericolo, essi trovavano rifugio all'interno delle mura, insieme al bestiame e alle scorte di cibo necessarie per resistere agli attacchi anche per molti giorni.

I castelli: il fulcro della vita feudale

Il castello divenne il **centro del potere feudale e della vita sociale**. La potenza del signore, oltre che sull'ampiezza del territorio che amministrava, iniziò a essere misurata anche in base alla grandiosità del castello, al numero di vassalli e di parenti che era in grado di **proteggere** e sul cui aiuto poteva contare, in caso di necessità.
Intorno al castello, così come intorno al monastero, ruotava anche la **vita economica** della società feudale, basata sul **modello curtense** (vedi pagg. 119-121). L'economia curtense, come abbiamo studiato, si basava soprattutto sulle **attività agricole** e mirava all'**autosufficienza**. Le **terre**, di **proprietà del feudatario** laico o **ecclesiastico**, venivano lavorate dai servi della gleba o dai contadini liberi; questi ultimi erano tenuti a pagare le tasse per l'utilizzo delle attrezzature agricole e a prestare gratuitamente delle giornate di lavoro (*corvées*) nella parte signorile della corte (*pars dominica*), dove sorgeva il castello.

PER LA COMPRENSIONE

- Su che cosa avrebbe dovuto fondarsi la stabilità dell'organizzazione feudale?
- Che cosa stabilivano il Capitolare di Kiersy e la *Constitutio de feudis*? Quali conseguenze ebbero?
- Quali vantaggi comportava la nomina di un vescovo-conte?
- Quali conseguenze ebbe la consuetudine di nominare vescovi-conti?
- Perché i feudatari costruirono castelli e fortificazioni?
- Quale altra funzione svolsero i castelli?
- Quale tipo di economia caratterizzava la società feudale?

IL CASTELLO

All'inizio il castello era costituito semplicemente da una ***torre di legno*** *circondata da palizzate e fossati; in seguito, a partire dall'XI secolo, divenne un robusto* ***edificio di pietra****, cinto di* ***mura merlate*** *e di* ***torri*** *con* ***passerelle*** *e* ***luoghi di vedetta*** *su cui erano appostate le sentinelle, che vigilavano per la sicurezza del castello e dei suoi abitanti.*

CAMERA DEL SIGNORE
Al centro si trovava un letto a baldacchino circondato da tendaggi.

MASTIO
Era la dimora del castellano. Presentava poche aperture nelle mura e poche finestre, perché il castello fosse difendibile meglio dal freddo e dall'assalto dei nemici.

SALA DI RICEVIMENTO
Situata accanto alla cucina, era utilizzata per servire il banchetto.

MURA MERLATE
La parte terminale delle mura era costituita da un'alternanza di settori vuoti e pieni (merli): essi formavano un profilo dentato e avevano lo scopo di proteggere le sentinelle.

TORRI DI VEDETTA
Potevano essere collegate fra loro da passaggi che formavano il camminamento di ronda percorso dalle sentinelle.

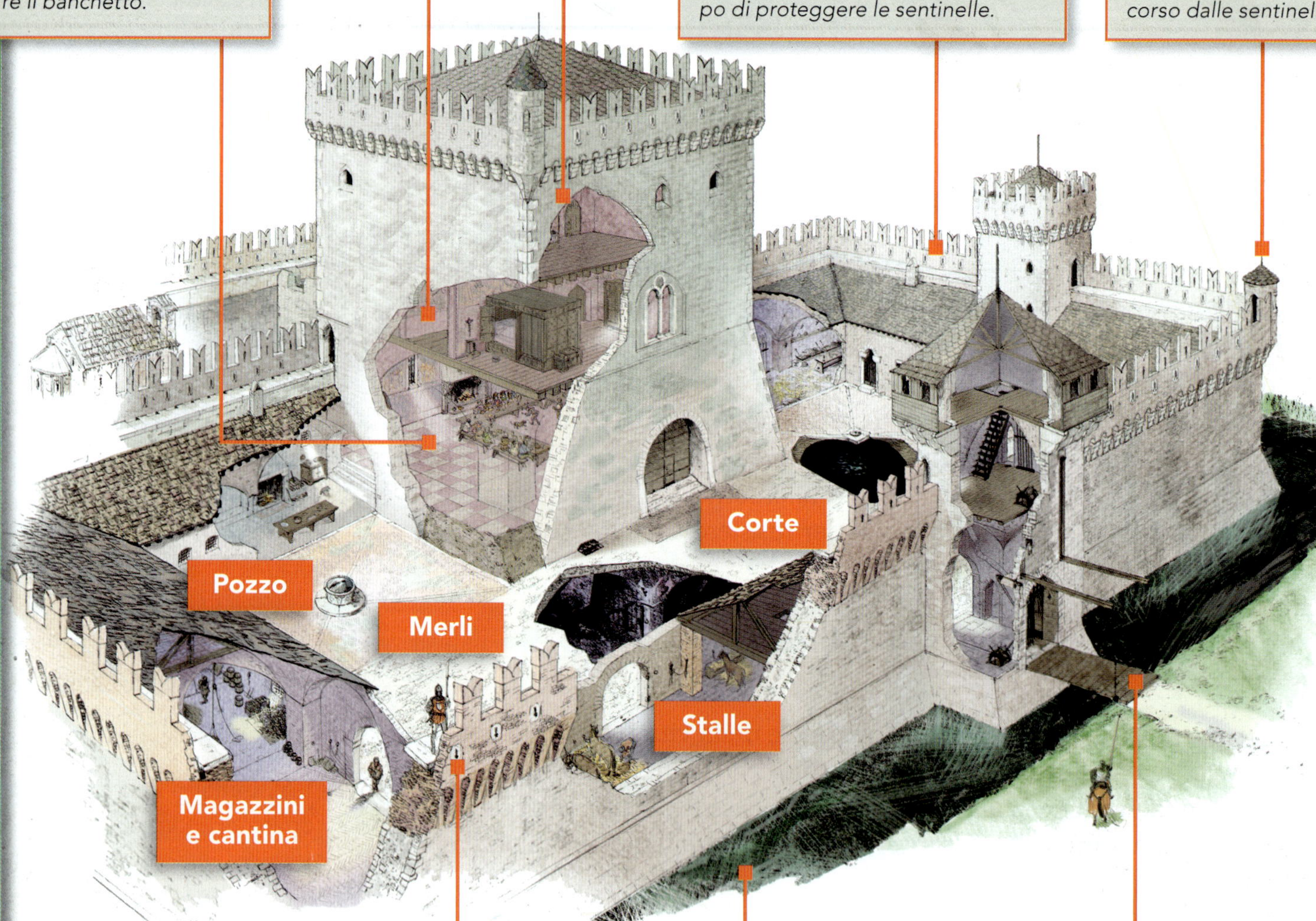

CADITOIE E FERITOIE
Sul bordo dei merli potevano esserci delle aperture dalle quali si gettavano sui nemici liquidi bollenti, frecce appuntite e massi.

FOSSATO
Per rendere l'accesso più impraticabile, spesso il castello era circondato da un largo fossato, attraversato solo da un ponte levatoio. Contrariamente a quanto si crede, raramente i fossati erano pieni d'acqua.

PONTE LEVATOIO
Poteva essere sollevato di notte o in caso di pericolo per mezzo di un argano.

LA GIORNATA DEL FEUDATARIO

I feudatari erano dediti principalmente al **mestiere delle armi**. Il compito specifico richiesto al feudatario, infatti, era il **servizio militare**. Molte delle sue attività servivano ad addestrarsi a tale scopo. Tra queste rientravano le **battute di caccia**, le **passeggiate a cavallo** e la partecipazione a **giostre** e **tornei**. Le attività fisiche si svolgevano solitamente al mattino; al pomeriggio il feudatario amministrava la giustizia o si riuniva con altri signori oppure si intratteneva con qualche ospite. Assai frequenti erano i periodi in cui il signore mancava dalla propria residenza, perché al seguito del sovrano o impegnato in qualche **guerra**.

1. BATTUTA DI CACCIA

La caccia, attività importante anche per procurarsi derrate alimentari, era il passatempo preferito dei signori. Essa divenne un vero e proprio fatto di costume, destinato a durare secoli, elemento distintivo delle classi nobili e manifestazione del loro prestigio.

2. PASSEGGIATA A CAVALLO

I nobili prediligevano la vita all'aria aperta e le attività fisiche, tra le quali le passeggiate a cavallo.

3. GIOSTRE E TORNEI

Quando non erano impegnati in guerra i signori organizzavano per i loro guerrieri (cavalieri) giostre e tornei. La giostra era un tipo di combattimento che si svolgeva tra due cavalieri. Coperti da un'armatura si correvano incontro con la lancia in resta, con lo scopo di disarcionare l'avversario.

4. PRANZO

Generalmente alle battute di caccia seguiva il banchetto, che poteva durare ore. Le carni, fresche e abbondanti, costituivano l'alimento distintivo dei nobili.

5. FEUDATARIO DÀ UDIENZA AI SUOI VASSALLI

Il feudatario era solito dare udienza a chi ne faceva richiesta. Nell'immagine è circondato da personaggi che rappresentano i suoi sudditi.

6. IL FEUDATARIO NELL'ACCAMPAMENTO MILITARE

Si afferma una nuova figura sociale: il cavaliere

Nei secoli del feudalesimo emerse una nuova figura sociale, quella dei **cavalieri**. Si trattava di **uomini addestrati esclusivamente a combattere**, che si mettevano al servizio del proprio signore e lo seguivano nelle spedizioni militari. Per diventare cavaliere era necessario possedere un **cavallo** e per questo potevano dedicarsi a questa attività solo **persone piuttosto ricche**.
Cavalieri erano soprattutto i **figli cadetti delle famiglie aristocratiche**, che, quando non erano avviati alla carriera ecclesiastica, venivano educati al mestiere delle armi. Il problema dei cadetti era molto sentito in una società nella quale, per non indebolire la proprietà, il feudo doveva passare integro in eredità dal padre al solo primogenito. La cavalleria **costituì una soluzione al problema**, offrendo ai cadetti una collocazione nella società.
Se era fortunato, un cavaliere poteva **arricchirsi con i bottini di guerra o addirittura garantirsi un feudo** come ricompensa per il valore dimostrato in battaglia. Non tutti i cavalieri, però, avevano l'occasione di vedersi assegnato un feudo, seppure piccolo, e molti dovevano adattarsi a **vivere da soldati presso i castelli** dei loro signori. Altri, invece, preferivano tentare l'avventura e vagavano da un luogo all'altro (erano i cosiddetti "**cavalieri erranti**"), spesso dedicandosi ad azioni di **brigantaggio**, al **saccheggio** dei villaggi e a **violenze** contro le popolazioni.

GLOSSARIO

Cadetti
I figli non primogeniti.

I cavalieri non usavano armi come l'arco e la balestra, perché uccidevano a distanza e quindi le consideravano armi da vigliacchi. Un vero cavaliere doveva cercare il combattimento corpo a corpo.

La Chiesa impone ai cavalieri un codice di comportamento

Per porre un **freno alle prepotenze dei cavalieri**, a partire dalla fine del X secolo, vescovi e abati imposero ai cavalieri un **giuramento**, con il quale essi si impegnavano a non compiere violenze contro le persone inermi, i contadini e i religiosi, a non invadere le chiese, a non appropriarsi di animali e viveri altrui e a non pretendere riscatti "con il pretesto della guerra".
Queste regole divennero famose con il nome di "**pace di Dio**"; ad esse si aggiunse successivamente anche la consuetudine della "**tregua di Dio**", in base alla quale i cavalieri si impegnavano ad astenersi dai combattimenti in determinati periodi dell'anno.

I cavalieri diventano una figura-simbolo del Medioevo

La figura del cavaliere divenne un **simbolo dell'età medievale**, protagonista di imprese eroiche descritte nei **poemi** e nei **romanzi cavallereschi**.
In queste opere veniva messa in luce soprattutto la "cortesia cavalleresca" dimostrata nei confronti delle donne, la lealtà, la fedeltà, la generosità e l'aiuto verso i più deboli.

LE REGOLE DEL CAVALIERE

Il loro slancio era tutto rivolto ad adempiere nel migliore dei modi gli obblighi cavallereschi, a rispettare le regole di una morale inculcata loro durante l'adolescenza e tenuta presente alla loro mente da tutti i racconti e da tutte le canzoni che ascoltavano. Gli obblighi principali di quest'etica erano di tre specie.

1. FEDELTÀ

In primo luogo di **fedeltà**. Tener la parola, non tradire la fede giurata. Ma, davanti a esigenze contrastanti, doveva in primo luogo essere fedele ai suoi più vicini e prima di tutto a colui che era il capo di questo gruppo iniziale; gli amici più lontani venivano dopo; la fedeltà che si doveva loro era morbida, cedevole (ma non per questo si rompeva) in confronto ad altre più stabili. Se era per servire il capo della casa, il diretto signore, mancare a queste altre amicizie non era un colpa. Nessuno doveva adombrarsene.

LE ARMI DEL CAVALIERE

2. PRODEZZA

Il secondo dovere di questi uomini di guerra era di agire da "prodi"; la **prodezza** consisteva nel combattere e cercare di vincere, ma conformandosi a certe leggi. Il cavaliere non si batte come i villici. Per gli uomini che hanno la funzione e l'onore del maneggio delle armi niente fortezze. Essi affronteranno l'avversario senza "astuzie volpine", badando a non comportarsi da volpi, ma da leoni, in campo aperto, vietandosi qualunque tranello, schierati in ordine di battaglia, allo scoperto. Il prode non cerca altra protezione oltre la bravura del suo cavallo, la qualità della sua armatura e la devozione dei compagni del suo rango, la cui amicizia lo protegge. L'onore lo obbliga a mostrarsi impavido, fino alla follia.

3. LIBERALITÀ

Mi fermerò alla terza delle virtù necessarie: la **liberalità**. È questa che fa davvero il gentiluomo, che stabilisce la distinzione sociale. Il cavaliere ha il dovere di non conservar nulla nelle sue mani. Tutto ciò che affluisce a lui, lo regala. Dalla sua generosità trae la sua forza, e l'essenza del suo potere; in ogni caso tutta la sua rinomanza e la calda amicizia che lo circonda. Egli vuole essere ammirato soprattutto per la sua munificenza, per non saper conservare nulla, per lo spreco di cui è la fonte straripante, distribuendo ogni suo avere per la gioia di quelli che ama.

Adatt. da G. Duby, *L'avventura del cavaliere. Guglielmo il Maresciallo*, Laterza, 1985

I DOCUMENTI DELLA STORIA

COME SI DIVENTAVA CAVALIERI

*La carriera del cavaliere cominciava a 7 o 8 anni, quando il ragazzo veniva inviato come **paggio** al servizio di un signore. Qui iniziava a cavalcare e a maneggiare le armi.*
Nell'adolescenza diventava scudiero ed era assegnato al servizio di un cavaliere, al quale portava le armi sul campo di battaglia o che doveva scortare nelle battute di caccia.
*Tra i 15 e i 18 anni era considerato pronto per ricevere l'investitura a cavaliere durante una solenne cerimonia, detta **addobbamento** o vestizione. Essa comprendeva diversi riti, in origine solo profani, poi anche religiosi.*
Con questa cerimonia il cavaliere non solo faceva il suo ingresso nell'ordine di chi era dedito al mestiere delle armi, ma si impegnava anche a rispettare determinati comportamenti morali.

GLOSSARIO

Paggio
Era il ragazzo di nobile famiglia che prestava servizio presso la corte di un re, di un principe o di un aristocratico di rango più elevato, generalmente in attesa di essere avviato alla carriera militare.

*__1.__ Il cavaliere più anziano consegnava all'aspirante cavaliere le armi, emblema del suo futuro stato, soprattutto la **spada**.*

*__2.__ Seguiva poi un **forte colpo** che originariamente veniva assestato con il palmo della mano sulla guancia o sulla nuca dell'aspirante cavaliere. Da questo gesto è derivato molto probabilmente il nome della cerimonia di investitura, cioè **addobbamento** (da una parola di origine germanica, che significava "colpire").*

*__3.__ Il futuro cavaliere deponeva la spada sull'altare, poi pronunciava un **giuramento**: con esso si impegnava a utilizzare la spada per **difendere la Chiesa** contro i pagani, per **proteggere** gli **orfani** e le **vedove**, i **poveri** e i **bisognosi**.*

__4.__ Dopo avere ricevuto armi e armatura, il cavaliere balzava a cavallo e al galoppo correva a colpire con la lancia un fantoccio mobile.

__5.__ Ricevuta l'investitura il cavaliere si poneva alle dipendenze del proprio signore, il quale, in cambio del suo servizio provvedeva al suo mantenimento oppure gli assegnava un terreno da cui poteva ricavare il necessario per vivere.

PER LA COMPRENSIONE

- Chi erano i cavalieri?
- Perché erano soprattutto i figli cadetti a diventare cavalieri?
- Come si comportavano i "cavalieri erranti"?
- In quale modo la Chiesa intervenne per porre un freno alle prepotenze della cavalleria?
- Che cos'erano la "pace di Dio" e la "tregua di Dio"?
- Quali aspetti dei cavalieri venivano messi in rilievo nella letteratura cavalleresca?

ANALISI DEL DOCUMENTO STORICO

- Quali erano le prime tappe della formazione di un cavaliere?
- Quando avveniva l'investitura?
- Come si chiamava la cerimonia dell'investitura? Perché?
- Da chi era accompagnato il futuro cavaliere?
- Qual era l'arma simbolo della sua futura condizione?
- Quali riti e atti comprendeva la cerimonia?
- Quali impegni si assumeva il cavaliere?

Non solo feudatari e cavalieri

Per descrivere la società feudale, il vescovo Adalberone di Làon agli inizi dell'XI secolo l'aveva suddivisa in **tre gruppi** o **ordini di persone**, ciascuno con una precisa funzione: quelli che **combattono** (feudatari e cavalieri), quelli che **pregano** (gli uomini di Chiesa) e quelli che **lavorano** (il popolo).

In realtà il mondo feudale era molto più **complesso e vario**. I feudatari e i cavalieri, così come vescovi ed abati, erano quelli che avevano più potere e più ricchezza, ma non tutti allo stesso modo.

Essi erano una minoranza della popolazione, costituita in massima parte da **contadini** (più o meno liberi, più o meno agiati) e **artigiani**.

Come abbiamo visto, inoltre, nelle città c'erano medici, mercanti, notai e giudici.

Oltre ai vescovi e agli abati, proprietari di vasti feudi e potenti al pari dei ricchi feudatari, il **clero** comprendeva parroci di campagna e monaci che non disponevano di ricchezze e vivevano in condizioni di povertà analoghe a quelle dei contadini.

Delle persone appartenenti ai **ceti più poveri** e che svolgevano i lavori più umili i documenti ci hanno lasciato pochissime notizie. Un silenzio che conferma la scarsa considerazione sociale in cui erano tenuti, per esempio, i **contadini**, ma anche le **donne** del popolo, nonostante il loro contributo fondamentale alla vita economica e sociale del tempo.

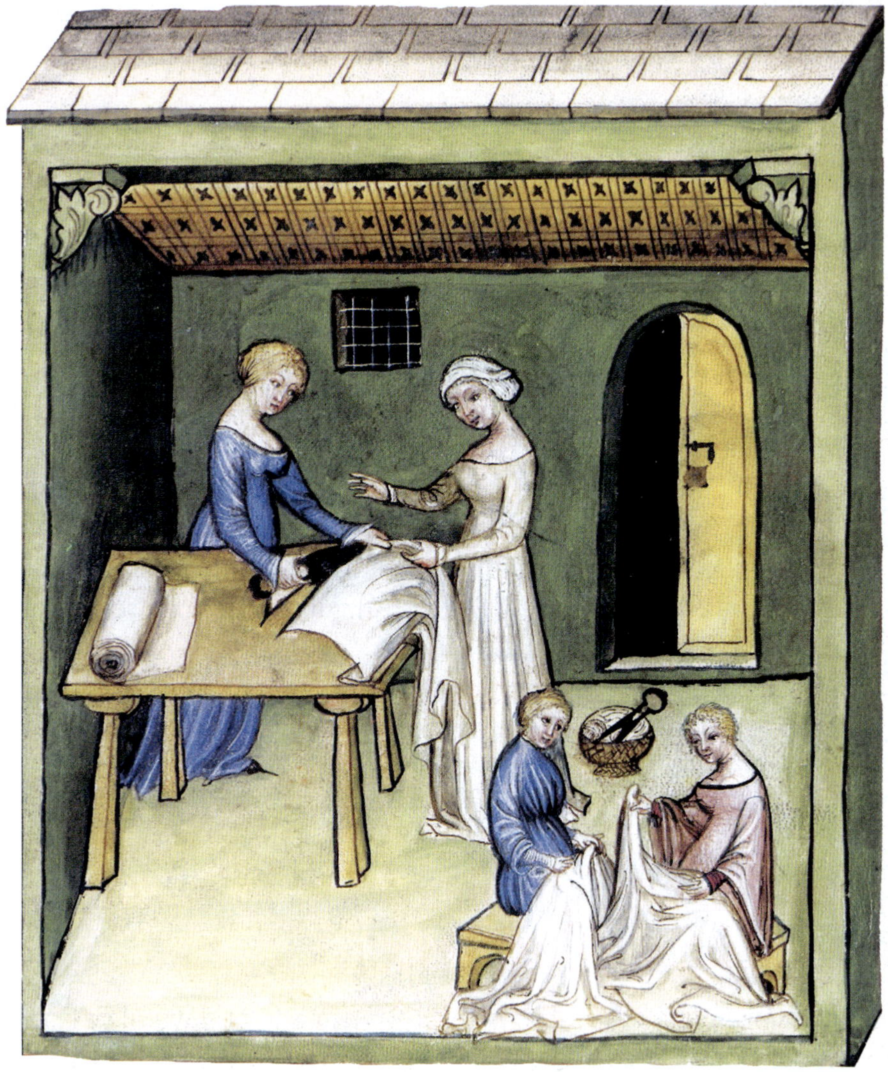

Miniatura raffigurante donne impegnate nel lavoro di sartoria.

GLOSSARIO

Clero
La parola indica coloro che hanno consacrato la loro vita a Dio all'interno della Chiesa: come vescovi, sacerdoti e monaci.

Le donne nella società feudale

Nel mondo feudale erano gli uomini a godere di maggior potere e considerazione sociale.

Relativamente alle donne, al di là dell'indiscutibile minor peso sociale e politico, i documenti testimoniano invece che possedevano una certa **cultura**. Le appartenenti ai ceti più elevati sapevano leggere e scrivere; erano loro ad occuparsi della prima educazione dei figli; alcune monache hanno lasciato opere che rivelano una **cultura straordinaria** (vedi pagg. 148-149).

Non di rado erano donne che incaricavano gli amanuensi di trascrivere per loro libri, che venivano arricchiti di splendide miniature.

Alcune furono persino **copiste** e **miniaturiste**.

PER LA COMPRENSIONE

- 14 In quali gruppi o ordini di persone veniva suddivisa la società feudale?
- 15 Perché questa classificazione non fotografa la realtà della società feudale?
- 16 Che cosa testimonia la scarsità di notizie sui ceti più umili?
- 17 Qual era la condizione delle donne nella società feudale? Che cosa le differenziava dagli uomini?

14. I MONASTERI NELLA CIVILTÀ FEUDALE

La vita dell'uomo medievale è guidata dalla Chiesa

Durante tutto l'Alto Medioevo il **potere e il prestigio della Chiesa** continuarono a crescere, consolidando il **ruolo politico e sociale** assunto a partire dalla fine dell'età imperiale (vedi pag. 70). Grazie all'azione dei vescovi e dei sacerdoti, la Chiesa **era presente ovunque**, anche nei villaggi più piccoli.

La Chiesa **orientava le scelte delle persone attraverso la predicazione e l'educazione** ai valori del Cristianesimo. Inoltre, influiva sulla vita di tutti anche mediante il **calendario**, che stabiliva i tempi di lavoro e di riposo, secondo le date delle principali feste religiose.

Fu soprattutto attraverso l'**azione costante dei monaci** che la Chiesa esercitò, nella società feudale, una rilevante **funzione non solo religiosa, ma anche economica, civile e culturale**.

I **monasteri** (o abbazie) rappresentavano innanzitutto importanti **centri di evangelizzazione** della popolazione che abitava nel territorio circostante, svolgendo un'instancabile azione di predicazione e di educazione.

LA RIVOLUZIONE ECONOMICA PROMOSSA DAI MONASTERI

I monasteri promuovono lo sviluppo economico dei territori

I monasteri, però, assunsero un'importanza che andava al di là della loro funzione religiosa, come rivela la loro stessa struttura edilizia.

Essi, infatti, erano costituiti da un **complesso di edifici destinati alle varie attività** (religiose, economiche, culturali e civili) e spesso erano circondati da mura, come i castelli.

Ogni monastero doveva provvedere da sé al proprio mantenimento, quindi **i monaci svolgevano diverse attività, soprattutto agricole e artigianali**. Il loro lavoro, però, non si limitò semplicemente a garantire il sostentamento della comunità: offrì anche un contributo essenziale allo **sviluppo e al miglioramento delle tecniche agricole**.

I monaci, infatti, **dissodarono** terre incolte, **bonificarono** zone paludose, incrementarono la **viticoltura** e l'**orticoltura**, perfezionarono la pratica degli **innesti** degli alberi da frutto ecc. Molti edifici ed aree del monastero erano destinati alle attività economiche: granaio, frantoio, mulino, fienile, stalle, scuderie, orti, farmacie, ecc.

PER LA COMPRENSIONE

- Qual era il ruolo della Chiesa nell'Alto Medioevo?
- In quali modi la Chiesa influiva sulla vita delle persone?
- Quale ruolo svolgevano i monaci e i monasteri?
- Come era strutturato generalmente un monastero?
- Quali attività vi si svolgevano?
- Perché i monaci svolgevano attività lavorative?
- Quale contributo diedero i monaci allo sviluppo dell'agricoltura?

focus — LE PAROLE DELLA STORIA

Il termine **monastero** indica in modo generico tutti gli insediamenti benedettini, alla guida dei quali c'era un priore. **Abbazia** (vedi anche pag. 65) indica più propriamente i monasteri più grandi guidati dall'abate, una carica religiosa di dignità pari a quella dei vescovi.

I **conventi**, invece, erano le sedi dei frati, cioè dei monaci appartenenti agli ordini mendicanti che sorsero a partire dal XII secolo all'interno delle città.

IL MONASTERO

Il monastero era un complesso di edifici il cui nucleo centrale era costituito dalla chiesa e dal chiostro. Si trattava di una sorta di "città religiosa" autonoma ed autosufficiente inserita in un territorio più o meno disabitato; una struttura che ricorda quella delle antiche ville tardo-romane.

LA CHIESA E IL CHIOSTRO

Al centro del monastero si trovava la ***chiesa*** *(1) affiancata dal* ***chiostro*** *(2).*
Il chiostro svolgeva la funzione di snodo della vita monastica, mettendo in comunicazione i vari ambienti.

LA COSTRUZIONE DELL'ABBAZIA DI MONTECASSINO

GLI EDIFICI DELLA VITA COMUNITARIA

Lungo i lati del chiostro si affacciavano gli edifici destinati alla vita comunitaria: il ***dormitorio*** *(3), la* ***sala "capitolare"*** *(5) per le riunioni della comunità monastica ("capitolo" era chiamata l'****assemblea dei monaci****) e il* ***refettorio*** *(4) (cioè la sala da pranzo).*

GLI EDIFICI PER GLI OSPITI

Nelle vicinanze dell'ingresso del monastero si trovavano gli ***alloggi per i pellegrini*** *e* ***i viandanti****, l'****ospedale*** *e gli alloggi per gli ospiti forestieri (la "****foresteria****").*

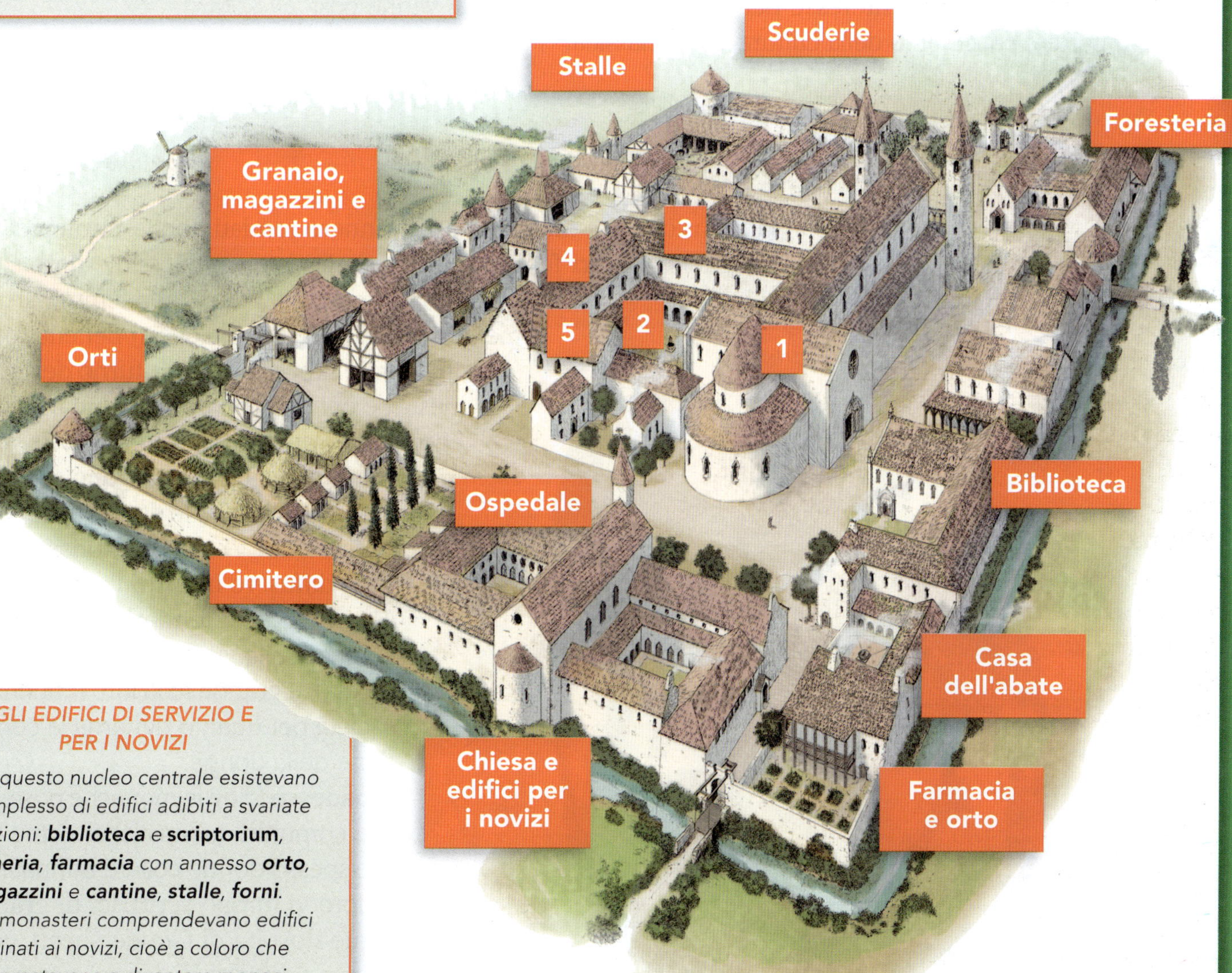

GLI EDIFICI DI SERVIZIO E PER I NOVIZI

Oltre a questo nucleo centrale esistevano un complesso di edifici adibiti a svariate funzioni: ***biblioteca*** *e* ***scriptorium****,* ***infermeria****,* ***farmacia*** *con annesso* ***orto****,* ***magazzini*** *e* ***cantine****,* ***stalle****,* ***forni****.*
Alcuni monasteri comprendevano edifici destinati ai novizi, cioè a coloro che si apprestavano a diventare monaci.

I monasteri promuovono la cultura

Altrettanto rilevante fu il ruolo dei monasteri nel campo della **cultura**. **La *Regola* benedettina prescriveva la lettura e la meditazione dei testi sacri**: era quindi necessario per i monaci saper leggere e scrivere. Per favorire l'accostamento ai testi sacri da parte dei monaci nei monasteri nacquero le **biblioteche**, che in breve tempo si svilupparono diventando veri e propri **centri di elaborazione culturale**.

Nel Medioevo le biblioteche erano quasi sempre **annesse a un monastero o a una chiesa vescovile**. Esse erano destinate alla comunità dei religiosi, non erano aperte al pubblico ed erano considerate principalmente **luoghi di produzione e di conservazione dei libri**.

Essendo destinato ai monaci, inizialmente il patrimonio bibliotecario fu quasi esclusivamente di **contenuto religioso**. Facevano eccezione i **testi grammaticali latini**, necessari per imparare a usare il latino. Fra il VII e il IX secolo molte biblioteche di monasteri si arricchirono di preziosi manoscritti, copiando testi presi in prestito dalla biblioteca pontificia a Roma.

A partire dall'epoca carolingia sorsero anche **biblioteche laiche** (tra cui quella di Carlo Magno) e, soprattutto, venne ampliato il repertorio dei testi scritti e conservati, grazie al **rinato interesse per gli antichi autori latini**; venne così salvato in parte il patrimonio della cultura latina classica.

I monasteri femminili e la cultura delle donne nel Medioevo

LE ATTIVITÀ DELLE DONNE MEDIEVALI

Con la diffusione del monachesimo vennero fondati anche **numerosi monasteri femminili**, nei quali vissero moltissime **donne dotate di straordinaria cultura**. I monasteri femminili normalmente seguivano la Regola di san Benedetto.

Le monache si occupavano a turno dei lavori domestici e ogni giorno **dedicavano almeno due ore alla lettura**, in silenzio.

Questo significa che **dovevano saper leggere**: fatto insolito per le donne di quel tempo.

A partire dal VI secolo, monasteri femminili si diffusero **in tutto l'Occidente**.

Alcuni furono **fondati da principesse**, come Gisella, sorella di Carlo Magno (IX secolo), e grande fu la loro influenza sulla società per quanto riguarda la considerazione della donna.

Le **badesse** (cioè le monache poste a capo delle comunità monastiche, come l'abate) erano spesso donne colte e raffinate.

Tra di loro vi furono **scrittrici di grande valore**, come *Rosvita di Gandersheim*, considerata la prima scrittrice di teatro europea; essa compose leggende in versi, commedie e un poema sulle gesta dell'imperatore Ottone I di Sassonia.

Capolettera "D" raffigurante Guda, monaca autrice delle miniature che ornano il manoscritto.

L'ALTRA FACCIA DEL MONDO FEMMINILE

Per ricostruire l'immagine delle donne nella società medievale gli storici moderni si affidano in particolare alle fonti materiali e iconografiche, che risultano importanti perché "non falsate dai pregiudizi di scrittori e artisti". La storica Chiara Frugoni ha analizzato la raffigurazione della donna nelle immagini medievali. Se da un lato emerge un'immagine di donna nell'ombra del padre o del marito, reclusa nell'ambiente domestico, dall'altro invece si coglie una presenza femminile di spiccata personalità e cultura maturate tra le mura del monastero.

GENERAZIONI DIMENTICATE DI MONACHE COPISTE E MINIATRICI

Il luogo dove finalmente una donna ha "una stanza per sé" è la cella del convento. Nelle mura che la separano dal resto della società e dagli uomini prima di tutto, la donna li raggiunge nella **cultura**[1], dedicandosi alla preghiera e alla meditazione, per la quale è necessario **leggere**, **scrivere**, **studiare**[2]. Non è un caso che la stragrande maggioranza di donne dotate di una spiccata personalità siano **monache**[3]: da *Radegonda* a *Rosvita* e *Chiara da Montefalco*, da *Herrad* a *Ildegarda di Bingen*, alle badesse *Hitda* e *Uta di Niedermunster*. [...] Quando si pensa ad un codice miniato, quasi automaticamente vi si associa una mano maschile nel silenzio del monastero. E invece dovremmo fare spazio ad un'**altra immagine mentale**[4]: quella di generazioni e generazioni di monache dimenticate, intente a copiare, collazionare, miniare, comporre. [...] Dobbiamo alla genialità di una donna della fine del decimo secolo, molto presumibilmente una suora, la miniatrice Ende, le insolite composizioni dagli squillanti colori delle miniature che illustrano un manoscritto da Gerona, del 975, con l'*Apocalisse* del Beato di Liebana. Il testo fu copiato dal monaco Emeterius, ma la donna **volle firmare la sua parte di lavoro**[5]: "*Ende pittrice e serva di Dio*". Il soggetto del manoscritto, la fine del mondo, attrasse l'immaginazione della pittrice che riempì i fogli di terribili draghi, demoni, scene catastrofiche ma anche di santi ed angeli composti e stilizzati, con vivacissimi colori a campitura piatta, tanto da fare di questo codice un capolavoro citato in ogni manuale di storia dell'arte. In un *omiliario* (raccolta di prediche) proveniente da un monastero germanico della seconda metà del XII secolo, all'interno del capolettera *D(ominus)* è dipinta una figura velata, accompagnata dalla scritta "*Guda, donna peccatrice, scrisse e dipinse questo libro*" (vedi alla pagina accanto). Una mano afferra le volute della lettera, l'altra è alzata nel gesto della testimonianza per confermare la veridicità dell'affermazione. Noi, osservatori moderni, indugiamo su quelle dita, sproporzionatamente grandi secondo una convenzione dell'epoca, che sono mostrate con tanta fiducia a ricordare la lunga fatica. È una delle più antiche testimonianze di un **ritratto d'artista firmato**[5], certamente il più antico, di un'artista donna.

1. *Nel monastero le donne conquistano una **libertà**, una **cultura** e una **visibilità sociale** altrove negate.*

2. *Lo studio dei testi sacri richiedeva necessariamente la capacità di **leggere** e di **scrivere**. Chi entrava nel monastero aveva dunque la possibilità di acquisire una cultura.*

3. *La ricerca storica ha appurato che le donne medievali di più spiccata personalità erano **monache**.*

4. *La studiosa rivolge un invito a liberarsi di un'immagine mentale storicamente distorta, cioè quella dell'amanuense uomo, laddove la realtà storica contempla una **nutrita presenza di donne amanuensi**.*

5. *La firma lasciata da queste artiste rivela la consapevolezza che esse avevano del proprio valore, unita alla volontà di **lasciare una traccia di sé nella storia**.*

Rid. e adatt. da Chiara Frugoni, *La donna nelle immagini, la donna immaginata*, in Duby e Perrot, *Storia delle donne - Il Medioevo*, a c. di Christiane Klapisch-Zuber, Laterza

PER LA COMPRENSIONE

- 25 Perché per i monaci era una necessità saper leggere?
- 26 Dove sorsero le prime biblioteche? Che funzioni avevano?
- 27 Quali erano i libri conservati nelle biblioteche?
- 28 Perché furono importanti le biblioteche laiche?
- 29 Perché le monache possedevano un livello culturale più elevato rispetto alle altre donne?
- 30 Da chi vennero fondati i primi monasteri femminili?
- 31 Chi erano le badesse? Chi è Rosvita di Gandersheim?

ANALISI DEL DOCUMENTO STORICO

- 32 In quale ambito, secondo la studiosa, la donna medievale riesce a esprimere la propria personalità?
- 33 Quali donne si segnalano per la loro spiccata personalità?
- 34 Quale immagine storicamente distorta si è imposta?
- 35 Quali esempi di donne amanuensi vengono citati dalla studiosa? Quali sono le loro opere?
- 36 Quale aspetto rivela la consapevolezza del proprio valore?
- 37 A chi appartiene il primo ritratto d'artista firmato?

LA GIORNATA DEL MONACO

La preghiera era il **primo compito** di un monaco. La sua giornata, infatti, era scandita dalle **ore canoniche**, cioè dagli otto momenti di **preghiera collettiva**, che aveva luogo anche di notte. Terminata la preghiera, i monaci si dedicavano alle attività manuali e alla lettura.

LA PREGHIERA

Il momento della preghiera apriva e chiudeva la giornata del monaco. Nel corso della giornata egli doveva interrompere le sue attività per le preghiere quotidiane alle ore canoniche: Vigilia (verso l'1), Mattutino (verso le 2 o le 3), Lodi (alba), Prima (ore 6), Terza (ore 9), Sesta (ore 12), Nona (ore 15), Vespro (tramonto), Compieta (prima di coricarsi).

LA MISURA DEL TEMPO NEL MEDIOEVO

Per i monaci anche il canto era una forma di preghiera.

Erano previsti uno o due pasti nell'arco della giornata, in base alle stagioni. La dieta del monaco comprendeva verdure fresche, legumi, frutta e pane (1 libbra al giorno, corrispondente a circa 350-500 grammi); occasionalmente si consumavano pesce, uova e latticini, mentre la carne era vietata, tranne che per i malati. Il vino doveva essere assunto con moderazione. Il momento del pasto avveniva in silenzio e costituiva anch'esso un'occasione di meditazione e di istruzione della comunità religiosa.

LA LETTURA

Insieme alla preghiera e al lavoro era la terza attività principale del monaco. Si leggevano i testi sacri, sia ad alta voce collettivamente (durante i pasti nel refettorio o nella sala capitolare) sia individualmente, in silenzio, nel chiostro o nelle celle.

IL LAVORO MANUALE

Le attività manuali cui si dedicavano i monaci erano principalmente quelle **agricole**: comprendevano il dissodamento e la bonifica delle terre, la coltivazione della vite, la sistemazione dei boschi, il raccolto. Essendo il monastero una struttura autonoma e autosufficiente, i monaci dovevano provvedere anche alle **attività artigianali** (lavori di carpenteria, metallurgia, muratura, ecc.). Tra le attività manuali rivestiva particolare importanza la **copiatura dei testi**.

LO *SCRIPTORIUM*, LA "FABBRICA" DEI LIBRI

Lo *scriptorium* era un vero e proprio laboratorio di scrittura nel quale decine di monaci copiavano, oltre ai testi di natura religiosa, quelli degli autori classici, soprattutto latini. Inizialmente esso coincideva con la **biblioteca**. Fino a tutto il XII secolo, infatti, le biblioteche monastiche non erano destinate né alla lettura né alla consultazione, ma erano soltanto i luoghi in cui si conservavano i manoscritti in appositi armadi (*armaria*).

LE MINIATURE E I CODICI: UNA "FINESTRA" SUL MONDO MEDIEVALE

UN LAVORO DI ÉQUIPE

L'attività di copiatura dei testi e di produzione dei manoscritti coinvolgeva numerosi monaci e veniva svolta nello *scriptorium*. All'interno dello scriptorium esisteva un'organizzazione assai rigorosa del lavoro: c'era il monaco copista vero e proprio, chiamato **amanuense** perché i testi venivano copiati a mano; il **rilegatore**, il **miniatore**, chi preparava la pergamena, ecc.

MATERIALI E ATTREZZI DA LAVORO

Il materiale scrittorio maggiormente usato nel Medioevo fu la **pergamena**, sostituita più tardi dalla carta. L'amanuense si sedeva davanti allo scrittoio dal piano inclinato, sul quale veniva posto il foglio di pergamena. Il testo da copiare veniva collocato su un apposito leggìo. Gli strumenti utilizzati per scrivere erano il calamo e la penna, intinti nell'inchiostro. Gli strumenti scrittori venivano riposti in un astuccio chiamato calamaio. Alcuni manoscritti potevano essere impreziositi con decorazioni chiamate **miniature**.

DAI FOGLI AL CODICE

A copiatura ultimata, i fogli venivano piegati in quarti (quaderni) e passati al rilegatore, che li cuciva in un unico **codice**, cioè il libro vero e proprio. Il codice sostituì il vecchio ingombrante rotolo ancora in uso nei primi secoli del Medioevo.

✓ SINTESI

AUDIOSINTESI

IL SISTEMA FEUDALE

- ✔ Il tipo di organizzazione politica e sociale che dominò l'Europa a partire dal X secolo fino almeno a tutto il XIV fu il cosiddetto **sistema feudale**.
- ✔ A fondamento del sistema feudale vi erano i **rapporti di vassallaggio** basati sui vincoli di fedeltà esistenti tra il vassallo e il sovrano, che così manteneva il controllo del territorio.
- ✔ Il sistema feudale divenne più complesso quando anche i vassalli iniziarono a concedere parti del proprio territorio in feudo ai loro sottoposti, i **valvassori**, e questi, a loro volta, ai **valvassini** (feudatari minori).

L'EREDITARIETÀ DEI FEUDI E I VESCOVI-CONTI

- ✔ Il potere del sovrano e la stabilità politica iniziarono a indebolirsi quando, nell'877, il **Capitolare di Kiersy** concesse la facoltà ai feudatari maggiori di lasciare in eredità il feudo ricevuto ai loro figli. La Constitutio de feudis, promulgata da Corrado II nel 1037, stabilì l'ereditarietà anche dei feudi minori, contribuendo ad accrescere la frammentazione politica dei territori.
- ✔ Accanto ai feudi laici esistevano anche i feudi ecclesiastici, concessi ai vescovi e agli abati. L'uso di affidare un feudo a un vescovo-conte divenne sempre più frequente a partire dal regno di Ottone I e diventerà causa di lotte tra Papato e Impero nei secoli successivi.

IL CASTELLO E I CAVALIERI

- ✔ A partire dal X secolo i feudatari iniziarono a edificare imponenti opere di fortificazione di città e villaggi e sorsero i primi **castelli** per la difesa contro le invasioni. Il castello divenne uno dei simboli del Medioevo. Intorno al castello ruotava la vita politica, sociale ed economica, basata sul **modello curtense**.
- ✔ Nei secoli del feudalesimo emerse una nuova figura sociale, quella dei **cavalieri**: si trattava di uomini che si dedicavano completamente al mestiere delle armi. Per frenare le violenze cui spesso si abbandonavano i cavalieri, la Chiesa impose delle regole di comportamento, assegnando alla loro attività una finalità etica.

LA COMPLESSITÀ DELLA SOCIETÀ FEUDALE

- ✔ La società feudale era assai **complessa** e caratterizzata da forti **differenze sociali**. Il potere e la ricchezza erano nelle mani dell'aristocrazia, laica ed ecclesiastica. La maggior parte della popolazione era costituita dal popolo (**artigiani**, **contadini**, **intellettuali**, **basso clero**). Le donne avevano minor peso politico e sociale rispetto agli uomini. I documenti, tuttavia, testimoniano che, soprattutto nei ceti più elevati, possedevano una certa **cultura**.

LA CHIESA E I MONASTERI

- ✔ Durante i primi secoli del Medioevo la Chiesa ricoprì un ruolo assai importante non solo dal punto di vista religioso, ma anche sotto il profilo economico e culturale. Attraverso l'opera dei sacerdoti e dei monaci, la Chiesa riuscì a **influenzare il modo di pensare e di agire delle persone**.
- ✔ I monasteri fungevano da **poli di evangelizzazione** delle zone circostanti, ma svolsero anche un'importante funzione economica, civile e culturale. Essi diedero un contributo essenziale allo **sviluppo delle tecniche agricole** e contribuirono ampiamente alla **diffusione della cultura**.
- ✔ I monasteri furono importanti soprattutto come luoghi di conservazione e di propagazione della cultura, mediante la **copiatura dei libri antichi** e l'organizzazione di numerose **biblioteche**.

CRONOLOGIA

IX-X secolo	Diffusione del sistema feudale
877	Capitolare di Kiersy
prima metà X secolo	Rosvita di Gandersheim
fine X secolo	Paci di Dio
X-XII secolo	Incastellamento del territorio
1037	Constitutio de feudis
1098-1179	Ildegarda di Bingen

VERIFICA DI COMPRENSIONE

VERIFICHE INTERATTIVE

L'organizzazione della società feudale

1. Indica se le affermazioni sono vere (V) o false (F).

- ☐ **a.** Il sistema feudale era basato sui rapporti di vassallaggio.
- ☐ **b.** Nel sistema feudale esisteva un forte potere centrale.
- ☐ **c.** Il beneficio era una somma in denaro che il signore concedeva al vassallo in cambio dei suoi servizi.
- ☐ **d.** Il feudatario che riceveva il beneficio non aveva altro obbligo che quello di offrire il servizio militare al signore in caso di guerra.
- ☐ **e.** I vassalli affidarono parti dei loro feudi a feudatari minori detti valvassori.
- ☐ **f.** I valvassini erano i feudatari maggiori.
- ☐ **g.** La società feudale presentava un'organizzazione gerarchica "piramidale".
- ☐ **h.** I feudi venivano assegnati soltanto a laici.
- ☐ **i.** I feudi divennero ereditari con la promulgazione del Capitolare di Kiersy e della *Constitutio de feudis*.
- ☐ **l.** Nella società feudale non esistevano differenze sociali.

La funzione della Chiesa e dei monasteri

2. Completa il seguente brano inserendo correttamente i termini mancanti.

1. economica - 2. biblioteche - 3. Chiesa - 4. vescovi - 5. cultura - 6. culturale - 7. copiatura - 8. agricolo - 9. monasteri 10. monaci - 11. evangelizzazione - 12. bonifica - 13. predicazione - 14. tecniche di coltivazione 15. femminili - 16. scriptoria - 17. studio - 18. influenza - 19. leggere - 20. amanuensi - 21. feste religiose - 22. riposo

Durante l'Alto Medioevo il potere e il prestigio della .... crebbero notevolmente. Attraverso l'operato di .... e sacerdoti la Chiesa era presente ovunque ed esercitava una forte .... sul modo di pensare e di vivere di tutti i fedeli. Attraverso la .... e l'educazione ai valori evangelici e cristiani indirizzava le scelte dei fedeli; attraverso il calendario, scandito sulla base delle .... , stabiliva i tempi del lavoro e del ....

Fu però attraverso l'operato dei .... che la Chiesa esercitò nell'età feudale un'importante funzione civile, ... e .... I .... , infatti, non solo furono dei centri di .... delle popolazioni dei territori circostanti, ma promossero importanti opere in campo .... : la .... di aree paludose, il dissodamento di aree incolte, l'introduzione di nuove ...., lo sviluppo della viticoltura e dell'orticoltura. Altrettanto rilevante fu il ruolo dei monasteri in campo culturale: attraverso la .... dei testi (cui si dedicarono negli .... i monaci ....) e l'organizzazione delle .... essi favorirono la conservazione e la propagazione della .... Nei monasteri .... si formarono donne di vasta cultura, grazie alla possibilità di imparare a .... e scrivere e di potersi dedicare allo ....

MAPPA CONCETTUALE E LINEA DEL TEMPO

Le parole della Storia

3. Indica a quale termine corrispondono le seguenti definizioni.

1. incastellamento - 2. ore canoniche - 3. addobbamento - 4. vassallaggio - 5. valvassori - 6. vescovi-conti - 7. amanuensi - 8. beneficio o feudo - 9. scriptoria - 10. ecclesiastici - 11. fellonia - 12. cadetti - 13. monastero

- **a.** Feudatari minori, cui i vassalli affidavano parte dei loro territori: ....
- **b.** Territorio affidato da un sovrano ad un vassallo perché lo amministri a nome suo: ....
- **c.** Rapporto di subordinazione di un feudatario nei confronti del sovrano/signore: ....
- **d.** Reato di tradimento da parte del vassallo nei confronti del suo signore: ....
- **e.** Coloro che hanno consacrato la loro vita a Dio all'interno della Chiesa: ....
- **f.** Ecclesiastici titolari di un feudo: ....
- **g.** Opera di fortificazione del territorio europeo avvenuta a partire dal X secolo: ....
- **h.** Figli non primogeniti: ....
- **i.** Cerimonia di investitura di un cavaliere: ....
- **l.** Complesso di edifici in cui si svolgeva la vita delle comunità monastiche: ....
- **m.** I momenti di preghiera collettiva nella giornata dei monaci: ....
- **n.** Monaci dediti alla copiatura a mano dei testi: ....
- **o.** Laboratori di scrittura all'interno di un monastero o di un palazzo reale: ....

4 DALL'ANNO MILLE ALLA CIVILTÀ COMUNALE

LINEE GUIDA

VIDEO INTRODUTTIVO

- Con l'XI secolo iniziò per l'Europa una **nuova era**, caratterizzata da fenomeni di lunga durata: **crescita della popolazione**, **ripresa** delle **attività economiche** e della **vita urbana**, trainata dalla "**rivoluzione agricola**".
- L'esigenza di rinnovamento investì anche la Chiesa. Contro la corruzione e il decadimento morale del clero protestarono **movimenti riformatori monastici**, che ispirarono la rivendicazione dell'autonomia e della supremazia della Chiesa rispetto all'Impero (**lotta per le investiture**).
- La rinascita dell'Europa cristiana si accompagnò alla sua espansione militare, attraverso una serie di spedizioni note come **crociate**.
- Dagli abitanti della città nacque la richiesta di esercitare **forme di autogoverno** che portarono alla nascita dei **Comuni** e allo sviluppo di una fiorente civiltà (**civiltà comunale**).

910 Abbazia di Cluny

XI sec. Rivoluzione agricola Sviluppo delle città

XI-XIII sec. *Reconquista* cristiana della penisola iberica

1054 Scisma d'Oriente

1066 Battaglia di Hastings

1075 *Dictatus Papae*

1077 Umiliazione di Canossa

900 **1000**

OTTONE III 996-1002

ENRICO IV 1056-1105

GREGORIO VII 1073-1085

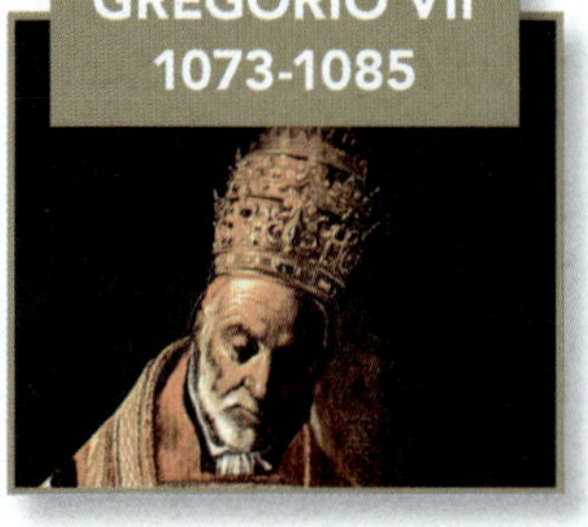

GLI SPAZI DELLA STORIA

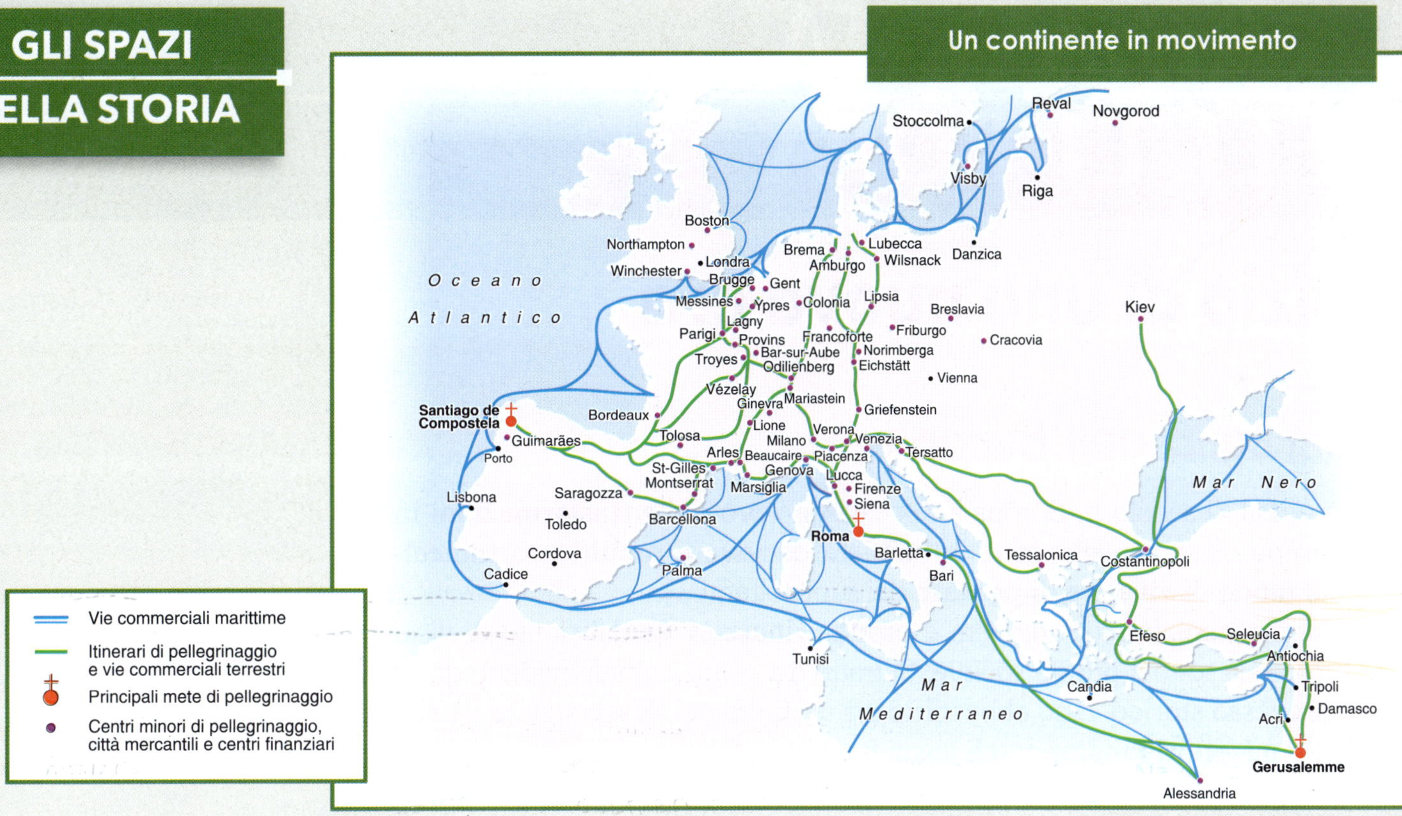

La rinascita dell'Europa si tradusse nella ripresa e nell'intensificarsi degli scambi tra le città e le varie regioni del continente.
Gli itinerari di pellegrinaggio, spesso innestati sulle vie lungo le quali correvano i traffici tra il nord e il sud dell'Europa, favorirono i rapporti tra i popoli europei e il formarsi di una comune civiltà europea.

1097-1270 Crociate

1122 Concordato di Worms

XII SEC. Sviluppo dei Comuni

1176 Battaglia di Legnano

1212 Battaglia di Las Navas de Tolosa

1302 Pace di Caltabellotta

1492 Cade l'Emirato di Granada

1100 — 1200 — 1300

IL BARBAROSSA 1155-1190

S. FRANCESCO 1182-1226

FEDERICO II 1220-1250

LA RINASCITA DELL'EUROPA

L'inizio di una nuova era

Il risveglio dell'Europa

A partire dall'XI secolo in Europa si verificarono **profonde trasformazioni in ogni campo**. Esse contribuirono in maniera decisiva a **modificare radicalmente il modo di vivere e di pensare** dei suoi abitanti.
Il continente visse, infatti, una vera e propria **rinascita** sia dal punto di vista **economico** sia sotto il profilo **sociale**. Si trattò dei primi segnali evidenti di un **lungo processo storico**. Esso ebbe inizio già sul finire del IX secolo e fu il risultato di alcuni **fattori fondamentali** legati fra loro:

- la **rivoluzione tecnologica**;
- la **ripresa dei commerci**;
- un forte **sviluppo demografico**;
- la **rinascita della vita cittadina**.

Si gettano le basi dell'identità europea

Tra il X e il XIV secolo anche la cultura assunse caratteristiche sempre meglio definite e destinate, in molti casi, a diventare **elementi inconfondibili dell'identità europea**, fino a oggi.

La carta raffigura il quadro politico in cui avviene la rinascita dell'Europa dopo l'anno Mille.

Tra queste caratteristiche, particolarmente importanti sono:

- il **ruolo svolto dalle città**, importanti centri inseriti in uno spazio agricolo e rurale;
- lo **sviluppo della civiltà cristiana**, testimoniata anche dalla fioritura di monasteri, basiliche e cattedrali che ancora punteggiano il territorio europeo;
- l'affermazione delle **lingue neolatine** e delle **lingue germaniche**;
- lo **spirito mercantile e imprenditoriale**, espresso nel commercio e nelle altre attività d'impresa economica;
- la **diffusione di scuole e università** come centri di studio e di ricerca, tra loro collegati.

Creature mostruose minacciano la cristianità: in queste miniature dell'Apocalisse di san Giovanni si riflette il generale sentimento di paura diffuso nella popolazione all'inizio dell'anno Mille. Alla base di questa angoscia stava la convinzione che la fine del mondo fosse imminente.

Le paure dell'anno Mille

Per lungo tempo gli storici hanno sostenuto che questa rinascita sarebbe stata preceduta, all'alba dell'anno Mille, dal diffondersi di un sentimento di **terrore collettivo circa la imminente fine del mondo**. Essi supponevano che, **sulla base di alcuni testi delle Sacre Scritture** (soprattutto il libro dell'**Apocalisse** di san Giovanni), i medievali avessero individuato proprio nell'anno Mille la data della fine del mondo.

Questa supposizione, confermata dal susseguirsi di **carestie** ed **epidemie** verificatesi proprio alla vigilia del nuovo millennio, avrebbe scatenato reazioni contraddittorie nella popolazione europea. Molti si sarebbero dati alla **penitenza** e alla **preghiera**, per scongiurare un giudizio di condanna; altri invece si sarebbero abbandonati a ogni genere di **sregolatezza**, certi dell'imminente catastrofe.

In realtà, tutto ciò non accadde o comunque il fenomeno rimase limitato a ristrette cerchie di persone.

Visioni apocalittiche, paura della morte e della punizione divina per i peccati commessi costituiscono elementi caratterizzanti della **mentalità e della cultura medievale**. Nei documenti e negli atti notarili, l'espressione "poiché siamo alla fine del mondo" è usata e ripetuta fin dal VI secolo e rimanda al **senso cristiano della vita e del mondo, per cui la vita "vera" è quella dopo la morte**.

GLOSSARIO

Apocalisse
Ultimo libro del Nuovo Testamento attribuito a san Giovanni.
Esso contiene visioni profetiche sulla fine del mondo, il giudizio universale e l'avvento del Regno di Dio.
Il termine apocalisse è di origine greca e significa letteralmente "rivelazione"; esso viene utilizzato per indicare tutte le opere contenenti rivelazioni sul destino ultimo del mondo e dell'uomo.

PER LA COMPRENSIONE

- Che cosa accadde in Europa a partire dall'XI secolo? Quali fattori determinarono tale fenomeno?
- Quali caratteri, maturati tra l'XI e il XIV secolo, diventarono elementi inconfondibili dell'identità europea?
- Che cosa pensavano gli storici rispetto ai timori dei medievali all'inizio dell'XI secolo?
- Quali reazioni scatenarono le carestie e le epidemie? Si trattò di un fenomeno diffuso?
- Quali elementi caratterizzano la mentalità e la cultura medievale?
- Quale significato aveva il riferimento alla "fine del mondo" per gli uomini e le donne del Medioevo?

MOSTRI E CREATURE FANTASTICHE NELL'IMMAGINARIO MEDIEVALE

LA STORIA DEL MILLE: MITO E REALTÀ

L'immagine di un mondo medievale terrorizzato dall'approssimarsi dell'anno Mille e dalla paura della fine del mondo è uno dei temi storici più famosi. Tale immagine risale agli ***storici e intellettuali dell'Ottocento****; essi individuarono, inoltre, l'anno Mille come il momento preciso in cui il Medioevo si lasciava alle spalle secoli di buio, declino e ignoranza per avviarsi verso un'età di rinascita, culminata nello splendore dell'arte romanica e gotica.*
Dall'analisi dei documenti del tempo, come abbiamo visto, non emerge che esistesse questa psicosi collettiva, anche se facevano parte della mentalità medievale le visioni apocalittiche, la paura della morte e della punizione divina. Le cronache del tempo riferiscono effettivamente di ***calamità naturali, sconvolgimenti climatici, carestie ed epidemie*** *che devastarono l'Europa alla fine del X secolo. Tale situazione, unita alla minaccia delle invasioni, indusse a pensare che la fine del mondo fosse vicina.*
Questa visione apocalittica dell'anno Mille è presente soprattutto in ambito religioso. Essa è espressione, in particolare, della ***cultura monastica*** *legata al movimento di riforma della Chiesa, di purificazione dei costumi e della società promosso dall'abbazia di Cluny nel X secolo* *(vedi pag. 180)**.*

RODOLFO IL GLABRO

INTERPRETE DELLO "SPIRITO DELL'ANNO MILLE"

Proprio a Cluny venne redatta l'opera che permette di cogliere meglio il clima di fine millennio: i cinque libri delle ***Storie*** *(****dell'anno Mille****), scritti dal monaco* ***Rodolfo il Glabro*** *verso il 1047-1048. La sua cronaca, redatta alcuni decenni dopo l'anno Mille (quando le sventure da lui narrate erano, quindi, già state superate), drammatizza in modo interessato gli eventi e interpreta sventure ed episodi strani in senso apocalittico, come premonitori della fine del mondo e come punizione dei peccati dell'uomo.*
Riportiamo alcuni passi tratti dal secondo e dal quarto libro.

Calamità e sciagure si abbattono sul mondo

Sette anni prima del millennio il monte Vesuvio, chiamato anche pentola di Vulcano, entrò in eruzione, emettendo dai crateri apertisi in numero molto maggiore del solito una gran quantità di enormi frammenti di roccia misti al fuoco prodotto dallo zolfo, che ricadevano poi fino a tre miglia di distanza, mentre le sue fetide esalazioni rendevano inabitabile tutta la zona circostante.
[...]
In quel tempo una terribile malattia travagliava gli uomini: un fuoco nascosto consumava e staccava le membra che aveva colpito. Molti furono completamente divorati da questo fuoco in una sola notte.
[...]
In quello stesso tempo si verificò in tutto l'occidente una grandissima carestia che durò cinque anni: non vi fu regione in cui non regnasse la miseria e non mancasse il pane. Molta gente morì consumata dall'inedia.

Michele e i suoi angeli trafiggono il drago.
Miniatura dall'Apocalisse di san Giovanni (XIV sec.).
Le forze del cielo intervengono a salvare l'uomo medievale dall'angoscia che lo opprime.

Allora in molti paesi per la fame atroce si arrivò al punto di cibarsi non solo della carne di animali immobili e di rettili, ma addirittura di carne umana di uomini, donne e bambini, e non vi fu alcun vincolo di parentela che potesse impedirlo.
[...]
[Poco tempo dopo l'anno Mille] in tutto il mondo la carestia cominciò a far sentire i suoi effetti, e quasi tutto il genere umano rischiò di morire. Il tempo diventò in effetti così inclemente che non si riusciva a trovare il momento propizio per alcuna semina né il periodo giusto per il raccolto, soprattutto a causa delle inondazioni.
Gli elementi sembravano essere in guerra tra loro: sicuramente invece essi erano lo strumento di cui Dio si serviva per punire l'orgoglio degli uomini.
Tutta la terra era stata talmente inzuppata dalle continue piogge che nell'arco di tre anni non si poterono preparare solchi adatti alla semina.
Al tempo del raccolto le erbacce e l'inutile loglio avevano ricoperto tutta la campagna.

Rid. da Rodolfo il Glabro, *Storie dell'anno Mille*, II e IV libro

SILVESTRO II E OTTONE III

IL PAPA E L'IMPERATORE DEL MILLENNIO

Tra i segni premonitori della fine del mondo fu considerato anche il succedersi sul soglio pontificio, negli ultimi decenni del X secolo, di ben sette papi, l'ultimo dei quali, **Silvestro II**, circondato dalla fama di "mago".
Eppure, proprio negli anni del cambio di millennio, questo papa e l'imperatore Ottone III coltivarono il sogno di **ricostituire un impero universale cristiano**, con capitale Roma: un sogno che mal si coniugava con le aspettative apocalittiche.
Gerberto di Aurillac, divenuto papa nel **999** con il nome di Silvestro II, era **uno degli intellettuali più illustri del tempo**: matematico, filosofo e teologo, introdusse in Europa i numeri arabi e coltivò discipline assai sviluppate nel mondo islamico, ma poco diffuse in Occidente, come la geometria e l'astronomia.
A Gerberto era stata affidata l'educazione del futuro **Ottone III** (figlio di Ottone II e della bizantina Teofano), che a soli 3 anni aveva ereditato il titolo di re di Germania.
Incoronato imperatore nel **996**, Ottone III trasferì la capitale dell'impero a Roma e adottò il cerimoniale proprio della corte bizantina, convinto della sacralità del suo ruolo.
Nel 999 scelse come pontefice proprio il suo maestro-tutore, il quale volle simbolicamente chiamarsi Silvestro II, a ricordo del papa (Silvestro I) che, secondo la tradizione, aveva battezzato Costantino.
Il loro sogno incontrò l'ostilità sia dei feudatari tedeschi sia di quelli italiani e venne meno con la loro morte. Ottone III, costretto a fuggire da Roma nel 1001, morirà nel 1002; l'anno dopo scomparirà anche Silvestro II.

Ottone III raffigurato in trono con i simboli del potere imperiale.

15. LA RIVOLUZIONE AGRICOLA

Aumento della popolazione e sviluppo agricolo, motori della ripresa europea

Durante l'Alto Medioevo la **popolazione** europea era **diminuita** drasticamente a causa delle **invasioni**, delle **epidemie**, delle **carestie** e delle generali **condizioni di povertà**. L'inizio dell'XI secolo fu segnato da un sensibile **aumento demografico** in tutto il continente.

I fattori che resero possibile questo cambiamento furono soprattutto:

- la **fine delle scorrerie e delle invasioni** (che per oltre un secolo avevano provocato ovunque distruzioni e saccheggi) e, quindi, **maggiore sicurezza e stabilità politica**;
- le **innovazioni introdotte nel lavoro agricolo**, che contribuirono a estendere le aree coltivate e incrementare la resa dei campi e quindi il cibo disponibile;
- il **miglioramento del clima**;
- l'**alimentazione più abbondante e sostanziosa**, che contribuì a rendere le persone più forti fisicamente e meno soggette alle malattie.

L'**aumento della popolazione** e lo **sviluppo agricolo** furono **due fenomeni strettamente legati fra loro**: ciascuno dei due favorì l'altro.

La produzione agricola, infatti, poté crescere perché l'aumento della popolazione metteva a disposizione **più braccia per lavorare** e dissodare i campi.

Così, era possibile aumentare le superfici coltivabili per soddisfare la maggiore richiesta di generi alimentari. D'altro lato, la **maggiore disponibilità di cibo** permetteva di mantenere un maggior numero di persone.

La crescita della popolazione europea (XI-XIV secolo)

Intorno al 1050 la popolazione europea cominciò ad aumentare e continuò a crescere fino al 1300, passando approssimativamente da 46 a 73 milioni di abitanti.
Questo fenomeno è chiamato "esplosione demografica".

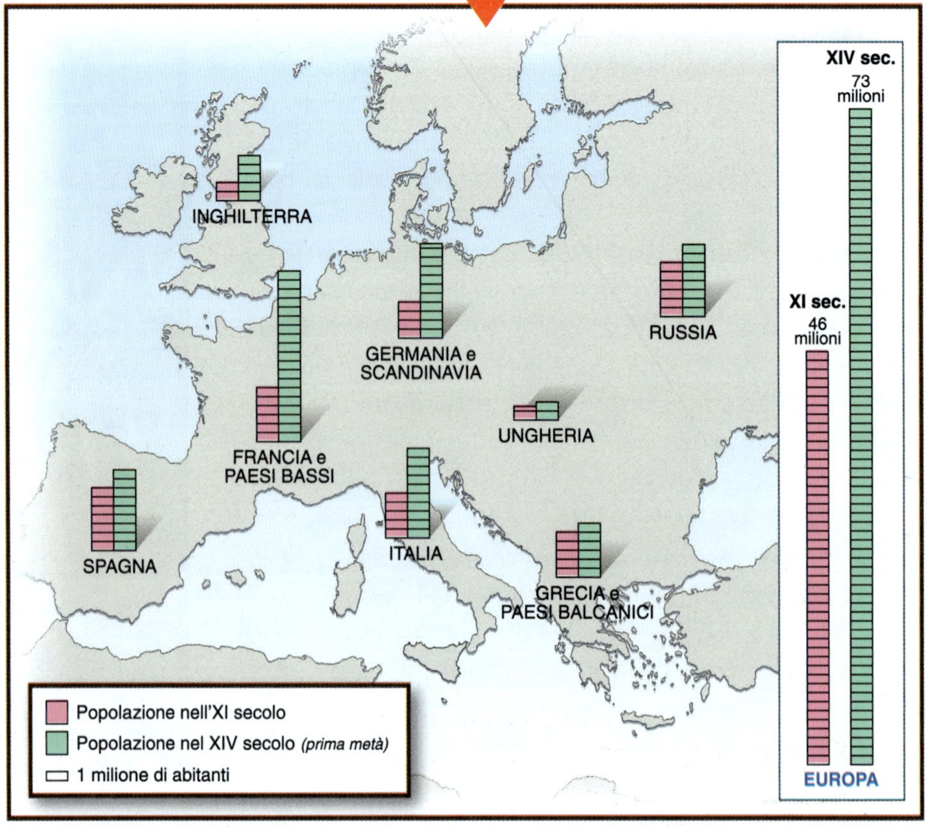

PER LA COMPRENSIONE

- Quali erano le cause della diminuzione della popolazione europea durante l'Alto Medioevo?
- Quali fattori determinarono l'aumento demografico a partire dall'XI secolo?
- Perché l'aumento della popolazione e lo sviluppo agricolo erano fenomeni intrecciati fra loro?
- In quali regioni dell'Europa la popolazione crebbe maggiormente?
- Esisteva un rapporto tra fattori climatici e ambientali e aumento della popolazione?
- In che modo la stabilità politica dei territori poteva favorire la fioritura dell'agricoltura?

NASCE UN NUOVO PAESAGGIO

1. La trasformazione dell'ambiente

Lo sviluppo dell'agricoltura contribuì a trasformare profondamente l'ambiente europeo. Nacquero **nuovi paesaggi** plasmati dalle attività agricole, che possiamo ricostruire grazie alle **fonti iconografiche**.

2. Un documento eccezionale del mondo medievale

Un documento eccezionale del mondo agricolo medievale e della nuova fisionomia del paesaggio è costituito dal **Ciclo dei Mesi di Torre Aquila**. È un ciclo di affreschi conservato nel Castello del Buonconsiglio a Trento (realizzati tra la fine del XIV e gli inizi del XV secolo), di cui riproduciamo l'affresco relativo al mese di aprile.

3. Una finestra sul paesaggio

Attraverso i cicli dei mesi è come se fossimo affacciati ad una finestra, vediamo scorrere le immagini del **paesaggio che muta** all'avvicendarsi delle stagioni; le **attività agricole** di ciascun mese, gli attrezzi da lavoro, le colture (broli o giardini, orti, vigneti, campi arati, prati, boschi), gli **animali**, le **tipologie edilizie** (fienile, casa rurale, malga, mulino, casa cittadina), l'**abbigliamento** distinto per stagione e ceto sociale dei personaggi.

La rivoluzione agricola

GLOSSARIO

Dissodamento

Fase del lavoro agricolo nel quale la terra viene rivoltata e preparata per la semina.

Bonifica

Operazioni effettuate per rendere coltivabile e idoneo all'insediamento umano un territorio prima inutilizzabile perché paludoso o malsano.

Un'autentica rivoluzione interessò l'**agricoltura. Aree sempre più vaste** di terreno fino ad allora improduttivo iniziarono a essere **dissodate**, **arate** e **rese coltivabili. Boschi e foreste furono abbattuti e trasformati in pascoli** o **in campi coltivati**; acquitrini e paludi vennero **bonificati**.

Contemporaneamente, furono **introdotte nuove colture**, in particolare quelle del **riso**, del **cotone**, della **canna da zucchero**, del **gelso** e delle piante per la tintura dei tessuti. Ci fu un maggior consumo dei **cereali**, come il frumento, l'orzo, l'avena, e dei **legumi**.

Nel corso dell'XI secolo fu anche introdotto un **nuovo modo di coltivare i campi**, che prevedeva la **rotazione triennale.** I terreni venivano **divisi in tre parti**: in una venivano seminati **in autunno cereali invernali**, nella seconda **in primavera si seminavano cereali primaverili** (avena o orzo) oppure **legumi**, mentre la terza parte era lasciata a **maggese**, cioè incolta, a riposo; ogni anno, in ciascuna delle tre parti si cambiava coltura, a rotazione.

In questo modo **si seminava in due diversi momenti dell'anno**, suddividendo meglio il lavoro e ottenendo un **raccolto maggiore**. Il **terreno**, inoltre, cambiando tipo di coltura, **restava più fertile e produceva di più.**

LA ROTAZIONE DELLE COLTURE

La rotazione biennale

Fino all'XI secolo si utilizzava il metodo della rotazione biennale: esso prevedeva la divisione del terreno in due parti: ad anni alterni una parte veniva coltivata, mentre l'altra era lasciata incolta, in modo che la terra potesse rigenerarsi e recuperare la sua fertilità. In questo modo, ogni anno soltanto metà del terreno agricolo era produttiva.

La rotazione triennale

Con l'introduzione della rotazione triennale la parte produttiva del terreno passò da metà a due terzi del terreno agricolo, che rimaneva incolto solo per un terzo.

L'introduzione di nuovi attrezzi e l'utilizzo di nuove forme di energia

Nelle zone settentrionali dell'Europa l'agricoltura **produceva meno rispetto** all'area mediterranea, a causa del **clima rigido** e del **terreno bagnato**, che rendeva più difficoltoso l'uso di strumenti come l'aratro.
A partire dall'XI secolo, però, anche questi problemi cominciarono a essere superati: si diffuse, infatti, l'utilizzo dell'**aratro pesante**, che penetrava più a fondo nel terreno, voltando poi le zolle per mezzo del **versoio.** Per trainare questo tipo di aratro si cominciò così a utilizzare i **cavalli**, ai quali venne applicato il **collare a spalla**, che permetteva all'animale di sopportare meglio la fatica. Queste innovazioni contribuirono in modo decisivo ad **aumentare la resa del lavoro**.
Altri nuovi strumenti introdotti nello stesso periodo furono l'**erpice**, la **carriola** a mano a una ruota e il **correggiato** per la battitura del grano e dei legumi secchi. Fondamentale per la **produzione di energia** utile al lavoro agricolo fu la diffusione del **mulino ad acqua** e, nelle regioni settentrionali, dove i fiumi scorrevano lenti, l'introduzione del **mulino a vento**. Mentre in passato la macina che serviva a ridurre il grano in farina veniva mossa da schiavi o da animali, ora essa era azionata dalla forza dell'acqua o del vento.

I MULINI NEL PAESAGGIO EUROPEO

Aumenta la popolazione ma non la durata media della vita

Nonostante i progressi dell'agricoltura e il miglioramento delle condizioni di vita, la **durata media della vita**, cioè il numero di anni vissuti generalmente dalle persone, **rimase molto bassa**. I documenti più attendibili del tempo, cioè gli atti notarili e i registri delle parrocchie, infatti, testimoniano che l'esistenza dei contadini continuava a essere così faticosa da non permettere di superare l'età di 50-55 anni. Inoltre, tra i figli dei contadini **la mortalità infantile era molto alta**. Coloro che, invece, appartenevano ai **ceti sociali più elevati** e privilegiati soffrivano meno privazioni, perciò **vivevano più a lungo**. La popolazione europea cresceva, dunque, ma non variava di molto la durata della vita dei ceti sociali più poveri.

PER LA COMPRENSIONE

- Quali importanti trasformazioni avvennero in campo agricolo?
- Quali nuove colture vennero introdotte?
- Come funzionava il sistema della rotazione triennale?
- Quali vantaggi comportava il nuovo sistema di coltivazione?
- In quali regioni dell'Europa l'agricoltura rendeva meno?
- Quali nuovi sistemi furono introdotti per aumentare la resa agricola?
- Quali animali trainavano i nuovi aratri? In che modo si facilitò il loro lavoro?
- Quali altri strumenti furono introdotti nel lavoro agricolo?
- Quale cambiamento portò l'introduzione del mulino ad acqua o a vento?
- Perché la durata media della vita rimase molto bassa?

NUOVI ATTREZZI E NUOVE MACCHINE

L'ARATRO PESANTE

L'aratro pesante penetrava più in profondità nel terreno.
Il **versoio**, a forma di lama curva, non si limitava a spezzare le zolle come una normale lama, ma le rivoltava dissodando meglio la terra. La diffusione della **ruota** facilitò ulteriormente l'aratura dei terreni. Per trascinare questo aratro si utilizzava almeno una **coppia di buoi**, presto sostituiti dal **cavallo**.

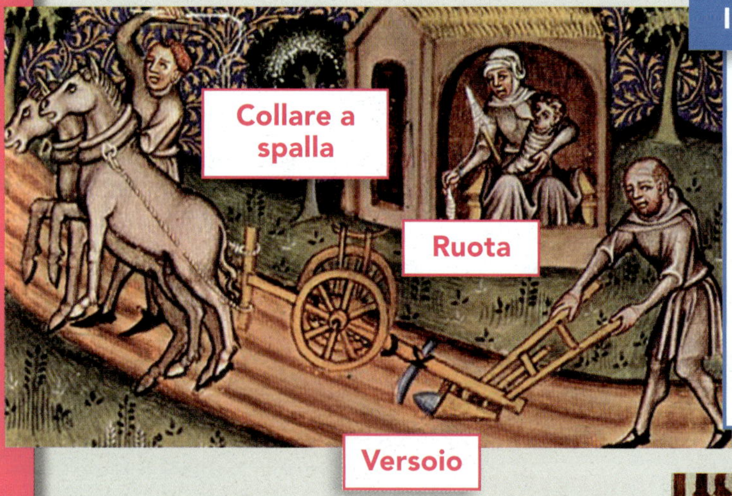

IL CAVALLO COME FORZA LAVORO

La forza di lavoro dei cavalli venne incrementata grazie alla ferratura degli zoccoli e all'applicazione del collare a spalla.
La **ferratura** impediva agli zoccoli di consumarsi durante il lavoro nei campi.
Il giogo imposto solitamente ai buoi soffocava il cavallo. Il **collare a spalla**, invece, consentiva all'animale di respirare liberamente e di trascinare un peso dieci volte maggiore.

L'ERPICE

Era un attrezzo quadrato o triangolare dotato di denti e tirato dal cavallo; veniva utilizzato prima della semina per sminuzzare ulteriormente le zolle.

IL CORREGGIATO

Era uno strumento fatto di due bastoni uniti da una striscia di cuoio (*correggia*). Battendolo su cerali o legumi secchi consentiva di staccare i chicchi dallo stelo.

IL MULINO

Il mulino divenne una macchina preziosissima per molte **attività legate all'agricoltura**: la macinatura dei cereali, la spremitura delle olive, la miscelazione dell'orzo per la fermentazione della birra. Successivamente il mulino fu applicato anche ai **macchinari tessili**, ai mantici, cioè a quegli attrezzi che producevano aria per alimentare il fuoco, e ai **magli** (attrezzi a forma di martello usati per forgiare i metalli).

LA RUOTA AD ACQUA

Il mulino ad acqua era costruito su un corso d'acqua in modo che l'acqua, scorrendo, muovesse la ruota. Dove questo non era possibile e il corso d'acqua era distante, l'acqua veniva convogliata artificialmente al mulino attraverso condotte in legno.

LA MACINA

La ruota messa in funzione dall'acqua azionava un ingranaggio in grado di muovere la macina che riduceva il grano in farina. Lo stesso meccanismo era applicato ai mulini a vento, i quali anziché avere una ruota mossa dall'acqua avevano pale mosse dal vento. La macina poteva essere al livello dell'ingranaggio, oppure a un piano superiore, come in questo caso, dove il mugnaio raccoglieva la farina.

✓ SINTESI

AUDIOSINTESI

IL RISVEGLIO DELL'EUROPA

✔ All'inizio del secondo millennio l'Europa visse **profonde trasformazioni**. I loro effetti perdurarono anche nei secoli successivi e incisero in modo determinante sul modo di vivere e di pensare degli abitanti del continente e sulla **formazione dell'identità europea**.

LE PAURE DELL'ANNO MILLE

✔ Gli uomini del Medioevo non pensavano che l'anno Mille sarebbe coinciso con la **fine del mondo**, anche se le carestie e le epidemie susseguitesi verso la fine del X secolo alimentarono in alcuni il timore che realmente il mondo stesse per finire.

LA RIPRESA DEMOGRAFICA E AGRICOLA

✔ La rinascita dell'Europa ebbe come motori l'**aumento della popolazione** e lo **sviluppo dell'agricoltura**, fenomeni strettamente intrecciati fra loro e favoriti da un complesso di fattori (fine delle invasioni, maggiore stabilità politica, clima più favorevole, innovazioni tecnologiche).

✔ La popolazione, che era fortemente diminuita durante l'Alto Medioevo, cominciò di nuovo a crescere a partire dal 1050 e fino al 1300, facendo raddoppiare il numero degli abitanti dell'Europa.

LA RIVOLUZIONE AGRICOLA

✔ A partire dall'XI secolo iniziò a rifiorire l'economia, soprattutto nel settore agricolo. Vennero **messe a coltura vaste aree** grazie al dissodamento, al diboscamento e alla bonifica di terreni paludosi. Furono introdotte **nuove colture**, in particolare quelle del riso, del cotone, della canna da zucchero, del gelso, delle piante per la tintura dei tessuti.

✔ L'introduzione di un nuovo metodo di coltivazione, la **rotazione triennale**, permise di ricavare dal suolo una maggiore quantità di prodotti.

✔ Anche l'introduzione di **nuovi attrezzi**, come l'aratro pesante con versoio e il collare a spalla per i cavalli da traino, insieme allo sfruttamento di **nuove fonti di energia** come il vento e l'acqua, per mezzo dei mulini, contribuirono a migliorare il lavoro agricolo.

La raccolta delle spighe in una miniatura del Luttrell Psalter, *manoscritto del XIV secolo.*

VERIFICHE INTERATTIVE

La nascita di una nuova era

1. Indica se le affermazioni sono vere (V) o false (F).

☐ **a.** A partire dal XII secolo si verificò una vera e propria rinascita economica e sociale in Europa.
☐ **b.** L'identità europea inizia a costituirsi fra il X ed il XIV secolo.
☐ **c.** Le città ebbero un importante ruolo nella rinascita economica e sociale d'Europa.
☐ **d.** La fine del terrore dell'anno Mille causò la rinascita economica e sociale in Europa.
☐ **e.** La nuova identità europea è caratterizzata dall'affermazione delle lingue neolatine e germaniche.
☐ **f.** Lo sviluppo della civiltà cristiana ostacolò il formarsi di una nuova identità europea.
☐ **g.** La diffusione di scuole e università contribuì allo sviluppo di una comune identità europea.
☐ **h.** La crescita economica fu favorita dall'emergere di un nuovo spirito mercantile e imprenditoriale.
☐ **i.** La rinascita economica e sociale fu un processo storico di breve durata.
☐ **l.** La rinascita economica e sociale fu determinata esclusivamente dalla ripresa dei commerci.

Rivoluzione agricola e ripresa demografica

2. Sottolinea o evidenzia i fenomeni che hanno caratterizzato l'Europa a partire dall'anno Mille.

a. A partire dall'anno Mille, l'Europa fu interessata da una grave crisi economico-sociale.
b. A partire dall'anno Mille ci fu una fioritura delle attività agricole, grazie all'introduzione di nuove tecniche e all'utilizzo di nuovi strumenti.
c. A partire dall'anno Mille furono introdotti la rotazione biennale delle colture e l'aratro leggero.
d. A partire dall'anno Mille la popolazione europea cominciò a diminuire drasticamente.
e. A partire dall'anno Mille la popolazione cominciò ad aumentare sensibilmente.

I fattori all'origine dell'aumento demografico

3. Ricostruisci i fattori che contribuirono a rendere possibile l'aumento demografico, completando lo schema.

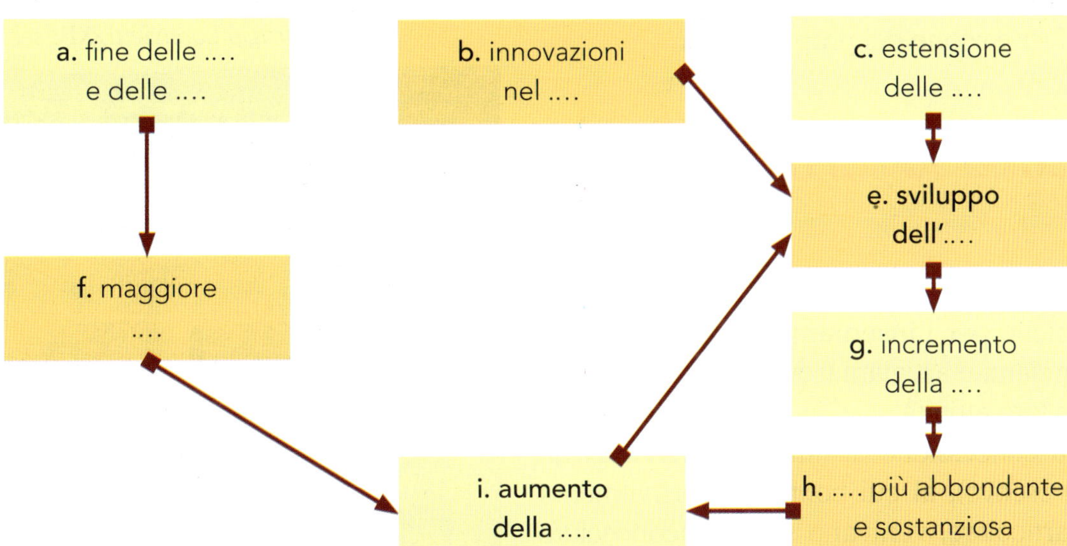

1. clima
2. popolazione
3. lavoro agricolo
4. agricoltura
5. scorrerie
6. stabilità politica
7. terre coltivate
8. resa dei campi
9. alimentazione
10. invasioni

Rappresentare le conoscenze in forma schematica

4. Indica il complesso delle innovazioni che determinarono la cosiddetta rivoluzione agricola e tecnologica, completando opportunamente lo schema.

RIVOLUZIONE AGRICOLA E TECNOLOGICA

a. Nuovi terreni ....
b. Nuove colture ....
c. Nuovi attrezzi ....
d. Nuove tecniche ....

16. LA RINASCITA URBANA E COMMERCIALE

Rinascono le città

L'aumento della popolazione e le trasformazioni dell'economia europea alimentarono, **tra il 1050 e il 1350, uno sviluppo delle città e della vita urbana** di proporzioni tali da caratterizzare per sempre il territorio europeo.

Questo processo, chiamato **urbanizzazione**, fu caratterizzato da due fenomeni:

1. la nascita di numerosi **nuovi borghi** e **nuove città**;
2. l'**ingrandimento delle città esistenti** in seguito all'insediamento di molti contadini e artigiani provenienti dai villaggi e dalle campagne.

Soprattutto nell'Europa del Nord, le città sorsero spesso a partire dall'**ampliamento di piccoli villaggi**, costruiti dai **mercanti** come basi per i loro commerci. La fondazione di **nuovi villaggi**, invece, quasi sempre avveniva per iniziativa dei signori feudali.

Per incoraggiare la nascita dei villaggi, i feudatari stipulavano con i propri contadini **veri e propri contratti** con cui si impegnavano a **riconoscere** e a **rispettare alcune libertà** e alcuni diritti importanti. Per esempio, concedevano la facoltà di usare il mulino padronale, oppure quella di sfruttare i corsi d'acqua per l'irrigazione dei propri terreni.

GLOSSARIO

Salariato
È colui che percepisce una ricompensa in denaro (il salario) in cambio di un lavoro. Salario è una parola di origine latina; essa indicava la "razione di sale" che veniva corrisposta inizialmente ai militari e funzionari; successivamente il termine indicò la somma di denaro sostitutiva della razione, destinata all'acquisto del sale (in passato uno degli alimenti più preziosi); infine, la parola assunse il significato attuale di "paga, retribuzione del lavoro".

LA COSTRUZIONE DELLA CHIESA, GRANDE EVENTO DEL MEDIOEVO

La città di Siena in un affresco di Ambrogio Lorenzetti, XIV sec.

Le città riacquistano la loro funzione economica

Con il rifiorire dell'economia la città tornò ad essere il luogo ideale per gli **scambi** dei prodotti, ma anche per l'**insediamento delle attività produttive**. Contadini, commercianti e artigiani trovarono nelle città le condizioni per lo sviluppo delle loro attività.

Ciò venne favorito anche dalla concessione di numerosi **privilegi** da parte del feudatario (laico o vescovo), al cui controllo normalmente le città erano sottoposte. In particolare, venivano spesso riconosciute come **zone "franche"**, ossia libere da vincoli e prelievi (tributi e dazi) di tipo feudale.

La società urbana è più libera e più aperta

Nel quadro di una società più libera e aperta, com'era quella urbana, alcuni artigiani riuscivano a diventare **proprietari di una bottega**, grazie alle ricchezze guadagnate attraverso piccoli **commerci di prodotti agricoli e di manufatti**.

La maggior parte dei cittadini, uomini di condizione libera, offriva il proprio lavoro **pagato a giornata**: erano i lavoratori **salariati**.

LA FISIONOMIA URBANA DELL'EUROPA NASCE NEL MEDIOEVO

L'immagine da satellite offre una visione notturna dell'Europa nella quale spicca la fitta trama di luci. Le aree luminose corrispondono alle città e alle aree urbanizzate: sono proprio le città a disegnare la fisionomia del continente come terra di città.
L'Europa ha assunto questo aspetto proprio durante i secoli del Basso Medioevo (XI – XV secolo).
Sovrapponendo una carta geografica alla medesima scala, potremmo conoscere il nome delle città che le luci rendono visibili dal satellite.

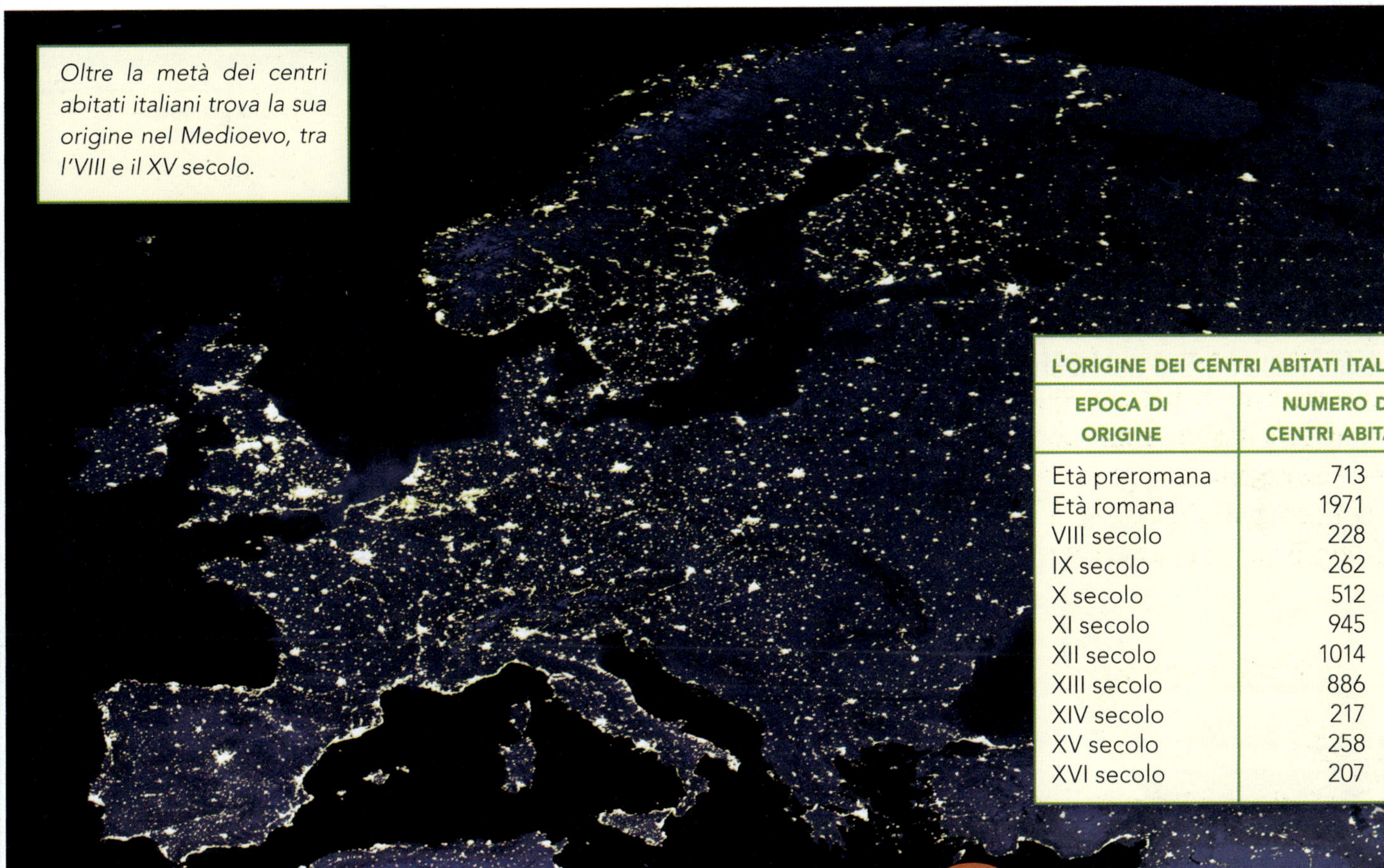

Oltre la metà dei centri abitati italiani trova la sua origine nel Medioevo, tra l'VIII e il XV secolo.

L'ORIGINE DEI CENTRI ABITATI ITALIANI

EPOCA DI ORIGINE	NUMERO DI CENTRI ABITATI
Età preromana	713
Età romana	1971
VIII secolo	228
IX secolo	262
X secolo	512
XI secolo	945
XII secolo	1014
XIII secolo	886
XIV secolo	217
XV secolo	258
XVI secolo	207

PER LA COMPRENSIONE

- Quando si verificò il processo di urbanizzazione dell'Europa? Da quali fattori fu alimentato?
- Quali fenomeni caratterizzarono l'urbanizzazione del territorio europeo?
- Come avvenne la nascita di nuove città e di nuovi villaggi nell'Europa del Nord?
- Quale funzione ripresero le città dall'XI secolo? Da che cosa venne favorita?
- Di quali privilegi godevano le città?
- Quali occupazioni venivano svolte in città? Chi erano i salariati?

ANALISI DELL'IMMAGINE

- Quali aree risultano maggiormente urbanizzate?
- A quali centri corrispondono le aree luminose più vaste?
- Che cosa puoi osservare relativamente alle aree costiere mediterranee?

focus

LA TOPONOMASTICA, DOCUMENTO DELL'URBANIZZAZIONE MEDIEVALE

Una traccia evidente dell'urbanizzazione dell'Europa medievale è costituita dalla toponomastica, in particolare dalla moltitudine di città e borghi nel cui nome sono presenti la parola "**nuovo**" o "**franco**" (nel senso di "libero"): *Villanova*, *Villafranca*, *Villanovafranca*, *Francavilla*, *Borgonuovo* in Italia; *Villeneuve* e *Villefranche* nei Paesi di lingua francese; *Freiburg* e *Neueburg* in quelli tedeschi; *Villanueva* e *Pueblonuevo* in Spagna, ecc.

La rinascita urbana stimola i commerci

Lungo le strade dell'Europa, tornate nuovamente vitali tra l'XI e il XIV secolo, le città medievali crebbero di pari passo con lo **sviluppo del commercio**. Esse divennero **indispensabili punti di riferimento per gli intensi scambi commerciali**, sostenuti dallo sviluppo e dalla **ripresa delle attività artigianali e manifatturiere**. Le condizioni e le cause storiche dello sviluppo dei commerci furono soprattutto tre:

1. l'**aumento della produttività agricola**, che rese disponibili grandi quantità di derrate alimentari; una volta soddisfatti i bisogni della popolazione che abitava il territorio, le eccedenze potevano essere vendute con profitto fuori dai confini della proprietà del signore;
2. la **maggiore sicurezza e la facilità dei trasporti**, che permisero ai mercanti di affrontare tragitti talvolta anche lunghi e con carichi di merce molto pesanti;
3. l'**aumento della domanda** di beni di ogni tipo, dovuto all'**incremento della popolazione** e alla **maggiore disponibilità di denaro** da parte della nobiltà cittadina, che acquistava sete, tappeti, velluti, vasellame pregiato, aromi, medicinali, spezie provenienti da terre lontane. Le spezie, in particolare, erano usate nelle cucine dei ricchi e servivano per la conservazione dei cibi.

GLOSSARIO

Banchiere/Banca

Queste parole derivano dal termine germanico bank, "panca", che indicava il banco dietro il quale operava il cambiavalute.

TI RACCONTO LA STORIA
CHE COMODE LE BANCHE!

I CARATTERI DELL'URBANISTICA MEDIEVALE

A sinistra:
le facce di un genovino d'oro del 1378.

Si diffonde l'uso della moneta

La ripresa delle attività economiche rese necessaria la diffusione dell'uso della **moneta**. Il **baratto**, applicato per secoli nell'ambito ristretto delle *curtes*, era ormai **del tutto inadeguato per scambi di grandi proporzioni**. Perciò, tra il IX e il XII secolo in Europa vennero coniate monete d'argento, cui seguirono, dal XIII secolo, quelle in oro.

La varietà di monete in circolazione già nell'XI secolo e la necessità di fare circolare il denaro in modo veloce e sicuro portarono alla nascita – nelle **fiere** e nei porti più importanti – di due nuovi mestieri: il **cambiavalute** e il **banchiere**. Il cambiavalute cambiava le monete delle diverse città; il banchiere accettava depositi di denaro, concedeva prestiti o partecipava egli stesso alle attività commerciali armando le navi o anticipando i capitali necessari per acquistare la merce.

A partire dalla metà del XIII secolo le principali città italiane ebbero la loro moneta: il **fiorino** di Firenze, che portava impresso il giglio, simbolo della città; il **ducato** di Venezia, con l'immagine del patrono San Marco; il **genovino** di Genova.

I mercanti che operavano a livello internazionale si abituarono ad utilizzare il **soldo d'oro bizantino** e il **denaro d'oro musulmano**, introducendo in Europa grandi quantità di queste monete.

PER LA COMPRENSIONE

- Quale fenomeno si accompagnò allo sviluppo urbano? Quali attività si concentrarono nelle città?
- Quali furono le condizioni che favorirono i commerci?
- Perché divenne necessario l'uso delle monete?
- Quali nuove professioni nacquero insieme alla diffusione delle monete?
- Quali erano le monete delle più importanti città italiane? Quali monete non europee iniziarono a circolare?

LA MONETA E I FALSARI

Nel corso del XIII secolo, città italiane come **Firenze**, **Genova** e **Venezia** si dedicavano con pieno successo ai commerci su scala internazionale e la loro potenza economica era superiore a quella di tutti gli Stati europei.
Queste città, come Stati indipendenti, avevano una propria moneta, dotata di grande valore e prestigio, che veniva accettata e scambiata in tutti i mercati d'Europa e del Medio Oriente.
Sulla moneta erano presenti i simboli della città di provenienza, che ne garantivano il **valore** e l'**autenticità**. Era infatti importante, per monete d'oro di grande valore come il *genovino* di Genova, il *fiorino* di Firenze e il *ducato* di Venezia, che le monete fossero autentiche e coniate con la giusta quantità di metallo prezioso: solo questa certezza poteva consentire la circolazione della moneta in terre lontane dalla città che l'aveva emessa.
Per questa ragione, la **falsificazione** delle monete era assai temuta e quindi combattuta con estrema durezza.
Nel periodo di cui ci stiamo occupando, il reato della falsificazione era considerato più grave dell'omicidio e punito con la **morte sul rogo**!
Una testimonianza in tal senso ci viene dalla *Divina Commedia* di Dante, che nel XXX canto dell'Inferno presenta la figura di un falsario, Adamo da Brescia, arso sul rogo nel 1281 per aver contraffatto dei fiorini. Dal fondo dell'inferno, Adamo ricorda la sua colpa e la condanna che gli venne inflitta:

Ivi è Romena, là dov'io falsai
la lega suggellata del Batista;
per ch'io il corpo sù arso lasciai.

Fiorino di Firenze, coniato nel 1319. Sulle due facce della moneta si trovano rappresentati il giglio, emblema di Firenze, e Giovanni il Battista, patrono della città.

La "lega suggellata del Batista" è appunto il fiorino di Firenze, coniato in oro purissimo (24 carati, ossia 24 parti di oro su 24 parti totali) e recante da un lato l'immagine di san Giovanni Battista (patrono della città) e dall'altro il giglio, emblema di Firenze.
Violare l'integrità della moneta equivaleva a commettere un sacrilegio, poiché l'oggetto che veniva alterato recava il sigillo del Santo Patrono.
Maestro Adamo inveisce contro i conti Guidi di Romena (località del Casentino, in Toscana), a causa dei quali egli si trova fra i dannati.
Essi, infatti, lo avevano incaricato di alterare la purezza della moneta fiorentina sostituendo parte dell'oro con metallo vile.
Le monete alterate non erano più di oro puro, ma di una lega aurea con 21 carati di oro e 3 carati di altro metallo (mondiglia).

Io son per lor tra sì fatta famiglia;
e' m'indussero a batter li fiorini
ch'avevan tre carati di mondiglia.

Coniazione della moneta mediante battitura.

I CENTRI DI SCAMBIO E LE ROTTE COMMERCIALI

La carta illustra i **maggiori centri di scambio** presenti in Europa a partire dalla metà dell'XI secolo, le vie di terra e le rotte più seguite dai traffici. Le aree europee dove si sviluppò più intensamente l'attività commerciale furono l'**area padana**, le **Fiandre** e le **città del Mar Baltico**.

I fattori che concorsero all'espandersi dei traffici in queste zone furono soprattutto due:

1. l'**autonomia che i centri urbani** acquisirono rispetto alle autorità feudali;
2. la **posizione geografica** particolarmente favorevole.

I PRODOTTI SCAMBIATI

Le merci scambiate lungo le rotte del Mare del Nord erano legno, pellicce, grano, vino, sale e tessuti provenienti dal sud; dall'Oriente attraverso le rotte mediterranee venivano importati seta, cotone, spezie, zucchero, grano e allume.

1

LE CITTÀ DELLA LEGA ANSEATICA

*Le **città portuali del Mare del Nord e del Baltico** si riunirono in un'associazione, chiamata **Hansa** (o Lega Anseatica), con lo scopo di mantenere il controllo dei commerci in tutta l'area. Avevano mercati ed empori in Russia, in Norvegia, nei Paesi Bassi e in Inghilterra. I centri più fiorenti erano **Lubecca**, **Brema** e **Amburgo**.*

Trattativa fra mercanti.

2

LA REGIONE DELLA CHAMPAGNE

*Grazie alla posizione favorevole, lungo le vie che collegavano la Germania settentrionale al Mediterraneo, questa regione francese divenne il **crocevia delle merci scambiate sul territorio europeo**.*
*Si tenevano nelle sue città (Provins, Troyes, Lagny, Bar sur Aube), infatti, le principali **fiere internazionali**, nate inizialmente come mercati agricoli locali.*

3

LE CITTÀ DELL'ENTROTERRA TEDESCO

*Anche nell'**entroterra tedesco** fiorivano i commerci di **Liegi**, sulla Mosa, di **Magonza** e di **Colonia**, sul Reno. Colonia, in particolare, fu un luogo di commercio assai attivo con le isole britanniche e con la Danimarca.*

4

LE FIANDRE

*Già in epoca carolingia le **Fiandre** (regione che si trova oggi nel Belgio) rappresentavano un'attiva zona di traffici. Gli scambi erano **facilitati dai fiumi navigabili**, come il **Reno** e la **Mosa**, che sulle rive del Baltico e del Mare del Nord si intrecciavano con le strade commerciali dei Normanni. Le Fiandre, in particolare il porto di **Bruges** (Brugge), furono fino al secolo XII il **punto di passaggio degli scambi tra i mari settentrionali dell'Europa e il Mediterraneo**.*

5

LA PIANURA PADANA

*Grazie alle **numerose strade**, nella **Pianura Padana**, e soprattutto a **Milano**, convergevano i traffici mediterranei provenienti da Oriente attraverso Venezia e da Occidente attraverso Pisa e Genova (vedi pag. 175). I mercanti italiani erano presenti in Francia già nell'XI secolo e dal XII secolo erano soliti incontrarsi anche nelle fiere delle Fiandre e della Champagne, che erano l'altro punto d'irradiazione delle attività mercantili.*

PER LA COMPRENSIONE

- Quali furono le regioni europee in cui si svilupparono maggiormente le attività commerciali?
- Quali fattori favorirono l'espansione dei traffici?
- Quali merci e prodotti venivano scambiati?
- Perché la Pianura Padana rappresentava un importante snodo commerciale?
- Quali erano gli snodi commerciali nelle Fiandre?
- Quale ruolo svolgeva la regione della Champagne nel commercio europeo?
- Che cos'era l'Hansa?
- Quali erano i centri più fiorenti della Lega Anseatica?
- Quali erano i principali centri di scambio dell'entroterra tedesco?

ANALISI DELLA CARTA STORICA

- Dove si concentravano i centri di scambi commerciali più importanti?
- In quali regioni dell'Europa erano più fitte le vie di comunicazione? Perché?
- Quali erano i principali porti messi in comunicazione dalle rotte commerciali?
- Dove erano maggiormente diffuse le attività bancarie?
- Quali regioni erano meno interessate dagli scambi commerciali? Perché?

GLOSSARIO

Scalo
Riferito alle attività commerciali, questo termine indica i porti o le località dove i mercanti si fermavano per svolgere operazioni di carico o scarico delle merci, per lavori di manutenzione alle imbarcazioni o per fare rifornimento prima di ripartire.

Emporio
Parola derivante dal greco empórion; indica un luogo nel quale vengono vendute le merci o anche uno scalo commerciale nel quale vengono scambiati i prodotti.

Le città marittime italiane controllano i commerci

Le prime città a **trarre vantaggio** dalla ripresa economica e commerciale furono alcuni centri costieri italiani, in particolare le **città marinare** di **Amalfi**, **Pisa**, **Genova** e **Venezia**.
Attraverso le loro attività esse divennero il **punto d'incontro tra l'entroterra europeo e il Mediterraneo arabo-bizantino**, area quest'ultima con la quale avevano sempre comunque mantenuto relazioni commerciali anche nei secoli precedenti.
Queste città basavano la loro ricchezza e la loro potenza sul **dominio delle vie commerciali marittime** e sull'**autonomia politica** rispetto all'Impero bizantino o alle signorie feudali; un'autonomia che acquisirono a partire dal IX-X secolo, istituendo dei governi guidati dai rappresentanti delle famiglie aristocratiche.
Per tali caratteristiche queste città sono passate alla storia con la denominazione di "**repubbliche marinare**".

Amalfi

La città di Amalfi cominciò ad acquistare una certa importanza **già nell'VIII secolo**, quando faceva parte dei **possedimenti bizantini nell'Italia meridionale**.
Le sue navi percorrevano il Mediterraneo **importando dall'Oriente tessuti preziosi e altri generi di lusso ed esportando soprattutto olio d'oliva**.
Nel X secolo Amalfi, grazie alla ricchezza accumulata, era una delle più importanti città mediterranee. **Intratteneva rapporti commerciali sia con gli Arabi sia con i Bizantini**. Possedeva inoltre numerosi **scali** ed **empori** commerciali a Costantinopoli, in Siria e in Egitto.
Gli Amalfitani diedero un contributo fondamentale ai progressi nella **navigazione** introducendo nuovi **strumenti** (tra i quali la bussola) ed elaborando la prima raccolta di **leggi nautiche**.
La fine della potenza e dell'autonomia di Amalfi fu dovuta alla **rivalità con le altre due potenti città marinare che si contendevano il dominio delle rotte tirreniche: Genova e Pisa**.
Nel 1135 la flotta amalfitana fu sconfitta da quella pisana e la città perse prima l'egemonia nei traffici tra Oriente e Occidente e in seguito anche la propria indipendenza.

LE TAVOLE AMALFITANE, LE PRIME "LEGGI DEL MARE"

Si deve ai navigatori e mercanti amalfitani l'elaborazione del primo codice di **diritto nautico**, cioè la raccolta di "consuetudini marittime" e leggi per regolare la navigazione.
Queste leggi, note con il nome di **Tavole Amalfitane** o **Codice di Amalfi**, rimasero in vigore fino al XVI secolo. Comprendono 66 articoli; i 21 più antichi (XI-XII secolo) vennero scritti in latino dai Consoli del mare di Amalfi; gli altri 45, in italiano volgare, furono redatti successivamente.
A testimoniare la fama raggiunta nella marineria dai navigatori amalfitani è la leggenda che attribuisce loro (precisamente a Flavio Gioia) l'invenzione della **bussola**, in realtà uno strumento di origine cinese diffuso in Occidente dagli Arabi.

Redazione quattrocentesca della "Tabula Amalfitana", conservata presso il Museo Civico di Amalfi.

Pisa

I Genovesi assaltano la flotta pisana. Dalla Cronica *di Giovanni Villani.*

La città di Pisa era posta alla foce dell'Arno, a una decina di chilometri dal mare. Grazie al suo porto (poi interrato dai detriti trasportati dal fiume) divenne un'importante città marinara. All'inizio dell'XI secolo Pisa riuscì a rendersi **autonoma** dal controllo dei signori feudali. Alleata con Genova, **difese con la sua potente flotta le coste italiane dagli attacchi dei pirati saraceni**. Insieme ai Normanni, nel 1063, la città partecipò alla conquista e al **saccheggio di Palermo**, da cui trasse enormi ricchezze. Dalla Sicilia i Pisani portarono in città come bottino di guerra oro, argento e marmo pregiato sufficiente a edificare gli straordinari edifici di Campo dei Miracoli (la Cattedrale, il Battistero e la Torre pendente).

Nella seconda metà del XIII secolo gli **scontri fra Pisa e Genova per il dominio delle rotte mediterranee** si fecero sempre più frequenti e violenti. Nel 1284 la **flotta pisana** fu pesantemente **sconfitta** nella **battaglia della Meloria** (una piccola isola di fronte a Livorno). Successivamente a questa disfatta militare Pisa si avviò verso una rapida decadenza.

Genova

Alla fine dell'XI secolo anche Genova **si liberò dei legami feudali** e costituì un **governo autonomo** guidato dalle più importanti famiglie di commercianti. Genova divenne una tra le città mercantili più ricche dell'Europa. I Genovesi raggiunsero l'apice della propria potenza **tra la fine del XIII e l'inizio del XIV secolo**, dopo avere vinto contro i Pisani, nella battaglia della Meloria (1284), e contro Venezia, nel 1298, a Curzola.

Genova si andò via via indebolendo a causa delle **continue lotte interne**, fino a soccombere nello **scontro decisivo con Venezia**, verso la fine del Trecento. Da quel momento, anche Genova conobbe una fase di **inarrestabile declino**. Riuscì a mantenere la propria autonomia, ma ebbe un **ruolo di secondo piano** rispetto all'unica vera potenza marittima italiana: Venezia.

PER LA COMPRENSIONE

- Quali città commerciali trassero maggiori vantaggi dallo sviluppo dei commerci? Perché?
- Perché vennero chiamate "repubbliche marinare"?
- Quando Amalfi iniziò ad acquistare importanza? Perché?
- Dove estendeva i propri traffici Amalfi?
- Quale fu il contributo dei navigatori amalfitani alla navigazione?
- Perché declinò la potenza di Amalfi?
- Quale fu il ruolo di Pisa rispetto ai Saraceni?
- Quali erano i motivi dello scontro fra Pisa e Genova? Quale città uscì sconfitta dalla lotta?
- Quando i Genovesi toccarono l'apice della loro potenza?
- Che cosa contribuì a indebolire Genova?

focus

CHE COS'È LA REPUBBLICA?

La parola **repubblica** deriva dal latino *res publica* e significa letteralmente "cosa pubblica".

Così i Romani chiamarono la forma di governo che adottarono dopo il periodo monarchico dei "sette re di Roma", cioè a partire dal 509 a.C. fino a Ottaviano Augusto. In teoria, nel governo repubblicano le decisioni dovevano essere prese dal popolo, riunito in assemblea.

Nella realtà, tuttavia, il potere rimase sempre nelle mani di poche famiglie ricche e appartenenti all'**aristocrazia** dell'antica Roma (i patrizi).

La stessa cosa accadde con le repubbliche marinare, in particolare Venezia, dove il governo della città fu sempre nelle mani delle famiglie più ricche e nobili.

Oggi il termine *repubblica* indica una forma di governo alternativa alla monarchia, nella quale il popolo prende parte alle decisioni attraverso i propri rappresentanti, eletti periodicamente.

La flotta di Venezia

La potenza commerciale di Venezia si basava sulla flotta e sulle moderne tecniche di navigazione adottate dai marinai veneziani.
La flotta comprendeva due tipi di nave: le **galere**, navi lunghe e affusolate, in grado di coprire lunghe distanze a grande velocità, grazie a due o tre vele latine e al numero dei vogatori; le **cocche**, tonde e con fianchi alti, erano soprattutto navi da carico. Entrambe erano mosse dai remi e dalla vela.
Le navi veneziane venivano costruite nell'**Arsenale**, la più grande fabbrica del mondo per estensione e per numero di persone impiegate: ben 5000!

Venezia, potenza commerciale e finanziaria dell'Occidente

Venezia venne fondata **verso la fine del VI secolo da gruppi di abitanti dell'entroterra veneto** che, per sfuggire alle invasioni barbariche, cercarono scampo sulle isole della laguna. Qui, sotto la **protezione dell'imperatore bizantino**, gli abitanti di Venezia si organizzarono specializzandosi nel **commercio marittimo lungo l'Adriatico**. Agli inizi dell'XI secolo la città estese il suo **controllo sulle coste dell'Istria e sulla Dalmazia**, ponendo fine alle scorrerie dei pirati illirici.

Da questi territori proveniva buona parte degli **schiavi**, che costituivano una delle principali merci scambiate inizialmente dai mercanti veneziani oltre che storicamente dagli Arabi.

In breve tempo, i mercanti veneziani avviarono **importanti scambi commerciali anche con l'Oriente** e si arricchirono con eccezionale rapidità. **Importavano prodotti molto ricercati** (spezie, sete, avori, cotone, mussoline, profumi, coloranti) ed **esportavano merci tra cui ferro, legname, armi, panni di lana fabbricati nell'Italia e nelle Fiandre**. I Veneziani incrementarono anche il commercio di due prodotti locali: il **sale** e il **vetro**, quest'ultimo lavorato nelle fornaci sull'isola di Murano.

All'inizio del XII secolo, **gli imperatori bizantini** cercarono di limitare la potenza di Venezia, ma **la città reagì militarmente, infliggendo loro pesanti sconfitte**. Queste vittorie consentirono alla città lagunare di guadagnare una **completa indipendenza** e di rafforzare l'autonomia del governo, guidato dal **doge**.

Il governo della **Repubblica di Venezia**, chiamata anche "**Serenissima**", rimase sempre saldamente nelle mani di poche grandi **famiglie aristocratiche** riunite nel **Gran Consiglio**. Nel corso del tempo questo organo e le altre magistrature ad esso collegate finiranno con il limitare fortemente i poteri del doge.

GLOSSARIO

Schiavo

*La parola deriva dal latino medievale slavus, sclavus e significava inizialmente "**slavo**". Il termine si riferiva alle popolazioni stanziate nell'Europa orientale e sudorientale. A partire dal X secolo, quando iniziarono le razzie di slavi venduti come schiavi, il termine assunse il significato di "**schiavo**", cioè persona in condizione di servitù.*

Doge

Questo termine, derivante dal latino dux, "comandante, guida", indicava il titolo assegnato al rappresentante dell'imperatore bizantino a Venezia. Successivamente passò a designare la massima autorità politica della città; con questo significato il termine venne usato anche a Genova a partire dal XIV secolo.

L'ESPANSIONE MERCANTILE ITALIANA

Le città marinare italiane furono protagoniste di una vera e propria espansione mercantile verso l'Oriente, la Grecia e le coste dell'Africa mediterranea.
Un'espansione in seguito alla quale le città italiane giunsero a ***controllare le principali rotte marittime*** *e a creare una vasta* ***rete di basi commerciali****. Nei porti delle città marinare italiane transitavano tutte le merci richieste in Occidente.*

Venezia estese il proprio controllo su ampie zone della Dalmazia e della Grecia.

Genova estendeva le proprie rotte in Oriente fino al ***Mar Nero****, dove anche Venezia intratteneva importanti rapporti commerciali.*

Ai porti di Caffa e Tana nel Mar d'Azov affluivano gli ***schiavi*** *che i mercanti italiani prelevavano dall'Asia per rivendere in Egitto o in Occidente.*

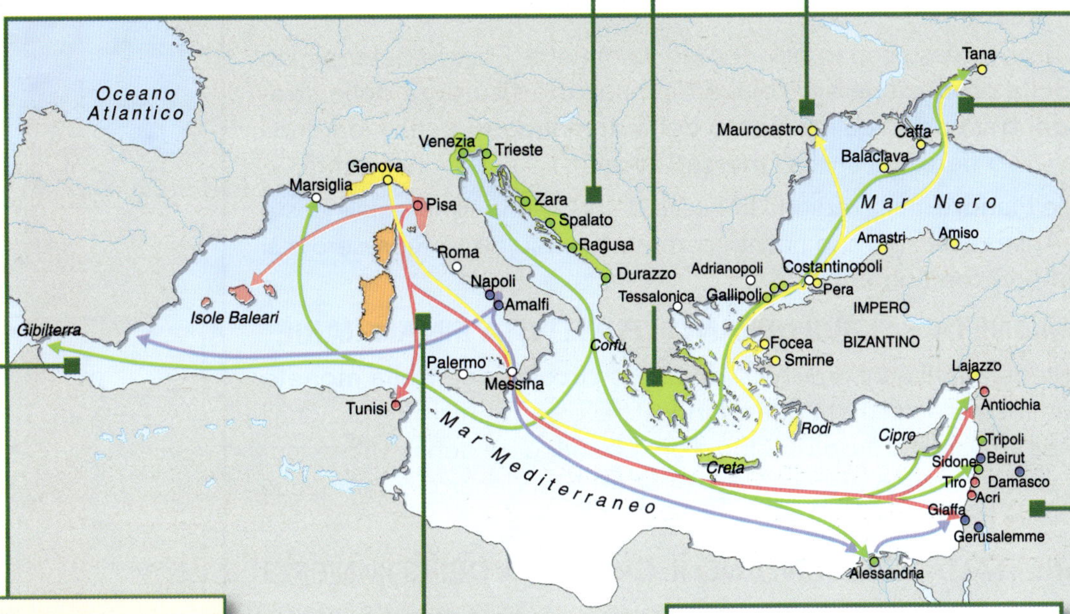

Rotte e basi commerciali delle città marinare italiane
- Genova, possedimenti ed empori
- Venezia, possedimenti ed empori
- Pisa, possedimenti ed empori
- Amalfi, possedimenti ed empori
- Possedimenti comuni di Genova e Pisa

Amalfi e Venezia avevano in comune le rotte che solcavano il Mediterraneo occidentale e raggiungevano le coste dell'Africa settentrionale.

Nel Mare Tirreno si incrociavano le rotte commerciali di Amalfi, Pisa e Genova.

Pisa, Amalfi e Venezia possedevano importanti basi commerciali nella regione della Palestina, rilevante luogo di scambio tra Oriente e Occidente.

PER LA COMPRENSIONE

- Quando venne fondata Venezia? Da chi?
- Quali rapporti intratteneva inizialmente con l'Impero bizantino?
- Su quali territori estese il suo controllo?
- A quali commerci si dedicarono i mercanti veneziani? Come si arricchirono?
- In quale modo Venezia raggiunse la propria indipendenza?
- Come venne chiamata la Repubblica di Venezia?
- Da quale tipo di governo era retta? Chi era il doge?

ANALISI DELLA CARTA STORICA

- Quale città marinara aveva le rotte più estese?
- Quali città marinare percorrevano le medesime rotte? Che cosa poteva provocare questo fatto?
- Quali erano le principali regioni e città con le quali commerciavano le città marinare italiane?
- Dove si estendevano i domìni veneziani nell'entroterra?

✓ SINTESI

AUDIOSINTESI

LA RINASCITA DELLA VITA URBANA

✔ Le trasformazioni economiche e la crescita demografica alimentarono lo sviluppo delle città, facendo assumere all'Europa la sua fisionomia di continente urbano. Tale processo di **urbanizzazione** fu caratterizzato sia dalla nascita di nuovi borghi e città sia dall'ampliamento delle città esistenti.

LA CITTÀ, SEDE IDEALE DEGLI SCAMBI E DELLE ATTIVITÀ ARTIGIANALI

✔ Nelle città ripresero a fiorire le **attività artigianali e commerciali**, favorite dalla concessione da parte dei feudatari di numerosi privilegi ed esenzioni, in seguito ai quali vennero riconosciute come "**zone franche**".

✔ Il clima di maggior libertà favorì la nascita di nuove classi sociali, come i **proprietari di botteghe**, gli **artigiani**, i **mercanti** e i **salariati**.

LO SVILUPPO DEI COMMERCI

✔ Le città crebbero di pari passo con lo sviluppo dei commerci. Esso fu determinato dall'**incremento della produzione agricola**, dalla maggiore **sicurezza delle strade, dalla facilità dei trasporti** e dall'**aumento della domanda di beni**. Fiorirono i mercati internazionali, o **fiere**, ma anche i **mercati locali** nei borghi e nelle città.

✔ In **Lombardia**, nelle **Fiandre**, nella regione francese della **Champagne** e sulle coste del Baltico (**Lega Anseatica**) fiorirono i centri commerciali più attivi. Ripresero e si ampliarono i **commerci con l'Oriente**.

SI DIFFONDE LA MONETA E SI SVILUPPANO LE ATTIVITÀ FINANZIARIE

✔ Con l'aumento delle relazioni economiche si diffuse la **circolazione della moneta** e ricevettero nuovo impulso le **attività finanziarie**; attraverso i traffici internazionali iniziarono, inoltre, ad arrivare in Europa il soldo d'oro bizantino e il denaro d'oro musulmano. Sorsero anche nuove professioni legate all'uso del denaro, come quelle del cambiavalute e del banchiere.

LE CITTÀ MARINARE ITALIANE DIVENTANO IL CROCEVIA DEI COMMERCI

✔ Le prime città a trarre vantaggio dalla ripresa economica e commerciale furono le **città marinare** di **Amalfi**, **Pisa**, **Genova**, **Venezia**. Queste città vennero chiamate "**repubbliche marinare**" perché la loro potenza si basava sul **dominio delle vie commerciali marittime** e perché si reggevano con governi sostanzialmente indipendenti dai feudatari o dall'Impero bizantino.

✔ **Amalfi** fu la prima città marinara a imporsi nel Mediterraneo già nell'VIII secolo, privilegiando i traffici con l'Oriente. La sua potenza declinò in seguito alla rivalità e alla concorrenza delle altre due città tirreniche, Genova e Pisa.

✔ **Pisa** partecipò attivamente con Genova alla lotta contro i pirati saraceni, ma la rivalità con la città ligure per il controllo delle rotte mediterranee fu causa di continue guerre e della sua sconfitta finale.

✔ **Genova** raggiunse il massimo splendore fra il XIII e il XIV secolo. Le lotte interne ne indebolirono la potenza, superata da Venezia.

✔ Fondata verso la fine del VI secolo da gruppi di abitanti dell'entroterra in fuga dagli invasori barbari, **Venezia** trasse vantaggio dalla protezione dell'Impero bizantino, che la agevolò anche nei traffici commerciali con l'Oriente. Ottenuta la completa indipendenza, la città lagunare divenne in breve tempo la maggiore **potenza commerciale e finanziaria** del tempo, anche grazie ad un solido governo aristocratico guidato dal **doge**.

CRONOLOGIA

- **fine VI secolo** – Le comunità rifugiate in laguna eleggono un doge come loro capo
- **IX secolo** – Governo autonomo di Amalfi
- **992** – Venezia ottiene il libero accesso ai porti bizantini
- **inizi XI secolo** – Venezia sconfigge i pirati illirici. Pisa si governa in modo autonomo
- **1015-1022** – Pisani e Genovesi cacciano i Saraceni dalla Sardegna
- **1032** – Fase aristocratico-oligarchica della Repubblica di Venezia
- **1063** – I Pisani saccheggiano Palermo
- **1091** – Pisani e Genovesi cacciano gli Arabi dalla Corsica
- **1096** – Prima crociata
- **fine XI secolo** – Governo autonomo di Genova
- **XI-XII secolo** – Tavole Amalfitane
- **1204** – Venezia indirizza contro l'Impero bizantino la IV crociata
- **1284** – Battaglia della Meloria
- **1298** – Battaglia della Curzola

VERIFICA DI COMPRENSIONE

VERIFICHE INTERATTIVE

La rinascita delle città

1. Completa il testo inserendo correttamente i termini sotto elencati. SUL QUAD.

1. città esistenti - 2. zone "franche" - 3. nuovi villaggi - 4. vita urbana. - 5. artigiani - 6. signori feudali. - 7. mercanti 8. urbanizzazione - 9. dazi - 10. scambi - 11. libertà - 12. nascita - 13. attività produttive - 14. privilegi

L'aumento della popolazione e le trasformazioni dell'economia europea alimentarono, tra il 1050 e il 1350, uno straordinario sviluppo delle città e della …VITA URBANA… . Questo processo, chiamato …URBANIZZAZIONE… , fu caratterizzato sia dalla …NASCITA… di numerosi nuovi borghi e nuove città sia dall'ingrandimento delle …CITTÀ ESISTENTI… . Soprattutto nell'Europa del Nord, le città sorsero spesso a partire dall'ampliamento di piccoli villaggi, costruiti dai …MERCANTI… come basi per i loro commerci. La fondazione di …NUOVI VILLAGGI… , invece, quasi sempre avveniva per iniziativa dei …SIGNORI FEUDALI… .
Per incoraggiare la nascita dei villaggi, i feudatari si impegnavano a riconoscere e a rispettare alcune …ZONE "FRANCHE"… e alcuni diritti importanti.
La città tornò ad essere il luogo ideale per gli …SCAMBI… dei prodotti ma anche per l'insediamento delle …ATTIVITÀ PRODUTTIVE… Contadini, commercianti e …ARTIGIANI… trovarono nelle città le condizioni per lo sviluppo delle loro attività. Ciò venne favorito anche dalla concessione di numerosi …PRIVILEGI… da parte del feudatario. Le città venivano spesso riconosciute come …LIBERTÀ… , ossia libere da vincoli e prelievi (tributi e …DAZI…) di tipo feudale.

Le città marittime italiane

SUL QUAD

2. Indica con una ✗ la conclusione corretta tra quelle proposte.

a. Amalfi era compresa nei domini
☒ 1. bizantini. ☐ 2. del papa. ☐ 3. longobardi.

b. Amalfi aveva empori e scali
☐ 1. in Cina.
☐ 2. lungo le coste atlantiche.
☒ 3. in Siria, Egitto e a Costantinopoli.

c. Pisa si distinse nella lotta
☒ 1. contro i Saraceni.
☐ 2. contro i Normanni.
☐ 3. contro la Repubblica di Venezia.

d. Pisa fu vinta nella battaglia della Meloria da
☐ 1. Venezia. ☐ 2. Amalfi. ☒ 3. Genova.

e. Genova raggiunse l'apice della propria potenza
☐ 1. all'inizio dell'XI secolo.
☐ 2. tra la fine del IX e l'inizio dell'X secolo.
☒ 3. tra la fine del XIII e l'inizio del XIV secolo.

f. Venezia venne fondata da
☐ 1. pirati saraceni nel IX secolo.
☒ 2. abitanti dell'entroterra veneto rifugiatisi sulle isole della laguna alla fine del VI secolo.
☐ 3. una tribù longobarda alla fine del VI secolo.

g. Il governo della Repubblica di Venezia fu sempre nelle mani di
☐ 1. funzionari bizantini.
☐ 2. pirati illirici.
☒ 3. poche grandi famiglie aristocratiche.

MAPPA CONCETTUALE E LINEA DEL TEMPO

Le parole della Storia

3. Indica a quale termine corrispondono le seguenti definizioni.

1. galere - 2. fiere - 3. salariati - 4. Lega Anseatica - 5. Tavole Amalfitane - 6. scali - 7. doge 8. fiorino - 9. cocche

a. Lavoratori pagati a giornata: SALARIATI
b. Moneta coniata dalla città di Firenze: FIORINO
c. Associazione delle città portuali del Mare del Nord e del Mar Baltico: LEGA ANSEATICA
d. Mercati internazionali che si tenevano più volte all'anno: FIERE
e. Primo codice di diritto nautico contenente una raccolta di consuetudini e leggi per regolare la navigazione: TAVOLE AMALFITANE
f. Porti e località nei quali i mercanti si fermano per caricare o scaricare merci: SCALI
g. Navi della flotta veneziana lunghe e affusolate con più vele, utilizzate per i lunghi viaggi: GALERE
h. Massima autorità politica della Serenissima: DOGE
i. Navi da carico della flotta veneziana, tonde e con fianchi alti: COCCHE

LA CHIESA TRA PRIMO E SECONDO MILLENNIO

17. CRISI E RINASCITA RELIGIOSA

La Chiesa attraversa una profonda crisi

Le trasformazioni sociali e politiche avvenute tra il X e l'XI secolo coinvolsero da vicino anche la Chiesa. Essa non solo era stata fra i protagonisti della rinascita economica e culturale, ma aveva conquistato un grande **potere politico**. Infatti, con la sua organizzazione capillare diffusa ovunque, attraverso diocesi e abbazie, **offriva un importante aiuto ai sovrani nel controllo del territorio**. L'aumento del potere e delle ricchezze ebbe conseguenze assai negative per la Chiesa.

Si verificarono **casi di corruzione estremamente gravi**, come la **simonìa**, che si esprimeva soprattutto nella compravendita di cariche religiose. Pur di ottenere in feudo una diocesi o un'abbazia, le famiglie nobili erano disposte a pagare ingenti somme di denaro.

Non erano rari neppure i casi in cui sovrani o potenti signori feudali **fondavano nelle loro terre nuove abbazie**, dotandole di beni. In questo modo, essi creavano un nuovo feudo da affidare a figli o parenti, accentuando così il fenomeno già diffuso del **nepotismo**.

Tutte queste azioni erano un chiaro sintomo di crisi e di disorientamento, che si manifestavano anche con il **concubinato** (condizione di chi vive con una donna senza esserle sposato). Molti ecclesiastici, infatti, avevano preso a trasgredire con grande facilità l'impegno del celibato, vivendo con donne che non sposavano ma dalle quali avevano figli illegittimi.

GLOSSARIO

Simonìa

Il termine indica sia la compravendita delle cariche ecclesiastiche sia gli abusi legati al commercio di oggetti sacri.
La parola risale al nome di un personaggio citato negli Atti degli Apostoli, Simon Mago, il quale cercò di comprare dagli apostoli il potere di conferire lo Spirito Santo.

Nepotismo

Pratica consistente nel favorire i propri parenti (solitamente i nipoti, nome che talvolta nascondeva rapporti di paternità illegittima) nel conferimento delle cariche religiose.

Un abate insegna ai suoi monaci.

LA RIFORMA DI CLUNY

Cluny promuove il rinnovamento religioso

Di fronte a questi fenomeni di corruzione, iniziò a emergere nella Chiesa un forte desiderio di **ritornare agli ideali di povertà e semplicità del Vangelo**. Si formò così un movimento, animato da vescovi, abati, monaci e semplice gente del popolo, che si proponeva di restituire la Chiesa alle sue **funzioni religiose e spirituali**.

Questo movimento di riforma ricevette un forte impulso dai monaci dell'**abbazia di Cluny**, fondata nel 910 in Borgogna (Francia). I monaci di Cluny (detti **cluniacensi**) si ispiravano alla ***Regola* di san Benedetto**, ma ponevano in secondo piano il lavoro manuale **privilegiando invece la preghiera e la meditazione** delle Sacre Scritture. Grande attenzione era dedicata anche **allo studio dei classici greci e latini**.

La diffusione del movimento cluniacense

Il nuovo modello monastico ebbe una **grande diffusione in Europa**, con la nascita di innumerevoli abbazie ispirate a Cluny e da essa dipendenti (circa 1400), costruite con lo stile artistico del tempo, **il romanico** (vedi pag. 183). Il modello di vita cluniacense divenne un **punto di riferimento per la lotta alla corruzione e per la difesa della libertà e dell'autonomia** della Chiesa dal potere laico. Diversamente dagli altri monasteri, infatti, Cluny dipendeva solo dal papa.

L'**importanza** e il **prestigio** del movimento sono testimoniati dal fatto che all'ordine cluniacense appartennero pontefici (Gregorio VII, Urbano II) e uomini di cultura che lasciarono un'impronta duratura nella storia europea.

CLUNY, LA "SECONDA ROMA"

L'abbazia di Cluny arrivò ad ospitare, nel momento di massimo sviluppo, tra i 400 e i 700 monaci.
Ciò determinò il progressivo ingrandimento del complesso monastico, che divenne una vera e propria cittadina.

La **chiesa abbaziale** fu ampliata due volte (la seconda tra il 1088 e il 1121) e fino alla costruzione della Basilica di San Pietro a Roma fu la più grande chiesa della cristianità, essendo lunga quasi 200 metri e larga 90.
Con il declino dell'ordine cluniacense anche il complesso abbaziale conobbe una lunga e progressiva **decadenza**, tanto che quando, al tempo della Rivoluzione francese (1789), vennero aboliti gli ordini monastici, a Cluny risiedevano solo poche decine di monaci.
Venduta a privati, l'abbazia venne quasi completamente demolita.

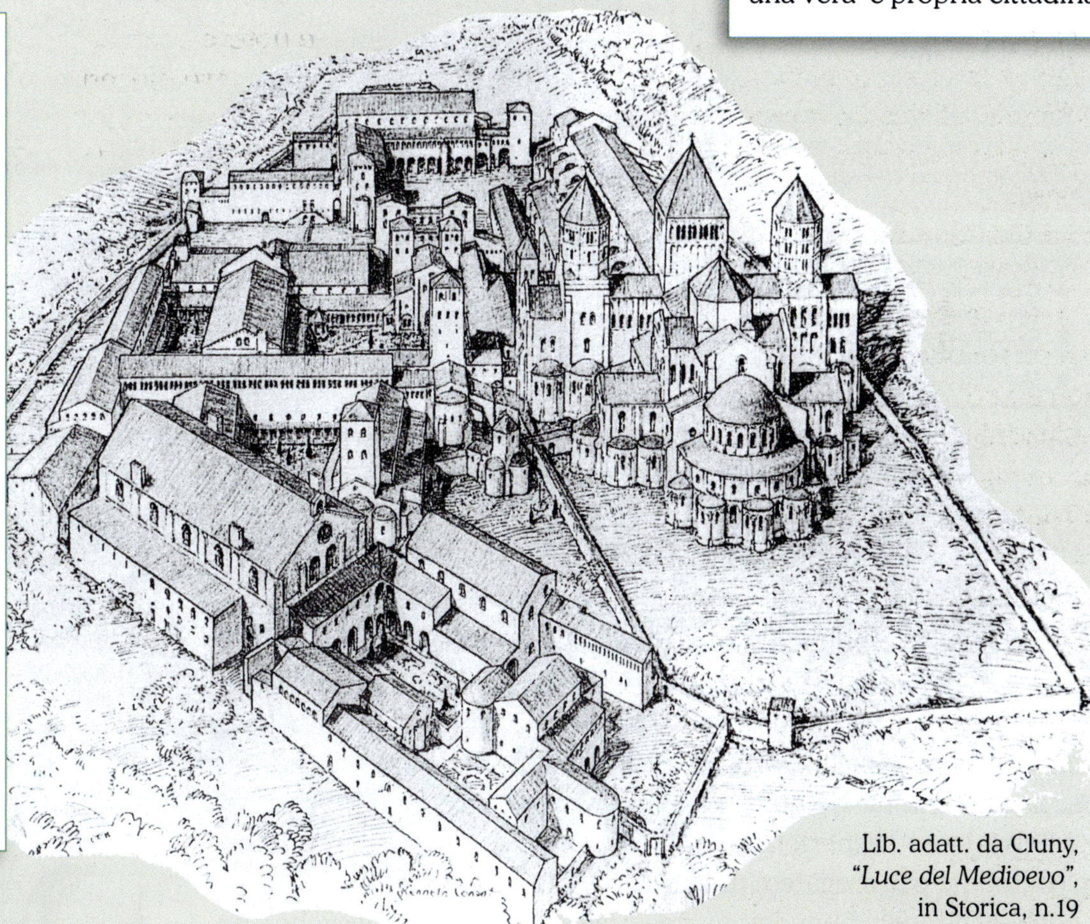

Lib. adatt. da Cluny, *"Luce del Medioevo"*, in Storica, n.19

PER LA COMPRENSIONE

- Quali erano l'importanza e la funzione della Chiesa tra il X e l'inizio dell'XI secolo?
- Quali conseguenze ebbe l'aumento del potere e delle ricchezze degli ecclesiastici?
- Che cos'era la simonìa?
- Che cosa favoriva il nepotismo?
- Quale impegno veniva trasgredito da molti ecclesiastici?
- Quale desiderio iniziò a farsi strada nella Chiesa?
- Da dove prese avvio il movimento di riforma della Chiesa?
- Su quali aspetti della vita monastica ponevano soprattutto l'accento i monaci cluniacensi?
- Quale ruolo svolse il movimento cluniacense nell'ambito della Chiesa?
- Che cosa differenziava Cluny dagli altri monasteri?
- In che modo il movimento cluniacense esercitò la sua influenza sulla storia europea?

Un continente costellato di monasteri

La carta illustra la localizzazione dei monasteri legati ai movimenti di riforma monastica a partire dal X secolo. Essi testimoniano la grande diffusione di questi nuovi ordini, in particolare del cluniacense e del cistercense.
I circa 1400 monasteri che adottarono la riforma cluniacense dipendevano in modo diretto (priorati) o indiretto dalla casa madre di **Cluny** ed erano sottoposti all'autorità del suo abate.
Tra i priorati più importanti rientravano le cosiddette "cinque figlie di Cluny" (La Charité-sur-Loire, Lewes, Saint-Martin-des-Champs, Souvigny, Sauxillanges). Altrettanto successo ebbe l'**ordine cistercense**, che contava tra il XII e il XIII secolo più di 700 monasteri. Oltre a Citeaux e Clairvaux, tra le case madri rientravano Savigny, Pontigny, Morimond e La Ferté.

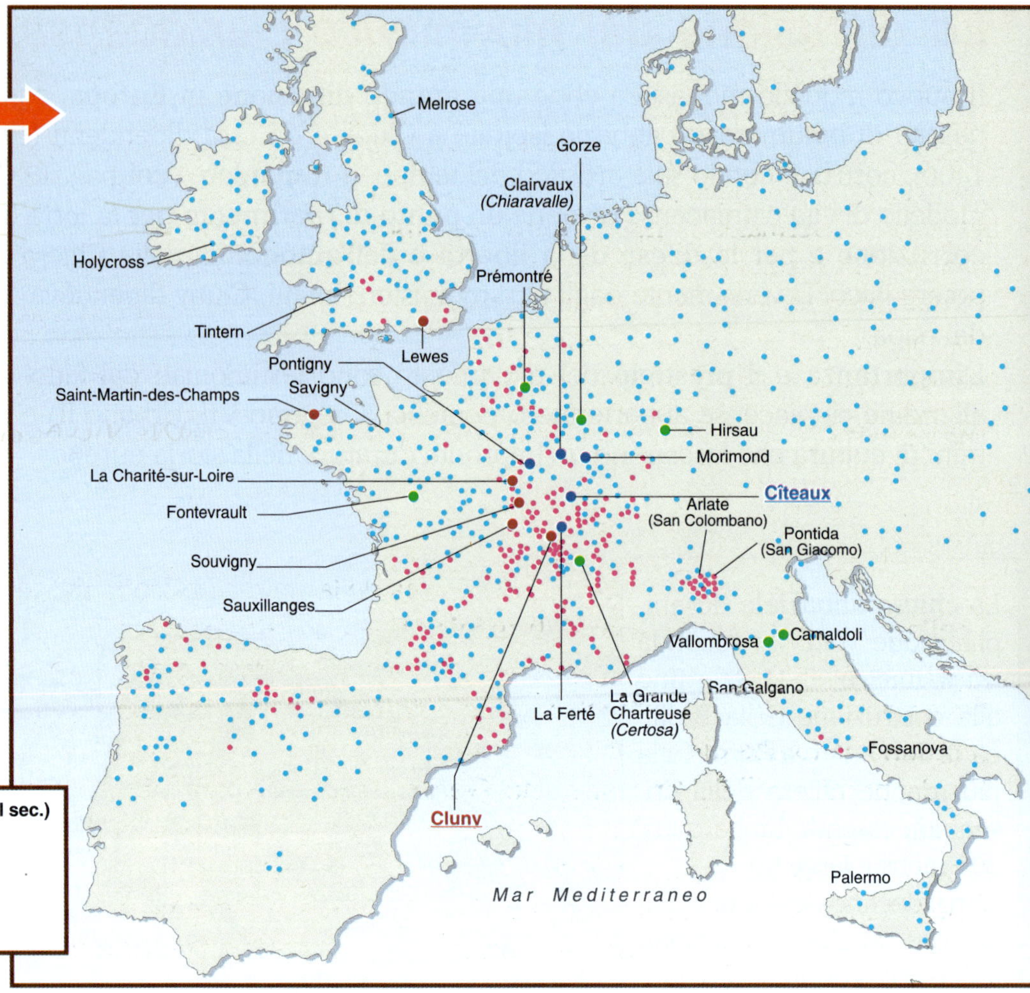

Nascono nuovi ordini monastici

Le abbazie cluniacensi si caratterizzarono per le **manifestazioni di ricchezza nell'architettura e negli oggetti usati per le celebrazioni religiose**. Tali manifestazioni erano in contrasto con il desiderio diffuso di una vita religiosa povera e rigorosa, che portò alla nascita di **altri ordini religiosi**, in opposizione a quello cluniacense.
Per seguire più da vicino gli ideali del Vangelo, alcuni ricominciarono a **praticare l'esperienza degli eremiti**, che si ritiravano a vivere in solitudine per pregare e meditare.
Legate alla regola benedettina nacquero comunità monastiche che, rifacendosi ai **cenobiti** (vedi pag. 71), univano la vita eremitica con momenti di vita in comune. Tra queste comunità si distinsero i **Certosini**, che presero il nome dall'eremo di Chartreuse, presso Grenoble in Francia, fondato nel 1084 da Brunone. In Italia sorsero e si svilupparono gli ordini dei **Camaldolesi**, fondati da san Romualdo verso il 1012, e dei **Vallombrosiani**, fondati da Giovanni Gualberto nel 1039.
I **Cistercensi**, fondati da Roberto di Molesme alla fine dell'XI secolo a Cîteaux (in latino *Cistercium*, nella regione francese della Borgogna), si ispirarono a un **modello di monachesimo più semplice e austero**, che rivalutava **l'importanza del lavoro**.
Essi ebbero una **vastissima diffusione**, arrivando a contare tra il XII e il XIII secolo ben 700 monasteri.

Bernardo di Chiaravalle, monaco e abate cistercense, fu l'artefice della grande diffusione dell'ordine.

L'ARTE ROMANICA

Il **secolo XI** segnò l'inizio dell'**arte romanica**, che tra il XII e il XIII secolo si diffuse in tutta l'Europa, particolarmente in Francia, Spagna, Italia (nell'immagine, l'Abbazia di Sant'Antimo, in Toscana), Inghilterra e Germania. Il nome "romanico", usato per la prima volta nel XIX secolo, indica che esso si rifaceva a modelli tipici dell'**antichità romana**. Gli edifici più significativi dell'architettura romanica furono le **abbazie** e le **cattedrali** (cioè le chiese principali delle città, in cui vi era la cattedra – il trono – del vescovo).

Le **chiese romaniche** erano buie e all'interno regnava un'atmosfera che doveva in tutto favorire la meditazione e la preghiera. Erano spesso ricoperte di **affreschi** e di **sculture** che rappresentavano la vita di Cristo e dei santi, ma anche immagini tratte dalla vita quotidiana della gente comune. In un contesto di prevalente analfabetismo l'**insegnamento della dottrina cristiana** passava necessariamente attraverso le **immagini** e i **simboli**.

Fioriscono i pellegrinaggi

In concomitanza con il movimento di riforma della Chiesa fiorirono in Europa i **pellegrinaggi**, una delle **forme di religiosità più sentite del Medioevo** (vedi pagine seguenti). I pellegrini **percorrevano a piedi** un itinerario che si concludeva presso un **luogo particolarmente significativo per la vita di fede** (un santuario, la tomba di un santo...).

Fin dai primi secoli del Cristianesimo, **Gerusalemme** e **Roma** erano i luoghi di pellegrinaggio più importanti per i fedeli. Ad esse si aggiunse, a partire dal IX secolo, il santuario di **Santiago de Compostela**.

Il pellegrinaggio **interessava tutti i ceti sociali**: aristocratici e poveri, uomini e donne, anziani e bambini e persino ammalati in cerca di guarigione si muovevano a migliaia e migliaia ogni anno sulle vie d'Europa.

La Cristianità si divide

La riforma religiosa rese sempre più difficili i rapporti tra la Chiesa occidentale e quella orientale, nella quale i vescovi, che avevano il proprio punto di riferimento nel patriarca di Costantinopoli, rivendicavano una **maggiore autonomia rispetto all'autorità del papa**. Nel **1054** le incomprensioni tra il papa e il patriarca di Costantinopoli divennero talmente gravi da arrivare alla **reciproca scomunica** e provocare una vera e propria separazione: lo **scisma d'Oriente**.

La frattura tra le due Chiese **non venne più ricomposta**. Anzi, le rispettive posizioni, soprattutto nel campo della dottrina, cioè dei contenuti fondamentali della fede, si andarono sempre più irrigidendo, fino a oggi. Dal 1054, i fedeli della Chiesa orientale sono chiamati "**ortodossi**", distinguendosi così dai cattolici, legati alla Chiesa di Roma e al papa.

GLOSSARIO

Scisma
La parola deriva dal greco schísma, che letteralmente significa "divisione"; viene utilizzata per indicare le divisioni che si sono prodotte nella storia all'interno della Chiesa.

Ortodosso
Parola derivante dal greco orthós, "retto", "giusto" e dóxa, "opinione": indica una dottrina ritenuta corretta in opposizione ad altre considerate erronee.
Il termine identifica coloro che, dopo lo scisma d'Oriente, ritengono di appartenere alla fede cristiana secondo la "giusta dottrina".

PER LA COMPRENSIONE

- Perché non tutti condividevano il modello cluniacense?
- Quali esperienze religiose ripresero vigore?
- Qual era la caratteristica principale dell'ordine dei Certosini?
- Quali movimenti monastici sorsero in Italia?
- Quale tipo di vita monastica praticavano i Cistercensi?
- Che cos'erano i pellegrinaggi?
- Quali erano i più importanti luoghi meta di pellegrinaggio?
- Chi era coinvolto in questa particolare pratica religiosa?
- Che cosa rivendicavano i vescovi orientali?
- In che cosa sfociarono le incomprensioni tra il papa e il patriarca di Costantinopoli?
- Quali furono gli esiti dello scisma?

L'ARTE ROMANICA

I PORTALI BRONZEI DELLE CHIESE ROMANICHE

I LUOGHI DELLA STORIA

LUNGO LE STRADE DELLA FEDE

Durante i secoli dell'Alto Medioevo si andò definendo una specie di ***mappa dei luoghi sacri del Cristianesimo****. Alcuni luoghi particolari, legati strettamente alla vicenda terrena di Gesù (come nel caso di Gerusalemme) o alla vita di alcuni santi, divennero oggetto di pellegrinaggi, che, almeno all'inizio, interessarono solo le popolazioni che risiedevano nelle zone vicine. Oltre a* ***Gerusalemme, Roma*** *e* ***Santiago de Compostela****, mete di pellegrinaggio furono anche le numerose* ***chiese dedicate alla Madonna****, il cui culto si sviluppò in modo straordinario a partire dall'XI secolo. Gli itinerari e le mete di pellegrinaggio divennero luoghi di incontro e di scambio culturale nei quali* ***prese forma la comune civiltà europea****.*

Mappa con l'indicazione delle strade per raggiungere le principali mete di pellegrinaggio.

La cattedrale di Santiago di Compostela, eretta a partire dal 1075 e consacrata nel 1121. Secondo la leggenda le spoglie dell'apostolo Giacomo vennero trasportate dai suoi discepoli e sepolte in un luogo segreto in Galizia. Qui sarebbero state misteriosamente trovate agli inizi del IX secolo da un eremita o da un contadino. Sul luogo, noto come Campus Stellae, cioè "Luogo della Stella, venne eretta una chiesa.

IL CAMMINO DI SANTIAGO

La meta di pellegrinaggio più celebre e ricercata del Medioevo era il santuario di **Santiago de Compostela**, luogo di sepoltura dell'apostolo Giacomo. A Santiago si giungeva percorrendo un itinerario chiamato **Ruta Jacobea** o **Cammino di Santiago** o **Via Lattea**. Si trattava in realtà di una serie di percorsi che dalla Francia e dall'Italia attraverso i Pirenei convergevano verso la Spagna settentrionale, dove si snodava il cammino principale di oltre 800 km. Lungo i cammini sorgevano **ostelli**, **foresterie**, **ospedali**, nei quali i pellegrini, chiamati **Giacobiti** o **Jacobei**, potevano riposarsi e curarsi. Le città lungo l'itinerario si arricchirono di chiese e cattedrali, veri e propri capolavori artistici. Il pellegrinaggio si concludeva nella splendida **Cattedrale di Santiago**. Qui il pellegrino chiedeva perdono a Dio e riceveva la compostela, il documento che attestava il compimento del viaggio, insieme alla conchiglia, simbolo del pellegrinaggio giacobeo.

Una scultura del Cinquecento raffigurante un pellegrino giacobeo con il caratteristico copricapo.

VITA DA PELLEGRINO

Il pellegrino, così come ogni viandante medievale, affrontava un viaggio **pieno di disagi, insidie e pericoli**: malattie, fame, avversità naturali, tratti impervi, incontri con briganti e ladri. Per questo motivo, prima del viaggio, si faceva testamento.
Oltre che per il **cappello** a larghe tese (pètaso) e il **bastone** ricurvo (bordone), il pellegrino si distingueva per la **bisaccia** di pelle, un cappuccio e una **veste corta** (detta pellegrina).

GERUSALEMME

I pellegrinaggi verso la Terrasanta avevano fin dalle origini l'obiettivo di **ripercorrere le orme della vita di Gesù** e richiedevano parecchi anni di viaggio.

Fino al XIII secolo il pellegrinaggio avveniva principalmente via terra, attraversando i territori dell'Impero bizantino e in seguito i domini musulmani.

Successivamente si preferì la via marittima, più veloce e più sicura.

I pellegrinaggi verso la Terrasanta divennero particolarmente pericolosi dopo la conquista turca della Palestina e della Siria.

LA VIA FRANCIGENA

L'altra meta principale dei pellegrinaggi medievali era **Roma**. Tra gli itinerari che i pellegrini seguivano per raggiungere Roma da ogni parte d'Europa spicca la **Via Francigena**, così detta perché proveniva dalla Francia; essa era nota anche come **Romea**, dal nome della meta, così come **Romei** erano detti i pellegrini.

Il punto di partenza più lontano (circa 1600 km da Roma) era la **Cattedrale di Canterbury**.

Questo itinerario era costituito da una **rete di percorsi** (si parla infatti di **Vie Francigene**), con mete secondarie per la presenza di luoghi santi locali e di reliquie.

Reliquiario del braccio di Sant'Eugenia del XII secolo, conservato nella chiesa di Varzy (Francia).

LA RICERCA E IL CULTO DELLE RELIQUIE

Uno dei motivi per cui gli uomini e le donne del Medioevo intraprendevano un pellegrinaggio era il desiderio di recarsi a pregare nei santuari dove si trovavano **reliquie** particolarmente importanti. Le reliquie potevano essere frammenti delle spoglie dei santi, oppure oggetti ad essi appartenuti, o addirittura legati alle persone della Madonna o di Gesù, come i chiodi della croce.

Il pellegrino visitava il luogo di sepoltura dei santi poiché si riteneva che le reliquie avessero un **potere taumaturgico**: dalla vicinanza o dal legame fisico con una reliquia ci si attendeva una sorta di benedizione per contatto o la guarigione da una malattia.

Bassorilievo raffigurante Sigerico, il vescovo di Canterbury, considerato il primo pellegrino della Via Francigena.

18. LO SCONTRO FRA PAPATO E IMPERO

Gregorio VII e la riforma della Chiesa

Uno dei maggiori protagonisti della riforma e del rinnovamento della Chiesa fu un monaco cluniacense: **Ildebrando di Soana**. Divenuto papa nel 1073 con il nome di **Gregorio VII**, egli decise di intervenire in modo decisivo nella questione delle **investiture dei vescovi-conti**. Questa pratica, infatti, era considerata una delle principali cause di **corruzione della Chiesa** e rappresentava un **motivo di conflitto con l'imperatore**, il quale pretendeva di nominare i vescovi-conti anche senza l'approvazione del papa.

Miniatura raffigurante papa Gregorio VII.

Gregorio VII afferma la superiorità del potere papale

Gregorio VII era convinto che solo **liberandosi da ogni compromesso con il potere politico** la Chiesa avrebbe potuto tornare a svolgere la sua vera missione spirituale ed evangelica.
In linea con questo principio, nel 1075 egli promulgò il ***Dictatus Papae*** (Sentenze del papa): con questo documento Gregorio VII **rivendicava solo al pontefice l'autorità di nominare i vescovi**, anche quelli destinati a diventare titolari di un feudo. Inoltre, Gregorio VII affermava con forza la **superiorità del potere papale rispetto a quello di qualsiasi autorità politica** e persino il diritto di deporre gli imperatori, sciogliendo i sudditi dall'obbligo di obbedienza.

GREGORIO VII ED ENRICO IV

Enrico IV viene scomunicato

Le affermazioni contenute nel *Dictatus Papae* suscitarono la violenta reazione dell'**imperatore Enrico IV** (1056-1106). Questi, **per nulla disposto a rinunciare ai suoi poteri**, convocò un'assemblea a Worms, durante la quale **dichiarò deposto Gregorio VII**. Il papa, a sua volta, lanciò la **scomunica contro Enrico**, deponendolo dal trono (1076). Lo scontro fra Gregorio VII ed Enrico IV, prolungatosi per anni anche con i loro successori, è noto come **lotta per le investiture**.
La scomunica per un sovrano era un colpo gravissimo, perché **scioglieva automaticamente i suoi feudatari dall'obbligo di fedeltà**.
L'imperatore si trovò così in una situazione di estrema difficoltà: in Germania si prospettava addirittura una rivolta generale, alimentata dai grandi feudatari che intendevano cogliere l'occasione per **rovesciare l'imperatore** e rendersi completamente autonomi dall'autorità imperiale.

focus

LA SCOMUNICA

La parola deriva dal latino *excommunicare*, che significa letteralmente "escludere dalla comunità": in questo caso, dalla comunità dei fedeli, la Chiesa. Si tratta della punizione più grave che un papa possa infliggere, con la quale di fatto **esclude dalla comunità cristiana chiunque sia ritenuto indegno di farne parte**.
Nel Medioevo, chi era scomunicato non solo era escluso dalla comunità ecclesiale, ma veniva anche relegato ai margini della vita sociale. Sovrani e feudatari, in particolare, **perdevano la propria autorità** – che era considerata derivante da Dio – e i loro sudditi erano sciolti dal vincolo di obbedienza.
Oggi la scomunica esiste solo per peccati ritenuti particolarmente gravi; ha un valore esclusivamente spirituale e comporta l'impossibilità di ricevere i sacramenti.

IL PAPA HA LA SUPREMAZIA SU OGNI AUTORITÀ TERRENA

Il **Dictatus Papae** *si compone di* ***27 articoli*** *nei quali papa Gregorio VII riassunse i princìpi della sua riforma e il suo pensiero sull'ordinamento del mondo: spetta al pontefice romano la* ***supremazia su ogni autorità politica terrena****, oltre che su ogni altra autorità religiosa della cristianità.*
Tale concezione è detta ***teocrazia*** *(dal greco* theòs*, "dio", e* kràtos*, "potere, dominio"), in quanto si ritiene che il potere politico provenga da Dio e debba essere esercitato in suo nome da chi possiede l'autorità religiosa.*
Ecco le affermazioni più significative del Dictatus Papae.

1. La Chiesa Romana è stata fondata da Dio e da Dio solo.

2. Il Pontefice Romano è l'unico che può essere giustamente chiamato universale.

3. Lui solo può deporre o ripristinare i vescovi.

4. In qualunque concilio i suoi legati, anche se minori in grado, hanno autorità superiore a quella dei vescovi, e possono emanare sentenza di deposizione contro di loro.

6. Non si può rimanere nella stessa casa con coloro che egli ha scomunicato.

8. Solo lui può usare le insegne imperiali.

9. Solo al papa tutti i prìncipi devono baciare i piedi.

10. Solo il suo nome venga pronunciato nelle chiese.

11. Il suo titolo è unico al mondo.

12. A lui è permesso di deporre gli imperatori.

13. A lui è permesso trasferire i vescovi secondo necessità.

19. Egli non può essere giudicato da nessuno.

22. La Chiesa Romana non ha mai errato, né mai errerà in perpetuo, sulla testimonianza delle Scritture.

27. Egli può liberare i sudditi dall'obbligo di obbedienza a uomini malvagi.

Dictatus Papae, in Ehler-Morral, *Chiesa e Stato attraverso i secoli, Vita e Pensiero*

1.-2. *Viene ribadito il primato di Roma e del papa sulla cristianità.*

3. *Nessun laico può nominare dei vescovi, come accadeva in passato.*

6. *La scomunica comportava, in pratica, l'esclusione dalla società.*

8. *Il papa è anche la suprema autorità politica.*

12. - 27. *In quanto suprema autorità politica, il papa può esautorare, cioè dichiarare decaduto, l'imperatore, esentando i suoi sudditi dall'obbedienza.*

22. *Il principio dell'infallibilità della Chiesa, per cui essa nel suo insieme e il papa come individuo non possono sbagliare in materia di fede.*

PER LA COMPRENSIONE

- Chi era Ildebrando di Soana? Con quale nome divenne papa?
- Perché appena eletto pontefice volle affrontare la questione delle investiture dei vescovi-conti?
- Quali princìpi intendeva affermare Gregorio VII con il *Dictatus Papae*?
- Perché Enrico IV reagì violentemente contro il *Dictatus Papae*? Che cosa fece?
- Perché la scomunica pose l'imperatore in una situazione molto difficile?

ANALISI DEL DOCUMENTO STORICO

- Che cosa afferma il *Dictatus* in merito all'investitura dei vescovi?
- Quali poteri rivendica il pontefice riguardo all'imperatore?
- In quale modo il papa afferma la sua supremazia politica?
- Che cosa afferma il documento in merito alla scomunica e a coloro che ne sono colpiti?

Enrico IV ottiene a Canossa la revoca della scomunica

L'imperatore Enrico IV in un bassorilievo in oro.

Per salvare il trono e riaffermare la propria autorità, nel 1077 Enrico IV decise di scendere in Italia per **chiedere a Gregorio VII la revoca della scomunica**. Il papa si trovava nel **castello di Canossa**, ospite della contessa **Matilde di Toscana**, sua fedele e potente alleata.
Gregorio attese tre giorni prima di dare udienza all'imperatore.
Poi, però, **revocò la scomunica** ed Enrico, in cambio del perdono, promise di obbedire a quello che era stato deciso dal pontefice. Una volta liberato dalla scomunica, Enrico recuperò il controllo sui feudatari ribelli e si adoperò per **consolidare il proprio potere in Germania**. In realtà, non era per nulla convinto di dovere essere obbediente nei confronti del papa e aspettava il momento favorevole per sferrare un **nuovo attacco contro di lui**.

La ripresa dello scontro

Nel 1080 Gregorio VII **scomunicò una seconda volta Enrico**, il quale però questa volta non si fece sorprendere. **Dichiarò decaduto Gregorio e fece eleggere un antipapa**, Guiberto (Clemente III). Poi Enrico IV scese nuovamente in Italia e nel 1084 **occupò Roma**, costringendo il papa a rifugiarsi nella fortezza di Castel Sant'Angelo.
Gregorio VII chiamò in aiuto il condottiero normanno Roberto il Guiscardo, il quale **liberò il papa ma espose Roma all'orrendo saccheggio delle sue truppe** (maggio 1084). La popolazione insorse contro il papa, il quale dovette fuggire a **Salerno**, dove morì nel 1085.

GLOSSARIO

Antipapa
È chiamato con questo nome un papa eletto in modo non legittimo, in contrapposizione al pontefice in carica.

GREGORIO VII, ENRICO IV, MATILDE DI CANOSSA: TRE ICONE DEL MEDIOEVO

Lo scontro tra Papato e Impero, che caratterizzò la seconda metà dell'XI secolo, ebbe come protagonisti figure di grande rilievo, che hanno segnato la storia del Medioevo. **Gregorio VII**, **Enrico IV**, **Matilde di Canossa** sono diventate delle vere e proprie icone del loro tempo, spesso mitizzate e rese leggendarie.
Gli eventi che li videro protagonisti perpetuano il loro ricordo attraverso modi di dire tuttora vitali, come la nota espressione "***Andare a Canossa***", entrata nell'uso comune con il significato di "fare atto di sottomissione, riconoscere il proprio errore, ritrattare le proprie posizioni". Con tale significato questa espressione è presente non solo nella lingua italiana, ma anche nelle lingue tedesca (***Nach Canossa gehen***) e inglese (***Go to Canossa***).

Gregorio VII

Enrico IV

Matilde di Canossa

L'UMILIAZIONE DI CANOSSA

Enrico IV si presentò al ***castello di Matilde di Canossa*** *per implorare il perdono del pontefice nell'inverno del 1077. Si racconta che l'imperatore, vestito con un saio da penitente e a piedi nudi, dovette aspettare tre giorni nella neve prima di essere ammesso alla presenza del pontefice.*
Enrico IV accettò di subire anche questa tremenda umiliazione pur di ottenere la revoca della scomunica e, quindi, rientrare in possesso dell'autorità imperiale sui suoi feudatari.
Il documento iconografico più noto dell'incontro tra Matilde di Canossa ed Enrico IV è la miniatura riprodotta in questa pagina. Essa proviene da un manoscritto contenente una biografia in versi di Matilde di Canossa, scritta in latino agli inizi del XII secolo dal monaco Donizone. Matilde era la feudataria più potente dell'Italia centrale perché governava su territori vastissimi (estesi dal Lago di Garda fino al Lazio). Svolse un ruolo importante nel tentativo di pacificazione tra Enrico IV e Gregorio VII, pur parteggiando per il pontefice.

L'incontro tra l'imperatore e la contessa avviene alla presenza di ***Ugo il Grande****, allora abate di Cluny. L'importanza di questo personaggio è testimoniata dalle maggiori dimensioni della sua figura rispetto, in primo luogo, a quella dell'imperatore.*

*L'****imperatore*** *è raffigurato con la corona e il globo, simboli di regalità.*

La posizione inginocchiata di Enrico IV evidenzia la "sottomissione" dell'imperatore.

La raffigurazione di ***Matilde di Canossa*** *sotto un'arcata, isolata dagli altri personaggi, ne testimonia la posizione di preminenza.*

Matilde di Canossa era cugina dell'imperatore; entrambi sono raffigurati con mantelli simili per colori e decorazioni.

Il gesto dell'imperatore viene precisato dalla didascalia al piede dell'immagine: "Il re implora l'abate e supplica Matilde" (affinché intercedano per lui presso il papa).

PER LA COMPRENSIONE

- Perché Enrico IV si recò a Canossa?
- Che cosa promise Enrico in cambio della revoca della scomunica?
- Che cosa fece Enrico IV dopo la revoca della scomunica?
- Come reagì Gregorio VII di fronte alle nuove minacce di Enrico IV? Che cosa fece l'imperatore?
- Che cosa fece Roberto il Guiscardo? Quali furono le conseguenze?

ANALISI DELL'IMMAGINE STORICA

- Alla presenza di chi avvenne l'incontro fra Matilde di Canossa ed Enrico IV?
- Quale gesto accomuna Matilde e l'abate?
- In quale posizione è ritratto Enrico IV? Perché? Che cosa sta facendo?
- Quali simboli rivelano la regalità dell'imperatore?
- Quali elementi rivelano il ruolo di rilievo della contessa e dell'abate?

GLOSSARIO

Potere temporale

È il potere politico esercitato dall'autorità civile e che riguarda gli aspetti terreni dell'esistenza, soggetti alla "legge del tempo". Si distingue dal potere spirituale, che è esercitato sulle anime e aperto a una prospettiva ultraterrena, quindi "fuori dal tempo".

Papa e imperatore giungono ad un compromesso

Il conflitto tra Papato e Impero continuò anche dopo la morte di Enrico IV e Gregorio VII, finché, **nel 1122**, l'imperatore **Enrico V** e il papa **Callisto II** giunsero a un compromesso, noto come **Concordato di Worms**.

Secondo questo accordo, **al papa spettava l'investitura religiosa dei vescovi**, con la consegna dei simboli della devozione al papa – l'anello – e della missione spirituale – il pastorale, un bastone ricurvo alla sommità tipico dei pastori, che richiamava il ruolo di "pastore di anime". **All'imperatore spettava invece l'investitura feudale**, espressa simbolicamente con il conferimento dello scettro, a indicare il **potere temporale** di cui il vescovo-conte era insignito.

Le due cerimonie di investitura dovevano essere distinte.

Nel complesso, il Concordato di Worms segnò un **rafforzamento del Papato**, che aveva molto limitato il potere dell'imperatore in campo religioso e aveva riaffermato il proprio primato su tutti i vescovi cattolici.

PER LA COMPRENSIONE

1 ■ Chi stipulò il Concordato di Worms?
2 ■ Quale investitura spettava al papa e quale all'imperatore, secondo il Concordato di Worms?
3 ■ Quali effetti ebbe il Concordato di Worms?

Il globo sormontato dalla croce è uno dei simboli del potere imperiale.

Il collegio cardinalizio consacra il papa.

focus

L'ASPIRAZIONE AL POTERE UNIVERSALE

La lotta per le investiture si comprende nell'ambito di una delle ideologie proprie del Basso Medioevo, quella del **potere universale**, e alla luce delle caratteristiche del Sacro Romano Impero medievale, fondato sulla stretta connessione tra sfera temporale e sfera spirituale.

Il **Papato** da una parte e l'**Impero** dall'altra aspiravano a rivestire il ruolo di supreme autorità della cristianità, rivendicando ciascuno il **potere universale**.

Il contrasto tra le due istituzioni si protrarrà per secoli, fino a quando, con l'emergere degli Stati nazionali, l'ideale del potere universale entrerà in crisi.

✓ SINTESI

CRONOLOGIA

- 1049-1109 Ugo il Grande abate di Cluny
- 1054 Scisma d'Oriente
- 1056-1106 Enrico IV imperatore
- 1073-1085 Gregorio VII papa
- 1076 Prima scomunica di Enrico IV
- 1077 Umiliazione di Canossa
- 1084 Nasce l'ordine dei Certosini; Roberto il Guiscardo saccheggia Roma
- 1088 L'abate Ottone eletto papa Urbano II
- 1098 Nasce l'ordine dei Cistercensi
- 1122 Concordato di Worms

AUDIOSINTESI

LA CRISI DELLA CHIESA

✔ I legami che nel corso dei secoli unirono sempre più la Chiesa al mondo feudale furono causa di una **corruzione** dilagante. Gli abati e i vescovi, divenuti anche signori feudali, sembravano aver perso di vista la propria missione spirituale. Molti praticavano il nepotismo o la simonìa, favorendo parenti e amici oppure comprando e vendendo cariche ecclesiastiche.

IL MOVIMENTO CLUNIACENSE RINNOVA LA CHIESA

✔ La diffusa corruzione stimolò, nell'XI secolo, un desiderio di **rinnovamento** orientato a restituire alla Chiesa il suo ruolo di **guida spirituale** della cristianità.

✔ Il movimento di riforma partì dagli ordini monastici e in particolare dal monastero francese di Cluny, che si richiamava alla Regola benedettina.
Cluny divenne in breve tempo un modello per altri monasteri, che sorsero numerosi tra la fine dell'XI e gli inizi del XII secolo.

CERTOSINI E CISTERCENSI PROMUOVONO ALTRI MODELLI DI VITA RELIGIOSA

✔ Nacquero inoltre **nuovi ordini religiosi (Certosini, Cistercensi)** che, a un maggiore rigore morale, affiancavano una vita più povera e sobria e la rivalutazione del lavoro manuale.

SI DIFFONDONO I PELLEGRINAGGI PAG. 184-185

✔ Il processo di riforma intensificò la pratica dei **pellegrinaggi**: una forma di religiosità che corrispondeva anch'essa all'esigenza di rinnovamento diffuso soprattutto tra la popolazione. Tra le mete più frequentate vi erano **Santiago de Compostela**, **Roma** e **Gerusalemme**.

LA CHIESA D'ORIENTE SI SEPARA DA ROMA

✔ Il processo di riforma religiosa compromise i rapporti tra la Chiesa orientale e quella occidentale, tanto che nel **1054** si consumò lo **scisma d'Oriente**, che portò alla nascita della **Chiesa ortodossa**.

IL CONTRASTO FRA PAPATO E IMPERO: LA LOTTA PER LE INVESTITURE PAG. 188 PAG. 190

✔ Poiché la corruzione del clero derivava in gran parte dal fatto che l'imperatore interveniva nelle nomine dei vescovi destinati a ricoprire anche incarichi di natura politica (i vescovi-conti), papa Gregorio VII decise di togliere al sovrano il potere di intervento nella nomina degli ecclesiastici.

✔ Nel *Dictatus Papae* (1075) Gregorio VII rivendicò non solo l'autonomia, ma anche la **superiorità del potere papale su quello imperiale**.

✔ L'imperatore Enrico IV si oppose alle decisioni di Gregorio VII, inasprendo la lotta (detta **lotta per le investiture**) che vide pronunciamenti di scomunica e di deposizione reciproca tra papa e imperatore.

IL CONCORDATO DI WORMS CHIUDE LA LOTTA PER LE INVESTITURE

✔ La lotta per le investiture si concluse nel 1122 con il **Concordato di Worms**: al papa spettava l'investitura religiosa dei vescovi, all'imperatore l'eventuale investitura feudale.
Il Concordato rafforzò il potere del papa, limitando il potere dell'imperatore al solo ambito politico.

VERIFICHE INTERATTIVE

VERIFICA DI COMPRENSIONE

La Chiesa agli inizi del II millennio

1. Indica se le affermazioni sono vere (V) o false (F).

☐ **a.** I monaci di Cluny si ispiravano all'esperienza del monachesimo orientale e dell'eremitismo.

☐ **b.** Il movimento di riforma sviluppatosi a partire dal X secolo auspicava il ritorno della vita religiosa agli ideali evangelici.

☐ **c.** Cluny era la principale meta di pellegrinaggio del Medioevo.

☐ **d.** In seguito allo scisma d'Oriente la Chiesa d'Oriente non riconobbe più la superiorità della Chiesa di Roma.

☐ **e.** Nel *Dictatus Papae* Gregorio VII affermava la supremazia politica e religiosa del Papato sul potere imperiale.

☐ **f.** Gregorio VII intendeva eliminare le influenze politiche sulla Chiesa per permetterle di svolgere la sua missione spirituale.

☐ **g.** In base al *Dictatus Papae* il pontefice aveva il potere di deporre l'imperatore.

☐ **h.** Il Concordato di Worms stabilì che l'investitura religiosa dei vescovi spettava al papa, quella feudale all'imperatore.

☐ **i.** Il Concordato di Worms sancì la vittoria dell'Impero sul Papato.

La riforma della Chiesa e i nuovi ordini monastici

2. Indica con una ✗ la conclusione corretta tra quelle proposte.

a. Il movimento di riforma ricevette un forte impulso
- ☐ 1. dall'abbazia di Santiago de Compostela.
- ☐ 2. dall'abbazia di Canterbury.
- ☐ 3. dall'abbazia di Cluny .

b. I monaci di Cluny
- ☐ 1. si ispiravano alla *Regola* di Benedetto, privilegiando preghiera e meditazione rispetto al lavoro manuale.
- ☐ 2. si ispiravano alla *Regola* di Benedetto, privilegiando però il lavoro manuale rispetto alla preghiera e alla meditazione.
- ☐ 3. si ispiravano all'eremitismo orientale.

c. I monaci cistercensi
- ☐ 1. si ispiravano all'eremitismo orientale.
- ☐ 2. si ispiravano a un modello di monachesimo più semplice e più austero di quello cluniacense, rivalutando l'importanza del lavoro.
- ☐ 3. adottarono il modello di monachesimo cluniacense.

d. I monaci certosini
- ☐ 1. si ispiravano all'eremitismo orientale.
- ☐ 2. univano la vita eremitica e momenti di vita in comune.
- ☐ 3. adottarono il modello di monachesimo cluniacense.

Lo scontro tra Papato e Impero

3. Le seguenti affermazioni contengono degli errori. Sottolineali e riscrivi sul tuo quaderno le affermazioni corrette.

a. Nel 1075 Enrico IV promulgò il *Dictatus Papae.*

b. Con il *Dictatus Papae* si affermava che solo l'imperatore aveva l'autorità di nominare i vescovi.

c. Nel *Dictatus Papae* si affermava che al pontefice spettava la supremazia su ogni autorità religiosa terrena.

d. Nel 1076 Callisto II scomunicò per la prima volta Enrico IV.

e. Per ottenere la revoca della scomunica Enrico IV si recò a Castel Sant'Angelo dove si trovava il papa, ospite del conte Roberto il Guiscardo.

f. Lo scontro tra Papato e Impero prolungatosi per anni è noto come "lotta per le insegne imperiali".

g. Il conflitto tra Papato e Impero si concluse nel 1084 con un accordo noto come Concordato di Worms.

h. Secondo il Concordato di Worms al papa spettava l'investitura religiosa dei vescovi, mentre all'imperatore spettava l'investitura feudale, con la quale si conferiva ai vescovi il potere universale.

i. Il Concordato di Worms venne sottoscritto da papa Clemente III e dall'imperatore Enrico V.

MAPPA CONCETTUALE
E LINEA DEL TEMPO

Le parole della Storia

4. Indica la definizione corretta dei seguenti termini, scegliendola tra quelle sotto riportate.

1. pratica consistente nel favorire i propri parenti nel conferimento di cariche religiose o politiche - 2. separazione di una parte dei fedeli dalla Chiesa di Roma - 3. atto consistente nell'esclusione di un fedele dalla comunità cristiana 4. potere esercitato dall'autorità civile relativamente agli aspetti terreni dell'esistenza, cioè soggetti alla legge del tempo 5. papa eletto in modo non legittimo, in contrapposizione al pontefice in carica - 6. pratica religiosa consistente nel recarsi in un luogo particolarmente significativo per la vita di fede pregando e facendo atti di penitenza 7. concezione in base alla quale si ritiene che il potere politico derivi da Dio e che quindi debba essere esercitato da chi possiede l'autorità religiosa - 8. i fedeli della Chiesa orientale

a. Scisma:	c. Ortodossi:	e. Scomunica:	g. Potere temporale: ....
b. Nepotismo:	d. Pellegrinaggio:	f. Teocrazia:	h. Antipapa: ....

L'ESPANSIONE DELL'EUROPA CRISTIANA

GLI SCENARI EUROPEI E MEDITERRANEI AGLI INIZI DEL II MILLENNIO

✔ A partire dall'XI secolo l'Europa e il Mediterraneo furono teatro di profonde trasformazioni politiche. La più rilevante di queste fu l'espansione dell'Europa cristiana, contemporanea alla ripresa economica e demografica del continente e al movimento di riforma religiosa.

✔ Tale espansione avvenne ai danni del mondo islamico, che stava attraversando una profonda crisi, a causa delle divisioni e delle lotte dinastiche. Questo movimento portò alla riconquista di importanti territori, come la Spagna e la Sicilia.

✔ Della debolezza del mondo islamico approfittarono anche i Turchi Selgiuchidi, una popolazione asiatica convertita all'Islam. I Turchi iniziarono a espandersi verso Occidente, non solo a spese dei califfati islamici ma anche dell'Impero bizantino.

✔ In questo scenario si collocano le crociate, le spedizioni armate cristiane verso la Terrasanta, durate circa duecento anni.

L'Europa e il Mediterraneo alla fine dell'XI secolo

CRISI DEL MONDO MUSULMANO — **INDEBOLIMENTO DELL'IMPERO BIZANTINO** — **RIPRESA DELL'EUROPA**

- RICONQUISTA CRISTIANA DELLA SPAGNA
- RICONQUISTA CRISTIANA DELLE ISOLE DEL MEDITERRANEO
- INSEDIAMENTO DEI NORMANNI IN SICILIA
- CROCIATE IN TERRASANTA
- AVANZATA DEI TURCHI SELGIUCHIDI

19. CRISI ISLAMICA, RECONQUISTA, NORMANNI

I regni cristiani riconquistano la Spagna

La penisola iberica, sottomessa quasi completamente al dominio musulmano fin dall'VIII secolo, conobbe dopo l'anno Mille un **massiccio movimento di liberazione** chiamato ***Reconquista*** (riconquista).
In realtà, l'opposizione contro i conquistatori arabi (chiamati **Mori**) era **iniziata già nell'VIII secolo** (favorita anche dall'intervento di Carlo Magno: vedi pagg. 110-111), ma si era limitata a **piccoli scontri locali nelle zone settentrionali**, rimaste escluse dall'occupazione musulmana.

La frantumazione della Spagna islamica

A favorire l'offensiva cristiana fu la **frantumazione della Spagna islamica** (detta *Al-Andalus*) in piccoli staterelli, dopo la fine del califfato di Cordoba nel 1031. Nell'arco di circa tre secoli (XI-XIII sec.) i musulmani vennero lentamente ricacciati verso le regioni meridionali della penisola. I domini arabi vennero progressivamente assorbiti dai nuovi regni cristiani, come quelli di **Castiglia**, **Aragona**, **Navarra**, **Portogallo** e la **contea di Barcellona**. Nel 1212 la battaglia di **Las Navas de Tolosa**, in Andalusia, decretò la vittoria definitiva dei prìncipi cristiani e il dominio arabo si ridusse al piccolo **Emirato di Granada**.
La *Reconquista* fu un **processo lungo e discontinuo**, caratterizzato dall'alternarsi di offensive militari e di lunghi periodi di pace, che consentirono proficui **scambi** tra mondo arabo e mondo latino-cristiano. Fu proprio durante questi secoli che il **patrimonio arabo di conoscenze scientifiche** si diffuse dalla Spagna nel resto dell'Europa e che i regni islamici conobbero una notevole **fioritura culturale** (vedi Cap. 9).

L'EPOPEA DEL CID CAMPEADOR, EROE NAZIONALE

Nel periodo della prima fase della *Reconquista*, si colloca la figura storica, presto divenuta leggendaria, del nobile castigliano **Rodrigo Díaz conte di Bivar**, detto il "**Cid Campeador**" (dall'arabo *Sidi*, "signore", unito allo spagnolo *Campeador*, "vincitore").

Nato a Bivar, presso Burgos, nel 1043, il Cid era un mercenario (cioè un soldato che combatteva per denaro) che prestò servizio sia per i Cristiani sia per gli Arabi. Ebbe rapporti piuttosto difficili con il proprio sovrano, Alfonso VI re di Castiglia e di León, che lo condannò all'esilio nel 1081, ma contro il quale non impugnò mai le armi, nemmeno quando fu al servizio degli Arabi di Spagna. La sua più importante impresa militare fu la **conquista del regno musulmano di Valencia** nel 1094, che seppe governare e difendere sino alla sua morte, avvenuta nel 1099. Valoroso uomo d'armi e politico capace, le sue gesta furono cantate in un poema composto già nel XII secolo, il ***Cantar de mio Cid***, grazie al quale Rodrigo Díaz divenne una figura leggendaria, il simbolo stesso dell'uomo castigliano, un eroe nazionale.
L'opera è il più importante poema epico fiorito in Spagna nell'età medievale e costituisce il **primo documento letterario** di quel Paese.

FASI E DIRETTRICI DELLA *RECONQUISTA*

La carta illustra le fasi e le direttrici della ***Reconquista*** *della penisola iberica da parte dei regni cristiani, avvenuta tra l'XI e il XIII secolo.*
L'offensiva militare cristiana conobbe fasi alterne e subì varie battute d'arresto, soprattutto quando arrivarono rinforzi dall'Africa.
Nel XIII secolo la presenza musulmana si era ridotta al piccolo Emirato di Granada, che sopravviverà fino alla fine del XV secolo, ma in una condizione di sudditanza rispetto al Regno di Castiglia.

Il movimento della Reconquista partì dalle regioni settentrionali della penisola iberica, precisamente dal Regno delle Asturie, che prese poi il nome di ***Regno di León****.*

*Le regioni meridionali, in particolare l'***Andalusia***, furono liberate solo verso la metà del XIII secolo.*

*L'***Emirato di Granada***, ultimo baluardo della presenza musulmana, cadrà definitivamente solo nel 1492.*

La seconda fase della Reconquista riguardò le ***regioni centrali*** *della penisola iberica e si concluse verso la fine dell'XI secolo.*

Verso la metà del XII secolo gran parte della penisola iberica era stata liberata e grande importanza assunse anche il ***Regno d'Aragona****.*

PER LA COMPRENSIONE

- Che cosa si intende con il termine *Reconquista*? Quando ebbe luogo?
- Da che cosa fu favorita la *Reconquista*?
- Quali nuovi regni cristiani subentrarono ai domini arabi nella penisola iberica?
- Dove sopravvisse un piccolo regno musulmano?
- Da che cosa fu caratterizzato il periodo della *Reconquista* dal punto di vista culturale?
- Chi sono i Mozarabi? Quale funzione svolsero?

ANALISI DELLA CARTA STORICA

- Quali furono le prime regioni della penisola iberica a essere riconquistate?
- Quando vennero liberate le regioni centrali della penisola iberica?
- Quando fu liberata l'Andalusia?
- Dove furono confinati gli Arabi?

focus

LA CIVILTÀ MOZARABICA, UN ESEMPIO DI CIVILTÀ MULTICULTURALE

La diffusione della cultura araba dalla Spagna verso l'Europa occidentale avvenne anche grazie al ruolo di **mediazione** svolto dai cosiddetti **Mozarabi**. Con questo termine si indicano i cristiani di lingua araba, residenti nei territori iberici sotto il dominio islamico.
Pur conservando la religione cristiana, i Mozarabi adottarono la lingua araba ed elaborarono una singolare civiltà nella quale **fusero elementi latini ed islamici**.

I Turchi conquistano i regni islamici orientali

All'inizio del secondo millennio i regni musulmani apparivano in **grave difficoltà** non solo in Europa, ma anche in Oriente. Indeboliti dalle **divisioni religiose** e dalla **frammentazione politica**, avevano smesso di attaccare ed erano costretti a difendersi.
La crisi del mondo musulmano favorì l'avanzata dei **Turchi Selgiuchidi** (così chiamati dal nome del loro capostipite *Selgiùk ibn-Duqmaq*).
Questa popolazione proveniva dalle **regioni dell'Asia nordorientale** e si era **convertita all'Islam** tra il IX e il X secolo.
All'inizio dell'XI secolo i Turchi iniziarono a espandersi verso Occidente, conquistando in breve tempo la **Persia** e la **Mesopotamia**, impadronendosi di Baghdad, capitale del califfato abbaside.
I Turchi, già **integrati nella civiltà musulmana**, affiancarono come capi militari o governatori i califfi arabi oppure subentrarono ad essi, fondando dinastie e Stati autonomi, cui diedero una solida organizzazione politica.

Il sultano selgiuchide Alp Arslan, vincitore della battaglia di Manzikert, umilia l'imperatore bizantino Romano IV. Miniatura da un manoscritto del De casibus virorum illustrium *di Boccaccio.*

I Turchi conquistano Gerusalemme e l'Asia Minore bizantina

L'arrivo dei Turchi ebbe un **impatto fortissimo anche sul mondo cristiano**. Nel **1070**, infatti, essi dilagarono in **Siria** e **Palestina**, dove occuparono **Gerusalemme**, meta principale dei pellegrini cristiani.
Da oltre quattro secoli la città era sotto il dominio degli Arabi, i quali non avevano creato problemi ai pellegrini. I Turchi, invece, furono **molto meno tolleranti nei confronti sia dei cristiani che vivevano in Oriente sia dei pellegrini**: li depredavano, rendendo insicuri e pericolosi i loro viaggi.
Nel **1071** i Turchi Selgiuchidi **sconfissero i Bizantini nella decisiva battaglia di Manzikert**, in Armenia, sottraendo loro buona parte dell'**Anatolia**, la regione che in seguito prese da essi il nome di **Turchia**.

PER LA COMPRENSIONE

- Qual era la situazione dei regni islamici in Oriente all'inizio dell'XI secolo?
- Di dove erano originari i Turchi Selgiuchidi?
- Quali territori conquistarono i Turchi Selgiuchidi?
- Come si comportarono i Turchi nei confronti dei cristiani e dei pellegrini che si recavano a Gerusalemme?
- Quali territori i Turchi sottrassero ai Bizantini? Dove avvenne la battaglia decisiva?

focus

TURCHI, ARABI E ISLAM

Il termine **turco** letteralmente significa "forte", "potente".
È attestato fin dal VI secolo per indicare le popolazioni stanziate tra la Mongolia e il Mar Nero.
Venuti in contatto con l'Islam fin dall'VIII secolo e convertitisi nei secoli successivi, i Turchi prestarono inizialmente la loro opera come soldati mercenari dei califfi arabi.
Successivamente conquistarono i territori sottoposti al dominio arabo, li riorganizzarono e si fecero difensori dell'Islam, tanto che il termine "turco" iniziò a essere inteso come sinonimo di "**musulmano**".

Le conquiste normanne in Europa

*Nel corso dell'XI secolo, i Normanni che vivevano nel Ducato di Normandia (vedi pag. 130) furono protagonisti di due importanti **spedizioni di conquista**: una diretta verso l'**Italia meridionale**, l'altra verso l'**Inghilterra** (cioè la regione meridionale della Gran Bretagna).*

Papa Niccolò II investe Roberto il Guiscardo del ducato di Puglia, Calabria e Sicilia. Miniatura dalla Cronica *di Giovanni Villani.*

L'INCONTRO FRA CULTURE DIVERSE

I CASTELLI NORMANNI

I Normanni giungono nell'Italia meridionale

Intorno all'anno Mille i Normanni raggiunsero l'Italia meridionale. All'inizio, si trattava di **piccoli gruppi di guerrieri**, molto richiesti come **mercenari** (soldati di mestiere) dai signori locali, i quali spesso ne ricompensavano i servizi **concedendo loro in beneficio porzioni di territorio** più o meno vaste.

Una delle famiglie normanne più importanti, gli **Altavilla**, intorno al 1050 ottenne in feudo la contea di **Melfi**, dalla quale intraprese la **conquista** di ampie regioni del Meridione. La politica espansionistica degli Altavilla proseguì con **Roberto il Guiscardo** (vissuto tra il 1010 circa e il 1085), il quale in breve tempo **estese i possedimenti normanni** all'antico ducato longobardo di **Benevento**, a quello di **Salerno** e a tutta la **Calabria**, sconfiggendo più volte i Bizantini.

Nel 1059 il papa **Niccolò II** (1059-1061) concesse in beneficio ai Normanni i territori da essi conquistati, nominando Roberto il Guiscardo **duca di Puglia e di Calabria**. Inoltre, gli riconobbe in anticipo il possesso dei territori che egli avrebbe conquistato in **Sicilia**. In cambio, i Normanni si impegnavano a **difendere il pontefice** e a versargli ogni anno un tributo in segno di **sottomissione**.

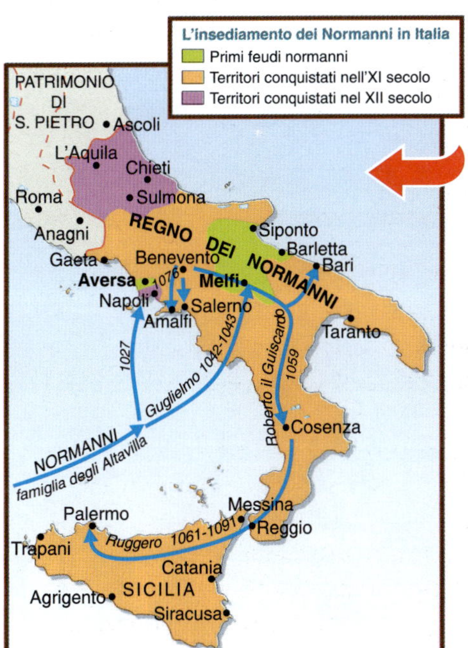

L'insediamento dei Normanni in Italia

Quando i Normanni giunsero nella penisola, l'Italia meridionale era divisa tra i Longobardi (Ducato di Benevento e Principato di Salerno), i Bizantini (Puglia, Basilicata e Calabria) e gli Arabi (Sicilia). Nell'arco di circa un secolo, i nuovi conquistatori riuscirono a estendere il proprio dominio su tutto il Mezzogiorno.

Aversa fu il primo feudo riconosciuto ufficialmente ai Normanni, che in seguito, con Guglielmo d'Altavilla, ottennero anche **Melfi**, importante base per la conquista dei territori circostanti.

Il dominio normanno si estese rapidamente a tutta l'Italia meridionale, a spese dei Bizantini, mentre in Sicilia la cacciata degli Arabi richiese oltre un trentennio di guerre. Gli ultimi territori annessi al regno dei Normanni erano situati verso l'Italia centrale. L'opera di conquista dei Normanni si arrestò per non minacciare i possedimenti del pontefice, di cui formalmente essi erano vassalli.

PER LA COMPRENSIONE

- Come arrivarono nell'Italia meridionale i primi Normanni?
- Come ottennero i primi feudi?
- Che cosa fece Roberto il Guiscardo? A quale famiglia apparteneva?
- Che cosa fece papa Niccolò II? Quale intesa venne raggiunta tra il papa e Roberto il Guiscardo?

ANALISI DELLA CARTA STORICA

- Dove erano situati i primi feudi ottenuti dai Normanni?
- Quali furono i primi territori a essere conquistati?
- Perché si arrestò l'espansione normanna verso l'Italia centrale?

I Normanni conquistano la Sicilia

Dopo il 1059 le conquiste normanne proseguirono contro i **Bizantini**, che furono definitivamente cacciati dall'Italia meridionale.
Anche gli **Arabi** furono sconfitti quando **Ruggero I d'Altavilla** (1085-1101), fratello di Roberto il Guiscardo, conquistò la **Sicilia** nel 1091.

UN RITRATTO DI RUGGERO II

LA CHIESA DI SAN NICOLA A BARI

Ruggero II fonda un regno prospero e ben organizzato

Nel 1130 **Ruggero II d'Altavilla** (1130-1154) ottenne il titolo di **re di Sicilia**, **Puglia** e **Calabria**. Nonostante questi successi, però, i sovrani normanni rimanevano **vassalli del pontefice**.
Ruggero gettò le basi di un **regno ben organizzato**, abitato da popoli diversi (Arabi, Greci, Latino-Longobardi ed Ebrei) che convivevano pacificamente. Tutti erano liberi di praticare la loro religione e le loro attività.
Durante questo periodo il Mezzogiorno d'Italia conobbe una **straordinaria fioritura economica**: si svilupparono i commerci, aumentò la produzione agricola, furono edificati nuovi castelli, le città si ingrandirono.
La Sicilia visse un momento di **grande splendore** anche dal punto di vista culturale e artistico, di cui rimangono ancora oggi eccezionali testimonianze (**arte arabo-normanna**).

L'ARTE ARABO-NORMANNA, SPECCHIO DI UNA FIORENTE CIVILTÀ

I Normanni non solo resero possibile la pacifica convivenza in Sicilia di popolazioni diverse per religione, cultura e tradizioni giuridiche, ma seppero far tesoro del patrimonio delle diverse culture.
Palermo e la Sicilia raggiunsero allora uno dei più alti livelli della propria storia artistica. Si sviluppò un'arte che fondeva elementi di tre culture diverse: normanna, araba e bizantina.

Lo splendido chiostro adiacente al Duomo di Monreale.

Mosaico della Cappella Palatina a Palermo.

Dalla collaborazione tra artisti, artigiani e tecnici di cultura sia orientale che occidentale nacque un'arte raffinatissima, che ha come caratteristiche fondamentali l'uso del **mosaico**, **soffitti lignei decorati**, finestre e decorazioni di stile arabo.
Le opere principali di questo rinascimento artistico sono: il **Palazzo dei Normanni** e la **Cappella Palatina a Palermo**, il **Duomo di Cefalù** e il **Duomo di Monreale**.

I DOCUMENTI DELLA STORIA

ALLA CORTE DI RUGGERO II NASCE LA GEOGRAFIA MODERNA

Nel clima cosmopolita e multiculturale della Sicilia di Ruggero II vide la luce una delle più importanti opere geografiche e cartografiche del tempo: la **Charta rogeriana** *di* **al-Idrisi** *(o Edrisi), il più noto geografo arabo, che visse e lavorò alla corte arabo-normanna a partire dal 1138 circa.*
Nel testo che segue lo studioso Tindaro Gatani racconta il lavoro di preparazione dell'opera e ne sottolinea la portata storica: aver posto le basi della geografia scientifica in Occidente.

Alla corte di Palermo, al-Idrisi attese alla redazione di una carta geografica delle terre allora conosciute, la celebre "Charta rogeriana", ad illustrazione della quale scrisse un libro intitolato "Nuzhat al-mushtaq fi ikhtraq al-afaq", ossia "Lo svago per chi brama percorrere le diverse regioni del mondo"[1], ricco di notizie di ogni genere su tutti i Paesi allora conosciuti.
Il lavoro per portare a termine la sua opera durò 15 anni e re Ruggero II, il vero ispiratore dell'opera, partecipò anche nei dettagli alla compilazione sia della *Charta* che del libro che, dal nome del sovrano siciliano, fu chiamato il *Libro di Ruggero*.
Al-Idrisi si distanziò completamente dalle vecchie teorie sulla forma delle terre conosciute e fondò la nuova geografia basata sull'esperienza diretta[2]. Nasceva allora in Sicilia, alla corte di Palermo, la prima vera e propria scuola di geografia scientifica dell'epoca moderna. Al-Idrisi si servì degli scritti degli antichi geografi latini e greci, ma anche delle sue osservazioni di viaggio così come di quelle di tanti altri esperti chiamati a collaborare.
Anche i viaggiatori che giungevano in Sicilia da terre lontane venivano interrogati da al-Idrisi o da re Ruggero in persona o da funzionari appositamente istruiti: sulla forma delle terre, sulla altezza dei monti, sui lineamenti delle coste, sul clima delle zone dalle quali provenivano.
Tutto veniva catalogato e confrontato con quello che avevano riferito altri viaggiatori[3] ed infine si passava alla parte operativa, consistente nel disegnare e descrivere.
Per i Paesi più lontani, al-Idrisi si servì dei racconti e delle descrizioni dei viaggiatori arabi che per oltre tre secoli avevano girato in lungo ed in largo il mondo allora conosciuto.
Ma anche in questo caso, ancora una volta, al-Idrisi mostra di essere grande innovatore, manifestando verso la stessa "geografia araba uno spirito critico severo e rimarchevole[4]". Così nella sua opera le cosiddette meraviglie e *mirabilia*[5], delle quali erano piene le carte medievali sia cristiane che musulmane, sono relegate ai margini del suo racconto e della sua rappresentazione geografica.

Rid. e adatt. da Tindaro Gatani, *L'opera cartografica di al-Idrisi: geografo arabo-siculo del XII secolo*

1. Come racconta lo stesso geografo, il titolo del libro fu suggerito da Ruggero II.

2. La novità dell'opera del geografo arabo e di Ruggero II consiste nel basarsi sull'esperienza diretta e non sulle vecchie teorie.

3. Quasi anticipatori dell'atteggiamento alla base della rivoluzione scientifica, al-Idrisi e Ruggero II sottopongono a controllo, verifica e confronto le informazioni e i dati raccolti da fonti diverse.

4. Anche la tradizione geografica araba, comunque superiore a quella occidentale, viene sottoposta al vaglio critico dell'autore.

5. La parola latina mirabilia significa letteralmente "cose, fatti straordinari" e indica i racconti di cose incredibili, assai diffusi nella cultura medievale.

PER LA COMPRENSIONE

- Quale dominio nell'Italia fu definitivamente conquistato dai Normanni?
- Chi pose fine al dominio arabo in Sicilia?
- Quale titolo venne ufficialmente riconosciuto a Ruggero II? Come organizzò il suo regno?
- Quale fu la situazione dell'Italia meridionale durante il regno normanno?

ANALISI DEL DOCUMENTO STORIOGRAFICO

- Chi realizzò la *Charta rogeriana*? Che cosa doveva rappresentare?
- Quale fu il ruolo di Ruggero II in questa impresa? Quale fu la novità di quest'opera cartografica rispetto a quelle del passato?
- Quali fonti vennero utilizzate per rappresentare e descrivere le terre?
- Quale atteggiamento ebbe al-Idrisi nei confronti delle opere geografiche arabe? Perché? Quale altro aspetto rivela l'innovazione dell'opera di al-Idrisi e di Ruggero II?

I Normanni in Europa settentrionale

L'altra grande spedizione di conquista dei Normanni riguardò l'Europa settentrionale.

Nel X secolo il vichingo-danese **Knut** (conosciuto come **Canuto il Grande**, circa 994-1035) era riuscito a unificare la Danimarca, parte dell'Inghilterra e della Norvegia in un grande **Regno del Nord** (vedi pag. 130). Dopo la sua morte, però, il regno si disgregò e, trascorso un periodo di disordini, nel 1042 la corona d'Inghilterra venne offerta a **Edoardo il Confessore**, che regnò fino al 1066. Edoardo era discendente di una **dinastia anglosassone**, ma era imparentato anche con i **Normanni di Francia**: proprio in ragione di questa parentela, Edoardo designò il duca normanno **Guglielmo il Conquistatore**, suo cugino, come proprio successore al trono d'Inghilterra.

Ritratto di Guglielmo il Conquistatore.

Guglielmo il Conquistatore diventa re d'Inghilterra

Morto Edoardo, nel **1066**, il conte anglosassone **Aroldo di Wessex** si proclamò re. Guglielmo il Conquistatore non accettò di perdere il regno: attraversò la Manica e, dopo avere sconfitto Aroldo nella **battaglia di Hastings**, si fece incoronare re d'Inghilterra.

Le isole britanniche vennero così sottratte agli influssi scandinavi e l'Inghilterra venne inglobata per circa un secolo e mezzo nell'orbita francese.

Guglielmo **tolse ai nobili locali tutti i loro possedimenti e divise le terre conquistate tra i suoi vassalli**, assicurandosi così il controllo diretto su tutto il territorio e imponendo ai sudditi leggi severe e tasse pesantissime.

Al fine di meglio controllare i territori e i beni sottoposti alla Corona inglese, Guglielmo realizzò il cosiddetto ***Domesday Book***, un **registro** nel quale erano riportate tutte le **proprietà terriere** "a cui non sfuggì neanche un bue", come scrisse un cronista dell'epoca.

PER LA COMPRENSIONE

- In quale regno rientrava l'Inghilterra nel X secolo?
- Chi era Edoardo il Confessore?
- Chi venne designato come successore al trono d'Inghilterra?
- Che cosa accadde alla morte di Edoardo il Confessore?
- Che cosa accadde nella battaglia di Hastings?
- In che modo Guglielmo si assicurò il controllo del territorio inglese?
- Che cos'era il *Domesday Book*?

Il regno normanno d'Inghilterra

La carta illustra l'estensione del Regno d'Inghilterra sotto Guglielmo il Conquistatore. Con il termine **Inghilterra** si intende propriamente la regione meridionale della Gran Bretagna. La regione costiera nordoccidentale rimase sotto il controllo norvegese, mentre la regione del Galles fu unita all'Inghilterra alla fine del XIII secolo. Il Regno di Scozia, storicamente distinto dall'Inghilterra, sarà unito alla corona inglese solo nel XVII secolo.

IL "FILMATO" DELL'IMPRESA DI GUGLIELMO

Guglielmo il Conquistatore fece documentare la vittoria di Hastings (14 ottobre 1066) con un arazzo (in realtà una tela di lino, ricamata con fili di lana colorati), destinato a decorare le pareti della Cattedrale di Bayeux, cittadina francese in Normandia dove ancora oggi è custodito. L'**Arazzo di Bayeux** è un drappo di 70 metri di lunghezza e mezzo metro di altezza, eseguito da abili ricamatrici per incarico del vescovo Oddone, fratellastro di Guglielmo il Conquistatore, nell'XI secolo.

L'IMPRESA IN 58 "FUMETTI": UNA STRAORDINARIA FONTE STORICA

La storia raccontata dall'arazzo è suddivisa in **58 scene** con didascalia in latino, illustrate con tecniche analoghe a quelle dei moderni fumetti. In totale le **figure** rappresentate sono 1515: 626 sono personaggi, 202 tra cavalli e muli, 55 cani, 505 altri animali, 37 edifici, 41 navi e 49 alberi.

L'Arazzo di Bayeux è una preziosa **testimonianza**, oltre che dell'impresa raccontata, della **cultura materiale** (abitazioni, abbigliamento, armi, equipaggiamento, navi), della **vita civile e quotidiana** (incoronazione, sepoltura, viaggi, caccia) e della **fusione tra la civiltà normanna e quella anglosassone**.

L'INCORONAZIONE DI AROLDO E IL PRESAGIO DELL'INVASIONE

Aroldo si fa incoronare re d'Inghilterra nonostante il giuramento fatto a Guglielmo. La cometa di Halley apparsa nel cielo è un cattivo presagio. L'annuncio della sua comparsa viene fatto al re.

✓ SINTESI

AUDIOSINTESI

GLI SCENARI AGLI INIZI DEL II MILLENNIO

✔ All'inizio dell'XI secolo la **crisi del mondo musulmano**, l'**indebolimento dell'Impero bizantino**, la **ripresa economica e demografica dell'Europa** crearono nuovi scenari politici.

LA *RECONQUISTA* CRISTIANA DELLA SPAGNA

✔ I regni islamici erano indeboliti dalle divisioni religiose e dalla frammentazione politica. Ciò favorì tra il X e il XIII secolo la ***Reconquista*** della penisola iberica, una serie di guerre che portarono alla cacciata degli Arabi dalla Spagna e alla formazione di nuovi regni cristiani.

I TURCHI SELGIUCHIDI CONQUISTANO I REGNI ISLAMICI IN ASIA E L'ANATOLIA

✔ I regni islamici in Asia (Persia, Mesopotamia) non seppero resistere all'avanzata dei **Turchi Selgiuchidi**, una popolazione asiatica convertita all'Islam. Nella loro espansione essi giunsero ad occupare **Gerusalemme**, ostacolando i viaggi dei pellegrini cristiani, e a conquistare l'**Anatolia** (attuale Turchia), infliggendo una grave sconfitta ai **Bizantini** (Manzikert, 1071).

I NORMANNI SI INSEDIANO IN ITALIA MERIDIONALE

✔ Intorno all'anno Mille i Normanni giunsero in Italia meridionale e diedero inizio a una rapida opera di conquista **a danno dei Longobardi e dei Bizantini**.

✔ Nel 1059 papa Niccolò II diede in beneficio a **Roberto il Guiscardo** i territori che aveva conquistato, nominandolo **duca di Puglia e di Calabria**.

✔ Nel 1091 **Ruggero I d'Altavilla strappò agli Arabi la Sicilia**, ponendo le basi di un regno forte e potente.

IL REGNO NORMANNO NELL'ITALIA MERIDIONALE, UN REGNO PROSPERO E BEN ORGANIZZATO

✔ Nel 1130 **Ruggero II** unificò tutti i territori normanni dell'Italia meridionale, divenendo **re di Sicilia, Puglia e Calabria** e restando però sempre vassallo del papa. Con Ruggero II l'Italia meridionale e la Sicilia conobbero un periodo di **grande fioritura economica e splendore culturale**.

LA NASCITA DEL REGNO NORMANNO IN INGHILTERRA

✔ Nell'XI secolo il danese Canuto il Grande creò un nuovo **Regno del Nord**, che comprendeva anche l'Inghilterra. Alla sua morte, il regno si disgregò e la corona inglese fu assegnata a Edoardo il Confessore.

✔ Alla sua morte, il duca di Normandia **Guglielmo il Conquistatore** fece valere i propri diritti di successione al trono di Inghilterra contro Aroldo di Wessex, che fu sconfitto nella **battaglia di Hastings** (1066).

✔ Guglielmo governò in modo severo, imponendo alte tasse alla popolazione. A lui si deve la compilazione del *Domesday Book*, il primo catasto inglese.

CRONOLOGIA

- **994-1035** Regno di Canuto il Grande
- **XI-XIII secolo** Reconquista
- **XI secolo** Espansione turca verso Occidente
- **1031** Caduta del califfato di Cordoba
- **1059** Roberto il Guiscardo duca di Puglia e di Calabria
- **1066** Battaglia di Hastings
- **1070** I Turchi conquistano Gerusalemme
- **1071** Battaglia di Manzikert
- **1091** Ruggero I strappa la Sicilia agli Arabi
- **1130** Ruggero II re di Sicilia, Puglia e Calabria
- **1212** Battaglia di Las Navas de Tolosa

VERIFICA DI COMPRENSIONE

VERIFICHE INTERATTIVE

Crisi del mondo musulmano, Reconquista ed espansione normanna

1. Indica se le affermazioni sono vere (V) o false (F).

☐ **a.** Alla fine del XIII secolo in Spagna non esisteva più alcun possedimento arabo.
☐ **b.** La *Reconquista* avvenne nell'arco di tre secoli (XI-XIII).
☐ **c.** Nei secoli della *Reconquista* nacquero e si consolidarono i regni di Castiglia, Aragona, Navarra e Portogallo.
☐ **d.** I Turchi sottrassero all'Impero bizantino buona parte dell'Anatolia.
☐ **e.** I Turchi nel 1070 occuparono Costantinopoli.
☐ **f.** I Normanni nel 1070 occuparono Gerusalemme.
☐ **g.** Guglielmo il Conquistatore divenne re d'Inghilterra dopo la vittoria di Hastings.
☐ **h.** Guglielmo il Conquistatore lasciò ai nobili locali tutti i loro possedimenti.
☐ **i.** Dopo aver conquistato l'Inghilterra Guglielmo il Conquistatore diresse le sue mire espansionistiche verso l'Italia meridionale.
☐ **l.** Roberto il Guiscardo conquistò territori nell'Italia meridionale a danno di Bizantini e Longobardi.
☐ **m.** Ruggero I d'Altavilla cacciò gli Arabi dalla Sicilia e unificò i possedimenti normanni in un solo regno, assumendo il titolo di re di Sicilia, Puglia e Calabria.
☐ **n.** Ruggero II fondò un regno ben organizzato, nel quale coesistevano popoli e culture diverse.

Crisi del mondo musulmano, Reconquista ed espansione normanna

2. Indica con una ✗ la conclusione corretta tra quelle proposte.

a. La *Reconquista* fu favorita
☐ 1. dall'alleanza dei re cristiani con il re di Francia.
☐ 2. dall'invasione turca.
☐ 3. dalla frantumazione della Spagna islamica in piccoli Stati.

b. La vittoria decisiva dei principi cristiani contro il dominio arabo in Spagna avvenne a
☐ 1. Las Navas de Tolosa nel 1212.
☐ 2. Manzikert nel 1071.
☐ 3. Hastings nel 1066.

c. La crisi del mondo musulmano nell'XI secolo favorì
☐ 1. una rinnovata espansione dell'impero bizantino.
☐ 2. la conquista della Siria e della Palestina da parte dei Normanni.
☐ 3. l'avanzata dei Turchi Selgiuchidi verso Occidente.

d. La vittoria decisiva dei Turchi Selgiuchidi contro i Bizantini avvenne a
☐ 1. Las Navas de Tolosa nel 1212.
☐ 2. Manzikert nel 1071.
☐ 3. Hastings nel 1066.

e. La Sicilia fu conquistata nel 1091 da
☐ 1. Roberto il Guiscardo.
☐ 2. Guglielmo d'Altavilla.
☐ 3. Ruggero I d'Altavilla.

f. La vittoria decisiva di Guglielmo il Conquistatore contro Aroldo di Wessex avvenne a
☐ 1. Las Navas de Tolosa nel 1212.
☐ 2. Manzikert nel 1071.
☐ 3. Hastings nel 1066.

g. Il *Domesday Book* è il registro
☐ 1. di tutte le proprietà terriere nel regno di Guglielmo il Conquistatore.
☐ 2. di tutte le famiglie nobili normanne nel regno di Guglielmo il Conquistatore.
☐ 3. di tutte le famiglie nobili anglosassoni nel regno di Guglielmo il Conquistatore.

h. Si proclamò re alla morte di Edoardo il Confessore
☐ 1. Guglielmo il Conquistatore.
☐ 2. Aroldo di Wessex.
☐ 3. Ruggero II.

Le parole della Storia

3. Indica la definizione corrispondente ai seguenti termini, scegliendola tra quelle elencate (alcune sono sbagliate).

1. denominazione dei conquistatori arabi in Spagna - 2. Spagna islamica - 3. Spagna riconquistata dai cristiani 4. tribù turca convertita all'Islam - 5. movimento di liberazione dell'Italia meridionale dalla presenza bizantina 6. cristiani di lingua araba residenti nei territori iberici sotto il dominio islamico - 7. coloro che prestano servizio militare in cambio di denaro - 8. tribù normanna insediatasi in Inghilterra - 9. movimento di liberazione della Spagna dalla presenza araba - 10. arabi convertiti al Cristianesimo residenti in Spagna - 11. nobile castigliano, eroe della Reconquista 12. capostipite dei Turchi Selgiuchidi - 13. ultimo possedimento arabo in Spagna

a. *Al-Andalus*: ....
b. Mozarabi: ....
c. Mercenari: ....
d. Selgiuchidi: ....
e. Mori: ....
f. El Cid: ....
g. *Reconquista*: ....
h. Emirato di Granada: ....

20. LE CROCIATE E I NUOVI ORDINI RELIGIOSI

L'imperatore bizantino chiede aiuto al papa

GERUSALEMME TRE VOLTE SANTA

L'APPELLO DI URBANO II NELL'ANALISI DEGLI STORICI

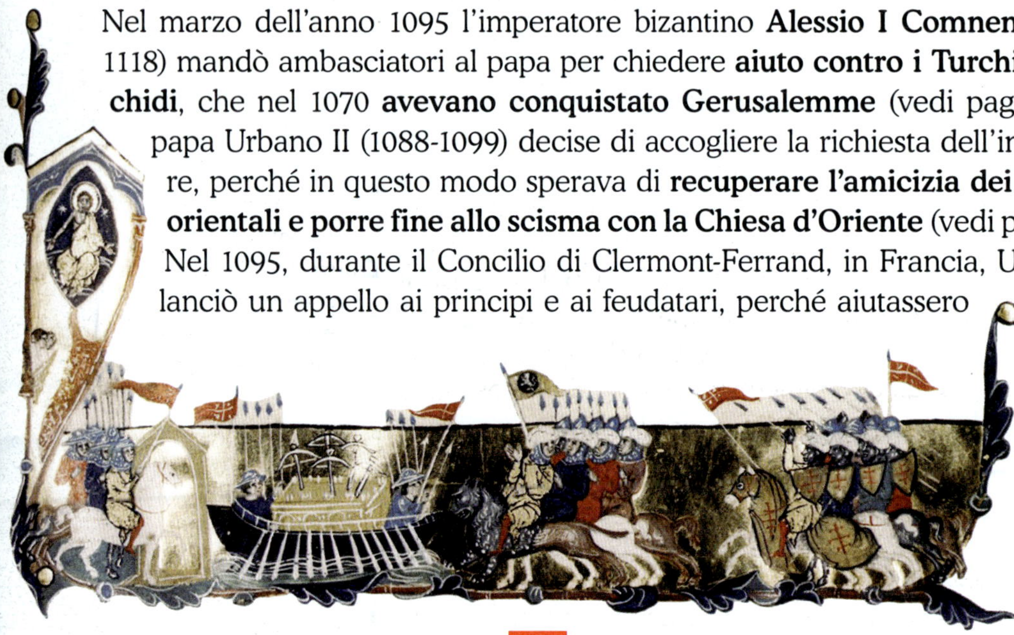

Nel marzo dell'anno 1095 l'imperatore bizantino **Alessio I Comneno** (1081-1118) mandò ambasciatori al papa per chiedere **aiuto contro i Turchi Selgiuchidi**, che nel 1070 **avevano conquistato Gerusalemme** (vedi pag. 196). Il papa Urbano II (1088-1099) decise di accogliere la richiesta dell'imperatore, perché in questo modo sperava di **recuperare l'amicizia dei vescovi orientali e porre fine allo scisma con la Chiesa d'Oriente** (vedi pag. 183). Nel 1095, durante il Concilio di Clermont-Ferrand, in Francia, Urbano II lanciò un appello ai principi e ai feudatari, perché aiutassero i Bizantini e organizzassero una spedizione per **liberare Gerusalemme e i Luoghi Santi dal dominio dei Turchi**. In cambio di questo impegno, il papa garantiva a tutti coloro che fossero morti durante la spedizione l'**assoluzione dai peccati**.

Nasce il movimento delle crociate

La **risposta all'appello fu entusiasta**. Molti accolsero l'invito del papa, dando vita al movimento religioso e militare più imponente del Medioevo: le **crociate**. A motivo della croce cucita sugli abiti, come segno di riconoscimento e dimostrazione di fede, i "**soldati di Cristo**" che partirono per riconquistare la Terrasanta presero il nome di "**crociati**".
Il vasto movimento delle crociate (durato per quasi **tre secoli**) fu sostenuto da **motivi diversi**: accanto alle ragioni di **carattere religioso** ci furono motivazioni di **natura economica** e **politica**.

ALLE ORIGINI DELLE CROCIATE

MOTIVI RELIGIOSI

✔ Lo slancio con cui molti principi e cavalieri cristiani accolsero l'appello del pontefice era determinato sicuramente da un sincero **sentimento religioso**.

✔ Appariva importante soccorrere **i fratelli cristiani d'Oriente**, ma soprattutto risultava molto attraente l'idea che, morendo in battaglia, si sarebbe ottenuto il **perdono di tutti i peccati**, e quindi il Paradiso.

MOTIVI ECONOMICI

✔ **L'incremento demografico** aveva accresciuto il **bisogno di terre** spingendo molti a partire per l'Oriente in cerca di fortuna.

✔ La conquista turca della Palestina aveva reso più difficoltose le **relazioni commerciali con l'Oriente**.
La possibilità di riconquistare quella regione, quindi, si presentava come una straordinaria occasione per **rilanciare e ampliare gli scambi**.

MOTIVI POLITICI

✔ Molti nobili avevano visto ridursi i propri feudi, o addirittura li avevano persi; anche numerosi **cadetti**, entrati nei ranghi della cavalleria, speravano di ottenere in luoghi lontani quei **feudi** che in Europa era ormai sempre più difficile avere.

✔ Tra i motivi che spinsero il papa a indire le crociate c'era anche quello di **allontanare gli appartenenti alla piccola nobiltà**, responsabili di violenze e di scontri continui.

L'APPELLO DI URBANO II NELLE CRONACHE DEL TEMPO

L'appello di Urbano II è considerato tradizionalmente come l'avvenimento che diede l'avvio alle crociate. Di questo appello sono pervenute a noi versioni diverse.
Lo storico contemporaneo Steven Runciman prova a ricostruirlo sulla base dei resoconti di quattro cronisti del tempo.

Quattro cronisti contemporanei ci hanno tramandato le parole del papa. Due di loro, Roberto il Monaco e Baldrico di Dol, asseriscono di essere stati presenti alla riunione; un terzo, Fulcherio di Chartres, scrive come se fosse stato presente, mentre il quarto, Guiberto di Nogent, ottenne probabilmente la sua versione di seconda mano[1]. Ciascuno scrisse la sua cronaca alcuni anni più tardi e colorò la propria relazione alla luce degli avvenimenti posteriori[2]. Noi possiamo sapere soltanto approssimativamente che cosa Urbano disse in realtà[3].
Sembra che abbia cominciato il discorso dicendo che la cristianità orientale aveva invocato aiuto perché i Turchi stavano avanzando nel cuore delle terre cristiane, maltrattando gli abitanti e profanando i santuari. Egli mise in rilievo il particolare carattere sacro di Gerusalemme e descrisse le sofferenze dei pellegrini[4] che vi si recavano.
Lanciò il suo grande appello: la cristianità occidentale si metta in marcia per soccorrere l'Oriente; ricchi e poveri dovrebbero ugualmente partire, compiendo l'opera di Dio; e Dio li avrebbe guidati[5].
Non doveva esservi indugio: si preparassero a partire, quando fosse giunta l'estate, con Dio per loro guida.
Urbano parlò con fervore e con tutta l'arte di un grande oratore e la risposta fu immediata e straordinaria. Grida di "Deus le volt" – Dio lo vuole[6] – interruppero il discorso.

Da S. Runciman, Storia delle Crociate, Einaudi

1. *Dei quattro cronisti contemporanei, soltanto due affermano di aver assistito all'evento, gli altri lo riportano in modo indiretto.*

2. *I cronisti hanno riportato il discorso anni dopo l'evento. Nel riferirlo, inoltre, essi furono influenzati dagli eventi successivi.*

3. *Considerate queste circostanze, lo storico invita a valutare con prudenza la veridicità di questi resoconti, concludendo che non si può conoscere ciò che realmente il papa disse.*

4. *Il racconto dei cronisti del tempo sembra concordare sul fatto che il papa esordì parlando delle sofferenze causate dai Turchi ai Cristiani.*

6. *L'abilità oratoria del papa è tale da suscitare tra i presenti una risposta entusiasta e immediata, che si traduce nel famoso grido "Dio lo vuole".*

6. *Il papa si rivolge a tutti i Cristiani indistintamente, presentando l'impresa come rispondente alla volontà di Dio.*

ANALISI DEL DOCUMENTO STORIOGRAFICO

- Ci è pervenuto il documento originale del discorso di papa Urbano II?
- Quali cronisti hanno riferito l'appello del papa?
- Chi fra i cronisti asserisce di essere stato presente?
- I cronisti presenti hanno trascritto il discorso nel momento in cui fu pronunciato?
- Perché lo storico afferma che possiamo sapere solo in modo approssimativo ciò che realmente il papa disse?
- Sulla base del resoconto dei quattro cronisti, che cosa si può affermare relativamente al contenuto dell'appello del papa?

PER LA COMPRENSIONE

- Perché l'imperatore bizantino mandò ambasciatori al papa?
- Perché Urbano II decise di assecondare la richiesta avanzata dall'imperatore?
- Quale appello rivolse il papa ai principi cristiani?
- Quale fu l'esito? Perché chi partecipò alla spedizione fu detto "crociato"?
- Quali motivi religiosi mossero molti principi e cavalieri a rispondere all'appello del papa?
- Quali erano i motivi economici che determinarono il successo delle crociate?
- Quali erano le aspirazioni dei cadetti?
- Quali motivazioni politiche spinsero il papa a indire le crociate?

Pietro l'Eremita guida la "crociata dei pezzenti"

PIETRO L'EREMITA, UN TRASCINATORE DI FOL

Dopo il Concilio di Clermont-Ferrand, mentre si discuteva su come organizzare la spedizione in Terrasanta, un **monaco predicatore**, **Pietro** d'Amiens, noto come **l'Eremita**, raccolse intorno a sé una massa consistente di **pellegrini** e con essi, già nella primavera del 1096, si mise in marcia con l'intento di **raggiungere Gerusalemme e liberare il Santo Sepolcro**. Di questa disordinata spedizione facevano parte soprattutto **contadini** e **poveri di ogni genere**. Vi erano persino **vecchi**, **donne** e **bambini**, spinti a partire dal forte sentimento religioso e, in molti casi, anche dalla speranza di fare fortuna. Si avventurarono pure alcuni cavalieri appartenenti alla piccola nobiltà, decisi a conquistare nuovi feudi. Quella folla senza controllo né ordine, priva di un adeguato equipaggiamento e di conoscenze geografiche precise, fu chiamata "**crociata dei pezzenti**". Molti seguaci di Pietro l'Eremita **persero la vita già durante i combattimenti verificatisi lungo la strada per l'Oriente**. I superstiti, dopo avere raggiunto Costantinopoli, furono mandati dall'imperatore bizantino a combattere contro i Turchi e **finirono letteralmente massacrati**.

Pietro l'Eremita conduce i suoi pellegrini in marcia per liberare Gerusalemme e i Luoghi Santi.

Miniatura raffigurante l'assedio di Gerusalemme che si concluse con la conquista da parte dei crociati nel 1099.

Parte la prima crociata

La prima vera crociata partì verso la **fine del 1096**. Alla guida degli eserciti si posero i **principali feudatari europei**, soprattutto francesi, tedeschi e normanni: Goffredo di Buglione, Boemondo di Taranto, Raimondo di Tolosa, Tancredi d'Altavilla.

Gli eserciti, provenienti da tutta Europa, si riunirono a Costantinopoli e si diressero poi verso Gerusalemme, che raggiunsero nel **1099**. Dopo un lungo assedio, **la città venne conquistata il 15 luglio**. I guerrieri si abbandonarono a uno spaventoso massacro di Ebrei e Musulmani.

I territori conquistati furono organizzati in **quattro Regni** (Gerusalemme, Tripoli, Antiochia ed Edessa), a difesa dei quali vennero posti alcuni **ordini di monaci guerrieri** (come i **Templari** e gli Ospitalieri o **Cavalieri di Malta**), che si occupavano anche di assistere i pellegrini.

PER LA COMPRENSIONE

- Chi era Pietro l'Eremita? Che cosa fece?
- Chi si pose al seguito di Pietro l'Eremita?
- Quale fu l'esito della "crociata dei pezzenti"?
- Quando partì la prima vera crociata? Chi la comandava?
- Quando fu conquistata Gerusalemme?
- Come furono organizzati i territori conquistati?

IL MONDO DELLE CROCIATE E I SUOI PROTAGONISTI

Il movimento delle crociate ebbe una vasta ripercussione a livello non solo politico ed economico, ma anche culturale, dando vita ad una vera e propria epopea.
Eventi, luoghi e personaggi delle crociate entrarono nella **memoria collettiva** europea e musulmana, lasciando tracce durature nella mentalità, nell'arte, nella letteratura e nella lingua.

LA CROCE COME VESSILLO

Il segno distintivo dei soldati crociati era la croce. Questa era apposta sulla tunica, sul mantello e sullo scudo. Il segno della croce sventolava anche sui vessilli accanto agli emblemi delle casate nobiliari dei condottieri cristiani.

Riccardo Cuor di Leone

Re d'Inghilterra, partecipò alla **terza crociata** per liberare Gerusalemme, caduta nelle mani di Saladino. Vinse il sultano in battaglia, nel 1191, ma non riuscì a riprendere Gerusalemme. Nel 1192 firmò una **tregua con il Saladino**, dopo aver ottenuto la garanzia che i pellegrini cristiani non sarebbero stati perseguitati.

Goffredo da Buglione

Nobile fiammingo, guidò la fase finale della **prima crociata**. Dopo la presa di Gerusalemme, rifiutò il titolo di re, assumendo, invece, quello di "**Difensore del Santo Sepolcro**".

Saladino

Diventato **sultano d'Egitto** nel 1171, guidò la ricostituzione dell'unità del mondo musulmano, lanciando una guerra santa contro i Cristiani.
Nel giro di pochi anni riconquistò tutto il Vicino Oriente, compresa Gerusalemme, caduta nelle sue mani nel 1187.
A dispetto dell'appellativo con cui è conosciuto, cioè "**feroce Saladino**", questo sultano si distinse, oltre che per la sua abilità militare, per la **generosità** e **magnanimità** nei confronti degli avversari.

I TEMPLARI, SOLDATI DI CRISTO

Tra gli ordini monastico-militari preposti alla difesa dei regni cristiani e all'assistenza dei pellegrini spicca quello dei **Templari**, così chiamati perché dopo la prima crociata avevano ottenuto un alloggio collegato ad un sotterraneo, sul quale si ergeva in passato il Tempio di Salomone. Chi entrava nell'ordine si sottoponeva ad una **dura disciplina**, consacrandosi completamente alla vita militare, abbandonando ogni legame familiare e vivendo in completa povertà.
La violazione della disciplina era punita duramente, fino all'espulsione dall'ordine.
A capo dell'ordine c'era un **Gran Maestro**.

INTOLLERANZA E LIBERTÀ RELIGIOSA

Le crociate continuano per due secoli

Alla prima crociata ne seguirono altre sette, tra il 1147 e il 1270. **Nessuna di esse, però, raggiunse il successo ottenuto dalla prima**.
Le iniziali motivazioni religiose si persero progressivamente a vantaggio di **interessi economici e politici** (delle repubbliche marinare, dei re, dell'imperatore e del papa).

Le conseguenze delle crociate

Nel complesso, quindi, le crociate non raggiunsero gli obiettivi prefissati:

1. **Gerusalemme non fu liberata**; se si eccettuano brevi periodi sotto il controllo dei Cristiani, essa **rimase in mano ai Musulmani**;
2. **la riunificazione della cristianità non si verificò**, anzi la separazione tra la Chiesa d'Oriente e quella d'Occidente si fece ancora più profonda, soprattutto dopo i fatti della quarta crociata che, per volere dei Veneziani, fu diretta contro Costantinopoli;
3. **la sete di terre rimase inappagata**, perché i territori conquistati ai Musulmani vennero persi nel giro di poco tempo.

Luigi IX il Santo parte per la settima crociata.

Le crociate **avvantaggiarono economicamente le repubbliche marinare italiane**, che affittarono ai crociati le navi e fecero loro ingenti prestiti in denaro, ricavandone enormi guadagni. Venezia arrivò addirittura a usare a proprio vantaggio la quarta crociata (1202-1204) per espandere il suo dominio commerciale ai danni dell'Impero bizantino e assicurarsi la **supremazia commerciale nel Mediterraneo orientale e nei mercati d'Oriente**.
L'intenso movimento di uomini e navi fece sì che giungessero in Europa numerosi prodotti provenienti dall'Oriente e dall'Asia: spezie, riso, agrumi, zucchero di canna, stoffe preziose (seta, mussolina, damasco), tessuti e tappeti.
Una conseguenza negativa fu certamente (oltre all'enorme numero di vittime) lo **spirito di intolleranza religiosa**, che si diffuse sia in Europa sia nel mondo musulmano. Nel periodo delle crociate, inoltre, iniziò un atteggiamento di **ostilità nei confronti degli Ebrei** che sarà una costante della storia europea: giudicati alla stregua degli "infedeli", essi divennero **vittime di crudeli atrocità** fin dalla "crociata dei pezzenti".

PER LA COMPRENSIONE

- Quali furono gli esiti delle crociate successive alla prima?
- Quali motivazioni sostituirono l'iniziale spinta religiosa?
- Perché le crociate non raggiunsero i risultati sperati?
- Chi trasse maggiori vantaggi economici dalle crociate?
- Che cosa produsse l'intenso movimento di uomini e navi tra Occidente e Oriente?
- Quali furono alcune delle conseguenze più negative delle crociate?

focus

LA STORIA NELLE PAROLE

La parola **crociata** ha assunto significati diversi da quello storico di spedizione militare cristiana per liberare dai Musulmani la Terrasanta. Nei secoli successivi, vennero chiamate crociate le lotte contro le eresie e i nemici della cristianità in genere, intrecciandosi con il concetto di guerra santa e guerra di religione.
Oggi nel linguaggio corrente il termine viene utilizzato anche per indicare campagne organizzate contro fenomeni o comportamenti giudicati negativi o socialmente pericolosi.

DUE SECOLI DI SPEDIZIONI IN TERRASANTA

1096 - 1099 • PRIMA CROCIATA

Gli eserciti al comando dei grandi feudatari si riunirono a Costantinopoli. Da qui mossero verso l'Anatolia e la Palestina, conquistando Nicea, Edessa, Antiochia e, infine, Gerusalemme.

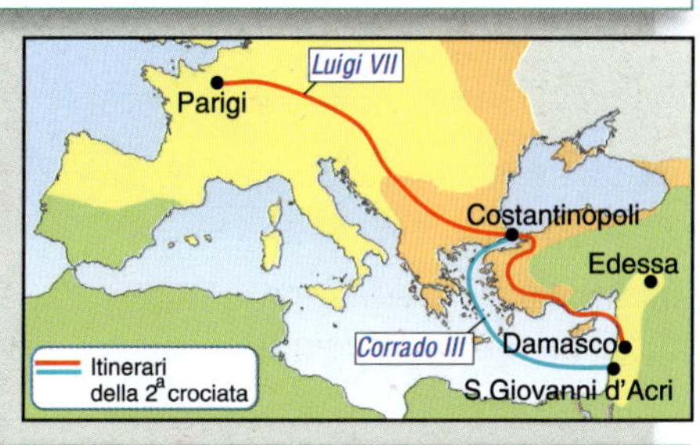

1147 - 1149 • SECONDA CROCIATA

Venne bandita per riconquistare la Contea di Edessa tornata in mano musulmana. Vi parteciparono il re di Francia Luigi VII e l'imperatore Corrado III. La spedizione si concluse con un **insuccesso** nell'assedio di Damasco, anche per i contrasti tra i due sovrani.

1189 - 1192 • TERZA CROCIATA

Venne bandita per riconquistare Gerusalemme tornata nel 1187 in mano musulmana grazie al sultano Saladino. Venne chiamata la "**crociata dei re**" perché la guidarono l'imperatore Federico Barbarossa, il re d'Inghilterra Riccardo Cuor di Leone e il re di Francia Filippo II Augusto. Morto il Barbarossa, i contrasti tra gli altri due sovrani portarono di fatto al fallimento della spedizione; il re inglese, tuttavia, stipulò un accordo con il Saladino per consentire i pellegrinaggi cristiani a Gerusalemme.

1202 - 1204 • QUARTA CROCIATA

Bandita da Innocenzo III, venne diretta per motivi economici contro l'Impero bizantino su istigazione del doge veneziano. Questa "**crociata di Cristiani contro Cristiani**" si concluse con la **caduta di Costantinopoli**, lo sterminio dei suoi abitanti e la fondazione dell'Impero Latino (1204-1261). Venezia si impossessò delle isole e degli scali marittimi più importanti dell'Impero bizantino.

1217 - 1221 • QUINTA CROCIATA

Indetta sempre da Innocenzo III, venne diretta verso l'Egitto. Si concluse anch'essa con un **insuccesso** e una strage di crociati al Cairo, travolti durante la ritirata dalle acque del fiume Nilo.

1228 - 1229 • SESTA CROCIATA

Più che di una crociata si trattò di un **accordo** tra l'imperatore **Federico II** (che il papa aveva minacciato di scomunica se non avesse intrapreso la spedizione) e il sultano d'Egitto. L'accordo assicurava ai Cristiani il possesso di Gerusalemme per 10 anni.

1248 - 1254 • SETTIMA CROCIATA

Bandita dal papa Innocenzo IV dopo la riconquista musulmana (definitiva) di Gerusalemme del 1244, la crociata riscosse pochi consensi. Fu guidata dal re di Francia **Luigi IX il Santo**, che venne fatto prigioniero, concludendosi con un **insuccesso**.

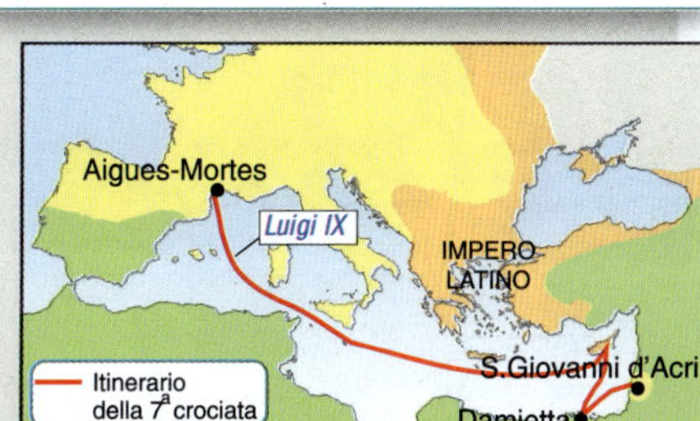

1270 • OTTAVA CROCIATA

Sempre guidata da Luigi IX, questa crociata è considerata l'ultima. Si concluse ancora prima che iniziassero le ostilità, a causa della peste, che colpì l'esercito crociato giunto in Egitto e di cui fu vittima lo stesso re. Altre crociate vennero bandite dopo il 1270, senza essere poi realizzate. Nel frattempo gli eserciti musulmani riconquistavano gli avamposti cristiani. Nel 1291 cadde **San Giovanni d'Acri, l'ultima roccaforte cristiana in Terrasanta**.

Movimenti ereticali e ordini mendicanti

Torna la richiesta di riforma

La riforma della Chiesa (vedi pag. 180 e seguenti) non aveva risposto del tutto al desiderio di rinnovamento spirituale diffuso nel mondo cristiano. Tra l'XI e il XIII secolo sorsero **nuovi movimenti che chiedevano un ritorno agli ideali evangelici**. Fra questi, i più importanti furono quelli dei **Càtari** e dei **Valdesi**.

I movimenti dei Catari e dei Valdesi

GLOSSARIO

Inquisizione

La parola "inquisizione" deriva dal latino inquirere, che significa "fare indagini". È un vocabolo che si usa ancora oggi in ambito giudiziario, quando si parla di "inquirenti", per indicare chi svolge le indagini riguardo a un reato, oppure di "inquisiti" in riferimento a chi è sospettato di averlo commesso.

I **Càtari** (o Albigesi, dal nome della città di Albi, nella Francia meridionale, dove erano più numerosi) si posero in **netta contrapposizione con la Chiesa di Roma**, rifiutando di riconoscerne l'autorità.
Essi intendevano restare puri (*katharós* in greco significa "puro") da ogni contatto con il mondo e sostenevano che gli unici valori da seguire fossero la **vita spirituale**, la **preghiera** e la **povertà**.
Il movimento dei **Valdesi** venne fondato dal mercante di Lione **Pietro Valdo** (circa 1140-1206). I Valdesi **chiedevano una riforma profonda della Chiesa** e il **diritto di tutti i laici alla predicazione**. Quest'ultima richiesta, però, si scontrava con il fatto che allora **solo gli ecclesiastici erano autorizzati a spiegare le Sacre Scritture**. Anche il fatto che Valdo avesse curato una traduzione della Bibbia in lingua volgare, rendendola accessibile direttamente al popolo, appariva come una **sfida nei confronti della Chiesa ufficiale**.

La Chiesa promuove la crociata contro le eresie

Catari condannati al rogo.

Càtari e Valdesi intendevano rilanciare **gli ideali più autentici del Cristianesimo**, ma spesso assumevano posizioni (ad esempio il rifiuto dell'Eucarestia e delle immagini sacre da parte dei Catari) che non si conciliavano neppure con coloro che, all'interno della Chiesa, condividevano le medesime aspirazioni. Per questo motivo i nuovi movimenti religiosi furono **sentiti come una minaccia e condannati come eretici**, cioè contrari alla dottrina ufficiale della Chiesa. Nel 1198 divenne papa **Innocenzo III**, il quale, per stroncare definitivamente l'eresia càtara, nel 1208 lanciò una vera e propria **crociata contro gli Albigesi**, la prima condotta in Europa. Nel giro di vent'anni i Catari furono completamente sterminati (1209-1229), nel corso di campagne militari guidate da condottieri che approfittarono di questa guerra di religione per estendere i propri domini nella Francia meridionale. Innocenzo III incaricò anche i vescovi di avviare nelle loro diocesi un'**attività di "inquisizione"**, che consisteva nella ricerca sistematica degli eretici.
I Valdesi non subirono la stessa fine tragica dei Catari. Furono però **scomunicati, perseguitati e allontanati dalle città**. Anche se emarginati in aree periferiche (vallate alpine), essi **riuscirono a sopravvivere** e tutt'oggi esiste una **Chiesa valdese**, riorganizzata su nuove basi nel XVI secolo nell'ambito della Riforma protestante.

LA DIFFUSIONE DEI MOVIMENTI ERETICALI

I movimenti ereticali si diffusero rapidamente in vaste regioni dell'Europa centro-settentrionale e, nonostante gli sforzi compiuti dalla Chiesa per eliminarli, costituivano una presenza significativa ancora nel XV secolo. Alcuni di questi movimenti (Valdesi e Hussiti) saranno successivamente assorbiti nella Riforma protestante.

Le prime ***comunità catare*** *si insediarono in vari territori dell'Europa occidentale, principalmente nella Francia meridionale e in Italia settentrionale. In Italia la Chiesa lanciò una massiccia campagna missionaria e intimidatoria contro l'eresia catara, annientata nel corso del XIII secolo dai numerosi processi inquisitori.*

Le ***comunità valdesi*** *si salvarono dalle persecuzioni rifugiandosi in diverse zone alpine, in Provenza, Germania e Spagna. In Italia trovarono rifugio soprattutto nelle vallate piemontesi.*

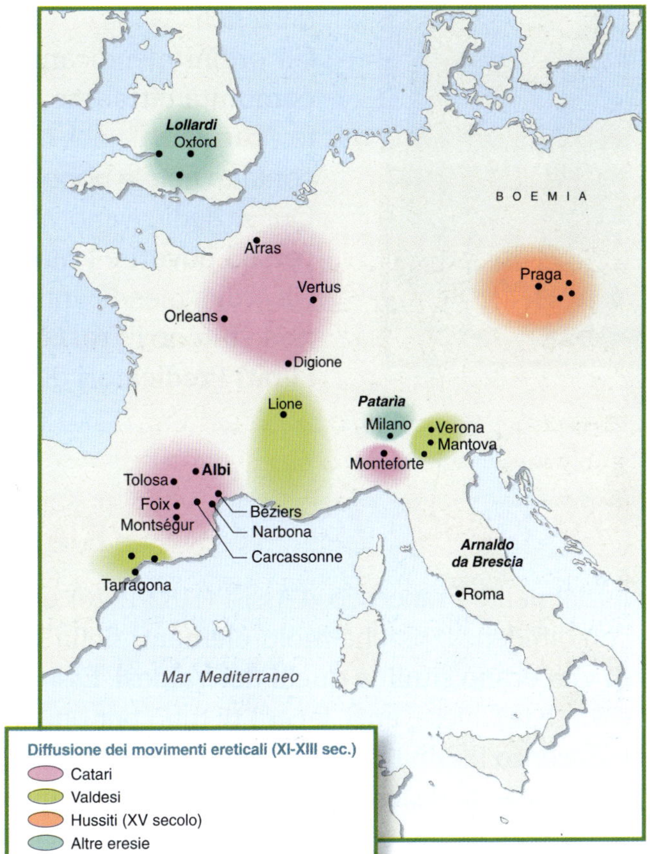

Il movimento della ***Patarìa*** *(dal termine dialettale paté, "straccione") si sviluppò a Milano nella seconda metà dell'XI secolo. Si trattava di un movimento laico e popolare, che intendeva combattere in particolare la simonìa del clero cittadino. La protesta assunse caratteri politici e si inserì nella lotta per le investiture.*

Arnaldo da Brescia *fu promotore, tra la fine dell'XI secolo e gli inizi del XII, di un movimento che denunciava la corruzione della Chiesa e che reclamava con forza la fine del suo potere temporale.*

PER LA COMPRENSIONE

- Perché sorsero nuovi movimenti che auspicavano un rinnovamento spirituale?
- Quali posizioni assunsero i Càtari?
- Che cosa chiedevano i Valdesi?
- Per quale motivo la Chiesa si oppose ai movimenti dei Càtari e dei Valdesi?
- Che cosa fece Innocenzo III contro i Càtari? Quale azione avviò e con quale obiettivo?
- Che cosa accadde ai Valdesi?

ANALISI DELLA CARTA STORICA

- Quali eresie si diffusero in Europa tra l'XI e il XIII secolo?
- In quali regioni si diffuse il movimento dei Catari?
- Dove erano diffusi in particolare i Valdesi? Dove si rifugiarono durante le persecuzioni?
- Che cosa reclamava il movimento fondato da Arnaldo da Brescia?
- Dove si sviluppò la Patarìa? Quali erano gli scopi del movimento?

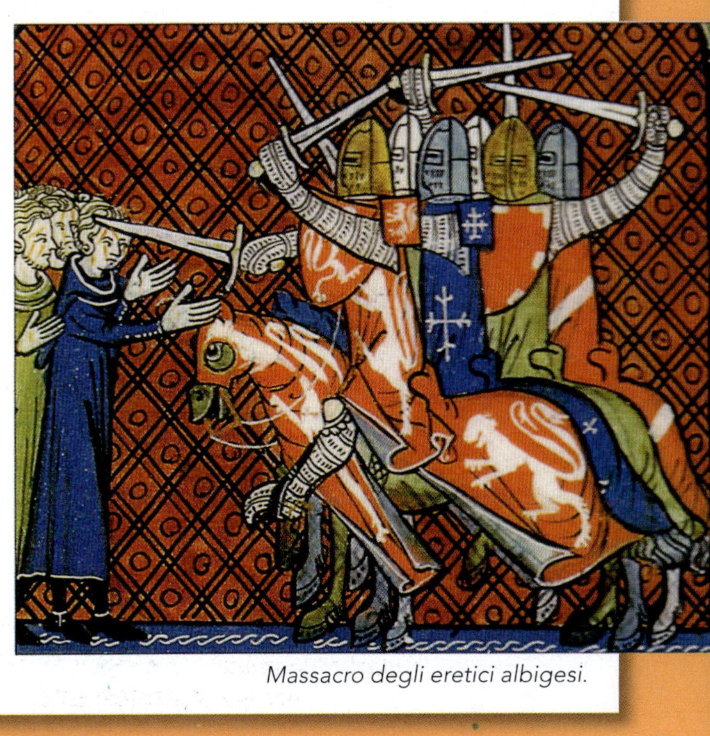

Massacro degli eretici albigesi.

B. Gozzoli, L'incontro di san Francesco e san Domenico, *(metà XV sec.)*.

Nascono gli ordini mendicanti

Accanto ai movimenti ereticali, fra il XII e il XIII secolo sorsero **altri movimenti riformatori**, che però rimasero **legati alla Chiesa cattolica**. Molti di questi gruppi diedero vita a veri e propri **ordini religiosi**, detti "**ordini mendicanti**", perché vivevano delle sole offerte dei fedeli.

Gli ordini mendicanti si inserirono attivamente nelle **comunità cittadine**, costruendo le loro case, chiamate "**conventi**", nel cuore dei centri urbani, a diretto contatto con la popolazione.

Qui si dedicavano alla **predicazione** e all'**assistenza verso i poveri e i malati**.

Gli ordini mendicanti più importanti sorti in questo periodo furono i **Frati Minori** di san Francesco d'Assisi e i **Frati Predicatori** di san Domenico di Guzmán.

Francesco fonda l'ordine dei Frati Minori

LA REGOLA FRANCESCANA

IL MOVIMENTO FRANCESCANO E LA RIVOLUZIONE NELL'ARTE

Inizialmente Francesco d'Assisi (1182-1226) e i suoi compagni furono guardati con diffidenza, perché **molti elementi della loro predicazione e del loro stile di vita erano simili a quelli dei Valdesi**. Essi, tuttavia, non intendevano abbandonare la Chiesa; anzi, fecero di tutto per ottenerne l'approvazione.

Innocenzo III intuì che quel gruppo di uomini rappresentava una **forza nuova e preziosa** e diede loro il **permesso di vivere insieme e di predicare il Vangelo**.

Il suo successore, Onorio III (1216-1227), nel 1223 approvò ufficialmente la ***Regola*** preparata da Francesco.

Nasceva così l'ordine dei Frati Minori (detti anche **Francescani**). Negli stessi anni **Chiara d'Assisi** (1193-1253) seguì l'esempio di Francesco e con alcune compagne fondò l'ordine delle **Clarisse**.

GLOSSARIO

Convento

La parola deriva dal latino convenire, che significa "ritrovarsi insieme". A differenza dei monaci, i frati non vivevano isolati all'interno del monastero, ma andavano in mezzo alla gente, giravano nelle città, ritrovandosi poi nel convento.

Frati

Il termine di origine latina (fratres) significa "fratelli". Esso sottolinea il legame basato sulla fraternità tra gli appartenenti alla comunità religiosa.

Domenico fonda l'ordine dei Predicatori

Un altro importante ordine mendicante venne fondato da **Domenico di Guzmán** (1170-1221), proveniente da una nobile famiglia della **Castiglia** (nella penisola iberica). Domenico era convinto che per sconfiggere le eresie non servisse la repressione, ma fosse necessario **predicare al popolo il vero messaggio del Vangelo e offrire un esempio di vita improntato alla povertà**.

Per raggiungere questi obiettivi, Domenico fondò l'**Ordine dei Predicatori** (poi detti "**Domenicani**"), che si caratterizzava, oltre che per una **vita religiosa esemplare**, anche per la profonda **formazione culturale**, adatta a istruire e a educare il popolo secondo la dottrina della Chiesa.

Il nuovo ordine mendicante fu approvato dal papa Onorio III nel 1216 e ben presto i Domenicani ebbero **importanti incarichi** nell'insegnamento.

Ad essi venne affidata anche la **guida dei tribunali dell'Inquisizione**, compito nel quale furono in seguito affiancati dai Francescani.

focus

I TRIBUNALI DELL'INQUISIZIONE

L'Inquisizione da strumento correttivo...

Una prima idea di **inquisizione** (anche se non si chiamava ancora così) risale al 1184, quando il papa Lucio III si trovò a dovere fronteggiare l'eresia dei Càtari.
Pochi decenni più tardi, Innocenzo III avviò l'inquisizione nelle diocesi, allo scopo di stroncare sul nascere i movimenti ereticali.
L'intenzione non era quella di punire o perseguitare gli eretici, ma mettere a punto gli strumenti più adatti per **istruirli** e **correggerli**, riconducendoli all'obbedienza nei confronti della Chiesa.

... a strumento repressivo, punitivo...

Sotto il papato di Gregorio IX (1227-1241) furono istituiti i **tribunali dell'Inquisizione** veri e propri, affidati nel 1231 agli ordini mendicanti. Lentamente, a partire da quel momento, l'azione nei confronti degli eretici iniziò a trasformarsi: perse le proprie caratteristiche di strumento correttivo, assumendo sempre più compiti di **repressione** e di **punizione**. I presunti eretici subivano **interrogatori** durante i quali venivano invitati a riconoscere i propri errori e a pentirsi: se si ostinavano a non ammettere la propria colpevolezza, pur di estorcere una **confessione** gli inquisitori utilizzavano contro di loro anche la **tortura**.
Quando, dopo gli interrogatori e le eventuali torture, gli eretici si rifiutavano di riconoscere e rinnegare i propri errori, allora venivano condannati a morte e **arsi vivi** (in modo che insieme a loro potesse bruciare la loro colpa, senza che ne restasse traccia).

... e politico

Nel Medioevo, e poi ancora in Età moderna, i tribunali dell'Inquisizione furono incaricati di ricercare uomini e donne colpevoli di eresia, oppure di **stregoneria**.
La cosiddetta "**caccia alle streghe**" rappresenta un capitolo importante e tragico della storia dell'Inquisizione, che portò alla condanna a morte di migliaia di persone, soprattutto **donne**. I tribunali dell'Inquisizione, in quanto **tribunali ecclesiastici**, non avevano facoltà di eseguire sentenze capitali, perciò, una volta giudicati colpevoli, i condannati venivano affidati alle autorità civili, il cosiddetto "braccio secolare", che eseguiva la pena.

Questo **intreccio fra Inquisizione e potere politico** generò talvolta gravi abusi. Accadeva infatti che le autorità civili, per sbarazzarsi di avversari politici o personaggi scomodi, ottenessero contro di essi dal tribunale dell'Inquisizione una condanna a morte per eresia: in questo modo furono mandate al rogo persone del tutto innocenti, almeno sotto il profilo dei loro convincimenti religiosi.

Eretici condannati al rogo, in un dipinto di P. Berruguete (1495).

PER LA COMPRENSIONE

- Che cosa erano gli ordini mendicanti?
- Quali erano le caratteristiche degli ordini mendicanti?
- Quali furono i più importanti ordini mendicanti?
- Perché Francesco e i suoi furono inizialmente guardati con sospetto?
- Che cosa fece il papa nei confronti di Francesco? Perché?
- Che cosa era necessario fare, secondo Domenico, per combattere le eresie?
- Quali erano le caratteristiche dei Domenicani?
- Quali incarichi vennero affidati ai Domenicani?

SAN FRANCESCO E L'IDEALE FRANCESCANO

*Poche figure nella storia hanno esercitato sullo spirito umano un'influenza tanto forte quanto **san Francesco**. Un'esperienza, quella francescana, che ha mantenuto intatto il suo **valore esemplare** fino ai giorni nostri.*

*Giovanni di Pietro Bernardone (detto "Francesco" per i commerci del padre con la Francia e per la madre di origine francese) nacque nel **1182** ad **Assisi**. Dopo aver trascorso una giovinezza agiata e spensierata, attraversò una **profonda crisi spirituale** che lo spinse ad abbandonare la famiglia e tutte le sue ricchezze per mettersi al servizio di Dio e delle persone più povere.*

*In breve tempo egli raccolse intorno a sé **numerosi seguaci**, che accettarono il suo stile di vita basato interamente sugli insegnamenti del Vangelo: in particolare, la **pratica della povertà**, il **servizio agli altri** – soprattutto i più miseri –, lo **spirito di fratellanza**.*

San Francesco predica agli uccelli.

LA *REGOLA* FRANCESCANA

Già nel 1209 Francesco aveva steso una breve *Regola* per se stesso e per i suoi primi undici compagni, approvata da Innocenzo III (***Regula primitiva***). Ad essa era seguita, riformulata, la Regola approvata ufficialmente da Onorio III nel novembre 1223 (*Regula bullata*).

I punti salienti della *Regola francescana* erano: l'**osservanza stretta del Vangelo**; la scelta della **povertà assoluta** con la rinuncia ad ogni forma di possesso; la ricerca della **salvezza del prossimo** attraverso la predicazione; l'esempio e la carità; il sostentamento attraverso il **lavoro** e, se necessario, l'**elemosina**.

Dalla *Regola* emerge chiaramente che san Francesco era animato dalle stesse istanze di numerosi movimenti più o meno ereticali, ma, a differenza di questi, egli auspicò il **ritorno alla originaria purezza evangelica** rimanendo all'interno della Chiesa.

L'IDEALE FRANCESCANO

Lo spirito francescano, che si identifica nella scelta della povertà e dell'adesione radicale al messaggio evangelico, ha sfidato e continua a sfidare i secoli, proponendo ideali di **gioia, pace, fraternità, libertà, armonia, riconciliazione degli uomini fra di loro e con il resto del creato**. Ideali cui gli uomini anelano, spesso invano, e che Francesco realizzò con la propria vita, riuscendo anche a **stabilire un contatto** esemplare con l'allora avversario storico del Cristianesimo, l'**Islam**.

Francesco, infatti, si era recato in Egitto nel 1219 (durante lo svolgimento della quinta crociata) e aveva visitato il sultano al-Malik al-Kamil con l'intento di annunciargli il Vangelo. Il rispetto che egli seppe guadagnarsi presso i Musulmani fece sì che proprio ai Francescani venisse concessa fin da allora la **custodia dei Luoghi Santi**, garantendo una presenza pacifica dei Cristiani in quei luoghi.

Frate Francesco incontra il sultano al-Malik al-Kamil nel 1219.

IL RACCONTO PER IMMAGINI DELLA VITA DI FRANCESCO

Già all'indomani della morte (1226) la figura di Francesco fu oggetto di una forte devozione popolare.
Ancor prima che fosse proclamato santo, nel 1228, si sentì l'esigenza, per onorare *"il poverello di Assisi"*, di erigere una grande chiesa che ospitasse le sue spoglie: la **Basilica di san Francesco**. Alla decorazione pittorica della chiesa lavorarono tutti i grandi artisti italiani del XIII e XIV secolo. Tra questi spicca **Giotto** (circa 1267-1337), uno dei più grandi pittori italiani, autore, insieme ad alcuni allievi, delle ***Storie di san Francesco***, un ***ciclo di affreschi*** (1297-1300) che illustrano in ***28 scene*** la vita del santo, ispirandosi alla biografia di san Bonaventura.

Il Crocifisso chiede a Francesco di aiutare la Chiesa

Francesco rinuncia ai beni materiali

Il sogno di Innocenzo III: Francesco salva la Chiesa

Francesco con i primi seguaci chiede e ottiene l'approvazione della Regola

La morte di Francesco. Gli angeli portano il suo corpo in cielo

✓ SINTESI

AUDIOSINTESI

URBANO II BANDISCE LE CROCIATE

✔ Nel **1095** papa **Urbano II**, raccogliendo la richiesta di aiuto dell'imperatore bizantino, lanciò un appello al mondo cristiano affinché venisse organizzata una spedizione (**crociata**) per **liberare la Terrasanta** dai Musulmani.

LE MOTIVAZIONI DELLE CROCIATE

✔ L'adesione all'appello fu entusiasta, anche se a suscitarla, accanto a motivi di **carattere religioso**, ve ne erano altri di **natura economica** e **politica**: la guerra contro i Musulmani, infatti, tornava utile anche ai traffici delle repubbliche marinare e alle ambizioni di conquista di piccoli e grandi feudatari.

LA PRIMA CROCIATA E LA CONQUISTA DI GERUSALEMME

✔ Dopo il fallimento di una prima spedizione sorta spontaneamente, la cosiddetta "**crociata dei pezzenti**", una prima vera crociata comandata dai principi cristiani raggiunse Gerusalemme e la conquistò, nel **1099**, dopo uno spaventoso massacro di Ebrei e Musulmani. I territori liberati vennero organizzati in **quattro regni**, difesi da **ordini di monaci guerrieri** (*Templari*, *Ospitalieri*).

I RISULTATI E LE CONSEGUENZE DELLE CROCIATE

✔ Alla prima seguirono **altre sette crociate**, durante le quali le iniziali motivazioni religiose si persero a vantaggio di interessi economici e politici. Le crociate **non raggiunsero gli obiettivi prefissati**: Gerusalemme non fu liberata, se non per brevi periodi; i vantaggi economici furono scarsi; la separazione con la Chiesa di Bisanzio (ortodossa) si approfondì; si diffuse un maggior senso di intolleranza religiosa.

SI DIFFONDONO MOVIMENTI DI RINNOVAMENTO SPIRITUALE

✔ La riforma della Chiesa animata dai monaci di Cluny non aveva appagato il desiderio di rinnovamento spirituale della Chiesa di Roma e la **corruzione era ancora molto diffusa**. Tra l'XI e il XIII secolo sorsero pertanto alcuni movimenti religiosi che domandavano con forza un ritorno agli ideali evangelici. Tra questi, i più importanti furono quelli dei **Càtari** (Albigesi) e dei **Valdesi**.

LA CHIESA LOTTA CONTRO LE ERESIE

✔ Nel 1198 papa Innocenzo III **dichiarò eretici** i Càtari e i Valdesi; nel 1208 indisse contro i primi una crociata, passata alla storia come "crociata contro gli Albigesi".

✔ Per combattere il diffondersi delle eresie vennero fondati anche i **tribunali dell'Inquisizione** che, da strumento di correzione, si trasformarono presto in strumenti di repressione e di morte.

NASCONO GLI ORDINI MENDICANTI

✔ Numerosi furono anche i movimenti che, pur avanzando richieste analoghe a quelle dei Càtari e dei Valdesi, si mossero **rimanendo fedeli alla Chiesa di Roma**.

✔ Sorsero nuovi ordini religiosi, gli **ordini "mendicanti"**, così chiamati perché coloro che ne facevano parte vivevano in povertà grazie alle elemosine che ricevevano dalla gente.

✔ Tra gli ordini mendicanti più importanti vi furono quello fondato da **Francesco d'Assisi** (**Frati Minori**), impegnato soprattutto nel servizio ai bisognosi, e quello di **Domenico di Guzmán** (ordine dei **Predicatori**), dedito soprattutto alle attività di predicazione e di insegnamento.

CRONOLOGIA

- **XI-XIII secolo** – Diffusione movimenti ereticali
- **1070** – I Turchi conquistano Gerusalemme
- **1071** – I Turchi sconfiggono i Bizantini
- L'imperatore bizantino chiede aiuto al papa contro i Turchi
- **1095** – Urbano II bandisce la prima crociata
- **1096** – "Crociata dei pezzenti"
- **1096-1099** – Prima crociata
- **1099** – Conquista cristiana di Gerusalemme
- **1147-1270** – Altre sette spedizioni crociate
- **1170-1221** – Domenico di Guzmán
- **1182-1226** – Francesco d'Assisi
- **1193-1253** – Chiara d'Assisi
- **1208-1229** – Crociate contro gli Albigesi
- **1216** – Approvazione ordine domenicano
- **1223** – Approvazione Regola francescana
- **1291** – Cade S.Giovanni d'Acri

VERIFICA DI COMPRENSIONE

VERIFICHE INTERATTIVE

Le crociate

1. Indica se le affermazioni sono vere (V) o false (F).

☐ **a.** Il papa indisse la prima crociata nel 1195.
☐ **b.** Le città marinare italiane parteciparono alle crociate mosse da interessi economici.
☐ **c.** La "crociata dei pezzenti" liberò Gerusalemme.
☐ **d.** La prima crociata fu guidata dai grandi feudatari europei.
☐ **e.** I crociati, conquistata Gerusalemme, fecero accordi con Ebrei e Musulmani.
☐ **f.** Dopo la conquista cristiana, la Terrasanta fu organizzata in quattro regni.
☐ **g.** La quarta crociata venne diretta contro l'Impero bizantino su istigazione di Federico II.
☐ **h.** La quarta crociata terminò con la caduta di Costantinopoli.
☐ **i.** L'ultima roccaforte cristiana in Oriente cadde nel 1291.
☐ **l.** Le crociate non raggiunsero gli scopi prefissati.

Le motivazioni delle crociate

2. Riassumi le motivazioni alle origini delle crociate, completando lo schema.

1. motivi religiosi	2. motivi economici	3. motivi politici
....	....	....
....	....	....
....	....	....

a. *ottenere nuovi feudi* - ***b.*** *rilanciare e ampliare gli scambi* - ***c.*** *soccorrere i fratelli cristiani d'Oriente*
d. *conquistare nuove terre da sfruttare* - ***e.*** *allontanare la nobiltà turbolenta* - ***f.*** *ottenere il perdono di tutti i peccati*

Le conseguenze delle crociate

3. Sottolinea o evidenzia le conseguenze effettive delle crociate.

a. Gerusalemme rimase definitivamente sotto il controllo dei Cristiani.
b. Le repubbliche marinare ottennero notevoli vantaggi economici.
c. Costantinopoli si alleò con Venezia per la supremazia commerciale in Oriente.
d. I feudatari europei ottennero numerosi possedimenti in Oriente.
e. I territori conquistati furono ripresi dai Turchi e dai Musulmani nel volgere di pochi decenni.
f. Si approfondì l'intolleranza religiosa fra Cristiani e "infedeli" (Musulmani ed Ebrei).
g. Si ricompose la separazione tra Chiesa d'Oriente e Chiesa di Roma.
h. Si approfondì la separazione tra Chiesa d'Oriente e Chiesa di Roma.

MAPPA CONCETTUALE E LINEA DEL TEMPO

Movimenti ereticali e nuovi ordini religiosi

4. Indica con una ✘ la conclusione corretta tra quelle proposte.

a. La nascita di nuovi movimenti religiosi tra l'XI e il XIII secolo fu dettata
☐ 1. dal desiderio di ricomporre la separazione tra la Chiesa d'Oriente e la Chiesa di Roma.
☐ 2. dal desiderio di rinnovamento spirituale, di un ritorno agli ideali evangelici.
☐ 3. dalla volontà di liberare la Terrasanta.

b. Càtari e Valdesi furono considerati eretici
☐ 1. perché si opponevano all'autorità della Chiesa.
☐ 2. perché seguivano una vita povera.
☐ 3. perché fecero una crociata contro il Papato.

c. A differenza dei Càtari e dei Valdesi, la Chiesa approvò gli ordini mendicanti
☐ 1. perché predicavano l'assoluta povertà degli ecclesiastici.
☐ 2. perché predicavano un ritorno agli ideali evangelici ma rimanevano ancorati alla Chiesa cattolica.
☐ 3. perché le elemosine raccolte permettevano il sostentamento degli ecclesiastici.

d. Gregorio IX istituì i tribunali dell'Inquisizione
☐ 1. per eliminare gli eretici.
☐ 2. per convertire gli eretici e ricondurli alla fede cattolica.
☐ 3. per conoscere il numero degli eretici.

I COMUNI E L'IMPERO

21. LA NASCITA E L'EVOLUZIONE DEI COMUNI

Si afferma la borghesia

In Italia e in Europa la rinascita delle città dopo l'anno Mille (vedi pag. 168 e seguenti) fu resa possibile principalmente dallo **sviluppo dell'artigianato e del commercio** ed ebbe come protagonista un ceto sociale nuovo: la **borghesia**. I borghesi inizialmente abitavano nel borgo, lo spazio cittadino appena fuori dal castello e dalle mura. Si trattava di **artigiani**, **mercanti**, **notai**, **medici**... Ben presto, la borghesia divenne un **ceto sociale ricco e con un livello culturale elevato** e si trasferì a vivere all'interno delle città.

A destra: *raffigurazione della città di Milano, uno dei Comuni italiani più ricchi e potenti.*

Il Comune, governo autonomo delle città

Per meglio condurre i loro affari, gli esponenti del ceto borghese sentivano il bisogno di **liberarsi dalle tante limitazioni e dai tributi** dovuti al signore feudale o al vescovo-conte che aveva il controllo della città. Inoltre, volevano **accedere alle cariche pubbliche**, ancora riservate ai membri dell'aristocrazia.
Per raggiungere questi obiettivi, i borghesi, insieme a piccoli feudatari residenti in città, costituirono un'associazione chiamata "Comune".
Nel corso del XII secolo **la conquista delle libertà fu spesso pacifica**: il signore o il vescovo riconoscevano alcune prerogative e competenze all'associazione comunale, dietro versamento di una somma di denaro.
Con la definizione degli **Statuti**, ossia delle norme chiamate a regolare il funzionamento delle nuove istituzioni cittadine, i Comuni iniziarono la loro storia e diedero avvio a un **rapido sviluppo**. Da semplice organizzazione nata per difendere gli interessi di un gruppo sociale, il Comune divenne, concretamente, l'**organismo politico che amministrava la città e il territorio circostante**.
Per questo motivo, il termine "Comune" divenne sinonimo di "**governo indipendente di una città**", anche se formalmente riconosceva l'autorità dell'imperatore e del sovrano nei cui territori sorgevano i centri urbani.

L'IMPERATORE ENRICO IV E IL COMUNE DI LUCCA

L'esperimento comunale si diffonde

I Comuni non si diffusero ovunque nella stessa misura e non ebbero ovunque lo stesso grado di indipendenza e di libertà.
Nell'**Italia centro-settentrionale**, la **lontananza dell'imperatore** favorì sicuramente la fioritura dei Comuni. Dove, invece, esistevano **monarchie forti** (in Inghilterra, in Francia, nel Regno normanno), le città riuscirono solo a ottenere alcune libertà in ambito commerciale, ma sempre come **concessione dell'autorità feudale**. L'unica eccezione, nell'Europa settentrionale, fu rappresentata dalle **città del Mare del Nord e del Mar Baltico**, come Lubecca, Danzica, Riga, o dell'entroterra, come Colonia e Brema, ossia le città dell'**Hansa**, o **Lega Anseatica** (vedi pag. 173), che da unione commerciale si trasformò in una **organizzazione politica di città libere e indipendenti**.

GLOSSARIO

Comune

Il termine Comune risale al latino communis, che significa "possesso comune". La parola indicava in origine un'associazione di cittadini che intendevano innanzitutto garantire l'ordine e la concordia all'interno della città, in alcuni casi sottraendola al controllo del vescovo o del conte. Il termine passò poi a indicare tutta la comunità cittadina, la forma di governo che la reggeva e, alla fine, la città stessa e il contado circostante.

I COMUNI ITALIANI

Primi esperimenti di **governo autonomo** possono considerarsi quelli delle città marinare (**repubbliche marinare**). Amalfi, Genova, Venezia e Pisa, infatti, già a partire dal IX-X secolo avevano conquistato l'autonomia dal potere feudale, dando vita a governi indipendenti.
I **Comuni** italiani raggiunsero pieno sviluppo e piena autonomia anche perché gli imperatori tedeschi erano impegnati lontano dall'Italia. Spesso, inoltre, i vescovi-conti corrotti che governavano molte città italiane erano costretti ad abbandonare il governo sotto la spinta di rivolte popolari.
Questo spiega perché le città che conquistarono l'indipendenza erano situate soprattutto nell'**Italia centro-settentrionale**.
Nelle altre zone della penisola era più forte il potere esercitato dal pontefice o dai sovrani normanni.

PER LA COMPRENSIONE

- Che cosa favorì la rinascita delle città in Europa?
- Che cos'era la borghesia?
- Quali esigenze erano espresse dal ceto borghese?
- Come avvenne inizialmente la conquista delle libertà comunali?
- Che cosa divenne concretamente il Comune?
- Che cosa contribuì a determinare lo sviluppo dei Comuni italiani? Che cosa accadde dove vi erano poteri centrali forti?
- Quale altra esperienza europea può essere paragonata a quella dei Comuni italiani?

ANALISI DELLA CARTA STORICA

- Dove erano concentrati i Comuni italiani?
- Quali Comuni si costituirono nell'XI secolo?
- Quali Comuni si costituirono nel XII secolo?

La struttura della società comunale

FACCIO LO SCHEMA DEL COMUNE (FACCIO 4 FRECCIE) CON: • I NOBILI, ... • IL POP. GRASSO • IL POP. MINUTO • LA PLEBE

La popolazione cittadina del Comune comprendeva **quattro gruppi sociali** principali:

- i **nobili**, **piccoli e medi feudatari**, stabilitisi in città per sottrarsi al controllo dei grandi feudatari;
- il **popolo grasso**, cioè la **ricca borghesia**, formata da mercanti, maestri di bottega, proprietari di manifatture e banchieri, organizzati nelle arti maggiori (*vedi pagine seguenti*);
- il **popolo minuto**, cioè la **piccola borghesia**, formata dagli artigiani delle arti minori (*vedi pagine seguenti*);
- la **plebe**, cioè gli **operai salariati** e i **servitori**; alla plebe appartenevano molti **contadini** che abbandonavano i campi e si inurbavano (cioè si trasferivano in città) per trovare lavoro e cercare di migliorare la propria condizione economica. Questo ceto sociale di fatto non aveva peso politico e non partecipava alle decisioni.

I COMUNI FURONO UN ESPERIMENTO DI DEMOCRAZIA?

IL CICLO DEI MESI DI BENEDETTO ANTELAMI

FACCIO UNO SCHEMA DEL GOVERNO (FACCIO 4 FRECCIE)

Il governo consolare

Inizialmente i Comuni italiani adottarono una forma di governo chiamata "**consolare**". L'**assemblea del popolo** si riuniva "**a parlamento**", ossia per discutere e decidere tutto ciò che riguardava la vita del Comune. Nel corso di tale riunione si eleggevano gli **organi che dovevano governare** il Comune:

- due o più **consoli**, che avevano il compito di guidare la città;
- un **consiglio dei cittadini**, che deliberava le leggi;
- i **giudici**, che amministravano la giustizia;
- alcuni **magistrati o funzionari**, che si interessavano dell'istruzione e delle scuole, della salute, dell'organizzazione del lavoro, dell'esercito.

Questo sistema di elezione diretta delle magistrature cittadine si dimostrò presto **troppo complicato**; inoltre, **solo i più ricchi potevano permettersi di assumere le cariche di governo**, che erano pagate poco. Infatti, durante il periodo consolare, le cariche passarono alle famiglie nobili più potenti, che avevano guidato la conquista dell'autonomia.

IL POPOLO RIUNITO A PARLAMENTO

Il "**parlamento**" comunale era l'assemblea dei cittadini alla quale tutti potevano partecipare e nella quale anche le persone più modeste avevano diritto di parola.
Si riuniva in genere nel **palazzo pubblico** (chiamato nell'Italia settentrionale **arengario** o **broletto**) oppure sulla piazza, se era prevista una partecipazione massiccia di persone. Nonostante l'apparente democrazia che improntava la vita dei Comuni, di fatto, poi, erano poche le persone che concretamente prendevano le decisioni e il potere reale rimase nelle mani dell'**aristocrazia** o di esponenti particolarmente ricchi e potenti della **borghesia cittadina**.

I COMUNI ITALIANI AMANO LA LIBERTÀ MA DISPREZZANO LA LEGGE

I Comuni, pur acquistando sempre maggiore autonomia, rimanevano compresi nel territorio dell'Impero. Il cronista tedesco Ottone di Frisinga (zio dell'imperatore Federico I Barbarossa: vedi pag. 238 e seguenti), convinto sostenitore dell'autorità imperiale, mentre denuncia l'illegittimità dei Comuni, coglie alcuni elementi costitutivi e la forza della nuova istituzione.

Essi (i Latini/Lombardi) amano infatti la **libertà**[1] tanto che per sfuggire alla prepotenza dell'autorità si reggono con il governo dei consoli anziché di signori. Essendovi tra essi tre ceti sociali, cioè quello dei grandi feudatari, dei valvassori e della **plebe**[2], per contenerne le ambizioni eleggono i predetti consoli non da uno solo di questi ordini, ma da tutti e, perché non si lascino prendere dalla brama del potere, li cambiano **quasi ogni anno**[3].
Ne deriva che, essendo la terra suddivisa fra le città, ciascuna di esse costringe quanti abitano nella diocesi (territorio circostante, corrispondente alla giurisdizione di un vescovo) a stare dalla sua parte ed a stento si può trovare in tutto il territorio qualche nobile o qualche personaggio importante che non obbedisca agli ordini della città. Esse hanno anche preso l'abitudine di indicare questi territori come loro "**comitati**" (**contadi**)[4] e per non mancare di mezzi con cui contenere i loro vicini, non disdegnano di elevare alla condizione di cavaliere e alle più alte cariche giovani di bassa condizione e addirittura artigiani, praticanti **spregevoli arti meccaniche**[5], che le altre genti tengono lontano come la peste dalle cariche più onorevoli e liberali. Ne viene che esse sono di gran lunga superiori a tutte le città del mondo per ricchezza e potenza.
A tal fine si avvantaggiano non solo, come si è detto, per la saggezza delle loro istituzioni, ma anche per l'**assenza dei sovrani**[6], che abitualmente rimangono al di là delle Alpi. In un punto tuttavia si mostrano immemori dell'antica nobiltà e rivelano i segni della rozzezza barbarica, cioè che mentre si vantano di vivere secondo le leggi, **non obbediscono alle leggi**. Infatti mai o quasi mai accolgono con il dovuto rispetto il sovrano a cui **dovrebbero mostrare volenterosa obbedienza**[7]... a meno che non siano costretti dalla presenza di un forte esercito a riconoscerne l'autorità [...].

adatt. da Ottone e Rahevino, *Gesta Friderici I imperatoris*, a cura di G. Waitz - B. de Simson, M.G.H.

1. All'origine del fenomeno comunale italiano c'è il bisogno di governarsi in modo autonomo.

2. Il cronista tedesco considera come appartenenti alla plebe anche i borghesi dediti alle attività commerciali, artigianali e professionali.

3. L'elezione annuale dei consoli ha lo scopo di evitare fenomeni di corruzione.

4. I Comuni cercano di sottomettere a sé il territorio circostante.

5. Per controllare gli abitanti del contado i Comuni non disdegnano di elevare alle cariche pubbliche persone di ceti sociali inferiori.

6. La lontananza dell'imperatore e la particolare forma di governo hanno favorito lo sviluppo dei Comuni italiani.

7. La formazione del governo comunale costituisce una usurpazione della legittima autorità imperiale, nei cui confronti i Comuni italiani non mostrano alcun rispetto.

PER LA COMPRENSIONE

- In quali ceti sociali era suddivisa la popolazione cittadina del Comune?
- Da chi era formato il popolo grasso?
- Da chi era formato il popolo minuto?
- Chi faceva parte della plebe?
- Quali erano gli organi che presiedevano alla vita politica e amministrativa del Comune?
- Come venivano eletti?
- Quali erano i limiti di questa organizzazione della vita comunale?

ANALISI DEL DOCUMENTO STORICO

- Perché, secondo l'autore, gli abitanti delle città comunali italiane hanno scelto il governo dei consoli al posto di quello dei signori feudali?
- Quali ceti individua Ottone all'interno della società comunale?
- Che cosa intende per "plebe"?
- Quali conseguenze ha avuto l'aver allargato alle classi sociali inferiori la partecipazione al governo cittadino?
- Quale giudizio dà Ottone sulle istituzioni comunali?
- I Comuni rivelano tracce dell'influenza barbarica? In cosa?

Le corporazioni sono il perno dell'economia comunale

Alla base del sistema economico comunale vi erano le **corporazioni**, o **arti**, che nei Comuni del Nord Europa furono chiamate *Gilde*. Si trattava di **associazioni composte da professionisti, mercanti o artigiani che praticavano la stessa attività**. Ciascuna arte si organizzava secondo un proprio regolamento (**statuto**).

Ogni corporazione artigiana prevedeva tre diversi livelli di lavoranti:

- il **maestro** dell'arte, cioè l'artigiano proprietario della bottega che si iscriveva alla corporazione;
- i ***socii*** (artigiani alle dipendenze del maestro, spesso salariati);
- i ***discipuli*** (cioè gli allievi, gli apprendisti della bottega).

Il **regolamento interno** dava precise indicazioni sul **tipo di prodotti** e sulle **tecniche di produzione** da usare. Inoltre, **organizzava l'apprendistato** e **controllava i prezzi delle merci**. Gli associati erano anche tenuti a versare **contributi in denaro**, che venivano accumulati in una cassa comune e servivano a **sostenere chi si trovava in difficoltà**.

LE REGOLE PER L'AMMISSIONE ALL'ARTE DEI NOTAI

Botteghe artigiane lungo le vie di una città medievale.

GLOSSARIO

Arte / Corporazione

In senso generale il termine "arte" indica un'attività basata su un complesso di conoscenze, procedimenti e regole. Nel Medioevo la parola significava "mestiere"; in età comunale il termine era sinonimo di "corporazione", indicando le associazioni di coloro che, svolgendo la stessa attività, si riunivano per tutelare i propri interessi.

PER LA COMPRENSIONE

- Che cosa erano le corporazioni?
- Quali erano i livelli dei lavoranti previsti nelle corporazioni?
- Quali erano i compiti principali affidati alle corporazioni?
- Che cosa distingueva le "arti maggiori" dalle "arti minori"?
- Quali professioni erano organizzate nelle "arti maggiori"?
- Chi faceva parte delle "arti minori"?
- Che cosa accadeva quando una corporazione diventava particolarmente potente in una città?

Arti maggiori e arti minori

Le arti presenti all'interno del Comune erano suddivise in arti maggiori e arti minori. La distinzione avveniva in base all'**importanza che i prodotti o l'attività svolta assumevano per l'economia della città**.

Tra le **arti maggiori**, i Comuni italiani contavano solitamente i **giudici** e i **notai**, i **mercanti di stoffe**, i **cambiavalute** (o banchieri), i **lavoratori della lana**, **della seta**, i **pellicciai**, i **medici** e gli **speziali** (dai semplici venditori di spezie ai farmacisti). In genere, le arti maggiori si affermavano sulle altre, perché riunivano tra i propri associati i **più potenti e ricchi fra i borghesi della città**.

Le arti minori comprendevano **attività più umili e meno redditizie**: si trattava generalmente di **muratori**, **fabbri**, **fornai**, **calzolai**, **vinai**, **carrettieri**.

In alcune città, grazie all'azione dei borghesi più ricchi e dei mercanti più potenti, una sola corporazione divenne tanto grande e attiva da far sì che il **Comune si "specializzasse" in una produzione particolare**. È il caso di Firenze, dove prevalse la lavorazione dei tessuti di lana, di Lucca per la seta, di Brescia per i metalli.

Spesso, all'interno della città, **le botteghe della corporazione sorgevano in uno stesso quartiere o in una stessa via, che ne prendeva il nome**: *Via degli Orefici, dei Mercanti, dei Fabbri*, ecc.

Si tratta di una toponomastica che in molti centri è rimasta fino a oggi.

I contrasti interni dilaniano i Comuni

Nella fase più antica i Comuni furono governati da **gruppi ristretti** costituiti da famiglie di origine nobiliare e da ricchi borghesi che spesso si apparentavano con loro.
Le stesse famiglie di origine nobiliare che monopolizzavano il governo del Comune consolare erano spesso **in lotta tra loro e formavano diverse fazioni** (cioè raggruppamenti politici violentemente contrapposti gli uni agli altri), che si affrontavano in scontri talvolta sanguinosi.
In questo modo, nei Comuni si mantenne uno **stato di continua incertezza** e le lotte interne si aggravarono.
L'attività di governo dei consoli rimase bloccata, con il rischio di **compromettere anche lo sviluppo economico delle città, quindi la loro ricchezza e la loro indipendenza**. Per evitare questo pericolo, le famiglie più potenti si accordarono per dar vita a **nuove istituzioni**, che ponessero fine al clima di violenza.

PER LA COMPRENSIONE

- Quali erano le cause dei contrasti interni ai Comuni?
- Quali conseguenze ebbe questo clima di continua lotta tra le fazioni?
- Quali erano i compiti del podestà?
  Chi erano i "podestà di professione"?
- Perché era preferibile nominare un podestà proveniente da un'altra città?

Il governo del Comune viene affidato al podestà

IL GIURAMENTO DI UN PODESTÀ

Per risolvere i problemi interni dei Comuni, a partire dagli ultimi anni del XII secolo fu introdotto un **nuovo sistema di governo**, basato sulla figura del **podestà**.
Si trattava di una persona **al di sopra delle parti** che, aiutata da propri collaboratori e funzionari, amministrava la città facendo **rispettare** le leggi e **mantenendo la pace sociale**.
Inizialmente la nuova carica venne attribuita a uno dei cittadini più autorevoli, che per svolgere questo compito veniva pagato dal Comune. In seguito, a ricoprire il ruolo di podestà venne chiamata una **persona proveniente da un'altra città e perciò del tutto estranea alle diverse fazioni**. In alcuni Comuni al podestà si affiancò un **capitano del popolo, che rappresentava e difendeva gli interessi della borghesia mercantile e artigiana** (indicata con il termine "**popolo**").
Per un certo periodo, la forma di governo podestarile riuscì a garantire una maggiore tranquillità in molti Comuni italiani e addirittura comparvero dei "**podestà di professione**". Erano persone che avevano maturato una grande **competenza nell'azione politica** e passavano **da una città all'altra offrendo i propri servigi in cambio di un compenso in denaro**.

San Pietro Alessandrino regge una veduta della città di Siena. Particolare di un affresco di Sano di Pietro (1446).

La civiltà comunale

Nei Comuni si sviluppa una civiltà fiorente

Pur segnata da forti contrasti interni tra i gruppi sociali e tra le varie città, l'età comunale fu caratterizzata dall'affermarsi di una **civiltà prospera e fiorente** dal punto di vista economico e culturale.
Le testimonianze di questa **civiltà tipicamente urbana** caratterizzano ancora oggi in modo inconfondibile il paesaggio e costituiscono uno dei **fondamenti della cultura italiana**.

Lezione di Diritto all'Università di Bologna.

La diffusione delle scuole cittadine

Tra gli aspetti che più caratterizzano la vita delle città comunali spicca il ruolo assegnato alla **formazione dei ragazzi** e dei giovani. Tale importanza è testimoniata dalle **abbondanti informazioni concernenti la scuola**, presenti nelle opere dei cronisti del tempo, dalle quali si può desumere una **significativa diffusione dell'istruzione**.
A partire dal XIII secolo, accanto alle scuole ecclesiastiche, nelle città si moltiplicarono le **scuole laiche**, prima pagate dalle famiglie e poi dai Comuni.
I **mercanti** e gli **artigiani**, infatti, tenevano molto a mandare i loro figli a scuola: ritenevano che lo studio fornisse una **maggiore abilità nell'esercizio delle diverse "arti"** e fosse segno di un **avanzamento sociale**.
Le materie di studio erano simili ovunque: i più piccoli imparavano prima a **leggere** e poi a **scrivere**; in un corso successivo studiavano a memoria testi delle **Sacre Scritture** e **preghiere**. Apprendevano poi la **grammatica** e la **letteratura latina** e alcune **norme di comportamento fondamentali**. Gli alunni più grandi imparavano la **composizione**, l'**aritmetica** e la **geometria**. La lingua dei testi era il latino. Una novità del tempo furono le **scuole d'abaco**, chiamate così a motivo dello **strumento usato per calcolare** (l'abaco, appunto). In questo corso di studi si apprendevano l'aritmetica, l'algebra e la geometria applicata. Gli alunni, futuri **mercanti**, **agrimensori** e **artisti**, imparavano come tenere la partita doppia (cioè il conto delle entrate e delle uscite), misurare e risolvere problemi.
Dopo questa scuola i ragazzi andavano a "bottega" per "imparare l'arte".
Anche se alcuni cronisti del tempo parlano di scuole cittadine (ad esempio nel Comune di Firenze) **frequentate sia da ragazzi che da ragazze**, generalmente l'**educazione delle ragazze si svolgeva in casa**, sotto la tutela del padre. Secondo la mentalità del tempo, tuttavia, alle donne **era sconsigliato di imparare a leggere e a scrivere**, a meno che decidessero di entrare in un monastero (vedi pag. 228).

PER LA COMPRENSIONE

- Quali sono le caratteristiche della civiltà comunale?
- Perché sono abbondanti le informazioni riguardanti la scuola in Età comunale? Che cosa testimoniano?
- Perché per artigiani e mercanti era importante che i loro figli frequentassero le scuole?
- Che cosa veniva insegnato nelle scuole?
- Che cosa erano le "scuole d'abaco"? Chi era più interessato a frequentarle? Perché?
- Come avveniva l'istruzione delle ragazze? Qual era in merito la mentalità del tempo?

Nascono le università

Il fenomeno più rilevante del **rinnovamento culturale**, a partire dalla seconda metà dell'XI secolo, fu la nascita delle **università**. Esse si differenziarono fortemente dalle tradizionali scuole monastiche, poiché non si svilupparono nei monasteri, ma nelle città.

In molti casi furono una evoluzione delle scuole cittadine e per un certo periodo accolsero anche ragazzi molto giovani. In seguito, però, si specializzarono nel fornire un'istruzione superiore a coloro che volevano **proseguire gli studi**. A differenza delle scuole, le università erano riservate ai soli uomini e **non vi erano ammesse le donne**.

L'università medievale era propriamente un'**associazione di maestri e alunni** che partecipavano insieme all'attività di studio e di ricerca, in un luogo (chiamato ***studium***) messo a disposizione dall'autorità civile o religiosa della città.

Volute e sostenute sia dalla Chiesa sia da molti re e signori feudali, le università medievali raccoglievano i migliori intellettuali dell'epoca e divennero ben presto **centri indipendenti di cultura**, ognuno dei quali **si specializzò in discipline particolari**: Bologna era famosa per gli studi di diritto e medicina, Parigi per la teologia e la filosofia e Montpellier per la medicina.

Nelle università, secondo una tradizione che risaliva al V secolo e che si era conservata per tutto il Medioevo, si insegnavano le **Arti liberali**, cioè quelle a cui potevano dedicarsi gli uomini liberi da attività manuali. Erano divise nei due gruppi del **Trivio** (**grammatica**, **retorica**, **dialettica**) e del **Quadrivio** (**aritmetica**, **geometria**, **astronomia**, **musica**).

La conoscenza delle Arti liberali costituiva la prima tappa della formazione universitaria, necessaria per accedere allo studio di altre discipline superiori (**filosofia**, **teologia**, **diritto**, ecc.).

GLOSSARIO

Teologia
Parola derivante dal greco theós, "dio", e lógos, "discorso", e significa letteralmente "discorso su dio". È la disciplina che si occupa di studiare ciò che riguarda il divino e il modo in cui esso può essere conosciuto dall'uomo.

PER LA COMPRENSIONE

- Quale fu un importante elemento di novità delle università? Per quali aspetti si differenziavano dalle scuole monastiche?
- Che cos'era propriamente l'università medievale? Che cos'era lo *studium*?
- Chi incoraggiò lo sviluppo delle università?
- Perché le discipline insegnate nelle università erano dette "Arti liberali"? Che cos'erano il Trivio e il Quadrivio?

ANALISI DELLA CARTA STORICA

- Dove si concentravano le università sorte nel Medioevo?
- Quali università italiane sorsero prima del Trecento? Quale fu la più antica università del mondo?

Le principali università medievali

Oltre a Bologna, la più antica del mondo, spiccano Parigi, il centro universitario più importante del Medioevo per gli studi di teologia e filosofia, e Oxford.
Quest'ultima, non occupandosi di teologia, poté svilupparsi in modo più indipendente, coltivando lo studio delle scienze.
Diversa fu l'origine dell'Università di Napoli, fondata da Federico II per formare funzionari efficienti.

L'ORGANIZZAZIONE DELLE UNIVERSITÀ MEDIEVALI

L'UNIVERSITÀ: UNA LIBERA ASSOCIAZIONE DI MAESTRI E STUDENTI

L'antica *Universitas* non indicava nel Medioevo il luogo nel quale si tenevano le lezioni (*studium*) o l'insieme delle facoltà (ossia degli insegnamenti) che era possibile frequentare in una città, bensì una **libera associazione di maestri e studenti**.

IL MAESTRO
insegnava da una cattedra.

L'INCARICATO DEGLI APPUNTI
Gli studenti prendevano appunti, ma c'era anche chi aveva l'incarico di trascrivere tutto quello che il maestro diceva.

GLI STUDENTI
Erano perlopiù persone di ceto medio o elevato. Non mancavano però neppure gli studenti poveri, che vagavano da una università all'altra in cerca degli insegnanti migliori.

Le università assumevano i docenti ed eleggevano un **rettore**, che prendeva le decisioni più importanti. Spesso, però, erano gli stessi alunni a scegliere i propri docenti, chiamando i maestri più famosi a tenere lezioni presso il proprio *studium*.
Tra gli ascoltatori c'erano anche intellettuali di fama o ecclesiastici che, per le discipline più importanti come la filosofia e la teologia, avevano il compito di verificare che gli insegnamenti fossero corretti. Il mondo universitario del Medioevo era un mondo molto vivace, nel quale **docenti e studenti si spostavano da una città all'altra** per insegnare o per assistere alle lezioni di maestri famosi, cercando ospitalità in collegi e ostelli.

GLI STUDENTI VAGABONDI

Si usa il latino ma si diffondono le lingue volgari

Nelle università veniva usata la **lingua latina**, che, dopo l'anno Mille, oltre che dagli intellettuali era usata solo dagli **uomini di Chiesa** e dai **funzionari della corte imperiale**. Al di fuori di questa ristretta cerchia di persone il latino non era più parlato né capito.
Nell'XI secolo, infatti, si erano ormai formate le cosiddette "**lingue neolatine**", nate cioè dall'evoluzione della lingua latina. Le lingue neolatine erano dette "**volgari**" (perché parlate dal "volgo") o "romanze" (perché derivate dalla lingua "romana").
Le lingue volgari furono a lungo **usate solo come lingue parlate**; con la rinascita culturale e la trasformazione dell'istruzione nei secoli XII e XIII, esse cominciarono ad essere **utilizzate anche nelle opere scritte**.

PER LA COMPRENSIONE

- Quale lingua veniva utilizzata nelle università, dagli uomini di Chiesa e dai funzionari imperiali?
- Quali lingue, invece, erano parlate comunemente?
- Come erano chiamate le lingue neolatine?
- Quando si iniziò a sentire l'esigenza di usare le lingue volgari anche per le opere scritte?

ANALISI DELLA CARTA STORICA

- Quali lingue neolatine erano parlate nella penisola iberica?
- Quali lingue neolatine erano parlate in Francia? Quali in Italia?
- Quale lingua neolatina era parlata nell'Europa orientale?

La diffusione delle lingue neolatine

Quando, nel V secolo, l'Impero romano d'Occidente crollò sotto la spinta delle invasioni, nelle zone in cui i Romani non erano riusciti a mettere radici durature, la lingua latina cessò di essere usata e fu ben presto dimenticata (per esempio nelle isole britanniche). Dove, invece, l'influsso culturale di Roma era stato più forte, il latino volgare, cioè quello parlato dal popolo (vulgus), sopravvisse, più o meno influenzato dalle lingue locali. Dal latino parlato si svilupparono le lingue cosiddette neolatine, dalle quali derivano quelle tuttora in uso:

- provenzale
- italiano
- spagnolo
- catalano
- francese
- ladino
- portoghese
- rumeno.

L'IMMAGINE DELLA DONNA NELL'ETÀ COMUNALE

TI RACCONTO LA STORIA

STO PER SPOSARMI!

A. Vanni,
Santa Caterina da Siena e una devota,
XIV sec.

Le donne nella società comunale

Come per altre epoche, anche **per l'Età comunale le testimonianze riguardo alla vita delle donne non abbondano.**

Per ricostruire la vita delle donne in questo periodo ci si basa su documenti giuridici ed ecclesiastici, sulle opere letterarie ma anche sulle fonti iconografiche.

Le donne erano poste sotto la **tutela del padre prima e del marito dopo**; la scelta dello sposo solitamente era fatta dal padre e dalla famiglia, per **salvaguardare interessi di tipo economico**.

Come abbiamo visto, nonostante alcune eccezioni, alle ragazze era preclusa l'istruzione scolastica e la frequenza delle università.

Alcuni cronisti dell'epoca sostenevano che "*non istà troppo bene*" che una ragazza si istruisca, a meno che non voglia entrare in convento: in questo caso è meglio **che entri presto in un monastero** e che non sia distratta dalle vanità del mondo; altrimenti, è bene che le ragazze **apprendano i lavori domestici**.

Le donne partecipano alla vita cittadina

Studi recenti, basati sull'analisi di nuovi documenti e di fonti iconografiche, offrono, tuttavia, un'immagine nuova della donna nella società comunale, una donna che **partecipa attivamente alla vita cittadina**.

Alcuni cronisti, ad esempio, ricordano **mogli di mercanti** che, quando i mariti erano lontano per i commerci, ne curavano gli interessi dimostrando notevoli **doti amministrative**.

Analizzando le ricevute di pagamento e i contratti della città di Bologna tra il XIII e il XIV secolo, dove, grazie alla presenza dell'università, esisteva un fiorente mercato librario, sono stati trovati numerosi nomi di **donne copiste**, **calligrafe** e **miniatrici**, spesso collaboratrici dei mariti o dei padri.

La storica Chiara Frugoni, studiando soprattutto le fonti iconografiche, ha messo in rilievo l'emergere di figure di **donne predicatrici** e **filosofe** (Caterina da Siena, Caterina d'Alessandria), oppure di donne proclamate **patrone delle città**, cioè sante alle quali viene affidata la protezione della comunità cittadina (santa Fina nella città di San Gimignano, santa Bona a Pisa, santa Caterina d'Alessandria a Treviso).

PER LA COMPRENSIONE

- Su quali fonti si basa la ricostruzione della vita delle donne nella società comunale?
- Qual era, in genere, la condizione femminile?
- Che cosa si ricava dalle cronache del tempo in merito all'istruzione delle ragazze?
- Che cosa si ricava dai recenti studi storici in merito alla condizione della donna nell'età comunale?
- Da cosa è testimoniata la partecipazione femminile alla vita cittadina?
- Quali figure di donna emergono dallo studio delle fonti iconografiche?

CHRISTINE DE PIZAN, PROFESSIONE SCRITTRICE

Figura emblematica della nuova immagine femminile dell'Età comunale è quella di **Christine de Pizan** (Cristina da Pizzano, 1365-1431 ca.), una delle più note **scrittrici laiche** del Medioevo.
Contrariamente a quanto avveniva allora e superando l'opposizione della madre, il padre Tommaso (professore universitario a Bologna, medico e astrologo) aveva deciso di dare alla figlia, fin dalla tenera età, una solida cultura. A 3 anni Christine si era trasferita con la famiglia in Francia, dove il padre era stato chiamato come medico personale del re. A 15 anni sposò un notaio. Rimasta vedova con tre figli a soli 25 anni, riuscì a mantenere se stessa e la sua numerosa famiglia, trasformando la sua cultura in lavoro. Divenne **scrittrice di professione**, **copista** e **miniaturista**, eseguendo lavori su commissione di membri della famiglia reale francese e di personaggi della corte. Un'attività che seppe gestire con intelligenza e grandi capacità imprenditoriali.
Tra le sue opere spicca la ***Città delle Dame***, una galleria di ritratti di donne virtuose e sapienti, nella quale, come in altri scritti, **esalta la dignità e le capacità delle donne**, rivendicando l'uguaglianza con gli uomini. Riferendosi certamente alla sua esperienza personale, ecco che cosa affermava in un suo libro: "*Se ci fosse l'usanza di mandare le bambine a scuola e di insegnare loro le scienze come si fa con i bambini, imparerebbero le sottigliezze di tutte le arti, come essi fanno*".

Christine de Pizan raffigurata in una miniatura.

IL LINGUAGGIO DELL'ABBIGLIAMENTO

Nel tardo Medioevo l'abbigliamento obbediva a determinati canoni. Tessuti, colori, accessori, forma e lunghezza di abiti dipendevano in primo luogo dalla classe di appartenenza: ad esempio, esistevano colori vietati ad alcune donne e consentiti ad altre.
Nelle immagini che decorano le sue opere, Christine de Pizan, ad esempio, raffigura sé stessa al lavoro quasi sempre vestita nello stesso modo: un abito blu, stretto ma non troppo, elegante ma non eccessivamente, moderatamente scollato; raffigurandosi così vestita la scrittrice intendeva offrire una precisa immagine di sé: quella di una donna intellettuale.
Nell'abbigliamento solo le donne delle classi più elevate sfoggiavano una grande raffinatezza, con vesti ampie, impreziosite da ricami e bottoni d'oro e d'argento.

Christine de Pizan offre una copia dei suoi lavori alla regina Isabella di Baviera, moglie del re Carlo VI.

Lib. tratto da M. Muratori, "*Christine de Pizan, la prima intellettuale*", in Storica, n.14, aprile 2010

LA CITTÀ COMUNALE E GLI SPAZI DELLA NUOVA CIVILTÀ

Con l'affermarsi delle istituzioni comunali e della borghesia le città assumono un ruolo sempre più importante, diventando ***centri del potere politico, economico*** *e* ***culturale****.*
Nelle città sorgono edifici destinati ad ospitare le nuove istituzioni civili e le organizzazioni economiche; vengono erette cattedrali, la cui grandiosità vuole essere il segno visibile del potere e del prestigio raggiunto dai Comuni.
Descriveremo le caratteristiche della città comunale italiana utilizzando le immagini di una delle più rappresentative: la città di ***Siena****.*

I LUOGHI DEL POTERE POLITICO E DEL POTERE RELIGIOSO

Gli edifici più rappresentativi delle città, il ***duomo*** *o* ***cattedrale*** *e il* ***palazzo pubblico****, sede del potere politico, sorgevano solitamente su due diverse* ***piazze****, spesso attigue. La piazza destinata alle funzioni civili era solitamente anche il luogo in cui si trattavano gli affari commerciali; successivamente in alcune città, come a Siena, ai commerci fu riservata una piazza vicina a quella civile, sulla quale si affacciava la Loggia della Mercanzia, l'antico mercato coperto.*

IL DUOMO

Le cattedrali, erette o ampliate durante l'età comunale, si rifanno al cosiddetto ***stile gotico*** *(vedi pagg. 258-259), che in Italia assunse caratteri particolari rispetto al resto dell'Europa.*
L'edificio religioso principale si staglia per ***imponenza*** *e* ***grandiosità*** *sull'intero tessuto urbano.*
Per la sua realizzazione, che si protraeva spesso per anni, venivano chiamati i maggiori architetti e artisti del tempo.

LA CITTÀ E IL SUO TERRITORIO

La struttura della città è strettamente legata alla ***conformazione del suo territorio****: può seguire l'andamento di un'altura oppure adagiarsi in pianura o lungo il corso di un fiume.*
Essa è collegata alle vie di comunicazione, alle quali corrispondevano le ***porte*** *della città, che si aprivano nella* ***cinta muraria****. La città di Siena, ad esempio, sorgeva alla convergenza di tre strade direttrici, il cui punto di incontro era costituito da Piazza del Campo, la piazza civile.*

LE CASE E LE BOTTEGHE

Le città medievali erano ***fittamente edificate****. Sulle anguste strade, spesso con andamento ricurvo, si affacciavano, oltre ai palazzi nobiliari, le* ***case****, per lo più con facciate continue.*
Le abitazioni rispondevano alle esigenze degli ***artigiani*** *e dei* ***commercianti****, sulle cui attività si basava la vita cittadina.*
Al pianterreno si apriva un ***laboratorio*** *o* ***bottega****, che si prolungava in un* ***cortile*** *o in un orto-giardino posteriore; al primo piano si trovavano gli ambienti di abitazione e, sopra questi, i* ***depositi*** *per i materiali o le stanze dei lavoranti. Per guadagnare spazio, spesso, ai piani superiori venivano realizzati gli* ***sporti****, cioè parti che si allungavano sul fronte della strada e che consentivano di ampliare gli spazi interni.*

LE CASE-TORRI E I PALAZZI NOBILIARI

Le famiglie nobili abitavano in alte torri, chiamate ***casetorri****, sia per motivi di difesa che di prestigio. A partire dal XIII secolo sorgono anche sontuosi* ***palazzi privati****, residenza delle famiglie nobili e della ricca borghesia.*

IL PALAZZO PUBBLICO

A partire dalla fine del XII secolo vengono eretti in numerose città italiane imponenti ***palazzi pubblici****, destinati ad ospitare le riunioni degli organi comunali e a custodire gli archivi.*
*In Italia settentrionale questi palazzi civici avevano solitamente un'****unica sala aperta*** *con grandi finestre, che poggiava su un ampio porticato al piano terra. In Lombardia sono chiamati* ***arengari*** *o* ***broletti****.*
In Italia centrale il palazzo pubblico presenta una ***struttura a più piani****, più massiccia e monumentale. Esemplari sono* ***Palazzo Vecchio*** *a Firenze e il* ***Palazzo Pubblico*** *di Siena. Quest'ultimo, in particolare, posto a fondale della scenografica* ***Piazza del Campo****, a forma di mezza conchiglia, è l'edificio simbolo del potere cittadino ma anche della raffinata civiltà senese.*

SCENE DI VITA DA UN'OPEROSA CITTÀ COMUNALE

All'interno del ***Palazzo Pubblico di Siena***, lungo tre pareti della *Sala dei Nove* (la stanza che ospitava le riunioni della massima magistratura cittadina) si sviluppa un grande ciclo ad affresco di contenuto civile: le ***Allegorie del Buono e del Cattivo Governo***, realizzato da Ambrogio Lorenzetti tra il 1338 e il 1339.
L'affresco illustra da una parte alcune figure allegoriche, cioè personificazioni di virtù e ideali buoni (giustizia, concordia, fede, speranza, carità, ecc.), di vizi e attitudini cattive (avarizia, superbia, vanità, crudeltà, inganno, divisione, ecc.); dall'altra illustra gli **effetti del buono e del cattivo governo** sulla vita concreta in città e in campagna, **raffigurando il territorio** urbano e il contado di Siena.

LA CELEBRAZIONE DEI VALORI CIVILI

L'opera venne realizzata nel periodo di maggior splendore della città, quando Siena aveva piena coscienza della sua grandezza culturale e politica.
L'affresco vuole celebrare gli effetti della corretta amministrazione della città, ispirata ai valori del bene comune dei cittadini, contrapposti agli interessi e ai desideri individuali: viene illustrata, perciò, una società pacifica e operosa entro le mura urbane e, al di fuori, un paesaggio pulito, campagna ordinata e rigogliosa.

IL "RACCONTO" DELLA VIVACE VITA CITTADINA

L'immagine riprodotta raffigura la parte dell'affresco dedicata agli Effetti del Buon Governo sulla città e sulla campagna.
Essa costituisce uno straordinario documento della vita cittadina del tempo, che l'artista riesce ad offrirci in una visione d'insieme, sviluppando il dipinto come un "racconto".
Vi si descrivono le occupazioni, le case, le botteghe al piano terra, le logge dei mercanti, gli utensili e strumenti di lavoro, le attività degli operai, le vie affollate di animali e persone affaccendate: nobili a cavallo, mercanti, artigiani, contadini.

Questa figura alata simboleggia la Sicurezza

Oltre le mura si estende un ampio paesaggio, con una campagna ordinata

Campi arati, filari di viti, alberi da frutto

Borghi fortificati e castelli garantiscono la difesa del territorio

La città è racchiusa entro alte mura

Gruppi di cittadini entrano ed escono dalla città

Gruppi di contadini sono impegnati in vari lavori agricoli

La via che collega la città alla campagna è affollata di cittadini e contadini

L'ARCHITETTURA GOTICA, ESPRESSIONE DEL SAPERE MEDIEVALE

*Dalla metà del XIII secolo e per tutto il XIV secolo si diffuse in Europa un **nuovo stile artistico** che si impose rapidamente nell'**architettura** e successivamente nella scultura e nella pittura: il **gotico**. I primi esempi compiuti di questo nuovo stile architettonico sono le cattedrali francesi costruite alla metà del XII secolo nella regione di Parigi. La diffusione di questo stile è legata all'**affermazione della borghesia urbana**, che lascia i segni del suo potere attraverso la realizzazione di opere per l'abbellimento e la sicurezza della città.*

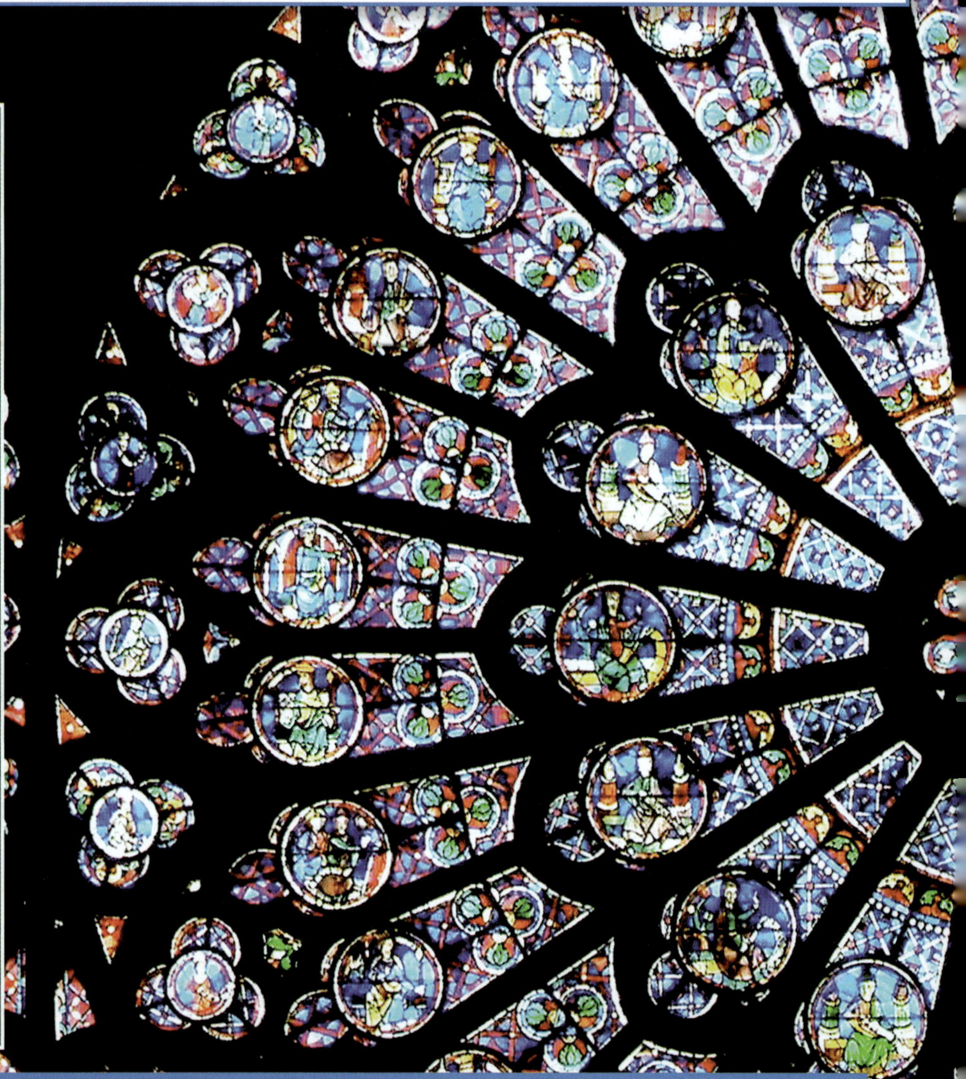

LE CATTEDRALI GOTICHE: MONUMENTI AL CIELO E ALLA LUCE

Simbolo dell'arte gotica sono le **cattedrali**, gli edifici religiosi caratterizzati da due aspetti fondamentali: la **verticalità** e la **luce**. La loro imponenza esprime lo sforzo dell'uomo che attraverso il suo lavoro aspira ad **avvicinarsi a Dio**. Con la loro altezza, la ricchezza decorativa e le ardite soluzioni tecniche, le cattedrali suscitano nel fedele un senso di smarrimento e di vertigine.

Retti da alti pilastri che sostengono archi a sesto acuto, questi edifici si stagliano verso il cielo con **guglie svettanti**, trascinando verso l'alto lo sguardo dell'osservatore. Le pareti piene e massicce delle chiese romaniche acquistano nel gotico una straordinaria **leggerezza**, aprendosi in ampie **vetrate multicolori**.

Il gotico è lo stile che privilegia la luce come mezzo per elevarsi a Dio, egli stesso concepito come la Luce che irrompe nelle tenebre dell'animo umano, nello stesso modo con cui la luce **irrompe nell'oscurità** delle cattedrali attraverso le vetrate.

IL SIGNIFICATO DEL TERMINE "GOTICO"

LA FABBRICA DELLA CATTEDRALE

La realizzazione delle cattedrali era un'opera complessa, che impegnava un vero e proprio "**esercito di artigiani**" (carpentieri, muratori, scalpellini, fabbri, vetrai, ecc.), diretti e coordinati dal **maestro d'opera**: quest'ultimo era, al tempo stesso, progettista, ingegnere, direttore dei lavori; doveva procurarsi i materiali di costruzione (pietre, legno, malta, silice, vetro, ecc.), fare i preventivi di spesa, disegnare i vari macchinari necessari per svolgere e facilitare le varie fasi del lavoro.
In Francia i muratori e i carpentieri costituivano delle **corporazioni chiuse**, all'interno delle quali si tramandavano i segreti del mestiere. Le corporazioni prevedevano tre livelli di lavoranti: l'**apprendista**, il **compagno** e il **maestro**.

IL GOTICO IN ITALIA

In Italia il gotico raggiunse le sue più alte espressioni nel Trecento.
Esso fu introdotto nella penisola grazie ai **monaci cistercensi** (vedi pag. 182), che dalla città francese di Citeaux si diffusero in tutta Europa, costruendo numerose abbazie. In Italia lo stile gotico **risente fortemente delle tradizioni classica e romanica**, differenziandosi dalle realizzazioni dell'Europa centro-settentrionale.

L'ARCHITETTURA RELIGIOSA

Lo stile gotico fu adottato soprattutto nella costruzione delle chiese dei **Domenicani** e dei **Francescani**: tra le più antiche ricordiamo le chiese di *San Francesco* e di *San Domenico* a Bologna, la *Basilica di San Francesco* ad Assisi. Altre testimonianze esemplari sono le chiese di *San Galgano*, di *Fossanova*, di *Santa Croce* e *Santa Maria Novella* a Firenze. Nello stile gotico italiano vennero realizzate anche le grandi cattedrali cittadine, come il *Duomo di Siena*, quello di *Orvieto* (foto sopra), la *Chiesa di S. Maria dei Frari* a Venezia. Ispirato all'arte transalpina e caratterizzato da ampie vetrate è il *Duomo di Milano*, al quale lavorarono maestranze venute dall'Europa settentrionale.

L'ARCHITETTURA CIVILE

Alcuni esempi eccezionali di arte gotica sono costituiti anche dai **palazzi pubblici**, simbolo del potere e del prestigio delle istituzioni comunali.
Tra i più rappresentativi ricordiamo *Palazzo Vecchio* a Firenze, *Palazzo Pubblico* a Siena e a Piacenza, *Palazzo dei Priori* a Perugia e a Volterra, *Palazzo del Capitano del Popolo* a Orvieto e Gubbio, i *Palazzi della Ragione* nelle città venete, *Palazzo Ducale* a Venezia (foto a lato).

LE GRANDI CATTEDRALI GOTICHE DELLA FRANCIA

✓ SINTESI

AUDIOSINTESI

LA NASCITA DEI COMUNI

- ✔ La rinascita della vita cittadina dopo il Mille ebbe come protagonista la classe emergente della **borghesia**. Le città si ingrandirono e si popolarono di un gran numero di mercanti e artigiani che reclamavano maggiori libertà per svolgere le loro attività.
- ✔ Per raggiungere questi obiettivi, i borghesi più ricchi e potenti, insieme agli esponenti della piccola nobiltà residenti in città, diedero vita a un'associazione, il "**Comune**".
- ✔ Quello dei Comuni fu un fenomeno di portata europea: città libere sorsero in Francia, in Germania, in Inghilterra, nelle Fiandre. Tuttavia, solo nell'**Italia settentrionale** i Comuni riuscirono a rendersi veramente indipendenti, perché nel Nord della penisola si erano allentati i rapporti con l'Impero.

L'ORGANIZZAZIONE POLITICA E SOCIALE DEI COMUNI

- ✔ La prima forma di governo adottata dai Comuni fu quella consolare. I **consoli** erano eletti dal popolo insieme alle altre magistrature cittadine, ma generalmente erano scelti fra i membri delle **famiglie aristocratiche** più importanti.
- ✔ La popolazione dei Comuni italiani era divisa in quattro principali ceti sociali: **nobili**, **popolo grasso** o ricca borghesia, **popolo minuto** o piccola borghesia, **plebe** formata dagli operai salariati e dai servi.

LE CORPORAZIONI, FULCRO DELL'ECONOMIA COMUNALE

- ✔ Artigiani e commercianti si organizzavano in **corporazioni**, o **arti**, che avevano il compito di tutelare gli iscritti e di stabilire regole per l'esercizio delle diverse professioni. Le arti più ricche e potenti erano dette "**arti maggiori**", le meno influenti erano le "**arti minori**", che comprendevano mestieri più umili.

CONTRASTI E LOTTE TRA FAZIONI

- ✔ Il governo dei Comuni era monopolizzato dalla famiglie di origine nobiliare, con cui si imparentavano gli esponenti della borghesia più ricca. Le famiglie nobili erano spesso in lotta tra loro, divise in opposte **fazioni**.
- ✔ Per far fronte alle lotte interne che compromettevano la stabilità politica e lo sviluppo economico, il governo dei Comuni passò ai podestà.

UNA CIVILTÀ PROSPERA E FIORENTE

- ✔ Durante l'età comunale si sviluppò una **civiltà prospera e fiorente** dal punto di vista economico e culturale, i cui caratteri sono a fondamento dell'identità italiana.
- ✔ Nella società comunale assunse grande importanza la scuola, che era frequentata soprattutto dai ragazzi appartenenti al ceto borghese, in particolare figli di artigiani e mercanti.

LA NASCITA DELLE UNIVERSITÀ E LA DIFFUSIONE DELLE LINGUE VOLGARI

- ✔ Nel Medioevo, accanto alle scuole urbane e a quelle monastiche, sorsero le prime università, che erano delle libere associazioni tra maestri e allievi.
- ✔ Nelle università venivano insegnate le **arti liberali**, divise nelle discipline del **Trivio** (grammatica, retorica, dialettica) e del **Quadrivio** (aritmetica, geometria, astronomia, musica). Molte università si specializzarono soprattutto in diritto e filosofia, rappresentando importanti centri di conservazione e di trasmissione della cultura.
- ✔ Nelle università veniva usata la **lingua latina**, che era utilizzata anche dagli uomini di Chiesa e dai funzionari imperiali. La gente comune usava **lingue** dette "**volgari**" (o neolatine o romanze), che con il tempo acquisirono una dignità sempre maggiore e vennero utilizzate anche come lingue scritte.

LE DONNE NELLA SOCIETÀ COMUNALE

- ✔ La vita delle donne era fortemente condizionata dalla famiglia. Le ragazze erano sottoposte alla **tutela del padre** prima **e del marito** dopo, se non entravano nei monasteri. Studi recenti, tuttavia, hanno messo in evidenza l'emergere di **numerose figure di donne** che partecipano alla vita cittadina dell'età comunale.

VERIFICA DI COMPRENSIONE

VERIFICHE INTERATTIVE

La nascita e l'evoluzione dei Comuni CORREGGO LE FALSE

1. Indica se le affermazioni sono vere (V) o false (F).

[F] **a.** La nascita dei Comuni è legata all'emergere del ceto sociale dei contadini.

[F] **b.** Il borgo indicava inizialmente lo spazio della città all'interno del castello e delle mura.

[F] **c.** I Comuni riconobbero sempre formalmente l'autorità dell'imperatore o del sovrano.

[V] **d.** I Comuni italiani ebbero maggiore sviluppo per l'assenza di un forte potere centrale.

[F] **e.** La prima forma di governo comunale fu quella podestarile.

[F] **f.** Il popolo minuto era costituito da operai salariati e contadini.

[F] **g.** Il popolo grasso era costituito da piccoli e medi feudatari.

[F] **h.** Le arti erano associazioni di pittori e scultori.

[V] **i.** Le arti si distinguevano in arti maggiori e arti minori.

[V] **l.** I podestà vennero nominati per riportare la pace sociale nelle città e far rispettare le leggi.

La nascita e l'evoluzione dei Comuni

2. Indica la causa/spiegazione corretta delle seguenti affermazioni, scegliendola tra quelle sotto elencate (riporta accanto il numero corrispondente).

a. I borghesi e i piccoli feudatari residenti in città si unirono nell'associazione detta "Comune" ..3.....
b. I Comuni italiani raggiunsero un maggior grado di sviluppo e piena autonomia ......1.....
c. Il Comune consolare entrò presto in crisi .....4.....
d. Molti contadini abbandonavano i campi e si trasferivano nelle città ...2.....
e. A ricoprire il ruolo di podestà venne chiamata una persona proveniente da un'altra città ....5.....

1. per l'assenza di un forte potere centrale, la lontananza dell'imperatore e l'allontanamento dei vescovi-conti corrotti in seguito a rivolte popolari.
2. per trovare lavoro e cercare di migliorare le proprie condizioni di vita.
3. per guadagnare maggiore potere e condizioni più favorevoli per le proprie attività.
4. per le lotte interne, in particolare tra le famiglie nobiliari.
5. perché essendo estranea alle fazioni in lotta poteva amministrare la città facendo rispettare le leggi e mantenendo la pace sociale.

La nascita delle università

3. Completa il seguente brano inserendo correttamente i termini mancanti.

1. astronomia - 2. urbane - 3. studium - 4. scuole monastiche - 5. teologia - 6. Trivio - 7. studenti - 8. facoltà - 9. diritto - 10. aritmetica - 11. Arti liberali - 12. discipline - 13. associazioni

Le università medievali si differenziarono dalle tradizionali ....4.......... perché si svilupparono nelle città, come scuole ....2.......... . Nel Medioevo il termine università non indicava l'insieme delle ....13.......... o il luogo in cui si tenevano le lezioni, bensì libere ....12.......... di maestri e ....7.......... che partecipavano all'attività di studio e di ricerca in un luogo, detto ....3.......... , messo a disposizione dall'autorità civile o religiosa. Le università medievali divennero centri indipendenti di cultura superiore, ognuno dei quali si specializzò in ....8.......... particolari. La prima università fu quella di Bologna, che si specializzò negli studi di ....9.......... e di medicina. Per accedere alle discipline superiori (..........5.......... , filosofia, diritto, ecc.) era necessario possedere una formazione di base, costituita dalle cosiddette ....11.......... , suddivise in ....6.......... (grammatica, retorica e dialettica) e Quadrivio (..........10.......... , geometria, ...1.......... , musica), secondo una tradizionale organizzazione del sapere che risaliva al V secolo.

Le parole della Storia

4. Indica a quale termine corrispondono le seguenti definizioni.

a. Classe sociale emergente dedita ad attività artigianali, mercantili e liberali: ...5....
b. Complesso delle discipline di base il cui studio era necessario per accedere agli insegnamenti universitari: ....7....
c. Associazioni di professionisti o artigiani che praticavano la stessa attività: ...3.....
d. Funzionari preposti alla guida delle città nella prima forma di governo dei Comuni: ....6.....
e. Gruppo politico ostilmente contrapposto ad un altro: ...2.....
f. Lingue nate dall'evoluzione della lingua latina: ....4.....
g. Artigiani alle dipendenze del maestro di bottega: ....1.....

1. ~~socii~~
2. ~~fazione~~
3. ~~arti~~
4. ~~lingue romanze~~
5. ~~borghesia~~
6. ~~consoli~~
7. ~~Arti liberali~~

22. LA LOTTA TRA I COMUNI E L'IMPERO

La debolezza dell'Impero favorisce i governi comunali

I Comuni italiani si erano organizzati politicamente senza tenere conto del fatto che, almeno formalmente, **continuavano a far parte del Sacro Romano Impero Germanico**. Per molto tempo questa situazione non creò problemi, perché gli imperatori erano distanti. Inoltre, la Germania fu a lungo dilaniata dalla lotta tra due famiglie nobili che si contendevano il trono imperiale. Nessuno, quindi, si occupava seriamente di quel che accadeva in Italia.

Le due casate che si affrontavano per avere la corona erano quella di **Svevia** e quella di **Baviera**. Ad esse facevano capo **due opposti schieramenti**, detti rispettivamente **ghibellini** (sostenitori della Casa di Svevia) e **guelfi** (sostenitori della Casa di Baviera). Dopo anni di lotte durissime, nel 1152 venne incoronato re di Germania **Federico I di Svevia**, detto "**il Barbarossa**" (a motivo del colorito rossiccio della barba). Federico **era imparentato anche con la Casa di Baviera** e perciò gradito sia ai guelfi sia ai ghibellini.

GLOSSARIO

Dieta
Assemblea durante la quale venivano discusse le questioni più importanti per l'Impero. Era convocata dall'imperatore e vi partecipavano i feudatari e i rappresentanti delle città imperiali.

Regalìa
Parola derivante dal latino regalis, che indica "ciò che riguarda il re". In questo modo erano chiamati alcuni diritti che spettavano direttamente ai sovrani, come riscuotere le tasse, battere moneta, nominare i magistrati cittadini.

TI RACCONTO LA STORIA
MIO NIPOTE FEDERICO

Federico Barbarossa vuole ristabilire l'autorità imperiale

Federico I, incoronato imperatore nel 1155, manifestò subito la volontà di **restituire prestigio e autorità al potere imperiale**. In Germania, egli ristabilì l'ordine imponendo la **pace alle casate di Svevia e di Baviera** con i loro alleati e pretese fedeltà assoluta da parte dei feudatari.
Nel 1154 Federico I scese in Italia e convocò una **dieta** a **Roncaglia**, nei pressi di Piacenza.
Durante questa dieta, egli **rivendicò le regalìe imperiali**, cioè i diritti riservati all'imperatore di **imporre le tasse, battere moneta e amministrare la giustizia**, che i Comuni esercitavano ormai autonomamente.
Al fine di imporre nuovamente la propria autorità sulle città italiane, Federico decise di **scegliere personalmente i magistrati** incaricati di governare i Comuni. Naturalmente, gran parte delle città rifiutarono, dichiarando così aperto il conflitto con l'imperatore. In una successiva dieta, sempre a **Roncaglia**, nel 1158, l'imperatore ribadì le proprie richieste, ma ancora senza successo.

PER LA COMPRENSIONE

- Qual era la posizione dei Comuni italiani nei confronti dell'autorità imperiale?
- Perché inizialmente l'autonomia dei Comuni non creò problemi?
- Quali casate si contendevano il potere in Germania?
- Perché Federico I di Svevia era gradito sia ai guelfi sia ai ghibellini?
- Che cosa si propose di fare Federico I appena salito al trono?
- Come si comportò Federico I nei confronti dei Comuni italiani? Che cosa stabilì la Dieta di Roncaglia?
- Quale fu la reazione dei Comuni italiani alle imposizioni imperiali?

GUELFI E GHIBELLINI

DUE FAZIONI CONTRAPPOSTE

I termini "*guelfo*" e "*ghibellino*" furono usati per la prima volta nel XII secolo in Germania per indicare i sostenitori delle casate di Baviera e di Svevia, in lotta per la successione al trono tedesco e al titolo imperiale.

Guelfi erano coloro che appoggiavano la dinastia dei *Welfen*, signori di Baviera, mentre ghibellini erano i nobili favorevoli agli Hohenstaufen, ossia gli Svevi, che avevano nel castello di *Waiblingen* la loro roccaforte.

In Italia le due parole cambiarono significato e nel corso del XIII secolo, in particolare durante il regno dell'imperatore Federico II, passarono a indicare gli schieramenti che, nella lotta tra Papato e Impero, parteggiavano per l'imperatore (i *ghibellini*) oppure per il papa (i *guelfi*).

Tuttavia, va ricordato che in Italia la lotta tra le due fazioni non fu alimentata dalla decisione di sostenere l'una piuttosto che l'altra delle due supreme istituzioni medievali (Papato e Impero, appunto), ma dalla contrapposizione di interessi e di ambizioni di potere che divideva le consorterie nobiliari all'interno dei singoli comuni, pronte ad innalzare la "bandiera" guelfa o ghibellina per trovare all'esterno un appoggio nella lotta cittadina.

ARCHITETTURA MILITARE

I termini "*guelfo*" e "*ghibellino*" sono inoltre presenti nell'architettura militare del Medioevo, in corrispondenza dei due tipi di merlatura di cui erano dotati i castelli e le torri di difesa.

La merlatura coronava la parte sommitale delle mura e delle torri per offrire protezione e riparo ai difensori del castello contro frecce e pietre scagliate da possibili attaccanti, consentendo al tempo stesso di sorvegliare quanto accadeva all'esterno e di rispondere agli attacchi. A tale scopo la merlatura presentava un'alternanza di spazi vuoti (più stretti) e di parti piene (più larghe) dette *merli*. I merli a coda di rondine furono detti *ghibellini*, mentre quelli parallelepipedi si chiamarono *guelfi*. Non vi era, tuttavia, vera corrispondenza con le due fazioni politiche che si combattevano in Germania e in Italia: frequente era il caso di fortezze e palazzi che nel corso delle lotte politiche e militari passavano di mano da uno schieramento all'altro, mentre da un certo periodo in poi le merlature furono costruite a discrezione dei progettisti.

Il Barbarossa muove guerra ai Comuni italiani

Le città italiane, ormai abituate alla loro indipendenza, rifiutarono di riconoscere l'autorità di Federico I, il quale decise di **intervenire per ricondurle all'obbedienza**. Anzitutto, decise di punire Milano, che era a capo dei Comuni ribelli. Egli stipulò un'**alleanza con alcuni Comuni nemici della città lombarda** e, dopo un lungo assedio, riuscì a sconfiggerla.
Questa spedizione, che nelle intenzioni doveva essere di avvertimento per tutti i Comuni d'Italia, non diede però i risultati sperati. Il papa **Alessandro III**, infatti, era **preoccupato perché Federico Barbarossa voleva riaffermare la superiorità del potere imperiale su quello papale**. Per questo motivo, quando le città del Nord Italia si unirono nella **Lega Lombarda** (costituitasi nel monastero benedettino di Pontida, nel 1167), il papa si schierò al loro fianco.

La vittoria dei Comuni

Federico scese nuovamente in Italia, conquistò Ancona e giunse ad occupare Roma, costringendo il papa alla fuga. Quando, però, tentò di piegare la resistenza dei Comuni della Lega, fu **disastrosamente sconfitto a Legnano** (1176), nei pressi di Milano, e dovette concludere la pace, firmata a **Costanza** nel **1183**.
Dopo essere stato costretto a riconoscere l'autorità del papa e l'autonomia dei Comuni, **Federico I rinunciò alle regalìe, a nominare personalmente i magistrati cittadini e a esercitare un vero potere sulle città** italiane, a patto che si impegnassero a mantenere la pace.

Federico I Barbarossa con i figli in una miniatura del XII secolo.

LA PACE DI COSTANZA

Federico estende il dominio sull'Italia meridionale

Le guerre contro i Comuni italiani avevano occupato Federico I per decenni, costringendolo a distogliere l'attenzione dalla Germania. La sconfitta finì con l'**indebolire la sua autorità** anche di fronte ai feudatari tedeschi.
Dopo aver constatato l'impossibilità di sottomettere l'Italia settentrionale, Federico I rivolse altrove le sue mire espansionistiche. Decise di tentare la via diplomatica per **estendere il suo dominio anche al Mezzogiorno**, dove i Normanni avevano costruito un regno potente e ricco (vedi pag. 198).
Nel 1186 l'imperatore riuscì a **combinare il matrimonio fra suo figlio Enrico** (il futuro imperatore Enrico VI) **e Costanza d'Altavilla**, ultima erede dei domini normanni.
In questo modo, senza combattere neppure una battaglia, l'imperatore tedesco **assicurò per via dinastica alla Casa degli Svevi tutta l'Italia meridionale**.

I LUOGHI DELLO SCONTRO TRA IL BARBAROSSA E I COMUNI ITALIANI

La carta illustra i luoghi che furono teatro della guerra che Federico I intraprese contro i Comuni italiani. Una guerra nella quale impiegò ingenti forze e spese notevoli energie.

La prima calata di Federico I in Italia aveva come obiettivo la sconfitta di Milano.

La seconda guerra intrapresa contro i Comuni italiani si risolse con la sconfitta di Legnano, dove le truppe imperiali vennero accerchiate da quelle della Lega Lombarda.

I territori del Sacro Romano Impero Germanico si estendevano a tutta l'Italia settentrionale e a una parte di quella centrale, a eccezione dei territori appartenenti a Venezia. A sud l'Impero confinava con i possedimenti pontifici e con il regno normanno.

PER LA COMPRENSIONE

- Come reagì Federico I di fronte alle resistenze opposte dai Comuni italiani?
- Perché Alessandro III era preoccupato dalle vittorie di Federico I?
- Come si concluse l'ultima discesa in Italia di Federico Barbarossa?
- Quali accordi raggiunse Federico I con i Comuni?
- Quale progetto volle attuare Federico I dopo aver constatato l'impossibilità di sottomettere i Comuni?
- In che modo Federico I riuscì a estendere il proprio dominio sull'Italia meridionale?

NO

SI

ANALISI DELLA CARTA STORICA

- 1 Formalmente di quale organismo politico facevano parte i Comuni italiani?
- 2 Quale territorio dell'Italia settentrionale non rientrava nel Sacro Romano Impero Germanico?
- 3 Quali città facevano parte della Lega Lombarda?
- 4 Quali città, invece, parteggiavano per l'Impero?

L'Età di Federico II di Svevia

Papa Innocenzo III, affresco del XIII sec. Subiaco, Chiesa del Sacro Speco. Innocenzo III fu uno dei più grandi papi della Storia, interprete acuto delle esigenze della Chiesa del tempo e, nel contempo, abile "uomo di Stato".

RITRATTO DI INNOCENZO III

Federico II affidato alla tutela di Innocenzo III

Dopo la morte di Federico Barbarossa, nel 1190, **il regno di suo figlio Enrico VI fu breve**: morì nel 1197, a soli 32 anni e dopo sette anni di regno. Anche sua moglie, Costanza d'Altavilla, morì poco dopo, ma prima **affidò il figlio Federico, di appena tre anni, a papa Innocenzo III** (1198-1210). Al papa, Costanza chiese di **difendere il principe** dalle minacce di coloro che avrebbero tentato di approfittare della sua minore età per **usurpare il trono di Sicilia e il titolo imperiale**. Innocenzo III era convinto che **il potere del papa fosse nettamente superiore a quello dell'imperatore** e allevò il futuro Federico II secondo questi princìpi.

Il pontefice accettò di **sostenere il giovane principe** nella lotta per ottenere la corona del Regno di Germania, a **condizione però che Federico non avesse unito i territori imperiali e quelli dell'Italia meridionale sotto una sola corona**. Se infatti i territori imperiali a nord del Patrimonio di San Pietro e quelli normanni a sud fossero stati unificati politicamente, i domini del papa sarebbero stati **completamente accerchiati** e il pontefice si sarebbe trovato in difficoltà nel mantenersi indipendente dall'imperatore.

Federico II si scontra con il papa

Federico rispettò la promessa fatta finché Innocenzo III fu in vita. Dopo l'incoronazione imperiale avvenuta nel 1220, nonostante le proteste del nuovo pontefice **Onorio III**, l'imperatore **unificò i suoi domini stabilendo a Palermo la propria sede**. Egli fece della Sicilia il **centro culturale e artistico dell'Impero**. Organizzò i possedimenti meridionali in modo **moderno ed efficiente**; fortificò molti luoghi strategici, costruendo numerosi castelli. Per distogliere **Federico dai suoi progetti in Italia**, Onorio III sollecitò l'imperatore a intraprendere una **crociata in Terrasanta**.

Federico II per anni rimandò la partenza e nel 1227 il nuovo papa **Gregorio IX decise di scomunicarlo**. L'anno dopo, l'imperatore scomunicato intraprese finalmente il viaggio per la Terrasanta. Una volta giunto in Palestina, però, invece di combattere **stipulò con il sultano accordi diplomatici** in base ai quali la città di Gerusalemme sarebbe passata per dieci anni sotto il controllo dei Cristiani (vedi pag. 209). **Gregorio IX giudicò negativamente il fatto che l'imperatore non avesse voluto combattere**, venendo a patti con i musulmani.

Il Sacro Romano Impero Germanico al tempo di Federico II di Svevia

I possedimenti di Federico II si estendevano dalla Sicilia fino al Mare del Nord, attraversando tutta l'Europa.
Si trattava di territori vastissimi costellati da città importanti, molte delle quali, però, erano ormai riuscite a sottrarsi all'autorità imperiale.
L'Impero era poco coeso politicamente, poiché i feudatari tedeschi aspiravano all'autonomia. Solo sui domini dell'Italia meridionale Federico II esercitava un'autorità indiscussa.

LA REGOLAMENTAZIONE DEI COMMERCI NELLE COSTITUZIONI DI MELFI

Durante il suo regno (1220-1250) Federico II promosse un'importante opera legislativa, nota come ***Costituzioni di Melfi*** *(o* Liber Augustalis*).*
Questa raccolta di leggi, promulgata nel 1231, è una delle più importanti di tutto il Medioevo. Tra le norme più significative rientrano quelle relative all'economia, che prevedevano, tra l'altro, l'eliminazione di numerosi pedaggi e la punizione degli abusi commerciali.

SUI MERCANTI

Vogliamo che qualunque mercante del nostro regno venda le sue merci secondo gli stessi pesi e le stesse misure sia nelle cose grandi sia in quelle piccole e in base alla stessa unità di misura lineare (canna) che avrà ricevuto dalla nostra **curia** [1] [...]

SUI PESI E SULLE MISURE

Vogliamo che i venditori vendano qualsivoglia loro merce secondo **i pesi e le misure legittimi**[2]. Chiunque si scoprirà aver commesso frode o falso nei pesi o nelle misure (o nelle unità di misura lineare), o chi avrà tagliato il tessuto più corto del dovuto, **paghi al nostro fisco la multa** di 1 lira d'oro purissimo; e se, condannato alla multa, non potrà pagare gli vengano appesi al collo il peso o le misure falsate e, per suo castigo e ammonizione degli altri, sia **fustigato pubblicamente** nel luogo in cui avrà commesso la frode. E se poi si macchierà una seconda volta della stessa colpa, gli sia amputata una mano; se una terza volta ordiniamo **venga impiccato**[3].

SULLE PENE CONTRO I MERCANTI

Vogliamo che le pene stabilite contro i mercanti che vendono merci corrotte e vietate ovvero, evadendo le nostre disposizioni in merito, in base a false unità di misura, siano duplicate se le vittime dell'inganno saranno stranieri. Vogliamo, infatti, che la loro **debolezza ed ignoranza trovi in noi riconoscimento e difesa**[4].

Rid. e adatt. da *Liber Constitutionum Regni Siciliae*, in *Storia d'Italia*, III, Istituto Geografico De Agostini

1. La curia è l'organo di giustizia e di controllo dello Stato.

2. Si ribadisce che i mercanti che si trovano ad operare nel Regno di Sicilia devono usare pesi e misure stabiliti dalla legge.

3. Per chi non rispetta l'uso dei pesi e delle misure stabiliti sono previste pene che vanno dal pagamento di una multa in denaro fino all'impiccagione, se la frode viene ripetuta per tre volte.

4. La frode ai danni degli stranieri viene giudicata più grave, perché colpisce chi si trova in una condizione di svantaggio, dovuta alla non conoscenza delle norme dello Stato.

PER LA COMPRENSIONE

- Che cosa accadde alla morte di Federico Barbarossa?
- Perché Costanza d'Altavilla affidò a Innocenzo III il piccolo Federico?
- Quale idea del potere Innocenzo III cercò di trasmettere al futuro Federico II?
- A quale condizione il papa sostenne Federico nella lotta per la corona tedesca? Perché? Che cosa temeva?
- Che cosa accadde alla morte di Innocenzo III?
- Perché Onorio III sollecitò Federico a partire per la crociata?
- Come si risolse la spedizione di Federico II in Terrasanta?
- Perché Gregorio IX scomunicò Federico II? Quale fu la conseguenza?

ANALISI DEL DOCUMENTO STORICO

- Che cosa prevedono le Costituzioni di Melfi in merito alla vendita delle merci?
- Quale pena è prevista per i mercanti che commettono frodi in merito alle misure e ai pesi?
- Che cosa prevede la legge se la frode verrà commessa più di una volta?
- Che cosa prevede la legge se la frode viene commessa ai danni dello straniero? Perché?

Federico II riprende la lotta contro i Comuni

Tornato in Italia, Federico II decise di ottenere il **riconoscimento della sovranità imperiale da parte dei Comuni**.
Intraprese, perciò, una lunga guerra che conobbe **vicende alterne**, dalla vittoria imperiale a Cortenuova, presso Bergamo (1237), alla sconfitta di Fossalta (1249), dove i Bolognesi catturarono lo stesso figlio dell'imperatore, Enzo, re di Sardegna.
Durante il conflitto, **i Comuni furono sostenuti dal papa** e il confronto con l'imperatore si trasformò in una **lotta fra guelfi e ghibellini italiani**, cioè tra i sostenitori del pontefice da una parte e quelli dell'imperatore dall'altra.

La morte di Federico II

L'imperatore **morì improvvisamente nel 1250**, mentre stava per organizzare una nuova spedizione contro i Comuni italiani.
Nonostante la sua abilità politica, Federico II **non era riuscito a realizzare il suo progetto di restaurazione dell'autorità imperiale**.
Tuttavia, egli **lasciò una grande impronta nella cultura e nell'arte della sua epoca** (vedi pagg. 246-247).

L'Impero e la Germania dopo gli Svevi

Federico II aveva incontrato **grandi difficoltà anche nel mantenere sottomesse le città e la feudalità tedesche**.
I feudatari, infatti, approfittando della scomunica che aveva colpito l'imperatore, **si erano ribellati alla sua autorità**, trovando un appoggio nello stesso figlio di Federico, Enrico.
Federico fu l'ultimo imperatore della dinastia sveva. Dopo la sua morte, **in Germania si scatenarono violentissime lotte**, finché nel 1273 la corona imperiale venne assegnata a **Rodolfo d'Asburgo**, fondatore della dinastia degli Asburgo.

L'imperatore Federico II di Svevia e il figlio Manfredi.

In Italia gli Angioini subentrano agli Svevi

Anche in Italia i discendenti di Federico – suo figlio Manfredi e suo nipote Corradino di Svevia – **non riuscirono a mantenere il potere**. Contro di essi il papa Urbano IV nel 1262 chiamò in aiuto **Carlo d'Angiò**, fratello del re di Francia, al quale promise in beneficio i territori che anticamente avevano costituito il regno normanno nell'Italia meridionale.

Nel 1266 **Carlo sconfisse Manfredi nella battaglia di Benevento**, in cui il sovrano svevo morì combattendo. Tragica sorte toccò a **Corradino, sconfitto nella battaglia di Tagliacozzo** nel 1268 e poi decapitato per ordine di Carlo d'Angiò, che così **assunse definitivamente la corona del Regno di Sicilia**. Dopo avere conquistato tutto il Mezzogiorno, gli Angioini imposero il loro dominio, suscitando ben presto il **malcontento generale**: il popolo contestava l'**eccessiva imposizione fiscale**, il **trasferimento della capitale da Palermo a Napoli** e lo **scarso interesse per il regno**.

In Sicilia, il malcontento popolare sfociò in una **rivolta poi chiamata "Vespri siciliani"** (1282), perché scoppiò a Palermo all'ora del vespro (la preghiera della sera) del Lunedì di Pasqua.

ANALISI DELLA CARTA STORICA

- Perché il papa sostenne la lotta per porre termine al dominio svevo nell'Italia meridionale?
- Come fu diviso il Meridione italiano alla fine della guerra fra Angioini e Aragonesi?

L'Italia meridionale viene divisa in due regni

I nobili siciliani invocarono l'aiuto di Pietro III, re d'Aragona (Spagna). Gli Aragonesi giunsero nell'Italia meridionale e si scontrarono con gli Angioini, dando inizio a una guerra destinata a concludersi solo nel **1302**, con la **Pace di Caltabellotta**. Il Sud venne **diviso in due monarchie** (fra loro ostili): la Sicilia fu assegnata agli **Aragonesi**; il Regno di Napoli rimase agli **Angioini**.

L'Italia meridionale dopo Federico II

I discendenti di Federico II di Svevia perirono nelle guerre contro gli Angioini per il possesso dell'Italia meridionale.
Dopo la fine del dominio svevo, però, la dinastia angioina non riuscì a imporre per lungo tempo il proprio dominio su quei territori.
Le rivolte contro gli Angioini aprirono la strada all'intervento degli Aragonesi (il re Pietro III rivendicava il regno svevo avendo sposato la figlia di Manfredi) e alla divisione dei domìni svevi.
Con l'eliminazione degli Svevi dall'Italia meridionale, i territori della Chiesa (estesi alla Romagna e alla Marca Anconetana) non corsero più il pericolo di essere accerchiati.

LA RIVOLTA DEI VESPRI IN UNA CRONACA DEL TEMPO

PER LA COMPRENSIONE

1 ■ Come agì Federico nei confronti dei Comuni italiani?
2 ■ Quali caratteristiche assunse il confronto tra Comuni e Impero? Perché?
3 ■ Qual è il bilancio del regno di Federico II?
4 ■ Quali difficoltà aveva incontrato l'imperatore in Germania?
5 ■ Che cosa accadde dopo la sua morte?
6 ■ Come finì la dinastia sveva in Italia?
7 ■ Quali erano le cause del malcontento nei confronti degli Angioini? In cosa sfociò?
8 ■ Come si risolse la guerra tra Angioini e Aragonesi?

FEDERICO II, MERAVIGLIA DEL MONDO

***Federico II** fu una delle personalità **più complesse ed eccezionali** del Medioevo, tanto da essere definito* Stupor Mundi*, cioè "**meraviglia del mondo**", oggetto al tempo stesso di giudizi esaltanti e di condanne senza appello.*
La sua multiforme personalità è ben delineata nel ritratto dello storico inglese Denis Mack Smith riportato nella pagina accanto.

UNO STRAORDINARIO PROMOTORE DI CULTURA

Federico II fu un grande innovatore anche dal punto di vista culturale.
Seppe circondarsi delle maggiori personalità del tempo in campo filosofico, letterario e scientifico; promosse l'istituzione o il rinnovamento di importanti **centri di sapere**: oltre all'**Università di Napoli**, la **Scuola siciliana**, la prima scuola poetica italiana in lingua volgare, e la **Scuola salernitana**, la **più importante scuola medica** del Medioevo.

Castel del Monte

UN MODERNO UOMO DI STATO

Anche se non riuscì a realizzare il suo disegno imperiale, Federico II si dimostrò un grande uomo di Stato. Egli seppe innovare profondamente l'organizzazione di governo dei suoi territori e lo fece dandole un'impronta di assoluta **modernità**, superando quanto stavano facendo, nella medesima direzione, alcuni monarchi europei.
Egli concepì uno **Stato centralizzato, laico ed efficiente**, per realizzare il quale intraprese una serie di iniziative: riorganizzò i possedimenti normanni, limitò i privilegi feudali, impedì la costituzione di eserciti privati; ridusse drasticamente i poteri del clero (ad esempio escludendolo dall'amministrazione pubblica ed eliminando privilegi come le esenzioni fiscali); eliminò le magistrature degli autogoverni cittadini e rivendicò al solo sovrano l'amministrazione della giustizia. L'opera di governo era esercitata dal sovrano per mezzo di suoi rappresentanti (**funzionari**, **magistrati**, ecc.), nominati con criteri di merito e non di nascita.
Si preoccupò di creare una scuola che fornisse allo Stato i funzionari preparati di cui aveva bisogno: nacque, così, l'**Università di Napoli** (1224), la prima in tutta Europa che fosse realizzata per volere di un sovrano.

IL MISTERO DI CASTEL DEL MONTE

UNA PERSONALITÀ MULTIFORME

Dalle testimonianze anche calunniose dei contemporanei, la figura di Federico II, ultimo imperatore medievale, emerge appassionata e audace, con superiorità impressionante: padrone di sei lingue, poeta lirico alla maniera calorosa dei siciliani, munifico protettore di architetti, scultori e dotti, abile soldato, statista d'infinita sottigliezza e risorse, ma anche di grande, spensierata audacia.
Un'appassionata curiosità intellettuale lo portò nei campi della filosofia e dell'astrologia, della geometria e dell'algebra, della medicina e della storia naturale.
Scrisse un trattato sulla caccia col falco, che segna l'inizio della scienza sperimentale in Occidente, e viaggiò in compagnia di un elefante, di dromedari e di altri impressionanti esemplari di fauna tropicale.
Libri rari e strumenti scientifici erano i doni che preferiva, e un planetario d'argento donatogli dal sultano di Damasco era il più prezioso fra tutti i suoi beni. Si interessava di problemi tecnologici, come il prosciugamento delle paludi e la costruzione di macchine belliche, ma anche di astratti problemi di fisica. Amava particolarmente la compagnia degli astronomi e dei matematici e la sua corte divenne, perciò, con Oxford e Parigi, uno dei centri di studio della matematica dell'Europa latina.

Adatt. da D. Mack Smith, *Storia della Sicilia medievale e moderna*, Laterza

CASTEL DEL MONTE, IL MONUMENTO SIMBOLO DI FEDERICO II

Castel del Monte, la più nota delle fortezze fatte costruire da Federico II, venne edificato nel 1240, nei pressi di Andria, in Puglia.
La sua **forma ottagonale**, la sua posizione e la sua struttura sono state oggetto di varie interpretazioni tuttora non definitive.

LA SCUOLA SALERNITANA, LA PIÙ IMPORTANTE SCUOLA MEDICA EUROPEA

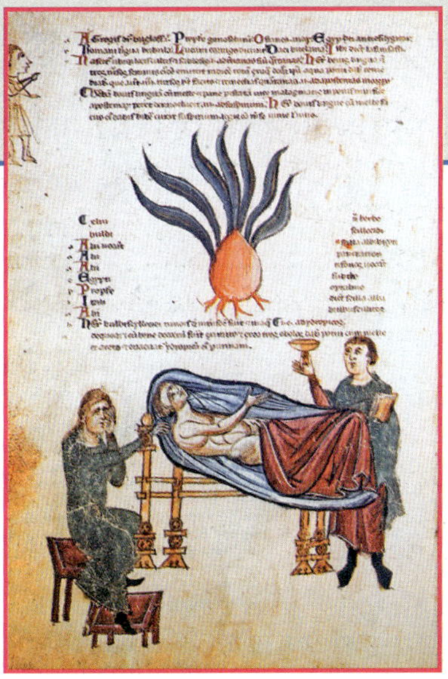

A Salerno operava fin dall'XI secolo la Scuola salernitana, una delle più importanti scuole mediche europee. Sulle origini della Scuola sono fiorite leggende diverse ma non si hanno notizie certe. Si diceva che fosse stata fondata da quattro medici: uno greco, uno latino, uno ebreo e uno arabo; una leggenda, questa, che evidenzia la fusione tra la tradizione araba e quella classica, propria della scuola.
Del resto, tra i maggiori studiosi della scuola figura **Costantino**; di origine cartaginese, fece conoscere agli studiosi della Scuola salernitana i testi della tradizione araba, traducendo numerosi manoscritti conservati nei monasteri.
Tra i maestri della Scuola salernitana figurano anche donne, tra le quali **Trotula de Ruggiero**, la prima donna medico che operò nella seconda metà dell'XI secolo.
I suoi trattati costituirono il **fondamento della scienza medica europea** fino al XVI secolo; invece delle tradizionali cure che prevedevano anche il ricorso alla magia e all'astrologia, Trotula pose l'attenzione sulle norme igieniche, dietetiche (alimentazione) e sull'attività fisica.
Federico II, consapevole del valore e dell'importanza della Scuola salernitana, le **diede un riconoscimento giuridico**. Nelle *Costituzioni di Melfi*, infatti, stabilì che solo chi era in possesso del diploma rilasciato dalla scuola potesse esercitare la **professione medica**. Stabilì, inoltre, il **percorso di studi**, che prevedeva tre anni di logica, cinque di medicina e un anno di pratica presso un medico anziano.

✓ SINTESI

AUDIOSINTESI

PAG.239-241-246-247-245

FEDERICO IL BARBAROSSA VUOLE RISTABILIRE L'AUTORITÀ IMPERIALE

- ✔ I Comuni italiani, pur avendo conquistato ampi margini di autonomia, formalmente facevano ancora parte del Sacro Romano Impero Germanico. Quando, nel 1155, **Federico I** di Svevia detto "**il Barbarossa**" divenne imperatore, **rivendicò il suo potere e i suoi diritti**. Gran parte delle città si rifiutarono di riconoscerli, dichiarando aperto il **conflitto con l'imperatore**.
- ✔ Per far sentire il peso della propria autorità, il Barbarossa scese più volte con il suo esercito in Italia.

I COMUNI SI ALLEANO CONTRO FEDERICO BARBAROSSA

- ✔ I Comuni lombardi si unirono nella **Lega Lombarda** per far fronte alla minaccia imperiale. Il papa e la Lega si allearono per combattere contro Federico Barbarossa, il quale fu duramente sconfitto a **Legnano**. In seguito a questa sconfitta, nel 1183 l'imperatore dovette firmare la **Pace di Costanza**, con la quale concesse ai Comuni i diritti che in precedenza aveva loro negato.

LA CONQUISTA DIPLOMATICA DELL'ITALIA MERIDIONALE

- ✔ Dopo aver constatato l'impossibilità di sottomettere l'Italia settentrionale, Federico I rivolse altrove le sue mire espansionistiche. Riuscì, infatti, ad **ampliare i suoi domini nell'Italia meridionale**, organizzando il matrimonio del figlio, Enrico, con l'erede dei domini normanni in Italia, Costanza d'Altavilla.

FEDERICO II AFFIDATO A PAPA INNOCENZO III

- ✔ Il regno di Enrico VI fu breve e anche sua moglie Costanza morì giovane, dopo avere affidato il figlio di appena tre anni, **Federico**, al papa **Innocenzo III**. Quest'ultimo sostenne Federico nella lotta per ottenere la corona del Regno di Germania, a patto che il giovane principe rinunciasse a unire i territori imperiali con quelli dell'Italia meridionale.

FEDERICO II ENTRA IN CONTRASTO CON IL PAPA E I COMUNI

- ✔ Ottenuta la corona imperiale, Federico II **unificò i propri possedimenti**. Papa Onorio III, per distogliere l'imperatore dalle questioni italiane, lo sollecitò a partire per una crociata in Terrasanta. Dopo vari rinvii e la scomunica ricevuta dal nuovo papa Gregorio IX, Federico II giunse infine in Terrasanta, dove concluse un accordo con il sultano che garantì per dieci anni ai Cristiani il controllo di Gerusalemme.
- ✔ Tornato in Italia, l'imperatore volle proseguire la politica del Barbarossa verso i Comuni italiani. Intraprese una lunga guerra, che conobbe vicende alterne, ma si concluse con la **vittoria dei Comuni**.

FEDERICO II, MODERNO UOMO DI STATO E PROMOTORE DI CULTURA

- ✔ Federico II **morì** all'improvviso nel **1250**, senza realizzare il progetto di restaurazione dell'autorità imperiale, ma lasciando un'**impronta duratura** nella storia politica e culturale del Medioevo.

LA GERMANIA E L'ITALIA DOPO GLI SVEVI

- ✔ In **Germania** dopo la sua morte si scatenarono **violente lotte** e solo nel 1273 fu eletto imperatore Rodolfo d'Asburgo. Per cacciare gli Svevi dal Regno di Sicilia, il papa chiamò in aiuto **Carlo d'Angiò**. Per contrastare gli **Angioini** i nobili siciliani chiesero l'intervento di Pietro III d'Aragona. Nel **1302**, la **pace di Caltabellotta** stabilì la divisione dell'Italia meridionale in due regni, assegnando la Sicilia agli **Aragonesi** e il Regno di Napoli agli **Angioini**. VEDO PAG.245

CRONOLOGIA

- 1152 – Federico I Barbarossa re di Germania
- 1155-1190 – Federico Barbarossa imperatore
- 1167 – Lega Lombarda
- 1176 – Battaglia di Legnano
- 1183 – Pace di Costanza
- 1186 – Matrimonio tra Enrico VI e Costanza d'Altavilla
- 1098-1216 – Pontificato di Innocenzo III
- 1220-1250 – Federico II imperatore
- 1237 – Battaglia di Cortenuova
- 1249 – Battaglia di Fossalta
- 1266 – Battaglia di Benevento
- 1268 – Battaglia di Tagliacozzo
- 1273 – Rodolfo d'Asburgo eletto imperatore
- 1282 – Vespri Siciliani
- 1302 – Pace di Caltabellotta

VERIFICA DI COMPRENSIONE

VERIFICHE INTERATTIVE

La lotta tra i Comuni e l'Impero

1. Indica se le affermazioni sono vere (V) o false (F).

☐ **a.** I Comuni italiani facevano formalmente parte dell'Impero.
☐ **b.** La casa di Svevia si affermò nella lotta per la successione al trono imperiale.
☐ **c.** Federico I di Svevia venne a patti con i feudatari tedeschi.
☐ **d.** I Comuni italiani si erano conquistati il diritto di eleggere i propri magistrati.
☐ **e.** Federico I sconfisse la città di Milano con l'aiuto di alcuni Comuni lombardi.
☐ **f.** Federico I e papa Alessandro III si allearono contro la Lega Lombarda.
☐ **g.** Federico I annientò le città della Lega Lombarda a Legnano.
☐ **h.** Con la Pace di Costanza Federico I riconobbe l'autonomia dei Comuni.
☐ **i.** Il papa Innocenzo III fu il tutore di Federico II.
☐ **l.** Per volere del papa Federico II riunì in un solo dominio il Regno normanno d'Italia e l'Impero germanico.
☐ **m.** Federico II fu vinto dai Comuni italiani a Fossalta.

La lotta tra i Comuni e l'Impero

2. Collega ogni affermazione alla causa/spiegazione corretta, riportando accanto la lettera corrispondente.

1. Gli imperatori non si interessarono a lungo delle vicende italiane ....
2. Federico I di Svevia convocò una dieta a Roncaglia ....
3. I Comuni italiani si ribellarono all'imperatore ....
4. Federico I potè assediare e costringere alla resa Milano ....
5. Il papa Alessandro III sostenne i Comuni della Lega Lombarda ....
6. Federico I fece stipulare il matrimonio tra il figlio Enrico VI e Costanza d'Altavilla ....
7. Federico II fu affidato a Innocenzo III ....

a. perché voleva rivendicare i diritti imperiali.
b. perché erano occupati nei conflitti in Germania.
c. perché temeva che l'imperatore non riconoscesse più la supremazia del potere papale su quello imperiale.
d. perché assicurava il Regno normanno dell'Italia meridionale all'Impero germanico.
e. perché altri Comuni lombardi si allearono con l'imperatore.
f. perché voleva imporre ai Comuni i diritti imperiali e scegliere i magistrati cittadini.
g. perché il papa difendesse i suoi diritti imperiali e quelli di re dei Normanni.

Federico II di Svevia e l'Italia meridionale

3. Indica con una ✗ la conclusione corretta tra quelle proposte.

a. La guerra fra Angioini e Aragonesi per il controllo dell'Italia meridionale si concluse con
☐ 1. la pace di Costanza.
☐ 2. la dieta di Roncaglia.
☐ 3. la pace di Caltabellotta.
☐ 4. la pace di Legnano.

b. Papa Urbano IV chiamò in aiuto contro i discendenti di Federico II
☐ 1. Manfredi.
☐ 2. Carlo d'Angiò.
☐ 3. Rodolfo d'Asburgo.
☐ 4. Corradino.

c. Innocenzo III ed i suoi successori temevano che Federico II unificasse
☐ 1. i propri domini imperiali con quelli dell'Italia meridionale.
☐ 2. i propri domini imperiali con quelli dei Comuni italiani.
☐ 3. i territori dell'Italia settentrionale con quelli della Germania.
☐ 4. i propri domini imperiali con quelli della Chiesa.

d. Per impedire a Federico II di attuare i propri progetti in Italia, il papa Onorio III sollecitò l'imperatore
☐ 1. a ritirarsi in Germania.
☐ 2. a intraprendere una crociata in Terrasanta.
☐ 3. a riconquistare i territori dei liberi Comuni.
☐ 4. a ritirarsi in un monastero.

Le parole della Storia

4. Indica il termine corrispondente alle seguenti definizioni.

MAPPA CONCETTUALE E LINEA DEL TEMPO

a. Sostenitori della casata di Svevia ....
b. Sostenitori della casata di Baviera: ....
c. Assemblee in cui si discutevano i problemi più importanti dell'Impero: ....
d. Diritti spettanti al sovrano/imperatore (imporre le tasse, coniare la moneta, amministrare la giustizia): ....

1. diete - 2. regalie - 3. guelfi - 4. ghibellini

5 VERSO L'ETÀ MODERNA

LINEE GUIDA

VIDEO INTRODUTTIVO

- Agli inizi del XIII secolo in Asia si formò un impero che cambiò la storia del continente: l'**Impero mongolo**, fondato da **Gengis Khan**. L'unificazione e la pacificazione di questo vasto territorio favorì la ripresa di **intense relazioni fra Occidente e Oriente**, con la "scoperta della Cina" da parte di missionari e mercanti, preannuncio dell'epoca delle esplorazioni europee oltreoceano.
- Nel XIV secolo l'Europa fu investita da una **crisi generale**: carestie, rivolte, guerre e, soprattutto, l'epidemia di **peste nera** causarono un **crollo demografico** tra i più gravi della sua storia e uno sconvolgimento della vita sociale e culturale.
- Queste trasformazioni accelerarono il **declino** definitivo delle istituzioni (**Papato** e **Impero**) che avevano incarnato l'ideale tipicamente medievale del **potere universale**, decretando di fatto la **fine del Medioevo**.
- Protagoniste della vita politica del continente si avviano a diventare le nascenti **monarchie nazionali**, la cui affermazione avvenne grazie al sostegno della **borghesia**.
- Il diffondersi, tra il XIV e il XV secolo, della **nuova visione dell'uomo e del mondo** promossa dagli **umanisti** segna l'**inizio dell'Età moderna**.

XIII sec. Espansione mongola

1215 *Magna Charta Libertatum*

Inizio XIV sec. Carestie in Europa

1300 Primo Giubileo cristiano

1309-1377 Cattività avignonese

1337-1453 Guerra dei Cent'anni

1200 — **1300**

GENGIS KHAN 1206-1227

MARCO POLO 1254-1324

FILIPPO IL BELLO 1285-1314

BONIFACIO VIII 1294-1303

GLI SPAZI DELLA STORIA

Verso l'Europa degli Stati

Negli ultimi secoli del Medioevo l'Europa assume la fisionomia politica che caratterizzerà la storia dell'Età moderna.
Con l'affermarsi delle monarchie nazionali vengono gettate in buona parte del continente le basi dei moderni Stati europei, caratterizzati dall'unificazione territoriale e dall'accentramento del potere nelle mani del sovrano.

1347-1351 Peste in Europa

1356 Bolla d'Oro

1358 *Jacquerie* in Francia

1378 Rivolta dei Ciompi a Firenze

1378-1417 Grande Scisma d'Occidente

1400

1453 Fine dell'Impero bizantino

1454 Pace di Lodi

1456 Primo libro con stampa a caratteri mobili

1469-1479 Unificazione della Spagna

GIOVANNA D'ARCO 1412-1431

LORENZO IL MAGNIFICO 1449-1492

FERDINANDO D'ARAGONA ISABELLA DI CASTIGLIA 1469-1479

OLTRE L'EUROPA

23. L'EUROPA, L'ORIENTE E L'AFRICA

L'interesse dell'Europa per l'Oriente

La crescita demografica ed economica iniziata a partire dall'XI secolo **aveva stimolato, in Occidente, un rinnovato interesse per i territori extraeuropei** dai quali giungevano i prodotti più ricercati (spezie, pietre preziose, tappeti, metalli, seta, ecc.), ma con i quali i rapporti si erano andati diradando dopo il V secolo.
Stabilire contatti con quei Paesi era tuttavia difficile, oltre che per le **distanze**, anche per la **presenza dei regni islamici**, con i quali i rapporti non erano sempre pacifici.
Questa situazione in parte era cambiata con l'avvio delle **prime crociate**: se è vero che esse esasperarono i contrasti tra Europa e Islam, è pure vero che **avvicinarono i due mondi**, contribuendo a far sorgere **rapporti commerciali di interesse reciproco**.

Gengis Khan unifica l'Asia

A partire dal XIII secolo in Asia si formò un impero che **cambiò la storia del continente** e che consentì lo sviluppo di **nuove relazioni tra Oriente e Occidente**.
Nei primi decenni del XIII secolo i **Mongoli** (un popolo nomade originario delle steppe dell'Asia orientale) iniziarono un rapido movimento di conquista. Nel giro di pochi anni, riuscirono a **sottomettere i popoli vicini**, dando vita al **più grande impero della storia**.
I Mongoli erano guidati dal **condottiero** Temujin, detto **Gengis Khan** (1206-1227), cioè "Signore universale".
Con un esercito ben organizzato e addestrato, Gengis Khan conquistò prima l'**Asia centrale**, il **Turkestan** e la **Cina settentrionale**; in seguito si spinse fino alla Persia e i suoi successori fino all'**Europa orientale**, raggiungendo, intorno al 1240, persino la **Russia**.
I conquistatori mostrarono grande **rispetto per la cultura cinese**, che anzi si sforzarono di assimilare, soprattutto dopo che ebbero **completato la conquista della Cina** (1276-1279). L'**unificazione di gran parte dell'Asia** sotto l'Impero mongolo inaugurò un **periodo di stabilità e di pace** (chiamato dagli storici ***pax mongolica***), che favorì notevolmente i contatti tra Occidente ed Oriente.

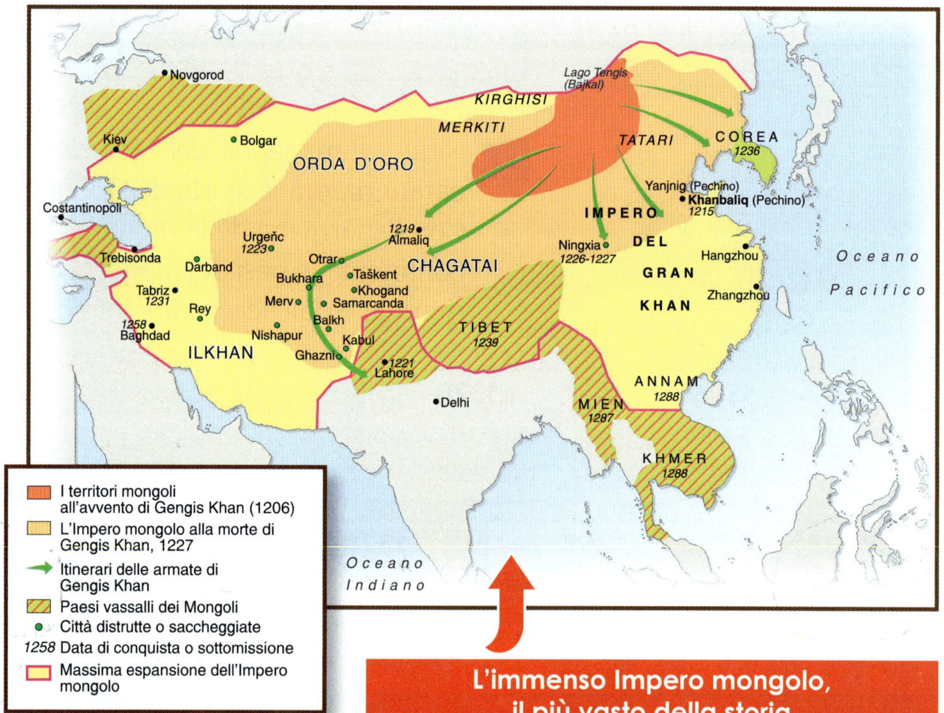

L'immenso Impero mongolo, il più vasto della storia

L'impero creato da Gengis Khan e dai suoi immediati successori aveva dimensioni vastissime: si estendeva a tutte le regioni abitate dell'Asia centrale, fino all'Estremo Oriente, dalle coste del Mar Caspio a quelle del Mar della Cina.
Si calcola che alla sua morte (1227) ben **due terzi della popolazione mondiale** fossero sudditi di Gengis Khan.
I successori di Gengis Khan organizzarono l'impero in **quattro *khanati*** (Orda d'Oro, Ilkhan, Chagatai e Impero del Gran Khan).
Il termine ***khan*** indicava il capo dei vari clan in cui erano organizzati i popoli nomadi dell'Asia centrale e significa approssimativamente "signore, imperatore".

IL CONQUISTATORE DELLE STEPPE CHE GOVERNÒ IL PIÙ VASTO IMPERO DELLA STORIA

DESTINATO A GOVERNARE IL MONDO

Gengis Khan apparteneva ad un clan mongolo che si credeva avesse origini divine, discendente del "Cielo Eterno".
Il padre l'aveva chiamato **Temujin**, che significa "uomo di ferro", e gli aveva predetto che sarebbe diventato il signore del mondo.
Alla morte del padre la vita di Gengis Khan (che allora aveva solo 9 anni) e della sua famiglia fu travolta da una serie infinita di **disgrazie e persecuzioni**.
Si trovò più volte ad un passo dalla morte, ma riuscì a sopravvivere grazie al coraggio, al suo spirito combattivo e alla sua intelligenza: doti che gli permisero in breve tempo di essere proclamato capo dei clan mongoli, di guidare l'**unificazione dei popoli delle steppe** e di lanciarsi alla **conquista del continente asiatico**.

UN SOVRANO ILLUMINATO

Gli storici persiani e musulmani hanno diffuso la fama di Gengis Khan conquistatore crudele e disumano. Questa fama ha finito con l'oscurare le **grandi doti politiche** del conquistatore mongolo. Tra i suoi meriti vanno ricordati un efficiente sistema di comunicazioni postali, la promozione di un alfabeto per mettere per iscritto la lingua mongola e, soprattutto, la promulgazione del ***Grande Yasa***, una **raccolta di norme** penali, amministrative e morali assai avanzate per quell'epoca. Ecco alcune delle norme del *Grande Yasa*, giunto a noi in forma frammentaria e indiretta:

- *la legge è al di sopra di tutti, persino dello stesso khan;*
- *tutti gli uomini nascono uguali, indipendentemente dalla razza, dalla religione e dalla classe sociale; le cariche più importanti, infatti, si acquisiscono per meriti e non per privilegio di nascita;*
- *le religioni sono tutte uguali e per tutti gli abitanti dell'impero esiste libertà di culto;*
- *i figli legittimi e illegittimi hanno gli stessi diritti;*
- *è proibito il commercio delle donne per il matrimonio;*
- *per evitare l'estinzione di alcune specie animali, è proibita la caccia nei periodi dell'allattamento e dell'allevamento (maggio-ottobre).*

Lib. adatt. da *Gengis Khan, signore del mondo*, in Storica, n.12, febbraio 2010

PER LA COMPRENSIONE

- In quale modo la ripresa demografica in Europa influenzò i rapporti con l'Oriente?
- Perché erano difficoltosi i contatti tra l'Europa e l'Asia? Come cambiò la situazione dopo le prime crociate?
- Quale grande evento facilitò i rapporti tra Occidente e Oriente?
- Quando ebbe inizio il movimento di conquista dei Mongoli?
- Chi era Gengis Khan?
- Come furono i rapporti dei Mongoli con la Cina?
- Quali vantaggi derivarono dall'unificazione politica dell'Asia?

ANALISI DELLA CARTA STORICA

- Quali erano le regioni di origine delle tribù mongole?
- Quali territori furono conquistati da Gengis Khan?

Sovrani europei e papi stabiliscono contatti con i Mongoli

La nascita dell'Impero mongolo contribuì a **facilitare gli scambi**, perché le comunicazioni divennero più sicure e si attenuò la minaccia proveniente dai Musulmani.

A partire dal XIII e dal XIV secolo gli Europei riuscirono a stabilire **contatti solidi con diverse regioni dell'Asia**. Vennero così avviate nuove relazioni commerciali e la Chiesa intraprese una nuova **azione missionaria**. Soprattutto, però, gli Europei intendevano concludere **alleanze ai danni dei regni musulmani**, con i quali gli intensi rapporti di affari si alternavano a conflitti feroci.

In questo contesto, agli occhi dei sovrani europei e del papa apparve importante stabilire **contatti con i Mongoli**.

Papa Innocenzo IV (1243-1254) cercò di stabilire un'**alleanza tra Cristiani e Mongoli contro i Musulmani**.

Il re di Francia, **Luigi IX**, nel 1249 intrecciò rapporti di amicizia **con il mongolo Eljigidei**, che aveva il comando delle armate del *khan* stanziate in Asia Minore.

Religiosi e mercanti italiani in Oriente

A partire dal 1289, **Giovanni da Montecorvino** riuscì a creare un vescovato cattolico a Pechino con migliaia di fedeli. I **primi decenni del Trecento** furono sicuramente gli anni che registrarono i rapporti più intensi con la Cina e diversi **uomini di affari italiani erano presenti in quelle regioni**. In questo panorama, fu rilevante anche l'azione di alcuni mercanti che svolsero una preziosa **opera di collegamento e di mediazione tra l'Europa e i regni asiatici**.

Tra questi, esemplare è la storia dei veneziani **Niccolò** e **Matteo Polo**, che commerciavano abitualmente con i porti del Mar Nero. Negli anni compresi fra il 1255 e il 1266 i Polo si spinsero fino a Bukhara (città dell'attuale Uzbekistan) e, successivamente, raggiunsero la **Cina**, dove furono **accolti benevolmente dal Gran Khan Kubilay** (1260- 1294), nipote di Gengis Khan. Al ritorno essi furono incaricati dallo stesso Kubilay Khan di portare una lettera al papa, nella quale l'imperatore chiedeva l'invio di cento missionari che avrebbero dovuto spiegare la religione cristiana e la cultura dell'Occidente ai Cinesi. I Polo si rimisero in viaggio verso la Cina nel 1270, portando con sé anche il figlio di Niccolò, **Marco**, che, una volta tornato in patria nel 1295, lascerà un **racconto dettagliato della sua esperienza** nel libro "***Il Milione***".

LA PRODUZIONE E IL COMMERCIO DELLA SETA

PER LA COMPRENSIONE

- Quali obiettivi si proponevano gli Europei mantenendo i contatti con alcune regioni dell'Asia?
- Quali iniziative concrete vennero prese per raggiungere quegli obiettivi?
- Che cosa fece Giovanni da Montecorvino?
- Quando i rapporti tra l'Occidente e la Cina raggiunsero la loro massima intensità?
- Quale ruolo ebbero i mercanti nei rapporti tra Occidente e Oriente?
- Chi erano i Polo? Che cosa fece Marco Polo?

Le principali vie commerciali verso l'Oriente

Le vie commerciali con l'Oriente, rese difficoltose dalla conquista islamica, vennero riaperte a partire dal XII secolo anche grazie alla rifioritura dei commerci seguita alla rinascita delle città in Europa.
Fin da tempi antichi mercanti e missionari attraversavano l'Asia utilizzando diverse piste carovaniere, conosciute nel loro insieme come **Via della seta**.

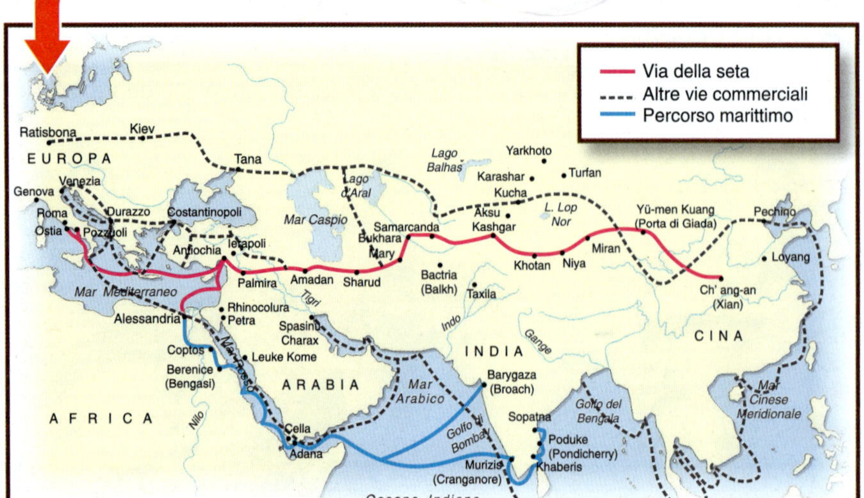

ANALISI DELLA CARTA STORICA

- Come si chiamavano i vari percorsi e le vie commerciali che collegavano l'Europa all'Asia?
- Quali erano le città più importanti lungo la Via della seta?

MARCO POLO IN CINA

Partiti da Venezia nel 1271, nel maggio del 1275 i fratelli Niccolò e Matteo Polo, accompagnati da Marco, figlio di Niccolò, raggiunsero finalmente l'imperatore della Cina nella sua residenza estiva di Shang tu, circa 300 chilometri a nord di Cambaluc.
L'imperatore Kubilai ricevette con piacere i veneziani e prese immediatamente in simpatia il giovane Marco che, da parte sua, rimase impressionato dalla magnificenza della corte, riunita all'interno di un immenso parco dove vagavano liberi cervi e altri animali selvaggi.

La carovana di Marco Polo in viaggio verso l'Oriente.

Il "Signore dei Signori", racconta Marco Polo "è di statura media, né alto, né basso; ha membra ben formate e in tutta la sua figura v'è una giusta proporzione. La sua carnagione è chiara, talvolta soffusa di rosso, come la luminosa tinta della rosa, il che aggiunge molta grazia al suo aspetto. I suoi occhi sono neri e belli, il naso ben modellato e prominente". Una sorta di affinità sotterranea si stabilì, forse fin dal primo incontro, tra i due uomini: Kubilai integrò Marco nel suo seguito, scegliendolo come confidente e uomo di fiducia, facendosi accompagnare nelle cacce e nelle cerimonie e affidandogli incarichi pubblici nelle più lontane province dell'impero. Il veneziano divenne in breve protagonista di una nuova vita.
Piano piano si impratichì delle lingue asiatiche e dei segreti dell'amministrazione statale. La civiltà che gli stava di fronte non aveva nulla da invidiare alle raffinatezze della natia Venezia. Come inviato dell'imperatore, Marco Polo viaggiò in lungo e in largo per la Cina, spingendosi fino allo Yunnan e oltre i confini della Birmania.
I Polo lasciarono le coste cinesi nel 1292 e nel 1295 giunsero finalmente in vista di Venezia.

Adatt. da P. Novaresio, *Uomini verso l'ignoto*, White Star, 1996

TI RACCONTO LA STORIA
UN RACCONTO COSÌ INCREDIBILE DA NON SEMBRARE VERO

Marco Polo in viaggio, in una miniatura dal libro "Il milione", pubblicato durante la vita di Polo ma più volte tradotto e ristampato.

La nascita dell'Impero ottomano

L'espansione dei Mongoli spinse diverse **tribù dell'Asia a spostarsi verso Occidente**. Fra le tribù turche giunte in **Anatolia** (vedi pag. 196) vi era quella degli **Ottomani**, così chiamata dal nome del loro capo, **Othman I** (1300-1326).
Othman diede inizio a una campagna di **conquista territoriale** che, proseguita dai suoi successori, portò alla formazione di un **nuovo potente impero**. L'espansione territoriale degli Ottomani si attuò soprattutto ai danni dell'ormai agonizzante Impero bizantino.
Gli **Ottomani cacciarono i Bizantini dall'Asia Minore** e si impadronirono di gran parte della penisola anatolica, da dove poi dilagarono in tutta la **penisola balcanica**.
Il destino della capitale dell'Impero bizantino sembrava ormai segnato. All'inizio del XV secolo, tuttavia, l'espansione ottomana subì una battuta d'arresto, perché dovette fronteggiare l'improvvisa **avanzata verso l'Asia Minore delle tribù turco-mongole guidate da Tamerlano** (1336-1405), che inflissero ai Turchi numerose sconfitte.

L'espansione dell'Impero ottomano e la fine dell'Impero bizantino

La fine dell'Impero bizantino

LA FINE DELL'IMPERO ROMANO D'ORIENTE

Quando i Mongoli di Tamerlano si ritirarono verso est, i Turchi ottomani ripresero la loro penetrazione in Asia e in Europa, dando l'assalto finale a ciò che restava dell'Impero bizantino.
Invano i sovrani bizantini chiesero aiuto agli Europei: nel **1453** il sultano **Maometto II** (1451-1481) cinse d'assedio e conquistò **Costantinopoli**, che divenne poi la capitale dell'Impero ottomano con il nome di **Istanbul**. La caduta di Costantinopoli segnò la **fine dell'Impero romano d'Oriente** e pose gli Europei di fronte a una nuova realtà: un **impero musulmano** che ormai era penetrato prepotentemente **nel continente cristiano**.

L'ASSEDIO DI COSTANTINOPOLI

Dipinto del XIV secolo, in cui si possono ammirare le mura di Costantinopoli prima della sua caduta nel 1453.

INESPUGNABILE PER MILLE ANNI

Quando gli Ottomani attaccarono Costantinopoli, di fatto l'Impero bizantino era ormai ridotto ai pochi chilometri quadrati del territorio della città.
La **leggendaria inespugnabilità** della capitale era dovuta alla sua possente **cinta muraria**, realizzata da Costantino nel IV secolo e più volte rafforzata. Dentro le mura trovavano riparo gli organi dello Stato, le residenze dell'imperatore e dei nobili, i tesori accumulati nei secoli. Finché la città rimase intatta, anche l'impero resistette. La sua conquista decretò di fatto la fine del millenario Impero d'Oriente.

L'ACCAMPAMENTO OTTOMANO

L'esercito ottomano comprendeva i **giannizzeri**, un corpo di fanteria di soldati scelti, fedelissimi e fanatici, costituito da giovani fatti prigionieri durante le guerre.

MAOMETTO II

Conquistare Costantinopoli era diventata una vera ossessione per Maometto II. Durante l'assedio il sultano spingeva gli assalitori con minacce, lusinghe e servendosi di un bastone di ferro.

LA CINTA MURARIA

Nell'assedio della città Maometto II utilizzò nuovi e micidiali cannoni, in grado di sparare proiettili da mezza tonnellata ad una distanza di oltre 1 chilometro e mezzo.

LA PRESA DELLA CITTÀ

Le truppe ottomane entrate in città il **29 maggio 1453** si abbandonarono al saccheggio e alla carneficina. L'imperatore bizantino, Costantino XI, morto in battaglia, venne decapitato. Maometto II, che da allora fu detto ***Fatih***, cioè "il conquistatore", entrò nella Basilica di S. Sofia, che venne trasformata in moschea.

PER LA COMPRENSIONE

- Chi erano gli Ottomani? Perché si chiamavano così? Perché migrarono verso Occidente?
- Dove si stanziarono, inizialmente, gli Ottomani?
- Quali territori conquistarono?
- Perché l'avanzata ottomana subì una battuta d'arresto? Chi era Tamerlano?
- Da chi venne conquistata Costantinopoli? Quando?
- Quale significato ebbe la caduta di Costantinopoli? Come venne chiamata l'ex capitale dell'Impero bizantino?

I regni e le civiltà africane

La conquista araba del continente africano

Tra il 640 e il 710 l'**Africa mediterranea** (cioè tutta la parte settentrionale del continente) venne conquistata dagli eserciti arabi (vedi capp. 8 e 9). Da allora la regione **seguì le vicende della civiltà arabo-islamica, accentuando la separazione dalle terre europee**.

La conquista ebbe conseguenze importanti anche nelle regioni africane poste a sud del deserto del Sahara. Anche in quelle zone **si diffusero la religione islamica e la cultura araba** e si venne a creare un **più stretto rapporto economico** con il mondo eurasiatico. I rapporti furono facilitati anche dal **commercio degli schiavi neri**.

Quello degli schiavi era uno dei commerci cui erano dediti da sempre gli arabi, che li vendevano nei territori dei loro regni; una pratica che sarebbe durata fino al XIX secolo.

LA RICCHEZZA DEI REGNI AFRICANI

Regni e imperi nell'Africa subsahariana

La moschea Djingareyber a Timbuctù, nel Mali. La sua costruzione fu avviata nel 1325 sotto l'imperatore Mansa Musa, nel periodo di maggior splendore dell'impero che intendeva diffondere l'Islam in tutto il continente africano.

Nelle zone interessate dal rimescolamento di popoli provocato dall'espansione araba vennero a formarsi **nuovi regni**. Con il tempo, alcuni di questi organizzarono intorno a sé veri e propri **imperi**, destinati a durare per secoli.

I più importanti regni africani sorsero nell'ampia vallata resa fertile dal corso del Niger.

Nel X secolo il regno africano più importante fu quello del **Ghana**. La sua prosperità si fondava sul controllo delle **miniere d'oro** presenti sul territorio, sulle fiorenti attività di allevamento e sullo sfruttamento della posizione geografica, che ne faceva un **punto di snodo importantissimo dei traffici commerciali**. Il Regno del Ghana ebbe una durata piuttosto breve e fu distrutto dalla dinastia islamica degli Almoravidi del Marocco (1074-1076). Il Ghana divenne per breve tempo tributario del **Regno di Soso** e poi (dopo il 1225) del **Mali**.

Un impero, questo, che conobbe il periodo di massimo splendore agli inizi del XIV secolo ed ebbe il suo centro nella regione del Boure, dalla quale proveniva buona parte dell'oro del Sudan occidentale.

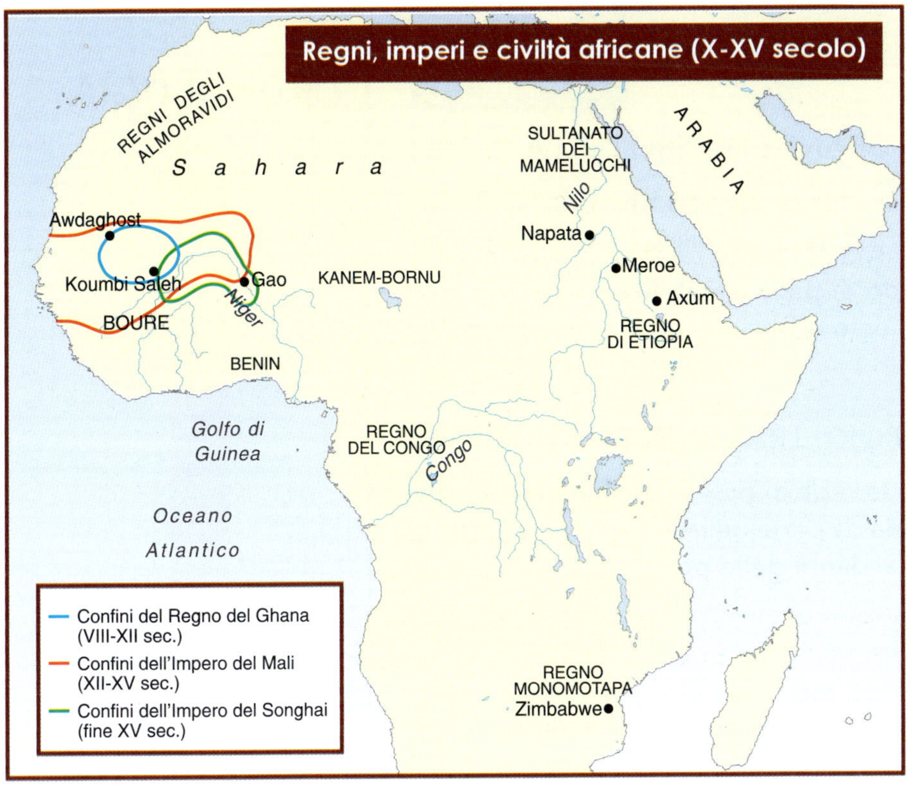

A quell'epoca, nelle regioni intorno a Gao, era già indipendente e florido l'**Impero del Songhai**, destinato a prevalere anche sul Mali. Frattanto tra Egitto, Tripolitania e Camerun, e tra Niger e Nilo, la popolazione degli Haussa fondò, a partire dall'anno Mille, l'**Impero del Kanem-Bornu**.
Un'altra popolazione, quella degli **Yoruba**, creò nuovi regni più a sud, quasi sul **golfo di Guinea**, verso il XII secolo, raggiungendo l'apogeo nel XV ai tempi dei re di Benin.
Ancora più a sud, ma nell'entroterra della costa orientale, maturò lentamente una civiltà capace di grandi costruzioni in pietra, come quelle esistenti ancor oggi nello Zimbabwe, che gli studiosi identificano con il leggendario **Regno Monomotapa** (consolidatosi alla fine del XIV sec.).

PER LA COMPRENSIONE

- Quale fu la storia dell'Africa settentrionale a partire dal VII secolo?
- Quali conseguenze ebbe la conquista araba dell'Africa sulle regioni a sud del Sahara?
- Su che cosa si fondava la prosperità del Regno del Ghana?
- Quale fu l'evoluzione del Regno del Ghana?
- Quali imperi si formarono nella stessa regione del Ghana?
- Quali altri regni e imperi vennero fondati in Africa tra il X e il XV secolo?
- Quali testimonianze rimangono ancora oggi delle civiltà sviluppatesi nella regione corrispondente allo Zimbabwe?

focus

LA LEGGENDA DEL REGNO DEL "PRETE GIANNI"

Oltre che nell'Estremo Oriente, la Chiesa avviò un'importante opera di evangelizzazione anche in Africa, attraverso l'azione di numerosi missionari.
L'impegno della Chiesa fu così grande che fiorì la leggenda del **Regno del "Prete Gianni"**: un mito nato nell'Europa medievale a partire dalle notizie circa l'esistenza di comunità cristiane al di là del mondo islamico.
Nel 1255, Francescani e Domenicani si insediarono in Marocco, con l'intenzione di raggiungere i popoli sub-sahariani e più tardi, nel 1316, un gruppo di otto Domenicani fu spedito in Etiopia da papa Giovanni XXII (1316-1334) con i medesimi obiettivi.

Il sovrano mongolo Ong Walm, identificato in Occidente come il "Prete Gianni".

✓ SINTESI

AUDIOSINTESI

GENGIS KHAN UNIFICA L'ASIA NEL PIÙ GRANDE IMPERO DELLA STORIA

✔ A partire dal XIII secolo, in Asia, i Mongoli, guidati da **Gengis Khan**, unificarono in un unico vastissimo impero molti territori tra l'Oceano Pacifico e il Mar Nero.

✔ L'Impero mongolo garantì un **lungo periodo di pace e stabilità** (*pax mongolica*) che favorì il riallacciarsi dei rapporti tra Oriente e Occidente, lungo la storica **Via della seta**.

LA *PAX MONGOLICA* FAVORISCE I RAPPORTI TRA L'EUROPA E L'ORIENTE

✔ L'Europa allacciò rapporti più intensi con le regioni più lontane, sia per **motivi commerciali**, sia per una volontà missionaria da parte della Chiesa, ma soprattutto per stabilire alleanze con i regni asiatici ai **danni delle potenze musulmane**.

IL RUOLO DEI MERCANTI

✔ Un ruolo fondamentale fu ricoperto anche dai **mercanti**, che, come nel caso dei **fratelli Polo**, svolsero un'importante funzione di **mediazione** e di **collegamento** tra l'Occidente cristiano e l'Impero mongolo.

DALL'IMPERO BIZANTINO ALL'IMPERO OTTOMANO

✔ L'avanzata dei Mongoli verso Occidente provocò la migrazione della tribù turca degli **Ottomani**, che diedero inizio a una politica di **espansione territoriale** ai danni dell'Impero bizantino, conquistando quasi tutta la penisola anatolica e gran parte di quella balcanica. La loro espansione subì una battuta d'arresto agli inizi del XV secolo, ad opera delle tribù guidate da **Tamerlano**. Nel **1453**, tuttavia, gli Ottomani conquistarono Costantinopoli, **ponendo fine all'Impero bizantino** e gettando le basi di un nuovo potente impero.

LE CIVILTÀ AFRICANE DAL MEDIOEVO ALL'ETÀ MODERNA

✔ Conquistata dagli Arabi tra il 640 e il 710, l'**Africa mediterranea** venne coinvolta nelle vicende della civiltà arabo-islamica. Questa si diffuse anche a sud del Sahara, mettendo queste regioni in contatto con il mondo eurasiatico.

✔ Come aveva fatto in Asia, la Chiesa intraprese un'**opera di evangelizzazione** anche in Africa.

✔ Nelle zone interessate dal rimescolamento di popoli provocato dall'espansione araba, si formarono numerosi **regni** e **imperi**, tra i quali i più importanti furono quelli del **Ghana**, di **Soso**, di **Songhai**, del **Kanem-Bornu** e del **Benin**.

Gengis Khan riceve i suoi generali.

CRONOLOGIA

640-710	Conquista araba dell'Africa settentrionale
inizi XIII secolo	Espansione mongola
1206-1227	Gengis Khan sovrano dell'Impero mongolo
1215	Gengis Khan conquista Pechino
1260-1294	Kubilay Gran Khan
1270-1295	Viaggio di Marco Polo
1276-1279	Kubilay Khan completa la conquista della Cina
1336-1405	Tamerlano
1402	Tamerlano sconfigge gli Ottomani
1451-1481	Maometto II, sultano ottomano
1453	Caduta di Costantinopoli: fine dell'Impero bizantino

VERIFICA DI COMPRENSIONE

VERIFICHE INTERATTIVE

L'Europa, l'Oriente e l'Africa

1. Indica se le affermazioni sono vere (V) o false (F).

☐ **a.** Nel corso del VII secolo gli Arabi conquistarono l'intero continente africano.

☐ **b.** Il Regno del Ghana divenne fiorente per il commercio degli schiavi.

☐ **c.** Gli Haussa fondarono l'Impero del Kanem-Bornu nella regione compresa tra il Nilo e il Niger.

☐ **d.** I Mongoli erano una popolazione nomade originaria della Cina.

☐ **e.** La prima espansione dei Mongoli fu guidata da Kubilay Khan.

☐ **f.** L'Impero mongolo garantì un periodo di pace e di stabilità in buona parte dell'Asia.

☐ **g.** Con le crociate si interruppero completamente le relazioni commerciali tra l'Europa e l'Asia.

☐ **h.** Missionari cristiani furono inviati presso i Mongoli per stabilire contatti politici e per tentare la conversione religiosa.

☐ **i.** Marco Polo svolse funzioni di ambasciatore per il Gran Khan Kubilay.

☐ **l.** Il Gran Khan accolse ostilmente i missionari e i mercanti europei.

L'Impero mongolo e i contatti con l'Europa

2. Collega gli eventi al corrispondente personaggio storico.

a. Fondò il più vasto impero della storia.
b. Intrecciò rapporti di amicizia con il mongolo Eljigidei, che aveva il comando delle armate del khan stanziate in Asia Minore.
c. Imperatore della Cina che ospitò Marco Polo.
d. Mercanti veneziani che raggiunsero la Cina e portarono un'ambasceria al papa.
e. Creò un vescovato cattolico a Pechino.
f. Mercante veneziano rimasto per 17 anni al servizio del Gran Khan.
g. Unificò le tribù turco-mongole e avanzò verso l'Asia Minore.

1. Marco Polo
2. Kubilay Khan
3. Gengis Khan
4. Luigi IX, re di Francia
5. Giovanni da Montecorvino
6. Niccolò e Matteo Polo
7. Tamerlano

Regni africani, Impero mongolo e Impero ottomano

3. Collega i seguenti eventi e fenomeni alla corretta causa/spiegazione (riporta accanto il numero corrispondente).

a. Il Regno del Ghana divenne prospero ....
b. Diverse tribù ottomane si spostarono verso Occidente ....
c. I contatti tra Occidente ed Oriente furono favoriti ....
d. Gli Europei cercarono di stabilire contatti con alcune regioni asiatiche ....
e. Il papa inviò ambascerie presso i Mongoli ....
f. All'inizio del XV secolo l'espansione ottomana subì una battuta d'arresto ....
g. L'Impero bizantino cadde ....

1. dall'unificazione dell'Asia da parte dell'Impero mongolo.
2. perché avrebbe voluto stabilire un'alleanza tra Cristiani e Mongoli contro i Musulmani.
3. grazie al controllo delle miniere d'oro, alla fiorente attività di allevamento e al controllo dei traffici commerciali.
4. per l'improvvisa avanzata verso l'Asia Minore delle tribù turco-mongole guidate da Tamerlano.
5. in seguito all'avanzata degli Ottomani.
6. perché intendevano sviluppare i rapporti commerciali e stringere alleanze contro i regni musulmani.
7. a causa dell'espansione dei Mongoli.

Le parole della Storia

4. Indica il termine o l'espressione corrispondente alle seguenti definizioni.

1. Via della seta - 2. Ottomani - 3. Gran Khan
4. pax mongolica - 5. Regno del Prete Gianni
6. Khanati - 7. Istanbul

a. Espressione con la quale gli storici indicano il periodo di stabilità e pace seguito all'unificazione mongola di gran parte dell'Asia: ....
b. Titolo che designava l'imperatore mongolo: ....
c. Complesso di piste carovaniere lungo le quali avvenivano gli scambi commerciali tra l'Oriente e l'Occidente: ....
d. Mitico regno cristiano di cui si supponeva l'esistenza in Africa: ....
e. Tribù turche giunte in Anatolia agli inizi del XIV secolo: ....
f. Nome assunto dalla capitale Costantinopoli dopo la conquista ottomana: ....
g. Denominazione dei regni in cui fu organizzato l'Impero mongolo dai successori di Gengis Khan: ....

LA CRISI DELL'EUROPA FEUDALE E L'UMANESIMO

24. LA CRISI DEL TRECENTO

Drammatici eventi sconvolgono l'Europa

Il Trecento fu un secolo di cambiamenti drammatici. **Carestie**, **guerre** ed **epidemie** portarono **morte** e **distruzione** ovunque. Questi eventi seminarono tra la popolazione dell'Europa un sentimento di **terrore** e di **sfiducia**, determinando **profondi mutamenti della mentalità** e nella vita quotidiana. Gli anni compresi tra il 1315 e il 1322 furono caratterizzati da un **clima sfavorevole per l'agricoltura**, a motivo delle intense piogge e degli **inverni sempre più rigidi** (l'intero Mar Baltico ghiacciò ben tre volte!). Questa fu una delle principali cause delle **carestie** che colpirono l'Europa all'inizio del XIV secolo.
I raccolti di cereali diminuirono e si diffusero malattie del bestiame. Secondo le fonti del tempo, gli uomini avevano a disposizione **cibi sempre più scarsi e poco nutrienti** e anche il pane era fatto di orzo, fave, erbe e del poco grano che riusciva a maturare ed era venduto a caro prezzo.
Le città e i regni non erano organizzati per far fronte a una simile emergenza: non esistevano riserve di cibo, non c'era possibilità di trasportare velocemente le risorse alimentari da un luogo all'altro, **nessuno era in grado di porre rimedio ai disastri delle colture**. Molti morirono a causa della carestia ancor prima del nuovo e più terribile flagello: la peste.

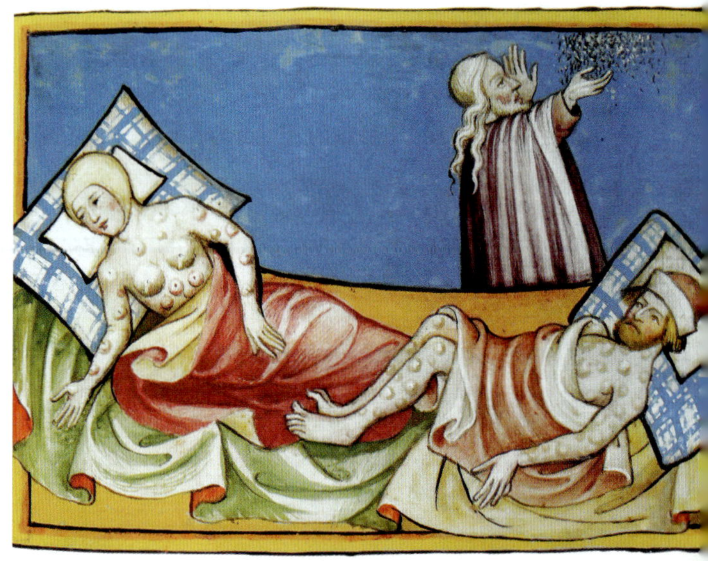

Vittime dell'epidemia di peste del 1348-1350, dalla Bibbia di Toggenburg (1411).

Esplode l'epidemia di peste nera

BOCCACCIO RACCONTA LA PESTE A FIRENZE

Fra il 1347 e il 1348 in Europa esplose una spaventosa epidemia di **peste**, con ogni probabilità proveniente dall'Oriente. Portatori del morbo furono probabilmente **i topi che infestavano le navi**. La malattia della peste è causata da un batterio che vive all'interno delle pulci, le quali si annidano tra i peli dei topi; esse mordevano i topi infettandoli, poi passavano sul corpo degli uomini, trasmettendo anche a loro la malattia. La presenza delle pulci, dei pidocchi e di altri parassiti **non era un fatto strano per gli uomini e le donne del Medioevo**, che erano anzi abituati a conviverci. Per secoli, quindi, **nessuno pensò di associare la peste a questo genere di parassiti**, e men che meno ai topi, da sempre presenti nelle città e nelle campagne.
Più facile era, per gli uomini del Medioevo, pensare a un **castigo divino**, per punire i peccati dell'umanità. In ogni caso, sorse ovunque il desiderio di individuare i responsabili del flagello: **furono perseguitati gli Ebrei**, incolpati senza fondamento di inquinare l'acqua dei pozzi, e i **lebbrosi**, colpevoli, secondo le dicerie, di diffondere la malattia.

GLOSSARIO

Carestia
La parola deriva dal verbo latino carere, che significa "mancare" e indica una grave scarsità di generi alimentari dovuta a eventi naturali o a guerre.

Peste
La parola deriva dal latino pestis, "rovina, distruzione"; nel linguaggio medico indica una malattia infettiva e contagiosa dovuta a un bacillo trasmesso all'uomo da alcune pulci parassite dei topi.

LA DIFFUSIONE DELLA PESTE IN EUROPA

Secondo il cronista Matteo Villani, la peste arrivò in Europa dall'Oriente.
Alcune galee italiane sarebbero partite dal Mar Nero e dalla Siria per sfuggire al morbo, che era già scoppiato in quelle terre, ma alcuni marinai morirono durante il viaggio.
Gli altri, sbarcando prima in Sicilia, poi a Pisa e a Genova, diffusero ovunque la malattia.
*La peste diffusasi nel XIV secolo venne chiamata "**bubbonica**" o "**peste nera**" per il colore brunastro dei rigonfiamenti cutanei (bubboni) che provocava nei malati.*

La peste si diffuse in Europa in ondate successive, ma nell'arco di soli quattro anni invase tutto il continente, ad eccezione di regioni assai limitate.

Dopo avere colpito l'Impero cinese intorno al 1330, verso il 1338 l'epidemia di peste comparve in Asia centrale e da qui si diffuse verso Occidente, seguendo la Via della seta e giungendo fino al Mar Nero.

Diffusione e aree colpite dalla peste

- 1349 / 1348 / 1347: Limite temporale delle aree colpite dalla peste nera
- Regioni con nulla o scarsa mortalità causata dalla peste

Dal Mar Nero l'epidemia dilagò in Asia Minore e in Egitto, poi approdò in Sicilia e a Marsiglia, diffondendosi in tutta Europa.

PER LA COMPRENSIONE

- Quali eventi drammatici sconvolsero l'Europa nel Trecento?
- Quali furono le cause delle carestie che colpirono l'Europa all'inizio del Trecento?
- Quali furono le conseguenze delle carestie per l'alimentazione delle popolazioni?
- Perché era difficile far fronte alle difficoltà portate dalle carestie?
- Da dove proveniva il morbo della peste? In che modo la peste giunse in Europa?
- Perché non era possibile individuare le vere cause della diffusione dell'epidemia?
- Quali interpretazioni venivano date dell'epidemia? Chi veniva incolpato della sua diffusione?

ANALISI DELLA CARTA STORICA

- Quali furono le prime zone dell'Europa colpite dalla peste? Perché?
- Perché in alcune regioni il contagio si propagò più tardi?
- Quali furono le aree dove la peste provocò meno vittime?

LA PRESENZA INCOMBENTE DELLA MORTE

La paura della morte incombeva sulla vita quotidiana e gli artisti la espressero nella raffigurazione del **Trionfo della morte** e della **Danza macabra** sulle pareti delle chiese e degli edifici civili di tutta Europa. Questi temi, che erano già comparsi nella seconda metà del XIII secolo, si diffusero in modo straordinario nel XIV e XV secolo, richiamati dalla crisi profonda della società.
L'immagine riproduce un affresco del 1485 (sopra il *Trionfo della morte* e sotto la *Danza macabra*) conservato sulla parete dell'*Oratorio dei disciplini* a Clusone (Bergamo), sede di una confraternita di laici dediti ad una vita di preghiera e di penitenza.

Iscrizioni dei cartigli
Nessuno può sfuggire alla morte, di fronte alla quale tutti sono uguali; essa è l'unica vera sovrana.

Scheletro coronato e con mantello: raffigura la morte

Sarcofago con i cadaveri di un papa e di un dignitario

Potenti offrono doni nel vano tentativo di sottrarsi alla morte

Serpenti, rospi e scorpioni

Iscrizione
Tu che sei timorato di Dio/non avere paura di partecipare a questo ballo/vieni allegramente e non temere/poiché è destino di chi nasce morire.

IL TRIONFO DELLA MORTE

Nei trionfi, la morte viene personificata come una donna terribile o come uno scheletro, una **forza implacabile** cui nessuno sfugge; spesso si abbatte sulla folla dei cadaveri con un cavallo, brandendo una falce o una spada; di fronte alla morte tutti sono uguali, ricchi e poveri, potenti e miseri.

LA DANZA MACABRA

Nelle danze macabre i singoli individui, identificati da ciò che li ha contraddistinti da vivi (bellezza, ricchezza, potere, gioventù, …) danzano con il proprio scheletro, inevitabilmente identico per tutti.

L'epidemia provoca un forte calo della popolazione

Poiché **le vere cause del contagio erano ignote**, nessun rimedio tra quelli in uso servì ad arrestare l'epidemia, che per quasi cinque anni imperversò in tutta Europa, dalle terre mediterranee al Mare del Nord, dal Portogallo alla Russia. Poiché le vittime erano più numerose nelle città, dove viveva concentrato un gran numero di persone, in molti luoghi **furono vietate le riunioni**. Chi aveva la possibilità **si rifugiava in campagna, dove era possibile vivere più isolati**. La malattia, comunque, si diffuse in modo impressionante in Europa e rimase presente per tutto il secolo, **scoppiando ciclicamente** con rinnovata forza **fino al 1389**. L'epidemia ebbe conseguenze devastanti dal punto di vista demografico: **la popolazione europea si ridusse complessivamente di un terzo**, con zone di più alta mortalità e zone, invece, dove il morbo fu meno violento.

LA DANZA MACABRA: LA MORTE NELLE ARTI VISIVE

Le guerre e le nuove armi da fuoco devastano città e campagne

Un altro fattore che contribuì ad aggravare la crisi del Trecento furono le **continue guerre** in tutto il continente europeo.
Eserciti formati da decine di migliaia di uomini passavano per **i campi coltivati** distruggendoli; saccheggiavano **villaggi**; macellavano in un solo giorno una quantità di **bestiame** sufficiente a sfamare per mesi un'intera città.
Le guerre risultarono poi ancora più devastanti grazie alle **novità** rilevanti introdotte nel corso del XIV secolo in campo militare, come l'**artiglieria** e la **polvere da sparo**. Tra il 1325 e il 1345 iniziarono a essere usati **archibugi**, **bombarde** e **cannoni**, importati in Europa dalla Cina, grazie ai contatti con il mondo musulmano. Queste armi si rivelarono subito strumenti terribili sia sul campo di battaglia sia contro le città e le fortezze.
Le distruzioni causate dall'artiglieria erano tremende: **le città resistevano poco agli assedi** e spesso, quando si arrendevano, erano già praticamente **rase al suolo**. Il passaggio dei carri che trasportavano queste pesantissime armi contribuiva a **dissestare le strade** e a **distruggere i campi**. Alla fine di una battaglia, i terreni erano praticamente inutilizzabili.

PER LA COMPRENSIONE

- 1 Perché non si riuscì ad arrestare l'epidemia? Quale fu la reazione di coloro che vivevano nelle città?
- 2 Quali conseguenze ebbe la peste dal punto di vista demografico?
- Perché le guerre contribuirono ad aggravare la crisi?
- Quali nuove armi si diffusero nel XIV secolo?
- Quali erano in particolare i danni arrecati dall'impiego dell'artiglieria?

focus

LE NUOVE ARMI RIVOLUZIONANO LA GUERRA E LA MENTALITÀ

Assedio con l'impiego della nuova artiglieria, in una miniatura della fine del XV secolo.

Le nuove armi da fuoco determinarono una radicale **trasformazione del modo di fare la guerra e della mentalità**. Ecco come sintetizza questi cambiamenti la storica Chiara Frugoni.

*Nel Trecento l'agitata vita delle città medievali, sempre pronte a farsi guerra, dovette fare i conti con un'altra invenzione terribile, la **polvere da sparo**, un miscuglio di carbone, salnitro e zolfo. Il grande poeta Francesco Petrarca rifletteva sconsolato: "...la follia umana ha imitato l'inimitabile fulmine, e ciò che per natura fuoriesce dalle nubi, ora fuoriesce da uno strumento infernale".*

Il cavaliere, nobile, coraggioso, che aveva dedicato la vita a un lungo allenamento per maneggiare lancia e spada, dominare il destriero, all'improvviso poteva essere finito non da un suo pari, ma da un uomo d'estrazione infima, di costituzione fisica debole, ignorante di tattiche di guerra, privo di ogni ideologia cavalleresca, purché avesse tra le mani un archibugio. Costui avrebbe colpito da lontano, in modo subdolo, non nel leale scontro corpo a corpo! Fu una rivoluzione mentale difficilmente accettabile. Gli archibugi, così come i piccoli e grandi cannoni montati su ruote, erano pericolosi da maneggiare, si ricaricavano lentamente - per una grande bombarda occorrevano due ore per ogni colpo - ed erano difficili da trasportare dato lo stato delle strade, spesso non buono. Duravano anche molto poco, perché spesso scoppiavano o si deformavano, divenendo inutilizzabili.

Eppure, nonostante tutte queste difficoltà, il bagliore del fuoco e il fragore dello sparo producevano un terrore assai efficace [...].

Rid. e ad. da Chiara Frugoni, *Medioevo sul naso*, Laterza

Nelle città e nelle campagne scoppiano rivolte

Il peggioramento dell'economia nei primi decenni del Trecento contribuì a innescare in tutta Europa una serie di **rivolte da parte dei lavoratori, sia nelle campagne, sia nelle città**.

In Francia, per esempio, nel **1358** scoppiò nelle campagne un movimento di ribellione, divenuto famoso con il nome di ***Jacquerie***. Questo termine derivava dal nome del tipico indumento indossato dai contadini (la *jacque*), oppure dal nomignolo *Jacques Bonhomme* (Giacomo Buonuomo) con il quale essi erano chiamati in modo dispregiativo. La ribellione provocò **saccheggi e incendi di castelli**.

Violente rivolte scoppiarono anche nelle **città**: a Parigi, a Londra, nelle Fiandre e nella Champagne. In Italia si ebbero sollevazioni tra il 1368 e il 1371 a Perugia e a Siena. A **Firenze**, nel 1378 esplose la rivolta dei **Ciompi**, dal nome dei lavoratori salariati dell'Arte della lana. La loro sollevazione si inserì nel contesto delle **rivalità che dividevano le grandi famiglie fiorentine** e dei conflitti sorti tra le arti minori e il governo della città, che non ammetteva la partecipazione dei ceti più poveri alla vita politica. La rivolta dei Ciompi, come molte altre, **fu duramente repressa e si risolse in un vero massacro**.

PER LA COMPRENSIONE

- Quali conseguenze ebbe il peggioramento dell'economia all'inizio del Trecento?
- Che cosa accadde in Francia?
- Perché a Firenze scoppiò la rivolta dei Ciompi? Come finì?
- Come reagirono le città dell'Europa occidentale alla crisi economica?
- Che cosa erano le "Compagnie"?
- Quali nuove competenze erano richieste agli artigiani e ai commercianti del Trecento?

Le città reagiscono alla crisi economica

Le città dell'Europa occidentale reagirono alla decadenza provocata dalle calamità naturali e dalle guerre con l'incremento delle **attività artigianali**. Nel **settore tessile** la crisi fu arginata con la creazione di **nuovi centri di produzione** nelle Fiandre, nella Francia occidentale e in Lombardia. Non si producevano più stoffe di pregio, ma fustagni e tele, acquistabili da una clientela che aveva minori disponibilità di denaro.

Nonostante la crisi, **la potenza economica e politica dei mercanti continuava a essere particolarmente forte nelle città italiane**. A Firenze, Lucca, Siena, Perugia, nelle città del Veneto e della Lombardia, dal secolo XII si erano organizzate società commerciali chiamate "**Compagnie**", divenute in breve tempo assai potenti.

L'attività commerciale e artigianale si rafforzò proprio a partire dal XIV secolo. La **gestione degli affari** venne affidata a **persone esperte** formate nelle scuole cittadine, dove imparavano soprattutto a valutare e a catalogare le merci. Uno spazio rilevante era dedicato anche all'apprendimento delle **lingue straniere**. Gli Italiani studiavano il tedesco e l'inglese; la lingua italiana, invece, era comunemente diffusa soprattutto nell'area mediterranea, il tedesco nell'area baltica.

LE CONSEGUENZE CULTURALI DELLA CRISI

MOBILI E SUPPELLETTILI NELLE CASE DEL TRECENTO

La bottega del sarto, in un affresco del XV secolo.

Il declino dell'Impero e del Papato

IL TRAMONTO DEL MEDIOEVO E L'AVVENTO DI UNA NUOVA ERA

✔ **Alla crisi si accompagna il declino dei poteri universali**
La crisi generale del Trecento investì anche le istituzioni civili e politiche. Le trasformazioni in atto accelerarono il declino definitivo delle istituzioni che avevano incarnato gli ideali tipicamente medievali del potere universale: l'**Impero** e il **Papato**.

✔ **Si affermano nuovi protagonisti politici**
Il declino dei due poteri universali segna di fatto la **fine del Medioevo** e apre la strada all'avvento di una nuova era, che avrà per protagoniste le **monarchie nazionali** (vedi cap. 25).

✔ **Si afferma una nuova visione dell'uomo e della vita**
L'uscita dalla profonda crisi culturale del Trecento, tuttavia, poté considerarsi avviata con l'affermarsi di una **nuova visione della vita e della condizione umana**, promossa dall'**Umanesimo** (vedi cap. 26).

Sigillo imperiale di Carlo IV di Lussemburgo.

Il potere imperiale è limitato al mondo germanico

Dopo la morte di Federico II di Svevia (1250), gli **imperatori** germanici abbandonarono l'ambizione di affermare la propria autorità sui territori che formalmente facevano parte del Sacro Romano Impero Germanico e **si limitarono a regnare sulla sola area tedesca**.

Nel 1356 **Carlo IV** (1355-1378) promulgò la cosiddetta **Bolla d'Oro**: un decreto con il quale venivano stabilite nuove regole per l'elezione imperiale. A partire da quel momento **l'imperatore sarebbe stato scelto da una ristretta assemblea composta da sette Grandi Elettori**: tre ecclesiastici – gli arcivescovi di Magonza, Treviri e Colonia – e quattro laici – il re di Boemia, il conte del Palatinato, il marchese di Brandeburgo e il duca di Sassonia.

La carica imperiale perdeva così del tutto il proprio significato. All'imperatore erano riconosciuti un **prestigio** e un'**autorità superiori** a quelli degli altri principi tedeschi, ma il suo potere effettivo dipendeva dalla **potenza** e dalla **ricchezza** della casata cui apparteneva. Inoltre, doveva preoccuparsi di **mantenere sotto il proprio controllo i Grandi Elettori**.

GLOSSARIO

Bolla
Atto ufficiale emesso dai sovrani, dai papi e dagli imperatori, che recava il sigillo, detto appunto "bulla", di colui che ne era l'autore.
Il sigillo dell'imperatore, anziché su cera, era spesso impresso nell'oro: da qui deriva il nome di "Bolla d'Oro" riferito a questo documento specifico.

PER LA COMPRENSIONE

- Quale fenomeno politico si accompagnò alla crisi del Trecento?
- Che conseguenza ebbe il declino dei due poteri universali?
- Quando si avviò il superamento della crisi culturale del Trecento? Ad opera di chi?
- Quale fu l'atteggiamento dei successori di Federico II?
- Quando e da chi venne promulgata la Bolla d'Oro?
- Che cosa decretava?
- Quale fu la conseguenza di questo decreto?

Bonifacio VIII tenta di riaffermare la supremazia papale

Fra il Duecento e il Trecento anche il Papato mostrava evidenti **segni di crisi**. Per cercare di risollevare le sorti della Chiesa, Benedetto Caetani, eletto papa con il nome di **Bonifacio VIII** (1294-1303), decise di **riaffermare la superiorità del pontefice rispetto a qualsiasi altro potere politico**, imperiale e regale. Questo tentativo, però, lo portò **a scontrarsi con diversi sovrani europei**, che non volevano riconoscere i tradizionali privilegi ecclesiastici, soprattutto di tipo economico.

Nel **1300** Bonifacio VIII proclamò il **primo Giubileo cristiano** (Anno Santo), che attirò a Roma folle di pellegrini da tutto il mondo cattolico. Si trattava di un grande evento di carattere spirituale, istituito per concedere ai fedeli il perdono dei peccati, ma Bonifacio lo trasformò in un'eccezionale **dimostrazione del prestigio e della forza del potere pontificio**.

Bonifacio VIII si scontra con il re di Francia

Negli stessi anni in cui Bonifacio VIII si sforzava di riaffermare il potere temporale della Chiesa, in Francia il re **Filippo IV il Bello** (1285-1314) era **impegnato nella politica di rafforzamento monarchico** (vedi cap. 25). Filippo non tollerava che il papa pretendesse di intromettersi nelle questioni politiche.

Nel giro di pochi anni i due arrivarono a scontrarsi. Il pontefice minacciò il re di scomunica e nel 1302 promulgò la bolla *Unam Sanctam*, nella quale **ribadiva la superiorità del potere spirituale su quello temporale**.

Filippo IV reagì immediatamente convocando per la prima volta gli **Stati generali**, un'assemblea che raccoglieva i rappresentanti della nobiltà, dell'alto clero (vescovi e abati) e del Terzo Stato (il popolo, ma di fatto il ceto borghese). In quella sede **si fece riconoscere direttamente dai propri sudditi il diritto a regnare** e bruciò la bolla.

A sinistra: *Bonifacio VIII è considerato l'ultimo dei pontefici medievali, per la difesa vigorosa del primato del papato su ogni altro potere terreno. Nella miniatura, l'incoronazione del pontefice.*

Filippo il Bello fa arrestare il papa

La contesa tra il re di Francia e il pontefice si risolse alla fine con un'**azione di forza** da parte di Filippo IV, il quale inviò a Roma una delegazione incaricata di **arrestare il pontefice e condurlo in Francia** per essere processato con l'accusa di eresia. Il papa rispose con la scomunica. Raggiunto nella residenza di **Anagni**, nei pressi di Roma, Bonifacio VIII fu duramente maltrattato dagli inviati di Filippo e della famiglia romana dei Colonna. Il papa, liberato dagli abitanti di Anagni, fece ritorno a Roma, dove, **amareggiato e umiliato, morì alcune settimane più tardi**.

TI RACCONTO LA STORIA
HO PESANTEMENTE UMILIATO IL PAPA

Veduta del Palazzo dei Papi *ad Avignone.*

GLOSSARIO

Cattività

Dal latino captivus, che significa "prigioniero".
Il termine cattività indica quindi uno stato di prigionia o, nel caso dei papi avignonesi, una sorta di residenza obbligata.

La sede pontificia viene trasferita ad Avignone

Dopo la morte di Bonifacio VIII e il breve pontificato di Benedetto XI (1303-1304), fu eletto papa il francese Bertrand de Got, vescovo di Bordeaux, **scelto direttamente da Filippo il Bello**.
Il nuovo papa, che prese il nome di **Clemente V** (1305-1314), non mise mai piede in Italia e nel 1309 **trasferì la sede del Papato ad Avignone**, una città francese della Provenza da tempo feudo della Chiesa.
Ad Avignone la curia papale rimase **per quasi 70 anni** (fino al 1377), durante i quali si susseguirono sette pontefici, tutti francesi. Durante questo lungo periodo, conosciuto come "**cattività avignonese**", **il Papato fu posto sotto il controllo dei sovrani francesi**, che in molte occasioni ne determinarono gli indirizzi e le scelte.

La sede pontificia ritorna a Roma

Nel 1377 **Gregorio XI** (1370-1378) **riportò a Roma la sede pontificia**. Alla sua morte, però, esplosero le tensioni tra i cardinali, molti dei quali **volevano che la corte papale si trasferisse nuovamente ad Avignone**.
L'elezione di Urbano VI (1378-1389) incontrò la dura opposizione dei cardinali francesi, che subito elessero un **antipapa** (**Clemente VII**), il quale si stabilì ad Avignone.

Il Grande Scisma d'Occidente

La **contestazione** circa la legittimità dell'elezione di Urbano VI e la **nomina di un antipapa** provocarono una **frattura** all'interno della Chiesa, generando il **Grande Scisma d'Occidente**.
La crisi si protrasse per circa quarant'anni, durante i quali **il mondo cattolico rimase diviso in due schieramenti**, che riconobbero come legittimo l'uno o l'altro papa e i loro successori insediati nelle sedi di Roma e di Avignone.
La soluzione dello scisma fu trovata solo nel **1417**, quando un **concilio riunito a Costanza** elesse papa Martino V (1417- 1431), che lentamente riuscì a **ricucire i rapporti con tutti i vescovi**. La Chiesa usciva però **indebolita** dallo scontro con il re di Francia e dallo scisma.

PER LA COMPRENSIONE

- Che cosa fece papa Bonifacio VIII per risollevare le sorti della Chiesa?
- Che cos'è il Giubileo? Quando venne istituito? In che modo Bonifacio VIII sfruttò il primo Giubileo?
- Perché Filippo il Bello non poteva accettare che in Francia vi fosse un'altra autorità oltre alla sua? Che cosa affermava la bolla Unam Sanctam?
- Come reagì Filippo il Bello?
- Come si concluse il conflitto tra il papa e il re di Francia?
- In che modo Filippo il Bello condizionò il Papato dopo la morte di Bonifacio VIII?
- Come venne chiamato il periodo durante il quale i papi ebbero la loro sede ad Avignone? Quanto si prolungò questo periodo?
- Quale pontefice riportò a Roma la sede pontificia? Che cosa accadde dopo la sua morte?
- Da che cosa fu determinato il Grande Scisma d'Occidente?
- Come venne ricomposto lo scisma?

✓ SINTESI

AUDIOSINTESI

CARESTIE, EPIDEMIE E GUERRE DECIMANO LA POPOLAZIONE EUROPEA

- ✔ Il Trecento fu un secolo segnato da profonde crisi, dovute soprattutto al moltiplicarsi di **carestie**, **epidemie** e **guerre**, che generarono un clima di sfiducia e di terrore tra la popolazione, determinando profondi **mutamenti della mentalità** e nella vita quotidiana.
- ✔ Le carestie, dovute soprattutto al clima sfavorevole, provocarono un crollo della produzione agricola e favorirono le malattie del bestiame.
- ✔ Le epidemie di **peste**, provenienti dall'Oriente e diffusesi in Europa a partire dalla seconda metà del secolo, provocarono un **crollo demografico**. Oltre un terzo della popolazione europea venne meno.
- ✔ Ad aggravare la crisi contribuirono anche le **continue guerre**, che con l'introduzione di **nuove armi** come le bombarde e i cannoni portavano devastazioni ancora maggiori nelle città e nelle campagne.
- ✔ Il peggioramento dell'economia portò a nuove **tensioni sociali** che provocarono rivolte nelle città e nelle campagne.

LE CITTÀ REAGISCONO ALLA CRISI RILANCIANDO LE VARIE ATTIVITÀ

- ✔ Le città dell'Europa occidentale tentarono di rilanciare l'economia per fronteggiare la crisi. Si moltiplicarono i centri di produzione nel settore della lavorazione dei tessuti. I mercanti recuperarono il ruolo di protagonisti, soprattutto nelle città italiane, attraverso la fondazione delle "**Compagnie**".

LA CRISI ACCELERA IL DECLINO DEI POTERI UNIVERSALI

- ✔ La crisi generale che investì l'Europa accelerò il **declino delle istituzioni** che avevano rivendicato il potere universale, Impero e Papato. Il loro declino accompagna il **tramonto del Medioevo**, mentre emergono le **monarchie nazionali**, come nuove protagoniste della storia europea.
- ✔ Dopo la morte di Federico II di Svevia l'Impero **si limitò alla sola area tedesca** e con la promulgazione della Bolla d'Oro l'elezione dell'imperatore venne affidata a sette Grandi Elettori tedeschi.

BONIFACIO VIII TENTA DI RIPRISTINARE LA SUPREMAZIA DEL PAPATO

- ✔ Fra il Duecento e il Trecento anche il Papato si avviò verso la decadenza, nonostante gli sforzi compiuti da Bonifacio VIII per **riaffermare il primato del pontefice** anche dal punto di vista temporale. In quest'ottica va vista anche l'indizione del primo Giubileo cristiano, nel 1300.
- ✔ Le aspirazioni di Bonifacio VIII si scontrarono con la volontà di indipendenza del re di Francia **Filippo IV il Bello**, il quale giunse a tentare di fare arrestare il pontefice. Solo l'intervento del popolo di Anagni riuscì a evitare la cattura del papa.

LA SEDE PONTIFICIA VIENE TRASFERITA AD AVIGNONE, IN FRANCIA

- ✔ Il potere del re di Francia divenne così grande da condizionare la scelta del pontefice e fare eleggere papa il francese Clemente V, il quale **trasferì la sede papale ad Avignone**. Dal 1309 al 1377 la residenza del papa restò in terra francese. Questo periodo divenne noto come "**cattività avignonese**".
- ✔ Nel 1377 papa Gregorio XI si trasferì nuovamente a Roma. Dopo la sua morte, nel 1378, fu eletto Urbano VI, a cui i cardinali francesi contrapposero l'antipapa Clemente VII. Iniziò così il **Grande Scisma**, che fu ricomposto solo nel 1417, quando un concilio riunito a Costanza elesse **Martino V**.

CRONOLOGIA

- 1285-1314 Filippo il Bello re di Francia
- 1294-1303 Bonifacio VIII
- 1300 Primo Giubileo
- 1302 Bolla "Unam Sanctam"
- 1305-1314 Clemente V
- 1309-1377 Cattività avignonese
- 1330-1338 Peste in Asia
- 1347-1351 Peste in Europa
- 1356 Bolla d'Oro
- 1358 "Jacquerie"
- 1378 Rivolta dei Ciompi
- 1378-1417 Grande Scisma d'Occidente

VERIFICA DI COMPRENSIONE

VERIFICHE INTERATTIVE

La crisi demografica e socio-economica del Trecento

1. Indica se le affermazioni sono vere (V) o false (F).

- ☐ **a.** Perturbazioni climatiche provocarono scarsità di raccolti.
- ☐ **b.** L'epidemia di peste fu causata da scarsa alimentazione.
- ☐ **c.** L'area di origine della peste nera fu l'Africa.
- ☐ **d.** La peste non si diffuse nell'Europa settentrionale.
- ☐ **e.** L'epidemia di peste provocò un crollo demografico.
- ☐ **f.** Il Trecento fu caratterizzato dall'assenza di guerre e conflitti.
- ☐ **g.** Tra il XIII e il XIV secolo in Europa scoppiarono rivolte contadine e urbane.
- ☐ **h.** A Firenze la rivolta popolare fu repressa dai Ciompi.
- ☐ **i.** L'epidemia di peste scoppiò ciclicamente per tutto il secolo.
- ☐ **l.** La rivolta della Jacquerie scoppiò a Firenze.
- ☐ **m.** La scoperta del bacillo responsabile della peste avvenne nel 1348.

La crisi demografica e socio-economica del Trecento

2. Indica con una ✗ la conclusione corretta tra quelle proposte.

a. Responsabili della peste furono ritenuti
- ☐ 1. i popoli dell'Oriente.
- ☐ 2. gli Ebrei e i lebbrosi.
- ☐ 3. i soldati mercenari.
- ☐ 4. le popolazioni del Nordafrica.

b. Le guerre del Trecento divennero più devastanti
- ☐ 1. a causa dell'introduzione di nuove armi.
- ☐ 2. perché gli eserciti erano più numerosi.
- ☐ 3. a causa dei lunghi assedi.
- ☐ 4. a causa dei mutamenti climatici.

c. I moti di ribellione scoppiati in Francia furono provocati
- ☐ 1. dalle nuove tasse imposte dal sovrano.
- ☐ 2. dal peggioramento delle condizioni economiche e politiche.
- ☐ 3. dagli incendi appiccati alle dimore dei contadini.

d. La rivolta dei Ciompi a Firenze fu provocata
- ☐ 1. dal disagio economico e da rivendicazioni politiche.
- ☐ 2. dall'aumento del prezzo della lana.
- ☐ 3. dalla concorrenza economica dei lavoratori francesi.

e. Per arginare la crisi del settore tessile
- ☐ 1. la produzione si concentrò su articoli di lusso.
- ☐ 2. si privilegiò la produzione di tessuti di seta.
- ☐ 3. si privilegiò la produzione di stoffe non pregiate.

Lo scontro fra Bonifacio VIII e Filippo il Bello

3. Completa il brano inserendo correttamente i termini mancanti, scegliendo fra quelli sotto elencati.

1. scomunica - 2. Gregorio XI - 3. Filippo il Bello - 4. Anagni - 5. Bonifacio VIII - 6. nobiltà - 7. Roma
8. Clemente V - 9. Stati generali - 10. pontefice - 11. alto clero - 12. potere politico - 13. Avignone - 14. temporale

Il papa .... decise di riaffermare la superiorità del .... rispetto a qualsiasi altro .... Il re francese .... , però, proclamò l'indipendenza del potere politico da quello religioso e spirituale, spingendosi fino ad imporre il pagamento delle tasse a vescovi e monasteri. Il papa Bonifacio VIII minacciò il re di .... e con la bolla *Unam Sanctam* ribadì la superiorità del potere spirituale su quello .... In risposta, Filippo il Bello convocò per la prima volta gli .... , una assemblea dei rappresentanti della .... , dell' .... e del Terzo Stato, facendosi riconoscere il diritto a regnare. Quindi ordinò di arrestare il papa mentre si trovava nella cittadina di .... Poche settimane dopo il papa morì. Il re francese, forte del proprio potere, impose come nuovo papa .... che trasferì la sede papale ad .... , dove rimase fino al 1377, quando papa .... la trasferì nuovamente a ....

MAPPA CONCETTUALE E LINEA DEL TEMPO

Le parole della Storia

4. Indica la definizione corrispondente ai seguenti termini, scegliendola tra quelle sotto elencate.

a. Carestia: ....
b. Peste: ....
c. Danza macabra: ....
d. Bombarda: ....
e. Jacquerie: ....
f. Ciompi: ....

1. Lavoratori salariati dell'Arte della lana - 2. arma da fuoco - 3. rivolta contadina scoppiata in Francia nel XIV secolo - 4. mancanza o grande scarsità di cibo e prodotti alimentari dovuta a cause naturali o a guerre - 5. malattia infettiva e contagiosa dovuta a un bacillo trasmesso dalle pulci parassite dei topi - 6. rappresentazione artistica consistente in una processione di uomini ciascuno accompagnato dal proprio scheletro, a simboleggiare la morte che colpisce senza distinzione di classi sociali

25. L'ASCESA DELLE MONARCHIE NAZIONALI

Nasce una nuova forma di organizzazione politica

PER LA COMPRENSIONE

- Che cosa si intende per monarchia nazionale?
- Su quale appoggio poterono contare i sovrani europei per affermare il proprio potere?
- Come fecero i sovrani a rendersi indipendenti dall'aiuto militare dei feudatari?
- Quali vantaggi intendeva ricavare la borghesia dall'indebolimento dei feudatari?
- Quali erano gli elementi che caratterizzavano le nascenti monarchie nazionali?

Tra il XIII e il XIV secolo si affermò in Europa una nuova **forma di organizzazione politica**, chiamata monarchia nazionale. Con questa espressione si intende un organismo nel quale il re esercita la piena sovranità su un territorio unificato, i cui abitanti costituiscono una "**nazione**", cioè **condividono origini**, **lingua**, **storia** e **costumi**.

Nel corso dei secoli alcuni principi europei avevano ingrandito i loro possedimenti fino a creare dei veri e propri regni. Il loro potere, però, era scarso a motivo della forza dei grandi feudatari.

Questa situazione cambiò quando i sovrani riuscirono a imporsi con l'appoggio della borghesia. Grazie all'aiuto economico dei **banchieri**, molti re poterono disporre delle risorse necessarie alla costituzione di **forti eserciti di mercenari**. In questo modo si resero **militarmente indipendenti dall'aiuto dei feudatari**.

Anche la borghesia voleva trarre vantaggi dall'alleanza con i sovrani. I borghesi, infatti, miravano a **liberarsi dai dazi**, **dai pedaggi** e **dalle molte limitazioni che il sistema feudale ancora imponeva**. Inoltre, intendevano **difendere la propria libertà** e i propri interessi contro l'aristocrazia, che godeva ancora di privilegi eccessivi.

Nascevano così i precursori degli **Stati moderni**, i cui elementi fondamentali sono: l'**unificazione territoriale**, l'**accentramento del potere nelle mani del re**, l'utilizzo di **funzionari** e la **disponibilità di eserciti permanenti**.

Le monarchie nazionali europee (fine XV secolo)

L'affermazione delle monarchie nazionali avvenne con tempi e modalità diversi.
Mentre la Francia, l'Inghilterra e la Spagna riuscirono nel corso del Quattrocento a consolidare le loro istituzioni monarchiche, nei Paesi dell'Europa orientale questo processo avvenne molto più lentamente; in altri ancora, invece, non si verificò affatto.
In Italia, come studieremo nel prossimo capitolo, il processo di unificazione non riguardò l'intera penisola, ma fu limitato a ristretti territori regionali. Lo stesso accadde in Germania, dove gli imperatori del Sacro Romano Impero Germanico non riuscirono a unificare i vasti domini feudali e le potenti città mercantili.

ANALISI DELLA CARTA STORICA

- In quali aree d'Europa il processo di formazione delle monarchie nazionali avvenne in modo compiuto?
- Dove, invece, questo processo non si verificò?

Le monarchie francese e inglese

I Capetingi re di Francia

Dopo la fine del Sacro Romano Impero, la Francia fu teatro di lotte e disordini che portarono alla **frammentazione del territorio in tanti feudi**, ciascuno dei quali era di fatto indipendente.
Proprio i grandi feudatari, però, nel 987 elessero re **Ugo Capeto** (941-996), conte di Parigi, il quale diede vita alla dinastia dei **Capetingi**.
Il potere di Ugo, però, era **limitato ai territori che costituivano i suoi possedimenti personali**, ossia la città di Parigi e la regione circostante: sugli altri feudi dei quali era composto il regno, il sovrano esercitava scarsa autorità.
La posizione già piuttosto precaria dei re Capetingi era complicata dal fatto che **i re d'Inghilterra, di origine normanna, possedevano in Francia numerosi feudi**, molto più grandi dei possedimenti diretti del re francese, di cui pure erano vassalli. Anche questo contribuiva a limitare molto l'autorità dei re francesi, che avevano come vassalli sovrani più potenti di loro.

Francia e Inghilterra alla fine del XII secolo

Il rapporto di vassallaggio che univa i Plantageneti ai Capetingi oppose per secoli le due dinastie in una serie di conflitti, dovuti soprattutto ai tentativi, da parte dei sovrani francesi, di appropriarsi degli antichi feudi normanni.

I Plantageneti re d'Inghilterra

Nella prima metà del XII secolo in Inghilterra si estinse la dinastia di Guglielmo il Conquistatore e il trono passò a **Enrico II** (1154-1189), che diede inizio alla dinastia dei **Plantageneti**.
Enrico II riuscì a **imporsi sui feudatari inglesi**, rafforzando il potere della monarchia. Egli voleva **estendere la propria autorità anche sulla Chiesa**, ma incontrò la forte opposizione dei vescovi. Il **conflitto fra il re e la Chiesa inglese** culminò, nel 1170, nell'uccisione dell'arcivescovo di Canterbury, **Tommaso Becket**.
Il successore di Enrico II, **Riccardo I** soprannominato "**Cuor di Leone**" (1189-1199), non riuscì a consolidare la propria autorità in Inghilterra. Egli, infatti, **fu quasi sempre assente** dal suo regno, prima perché impegnato nella terza crociata (vedi pag. 227, 229), poi perché prigioniero dell'imperatore Enrico VI. Infine, fu coinvolto nelle **guerre contro il re di Francia Filippo II Augusto** per la difesa dei feudi inglesi in Francia.

PER LA COMPRENSIONE

- Che cosa accadde in Francia dopo la fine del Sacro Romano Impero?
- Perché l'autorità del re di Francia era limitata?
- Quale dinastia si affermò in Inghilterra alla metà del XII secolo?
- Quali conseguenze ebbe il rafforzamento della monarchia inglese?
- Perché Riccardo Cuor di Leone non riuscì a consolidare il potere monarchico in Inghilterra?

ANALISI DELLA CARTA STORICA

- Quali erano i possedimenti diretti del re di Francia?
- Da quali altri feudi era costituito il Regno di Francia?
- Quali erano i possedimenti inglesi sul suolo francese?
- Quale dei due regni aveva territori più estesi? Qual era la conseguenza di tale situazione?

Giovanni Senza Terra perde i possedimenti inglesi in Francia

Alla morte di Riccardo I salì sul trono inglese suo fratello **Giovanni I** (1199-1216). Anch'egli dovette fronteggiare l'**offensiva del re francese**, che voleva impadronirsi di tutti i possedimenti inglesi sul suolo francese.
Nel 1214, il re di Francia **Filippo II Augusto** (1180-1223) sconfisse Giovanni nella **battaglia di Bouvines**. Il re inglese **perse quasi tutti i feudi francesi**, compresa la **Normandia**, terra d'origine dei Plantageneti. Per questo, gli fu dato l'appellativo umiliante di "**Senza Terra**", con il quale passò alla storia.

La Magna Charta Libertatum

Una seduta del Parlamento inglese riunito al cospetto del Sovrano. L'immagine si riferisce al periodo di regno di Elisabetta I (1559-1603).

Tornato in patria dopo la sconfitta, Giovanni Senza Terra dovette affrontare l'**opposizione dei feudatari inglesi**, i quali nel 1215 lo costrinsero a promulgare un documento, la ***Magna Charta Libertatum*** (*Grande Carta delle Libertà*). Questo atto limitava fortemente il potere del re, obbligandolo, tra l'altro, a prendere le **decisioni più importanti** solo dopo aver chiesto il consenso della **Camera dei Lord**, un'assemblea composta dai nobili e dall'alto clero. Nei decenni successivi, i membri della **piccola nobiltà** e della **borghesia** ottennero l'istituzione di un'altra assemblea, la **Camera dei Comuni**, che affiancò la Camera dei Lord. Nasceva così il primo **Parlamento**, che a partire dal XIV secolo iniziò anche a esercitare, seppure in modo limitato e fortemente condizionato dalla Corona, il potere legislativo (cioè il potere di fare le leggi).

Filippo IV il Bello consolida la monarchia francese

In seguito a questa vittoria, il re capetingio riuscì a **limitare considerevolmente l'autonomia dei signori feudali** e a fare della monarchia il vero **centro politico e amministrativo**.
La piena realizzazione dell'accentramento politico e amministrativo della Francia si deve però a **Filippo IV il Bello** (1285-1314).
Sfruttando l'aiuto della borghesia, egli proseguì nell'**abbattimento dei privilegi feudali**, assegnando il controllo del territorio del regno non più ai feudatari, ma a **funzionari regi** posti direttamente alle sue dipendenze.

focus

ALLE ORIGINI DEL PARLAMENTO

Il **Parlamento** è un'assemblea che anticamente raccoglieva i rappresentanti della nobiltà e dell'alto clero (principalmente vescovi e abati) e, in alcuni casi, anche quelli dei ceti più ricchi (la borghesia). Queste assemblee (che in Inghilterra comprendevano la **Camera dei Lord** e la **Camera dei Comuni**) in Francia si chiamavano "**Stati generali**" e in Spagna "**Cortes**".
Al Parlamento in genere il re era tenuto a ricorrere quando doveva prendere decisioni particolarmente importanti, soprattutto riguardo alle tasse. Nei secoli successivi i poteri del Parlamento inglese andarono crescendo, differenziandosi sempre più rispetto a quelli di altri Parlamenti.
Negli Stati moderni il Parlamento è l'**assemblea dei rappresentanti dei cittadini**, eletti periodicamente, alla quale spetta il compito di approvare le leggi e controllare l'operato del governo.

I DOCUMENTI DELLA STORIA

LA MAGNA CHARTA LIBERTATUM

Il testo della ***Magna Charta Libertatum****, sottoscritto da Giovanni Senza Terra nel 1215, ebbe varie revisioni, tra cui quella riconfermata da Enrico III nel 1225, riportata di seguito.*
Con questo documento per la prima volta si affermava il principio secondo il quale il re non poteva prendere decisioni senza aver consultato il Consiglio del Regno, nel quale erano rappresentati i ceti più elevati. Con la Magna Charta Libertatum vede la luce la prima forma di ***monarchia costituzionale****.*

"Enrico, per grazia di Dio re d'Inghilterra, [...] saluta gli arcivescovi, i vescovi, gli abati, [...] i conti, i baroni [...] e tutti i suoi fedeli che vedranno la presente carta. Sappiate che noi, in contemplazione di Dio, per la salvezza della nostra anima [...] e per l'esaltazione della Santa Chiesa [...] abbiamo dato ed accordato, di nostra propria e buona volontà, agli arcivescovi, abati, priori, conti, baroni e a tutti del nostro regno, le libertà qui sotto specificate[1], per essere da essi possedute nel nostro Regno d'Inghilterra, in perpetuità.

1. Abbiamo, in primo luogo, accordato a Dio e confermato con la presente carta [...] che la Chiesa d'Inghilterra sia libera[2], abbia integri i suoi diritti e le sue libertà non lese [...].

12. Nessun tributo o sussidio sarà stabilito nel nostro regno senza il consenso del Consiglio Comune del regno[3].

13. La città di Londra godrà di tutte le sue antiche libertà e liberi costumi, sia sulla terra che sull'acqua; noi vogliamo che tutte le altre città, borghi, villaggi e porti, conservino tutte le loro libertà[4] e le loro usanze [...].

14. Un uomo libero non potrà essere colpito da ammenda per un piccolo delitto che proporzionatamente[5] a questo delitto; non potrà esserlo per un grande delitto che proporzionatamente alla gravità di questo delitto, ma senza perdere il suo feudo.

29. Nessun uomo libero sarà arrestato, imprigionato, spossessato della sua dipendenza, della sua libertà o libere usanze, messo fuori dalla legge, esiliato, molestato in nessuna maniera, e noi non metteremo né faremo mettere la mano su lui, se non in virtù di un giudizio legale[6] dei suoi pari e secondo la legge del Paese. Noi non venderemo né rifiuteremo o differiremo a nessuno il diritto o la giustizia.

30. Tutti i mercanti potranno, se non avranno anteriormente ricevuto pubblico divieto, liberamente e in tutta sicurezza uscire dall'Inghilterra e rientrarvi, soggiornarvi e viaggiarvi, per comprare e per vendere, senza che si possa imporre su loro alcuna esazione[7] indebita [...]".

1. Le "libertà" che verranno di seguito elencate sono i diritti concessi all'alta nobiltà, al clero, ma anche a tutti i cittadini.

2. Libertà e autonomia della Chiesa.

3. Diritto di veto sulle tasse.

4. Tutela delle libertà cittadine.

5. Diritto ad un'equa giustizia

6. Diritto ad un processo.

7. Diritto alla piena libertà di commercio.

PER LA COMPRENSIONE

- Quali difficoltà dovette affrontare Giovanni d'Inghilterra?
- Quale fu l'esito della battaglia di Bouvines? Perché Giovanni d'Inghilterra fu soprannominato "Senza Terra"?
- Che cosa stabiliva la *Magna Charta Libertatum*?
- Da quante assemblee era composto il Parlamento inglese? Quali poteri poteva esercitare?
- Che cosa fece Filippo II Augusto dopo la vittoria di Bouvines?
- Come Filippo IV il Bello proseguì l'opera di accentramento politico?

ANALISI DEL DOCUMENTO STORICO

- A chi si rivolge il re?
- Quali diritti concede? Come vengono chiamati?
- Che cosa stabilisce la *Charta* relativamente alla Chiesa?
- Come dovrà agire il re in merito all'imposizione delle tasse?
- Con il consenso di chi dovranno essere stabilite?
- Quali diritti vengono concessi alle città?
- Che cosa stabilisce la *Charta* in merito alla giustizia?
- Quale diritto viene garantito ai mercanti?

Nella Guerra dei Cent'anni si scontrano Francia e Inghilterra

Il contrasto fra Inghilterra e Francia continuò ancora per **molti anni**. A complicare la situazione intervenne un problema legato alla **successione al trono francese**, che provocò il conflitto noto come **Guerra dei Cent'anni**. La guerra, una delle più lunghe dalla storia, si prolungò, a varie riprese, **dal 1337 al 1453**. Nel 1328, con la morte di Carlo IV, **si estinse il ramo principale della dinastia dei Capetingi**. A quel punto, l'erede più diretto al trono francese risultava essere proprio il re d'Inghilterra, **Edoardo III**, **nipote di Filippo il Bello**. I diritti di Edoardo vennero però contestati da **Filippo di Valois**, riconosciuto come legittimo sovrano con il nome di Filippo VI (1328-1350) da un'assemblea di vescovi e grandi feudatari.

Deciso a far valere la legittimità della propria successione, nel 1337 **Edoardo III si fece nominare re di Francia** dai suoi vassalli francesi e dichiarò guerra a Filippo VI. La prima fase della guerra dimostrò una **netta superiorità degli Inglesi**, ma la situazione si ribaltò con l'intervento di **Giovanna d'Arco** (1412-1431).

GIOVANNA D'ARCO, LA PULZELLA D'ORLEANS, EROINA DI FRANCIA

DALLA STORIA AL MITO

Bastarono due anni a Giovanna d'Arco per entrare nella storia, per assurgere a **simbolo di una nazione**, l'eroina che salvò il suo Paese, quando ormai sembrava destinato alla sconfitta.

Nel corso dei secoli, nei momenti cruciali e difficili della sua storia, la Francia ha guardato a Giovanna d'Arco come il **punto di riferimento per il proprio riscatto**.

Gli Inglesi (e la fazione dei Francesi loro alleati) la dipinsero come un **personaggio demoniaco** e una strega.

La Chiesa, dopo averla condannata come **eretica**, successivamente la riabilitò e nel 1920 la proclamò **santa**.

1. LA MISSIONE

Giovanna affermò di avere avuto le prime visioni e di sentire le voci già a 13 anni.

Le voci dell'arcangelo Michele, di santa Caterina d'Alessandria e di santa Margherita le affidavano la missione di **aiutare Carlo**, il Delfino di Francia (cioè l'erede al trono), e di **liberare la Francia dagli Inglesi**.

2. L'INCONTRO CON IL DELFINO

Nel 1429, mentre gli Inglesi, che avevano già il controllo di tutta la Francia settentrionale, stanno assediando Orléans, Giovanna, appena diciottenne, si reca al castello di Chinon e comunica al Delfino la sua missione, profetizzandogli la vittoria. Il re acconsente che **Giovanna** si ponga al **comando delle truppe francesi**.

3. UN'ABILE GUERRIERA

Inaspettatamente Giovanna riesce a liberare la città di Orléans, dimostrando non solo una grande abilità militare, ma anche la capacità di trascinare i soldati alla vittoria, infondendo coraggio e seminando il terrore fra gli Inglesi. La **liberazione di Orléans** apre la strada alle vittorie francesi, grazie alle quali Carlo rientra in possesso di numerose città; a Reims, nel luglio 1429, alla presenza di Giovanna, viene **incoronato re** con il nome di **Carlo VII**.

Giovanna d'Arco guida la Francia alla vittoria

Giovanna d'Arco era una **giovane contadina** convinta di aver ricevuto dall'arcangelo Michele il **compito di difendere la Francia e il re** dal pericolo inglese.
Ottenuto il comando delle truppe francesi, conseguì **importanti vittorie** (tra cui la liberazione di Orléans, Châlons e Reims), riconquistando ampi territori.
Durante l'assedio di Parigi, però, Giovanna d'Arco venne **catturata**. Processata per eresia dai suoi nemici, venne ingiustamente condannata e fu **bruciata sul rogo** a Rouen.
La guerra si prolungò tra alterne vicende fino al 1453 e si concluse con la **sconfitta degli Inglesi** e la definitiva affermazione della monarchia francese sotto la dinastia dei Valois, con **Carlo VII**.

PER LA COMPRENSIONE

- Perché scoppiò la Guerra dei Cent'anni?
- Perché il trono francese fu conteso dopo la morte di Carlo IV?
- Come si concluse la prima fase della guerra? Perché le posizioni si ribaltarono in seguito?
- Chi era Giovanna d'Arco? Quali importanti vittorie riuscì a conseguire?
- Come finì la vicenda di Giovanna d'Arco?
- Come terminò la Guerra dei Cent'anni?

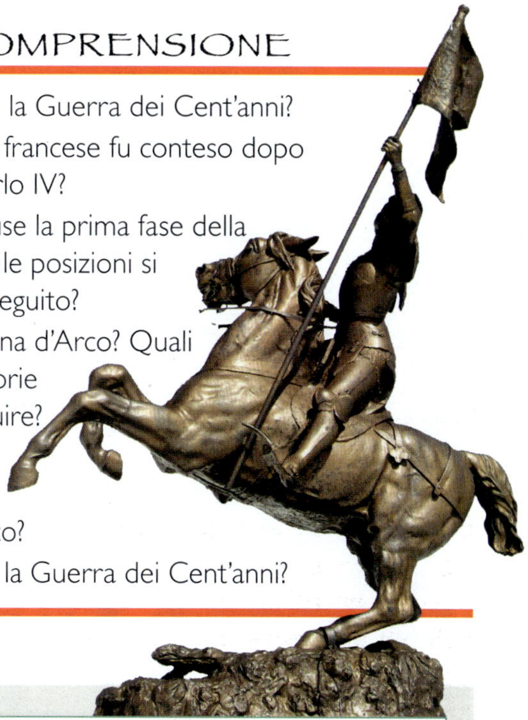

4. LA CATTURA E LA PRIGIONIA

Proprio durante l'assedio di Parigi, mentre sembrava che la missione di Giovanna stesse per compiersi, Carlo VII ordina la ritirata. Giovanna decide, invece, di continuare a combattere, ma il 23 maggio 1430 viene catturata dalle milizie filoinglesi (facenti capo al duca di Borgogna), le quali chiedono un riscatto al re, che però la abbandona alla sua sorte.
Nel dicembre viene **consegnata agli Inglesi** e **imprigionata a Rouen**. Per screditare lo stesso re, gli Inglesi decidono di processare Giovanna d'Arco, accusandola di essere una **strega**.

5. IL PROCESSO E LA CONDANNA AL ROGO

Il 9 maggio 1431 inizia il processo, che vede coinvolti teologi e giudici ecclesiastici, sostenitori della monarchia franco-inglese.

Sottoposta anche a due interrogatori al giorno, con lo scopo di farle confessare che le sue visioni erano false o frutto del demonio, Giovanna viene riconosciuta **colpevole di eresia** e consegnata agli organi di giustizia per la condanna. La mattina del 30 maggio 1431, a soli 19 anni, Giovanna viene **arsa sul rogo** nella piazza di Rouen.

6. LA RIABILITAZIONE

Circa 25 anni dopo l'esecuzione, lo stesso Carlo VII si adoperò per riabilitare la memoria di Giovanna.
Papa Callisto III istituì un nuovo processo, che nel 1456 dichiarò nulla la sentenza di condanna, affermando l'**innocenza** e la **fedeltà alla Chiesa** della "**pulzella**" (vergine), come lei stessa amava definirsi.

Lib. adatt. da *Storica*, n. 9 e 17.

I regni iberici, scandinavi e orientali

Ferdinando I d'Aragona e Isabella di Castiglia.

L'unificazione politica della penisola iberica

Durante la *Reconquista* (vedi pagg. 194-195), nella penisola iberica si andarono lentamente formando **cinque regni cristiani: Portogallo, Léon, Castiglia, Navarra** e **Aragona**. L'unico regno musulmano era costituito dal piccolo **Emirato di Granada**, di fatto suddito del Regno di Castiglia.

Nel corso del Trecento, il maggior peso politico fu assunto dal **Regno di Aragona**, che dopo la guerra contro gli Angioini (vedi pag. 245) aveva anche il **controllo della Sicilia**. Per decenni, numerose **lotte di successione** opposero tra loro i regni iberici di Aragona, Castiglia e Navarra. Solo il **Portogallo** ne restò estraneo, perché interessato più all'**espansione commerciale** che alle conquiste territoriali.

I dissidi e le contese furono risolti attraverso un'accorta **politica matrimoniale**. Nel **1469 Ferdinando d'Aragona** sposò **Isabella di Castiglia**; con la loro ascesa al trono nel **1479** si realizzò di fatto l'**unificazione della Spagna**.

Sotto il loro regno avvenne la definitiva **cacciata dei Musulmani**, nel 1492, con la **conquista di Granada**, che **pose fine alla *Reconquista***. La politica di **assimilazione religiosa** perseguita dai due sovrani porterà alla **persecuzione** e all'**espulsione** dalla Spagna **di Ebrei** (1492) e **Musulmani** (che avverrà progressivamente nel corso del XVI secolo e verrà sancita con l'editto del **1609**), ponendo fine a secoli di pacifica convivenza tra fedi e civiltà diverse.

PER LA COMPRENSIONE

- Quali regni cristiani si formarono nella penisola iberica durante la *Reconquista*?
- Come venne realizzata l'unione tra i regni di Castiglia e di Aragona?
- Perché il Regno del Portogallo rimase estraneo alle guerre che opposero gli altri regni iberici?
- Quale evento segna la fine della *Reconquista*?
- Quale politica perseguirono i sovrani spagnoli nei confronti di Ebrei e Musulmani?
- Quali nuovi regni si formarono nel Nord e nell'Est dell'Europa?
- Come nacque la Confederazione Elvetica?

I regni scandinavi e dell'Europa orientale

Negli stessi anni in cui si andavano consolidando le monarchie di Francia, Inghilterra e Spagna, nel Nord dell'Europa nacquero i regni di **Svezia** (che comprendeva anche l'attuale Finlandia), di **Norvegia** e di **Danimarca**.

Nell'Europa orientale il **processo** che portò alla nascita delle monarchie nazionali fu **più lento**.

Nel corso del Quattrocento, tuttavia, si andarono consolidando nuove realtà, come il **Regno di Polonia**, il **Regno di Ungheria** e il **Gran Principato di Mosca**. Quest'ultimo diventò un regno forte e coeso con **Ivan III il Grande** (1462-1505), costituendo il nucleo di quello che sarebbe poi diventato il vasto Impero russo.

La nascita della Confederazione Elvetica

La crisi dell'Impero consentì ad alcune **popolazioni delle Alpi** svizzere di affermare la propria **libertà** e **indipendenza** dalla dinastia degli Asburgo.

Sorse così nel 1291 la **Confederazione Elvetica**, che tra il XIV e il XV secolo riuscì a conquistare la **piena autonomia**.

✓ SINTESI

CRONOLOGIA

- **1154-1189** Enrico II
- **1189-1199** Riccardo Cuor di Leone
- **1199-1216** Giovanni Senza Terra
- **1214** Battaglia di Bouvines
- **1215** Magna Charta Libertatum
- **1285-1314** Filippo IV il Bello
- **1291** Confederazione Elvetica
- **1328-1350** Filippo VI
- **1337-1453** Guerra dei Cent'anni
- **1412-1431** Giovanna d'Arco
- **1429** Carlo VII incoronato legittimo re di Francia
- **1469-1479** Unificazione della Spagna
- **1492** Caduta di Granada Espulsione degli Ebrei dalla Spagna

AUDIOSINTESI

LA NASCITA DELLE MONARCHIE NAZIONALI

✔ Tra il XIII e il XIV secolo, contemporaneamente al declino dell'Impero, si affermò una nuova forma di organizzazione politica, chiamata **monarchia nazionale**, caratterizzata **dall'unificazione territoriale**, dall'**accentramento del potere** nelle mani del re e dalla disponibilità di un **esercito permanente**. Tale processo fu favorito dall'appoggio della **borghesia**, valido alleato nella lotta contro i grandi feudatari.

L'AFFERMAZIONE DELLE MONARCHIE FRANCESE E INGLESE

✔ In Francia, dopo l'avvento al trono dei **Capetingi**, il consolidamento del potere monarchico si presentò difficile, a motivo della scarsa autorità del sovrano rispetto ai grandi feudatari e del fatto che numerosi territori erano **feudi dei sovrani inglesi**.

✔ In Inghilterra, l'ascesa al trono dei **Plantageneti** rafforzò notevolmente il potere della monarchia, anche se i sovrani inglesi si trovavano continuamente in lotta con quelli francesi a motivo dei feudi che i primi possedevano in Francia.

✔ La situazione si aggravò per gli Inglesi dopo l'ascesa al trono di **Giovanni I**. Sconfitto dal re francese **Filippo II Augusto** nella battaglia di Bouvines, Giovanni **perse molti feudi francesi**, meritandosi l'appellativo di "**Giovanni Senza Terra**".

LA *MAGNA CHARTA LIBERTATUM* LIMITA IL POTERE DEL SOVRANO

✔ Indebolito nella sua autorità, Giovanni Senza Terra fu costretto dai feudatari inglesi a promulgare la ***Magna Charta Libertatum***, con la quale il potere del sovrano inglese veniva fortemente limitato.

FILIPPO IV IL BELLO RAFFORZA LA MONARCHIA FRANCESE

✔ In Francia, invece, il potere monarchico si rafforzò notevolmente. **Filippo IV il Bello** realizzò un vero **accentramento politico e amministrativo**, affidando il governo dei territori dello Stato a **funzionari** regi.

LA GUERRA DEI CENT'ANNI

✔ I **conflitti tra Francia e Inghilterra per i possedimenti inglesi sul suolo francese** si prolungarono ancora per molto tempo e si risolsero solo al termine della **Guerra dei Cent'anni**. La guerra si protrasse per oltre un secolo tra alterne vicende e si concluse con la **vittoria dei Francesi**.

L'UNIFICAZIONE DELLA SPAGNA E LA FINE DELLA *RECONQUISTA*

✔ La *Reconquista* cristiana della penisola iberica portò alla formazione di cinque regni: **Portogallo**, **Léon**, **Castiglia**, **Navarra**, **Aragona**. Dopo anni di contrasti, nel 1469 il matrimonio tra Ferdinando d'Aragona e Isabella di Castiglia permise di unificare gran parte della penisola.

✔ Durante il regno di Ferdinando e Isabella si concluse il lungo processo della *Reconquista*, con la caduta dell'Emirato arabo di Granada, nel 1492.

I REGNI DELL'EUROPA SCANDINAVA E ORIENTALE

✔ Altri Stati nazionali si formarono nel Nord dell'Europa, come i **Regni di Svezia**, di **Norvegia**, di **Danimarca**. Nell'Europa orientale il processo che portò alla nascita delle monarchie nazionali fu più lento.

✔ Sorsero i regni di **Polonia** , **Ungheria** e il **Principato di Mosca**, rafforzatosi durante il regno di Ivan III fino a diventare il nucleo principale del futuro Impero russo.

✔ La crisi dell'Impero consentì ad alcune popolazioni montanare delle Alpi di rendersi indipendenti, dando vita nel 1291 alla **Confederazione Elvetica**.

VERIFICHE INTERATTIVE

VERIFICA DI COMPRENSIONE

L'ascesa delle monarchie nazionali

1. Indica se le affermazioni sono vere (V) o false (F).

- ☐ **a.** La monarchia nazionale è un organismo politico nel quale la sovranità è esercitata dalla borghesia.
- ☐ **b.** La borghesia appoggiò le nascenti monarchie nazionali.
- ☐ **c.** I sovrani costituirono grandi eserciti permanenti per la difesa dei loro Regni.
- ☐ **d.** Nel XII secolo il Regno d'Inghilterra passò alla dinastia dei Plantageneti.
- ☐ **e.** I sovrani inglesi combatterono per conservare i feudi in Francia.
- ☐ **f.** La *Magna Charta Libertatum* rafforzava il potere del re inglese.
- ☐ **g.** La Camera dei Comuni era il Parlamento delle città inglesi.
- ☐ **h.** Filippo II Augusto, re di Francia, concesse larghe autonomie ai signori feudali.
- ☐ **i.** La Guerra dei Cent'anni ebbe origine dai contrasti per la successione al regno di Francia.
- ☐ **l.** Giovanna d'Arco sposò Filippo il Bello.
- ☐ **m.** La caduta di Granada fu l'ultimo atto della *Reconquista* spagnola.
- ☐ **n.** Il consolidamento delle istituzioni monarchiche nel corso del XV secolo riguardò tutti i Paesi europei.

I personaggi della Storia

2. Completa indicando il nome del personaggio storico collegato agli eventi indicati (attenzione: un nome deve essere ripetuto).

a. Promulgò la *Magna Charta Libertatum*: ....

b. Diede inizio alla dinastia dei Plantageneti: ....

c. Venne sconfitto nella Battaglia di Bouvines: ....

d. Rafforzò la monarchia francese, realizzando l'accentramento politico ed amministrativo: ....

e. Si fece nominare re di Francia dai suoi vassalli francesi, dichiarando guerra a Filippo VI: ....

f. Riconquistò il trono di Francia grazie all'opera di Giovanna d'Arco: ....

g. Rafforzò il Gran principato di Mosca, ponendo le basi del futuro Impero russo: ....

h. Sovrano inglese che a causa delle lunghe assenze non riuscì a rafforzare l'autorità monarchica in Inghilterra: ....

i. Guidò le truppe francesi durante la Guerra dei Cent'anni, infliggendo pesanti sconfitte agli Inglesi: ....

> *1. Edoardo III - 2. Carlo VII - 3. Giovanni Senza Terra – 4. Riccardo Cuor di Leone - 5. Filippo IV il Bello – - 6. Enrico II - 7. Ivan III il Grande - 8. Giovanna d'Arco*

Le monarchie francese, inglese e spagnola

3. Indica con una ✗ la conclusione corretta tra quelle proposte.

a. Enrico II Plantageneto, re d'Inghilterra, venne in conflitto con la Chiesa
- ☐ 1. perché voleva imporre la sua autorità su di essa.
- ☐ 2. perché il papa l'aveva scomunicato.
- ☐ 3. perché voleva difendere i feudi inglesi in Francia.

b. In Inghilterra la Camera dei Lord e la Camera dei Comuni
- ☐ 1. sostenevano il potere autoritario del sovrano.
- ☐ 2. si opponevano alla monarchia.
- ☐ 3. collaboravano con il sovrano limitandone i poteri.

c. Il consolidamento della monarchia francese avvenne ad opera di
- ☐ 1. Carlo VII.
- ☐ 2. Giovanni Senza Terra.
- ☐ 3. Filippo IV il Bello.

MAPPA CONCETTUALE E LINEA DEL TEMPO

d. La Guerra dei Cent'anni si concluse
- ☐ 1. con la vittoria francese.
- ☐ 2. con la vittoria inglese.
- ☐ 3. con una pace equa.

e. Gran parte della penisola iberica fu unificata nel Regno di Spagna
- ☐ 1. con la conquista del Portogallo.
- ☐ 2. con la conquista di Granada.
- ☐ 3. con il matrimonio fra Isabella di Castiglia e Ferdinando d'Aragona.

Il processo di affermazione delle monarchie nazionali

4. Indica la spiegazione corretta delle seguenti affermazioni (riporta accanto il numero corrispondente).

a. Le monarchie nazionali si rafforzarono .....5.....

b. I sovrani delle monarchie nazionali poterono organizzare forti eserciti .....2.....

c. La borghesia sosteneva le monarchie nazionali .....1.....

d. Le monarchie che si affermarono tra il XIII e il XIV secolo furono dette nazionali .....3.....

e. La *Magna Charta Libertatum* fu un documento di fondamentale importanza .....4.....

1. *perché mirava a difendere i propri interessi contro l'aristocrazia e i privilegi feudali.*
2. *perché gli abitanti del territorio su cui il sovrano esercitava la propria autorità costituivano una nazione, cioè condividevano origini, lingua, storia e costumi.*
3. *perché l'Impero era ormai indebolito e limitava la sua autorità alla sola area tedesca.*
4. *perché limitava il potere del sovrano obbligandolo a prendere le decisioni più importanti con il consenso dei nobili e dell'alto clero.*
5. *perché erano sostenuti economicamente dai banchieri.*

26. L'ITALIA DELLE SIGNORIE E L'UMANESIMO

Il declino delle istituzioni comunali

La costante e **forte conflittualità** presente all'interno dei Comuni e la **crisi economica** creatasi all'inizio del Trecento furono le cause principali della loro **decadenza**.
Molte città, poi, erano da tempo ingovernabili a motivo dei contrasti sociali, politici e familiari che le tormentavano e anche il ricorso a un podestà esterno non era più sufficiente a risolvere i problemi.

Il governo del Comune viene assunto dal signore

Tra i cittadini iniziò a farsi strada un fortissimo **desiderio di pace** e, pur di ottenerla, molti erano anche disposti a **rinunciare alle libertà comunali**.
Così, fra il XIII e il XIV secolo, con modalità diverse da città a città, il governo del Comune venne assunto da un **signore**. Talvolta si trattava dello stesso podestà; in alcuni casi era l'esponente di una delle famiglie in lotta o un estraneo che **si impadroniva del potere con la forza**.

La carica del signore diventa ereditaria

Il signore governava in modo **indipendente** e spesso **autoritario**, anche se formalmente manteneva in vita le istituzioni comunali. Con il passare del tempo, alcuni signori iniziarono a ottenere il **riconoscimento del loro potere dal papa o dall'imperatore** e a ricevere un **titolo nobiliare** (duca).
Il titolo veniva trasmesso ai figli e si crearono così vere e proprie **dinastie**: avvenne in tal modo il passaggio **dai Comuni alle Signorie**, che si costituirono come **Principati autonomi**.
Il periodo delle Signorie si caratterizzò per la **raffinatezza delle corti**, l'amore del bello e dell'arte, l'**intraprendenza della borghesia mercantile**.
I **principi italiani** si fecero **promotori della cultura e dell'arte**, talvolta furono artisti loro stessi (vedi pag. 283).
Esemplare, in questo senso, è la figura di **Lorenzo de' Medici** (1449-1492), signore di Firenze dal 1478, poeta raffinato, protettore di artisti, oltre che astuto politico, tanto da meritarsi di essere chiamato "**Il Magnifico**".

Scena di omicidio in una miniatura del XIV secolo. Il livello della violenza e della conflittualità presente in molti Comuni italiani era particolarmente elevato, tanto da provocarne l'ingovernabilità.

UMANESIMO E ARTE NEL QUATTROCENTO A FIRENZE

PER LA COMPRENSIONE

- Quali elementi contribuirono al declino dei Comuni?
- Perché molti cittadini erano disposti a rinunciare alle libertà comunali?
- Che cosa accadde in molti Comuni italiani?
- Chi era il signore? Come avvenne il passaggio dal Comune alla Signoria e la trasformazione della Signoria in Principato?
- Quali aspetti caratterizzarono il periodo delle Signorie in Italia?
- Chi era Lorenzo de' Medici? In che senso rappresenta in modo esemplare la figura dei principi italiani?

Signorie e Stati regionali

Tra le numerose Signorie locali vanno ricordate, per l'importanza delle loro corti, la Signoria degli **Estensi** a **Ferrara** (e dintorni), quella dei **Gonzaga** a **Mantova**, dei **Montefeltro** a **Urbino**, degli **Scaligeri** a **Verona**, dei **Malatesta** a **Rimini**, dei **Da Polenta** a **Ravenna** (che ospitarono il poeta Dante Alighieri durante l'esilio da Firenze). Nel corso degli anni, alcune Signorie riuscirono a **espandersi**, creando vasti domini regionali. Grande potenza raggiunsero il **Ducato di Milano** (sotto i **Visconti** e gli **Sforza**), la **Repubblica di Venezia** e la **Repubblica di Firenze** (retta dai **Medici**). Diverso dalle Signorie, sia per quanto riguarda le origini – non era l'evoluzione di un Comune – sia per le caratteristiche, fu il **Ducato sabaudo**, ai confini con la Francia e la Svizzera, dove aveva esteso il suo dominio la dinastia dei **Savoia**.

Le lotte tra gli Stati e la pace di Lodi

La politica espansionistica intrapresa da alcuni signori fu causa di **guerre lunghe e logoranti**, alle quali presero parte altre due grandi potenze: lo **Stato della Chiesa** e il **Regno di Napoli**. Per potere affrontare i continui conflitti, i signori italiani fecero ricorso alle **compagnie di ventura**, cioè a milizie private composte da mercenari, che già da tempo avevano sostituito gli eserciti comunali. Nonostante decenni di lotte, però, **nessun signore riuscì ad imporsi sugli altri**, perché quando una Signoria diveniva troppo forte, gli altri **si alleavano per contrastarne l'ascesa**.

Le Signorie iniziarono a **soffrire** di questa situazione di guerra continua e **si impoverirono** nello sforzo di pagare eserciti sempre più numerosi e forti. La situazione divenne talmente grave che, nel 1454, i signori italiani si decisero a concludere un accordo, la **pace di Lodi**, che pose fine alla guerra tra la Repubblica di Venezia e il Ducato di Milano e stabilì un nuovo **equilibrio** nella penisola.

L'Italia alla metà del XV secolo (pace di Lodi)

La carta illustra la situazione della penisola italiana alla metà del XV secolo, dopo la pace di Lodi.
Accanto ai pochi grandi Stati regionali evidenziati esisteva una moltitudine di realtà politiche autonome più piccole (marchesati, ducati, principati, ecc.). L'area maggiormente frazionata della penisola era quella settentrionale, dove più si erano sviluppati i Comuni. Lo Stato pontificio, secondo per estensione dopo quello di Napoli, comprendeva al suo interno vere e proprie Signorie autonome (Rimini, Urbino).

PER LA COMPRENSIONE

- Quali erano le Signorie locali più importanti della penisola italiana?
- Quali Signorie iniziarono a espandersi costituendo vasti domini regionali?
- Quale Stato regionale andò assumendo sempre maggiore importanza in Italia? Che cosa lo differenziava dalle altre Signorie?
- Quale fu la conseguenza della politica espansionistica delle maggiori Signorie?
- Perché nessun signore italiano riuscì mai a prevalere sugli altri? Che cosa stabilì la pace di Lodi?

IL PRINCIPE, LA CORTE E I CORTIGIANI

LA CULLA DELLA CIVILTÀ RINASCIMENTALE

Le corti dei signori italiani furono il centro propulsore di quel **profondo rinnovamento** della mentalità, della cultura, dell'arte, della letteratura, del pensiero e dei costumi che va sotto il nome di **Rinascimento**. La **civiltà rinascimentale**, che raggiunse la sua maturità tra la metà del XV e il XVI secolo (e che tratteremo diffusamente il prossimo anno), affonda le sue radici nella **cultura umanistica sviluppatasi** a partire dal XIV secolo.

LE MEDAGLIE, GENERE CELEBRATIVO DELLE CORTI ITALIANE

LA VITA DI CORTE: UN MONDO IDILLIACO, CORNICE IDEALE DI UNA CULTURA PER POCHI

La vita di corte iniziò a essere celebrata e idealizzata come un **mondo idilliaco**. Cortigiani e prìncipi ricercavano e adottavano stili di vita ispirati alla **bellezza**, alla **raffinatezza** e all'**eleganza**. La figura del cortigiano (cioè dell'uomo di corte, consigliere ed amico del principe) diventò oggetto di trattati che ne illustravano le caratteristiche, come *Il libro del cortegiano*, di **Baldassarre Castiglione**, un cortigano di professione che visse, per lo più, alla corte dei Montefeltro, signori di Urbino. La corte rinascimentale divenne, così, la cornice ideale dell'**attività intellettuale**. La cultura che fiorisce nelle corti signorili è una cultura raffinata, elitaria, cioè **riservata a pochi**, lontana dal popolo.

IL MECENATISMO DEI PRINCIPI

Principi e signori facevano a gara per attrarre **artisti**, **filosofi**, **letterati** e **poeti**, fornendo loro strumenti e mezzi per potersi dedicare agli studi e all'arte. Una delle caratteristiche tipiche dei principi italiani fu, infatti, il mecenatismo. Il termine "**mecenate**" indica una persona o un'istituzione che impiega i propri mezzi economici per promuovere l'arte nelle sue diverse espressioni, aiutando economicamente gli artisti, oppure favorendo la realizzazione o il restauro di opere d'arte. Il mecenatismo dei principi italiani era dettato dall'amore per l'arte, ma era anche uno strumento per rafforzare il proprio prestigio attraverso la realizzazione di opere per abbellire le città.

COMPAGNIE E CAPITANI DI VENTURA

Per ampliare i propri territori o difendersi dalle aggressioni altrui, nel Quattrocento i signori italiani si servirono delle **compagnie di ventura**. Esse erano guidate da condottieri o **capitani di ventura**, per lo più nobili decaduti. Tra i più famosi sono ricordati personaggi come Francesco Sforza, Braccio da Montone, Giovanni Acuto, Erasmo da Narni detto "il Gattamelata", Giovanni dalle Bande Nere, Bartolomeo Colleoni, Facino Cane, Francesco Bussone detto "il Carmagnola". Ne facevano generalmente parte alcune migliaia di individui di varia provenienza, principalmente poveri che si arruolavano nella prospettiva di **rapidi guadagni**. Essi si abbandonavano spesso a **saccheggi**, che divennero una formidabile arma di ricatto, in quanto molte città erano disposte a pagare grosse cifre per evitare le loro azioni devastatrici. I compensi dei capitani di ventura erano altissimi; alcuni di loro raggiunsero un prestigio tale da diventare i signori delle città a cui avevano prestato i loro servizi (come avvenne nel caso di Francesco Sforza a Milano).

Benozzo Gozzoli, Il viaggio dei Magi. *Secondo la tradizionale interpretazione, il personaggio in primo piano sarebbe Lorenzo il Magnifico.*

I MAGGIORI STATI REGIONALI ITALIANI

IL DUCATO DI MILANO

L'ascesa e l'espansione di Milano sono legate alla famiglia dei Visconti, che ne divennero signori dalla fine del XIII secolo. Fu con Gian Galeazzo (1395-1402) che l'espansione raggiunse il culmine, fino ad inglobare buona parte del Veneto, della Toscana e dell'Umbria. Il consolidamento della Signoria avvenne con l'acquisizione del titolo di duca e con il matrimonio tra Gian Galeazzo e la figlia del re di Francia. Morto Gian Galeazzo il ducato entrò in crisi perdendo quasi tutte le acquisizioni territoriali, riducendosi a Milano e alla Lombardia.

Le sue sorti vennero risollevate da Francesco Sforza (1450-1466). Sotto gli Sforza, che governarono fino al 1500 (e saltuariamente fino al 1535), il ducato visse un periodo di splendore; essi recuperarono parte degli acquisti territoriali viscontei e soprattutto riorganizzarono lo Stato, trasformandolo in un organismo ben strutturato con una efficiente amministrazione centrale. Il successore di Francesco, Galeazzo Maria (1444-1476), fece di Milano una delle capitali del Rinascimento italiano; l'altro figlio di Francesco, Ludovico il Moro (1452-1508, duca nel 1494), fu uno dei personaggi più influenti della politica italiana.

LA REPUBBLICA DI FIRENZE

A Firenze il passaggio alla Signoria avvenne mantenendo formalmente le istituzioni comunali. Tra le famiglie più ricche in lotta per il potere, nel 1434 prevalse quella di Cosimo de' Medici (detto il Vecchio, 1389-1464), che instaurò una Signoria di fatto. L'ascesa e la vittoria di Cosimo furono favorite dall'appoggio popolare, ma soprattutto dalla ricchezza della famiglia, dedita alle attività bancarie (il Banco dei Medici prestava soldi alla Curia romana, a re e a principi di tutta Europa). Così i Medici divennero padroni di Firenze e di gran parte della Toscana: la città, infatti, soprattutto nel XIV e XV secolo, aveva inglobato progressivamente non solo il contado ma anche le città circostanti.

La Signoria si consolidò sotto Lorenzo de' Medici (1449-1492), una straordinaria figura di uomo politico e letterato; egli dominò la scena politica del suo tempo, facendo di Firenze il baricentro politico e culturale della penisola. Fece infatti da mediatore tra gli Stati italiani, intervenendo ogni qualvolta il fragile equilibrio garantito dalla pace di Lodi sembrava essere messo in pericolo. Sotto la sua signoria Firenze divenne la culla della civiltà rinascimentale.

LA REPUBBLICA DI VENEZIA

Mentre si affermavano le Signorie, Venezia consolidava il suo carattere di repubblica oligarchica, retta dalle famiglie più ricche (mercanti e armatori) della città, le quali avevano l'accesso alle cariche maggiori: doge, Consiglio ducale, Maggior Consiglio e Consiglio dei dieci. Venezia fondava la sua ricchezza sulle attività marittime e commerciali. Per difenderle e potenziarle, nei secoli XIII e XIV la città aveva avviato una politica di espansione nel Mediterraneo orientale, scontrandosi con Genova, l'eterna rivale, in frequenti conflitti. Venezia era allora il principale centro commerciale europeo: sulle sue navi transitavano tutte le merci che dall'Oriente erano destinate all'Europa. A partire dal XIV e per tutto il XV secolo iniziò una politica di espansione anche sulla terraferma, che portò alla formazione di uno Stato che comprendeva Veneto, Friuli, parte della Lombardia, l'Istria, il Polesine e la riviera romagnola. In questa fase Venezia si scontrò con le Signorie delle città venete e con i Visconti. In seguito all'avanzata ottomana, Venezia perse alcune isole adriatiche. La scoperta dell'America (1492) e di nuove rotte per le Indie e la sconfitta nella battaglia di Agnadello (1509) da parte di una coalizione di Stati italiani e stranieri decretarono l'inizio della sua decadenza.

IL DUCATO SABAUDO

Ai confini con la Francia e la Svizzera, nella regione alpina della Savoia (storicamente legata alla Francia), si erano insediati i conti di Savoia, la casata all'origine della dinastia che avrebbe guidato l'Italia all'unità politica nel XIX secolo.

I Savoia (detti anche Sabaudi dall'antico nome della regione) tra i secoli XIV e XV iniziarono una politica di espansione che li portò alla conquista di Nizza e, con Amedeo VIII (1391-1434), di buona parte del Piemonte. Egli gettò le basi dell'organizzazione dello Stato (attraverso gli Statuti generali), inaugurando una tradizione di efficiente amministrazione che caratterizzerà lo Stato Sabaudo. Nel 1416 Amedeo VIII ottenne dall'imperatore il titolo di duca e, a partire da questo periodo, il Ducato si inserì nelle vicende italiane anche se, a causa della posizione periferica, non giocò inizialmente un ruolo di primo piano. Con l'estinzione di un secondo ramo dei Savoia (1418), Amedeo VIII incorporò nel Ducato anche il feudo di Torino. Tra il XV e il XVI secolo, tuttavia, durante le guerre per il predominio in Italia, lo Stato attraversò una lunga crisi, nel corso della quale perse gran parte dei territori.

LO STATO PONTIFICIO

Lo Stato della Chiesa o Pontificio era un insieme di territori differenti alquanto disorganizzato, che comprendeva buona parte dell'Italia centrale (Umbria, Marche, Lazio, parte della Romagna e dell'Emilia). Su tali territori il papa esercitava un'autorità politica identica a quella di un sovrano. In realtà, all'interno dello Stato Pontificio, l'autorità politica del papa era solo formale, in quanto esistevano Signorie e staterelli vari, largamente autonomi. L'indebolimento che la Chiesa subì nel XIV secolo aveva avuto forti ripercussioni a Roma, rimasta senza una guida in balìa della nobiltà romana. Anche il tentativo del popolano Cola di Rienzo di instaurare un governo repubblicano era ben presto fallito. Durante il XV secolo i papi cercarono di affermare e consolidare la potenza dello Stato, intervenendo spesso nelle vicende politiche italiane, senza però riuscire ad accrescerne il prestigio. Il diffuso fenomeno del nepotismo aggravò la decadenza del Papato.

La curia romana non era, di fatto, diversa dalle altre corti signorili. Anche i papi favorirono lo sviluppo artistico e culturale. La mondanità e la corruzione del clero suscitava scandalo tra il popolo e tra gli stessi religiosi: una delle voci di protesta più forte fu quella di Gerolamo Savonarola.

IL REGNO DI NAPOLI

Dal 1442 il Regno di Napoli era nelle mani degli Aragonesi. Alfonso d'Aragona (1416-1458) aveva dovuto contrastare e reprimere i tentativi di ribellione dei nobili napoletani (baroni), grandi latifondisti. Nonostante queste difficoltà, aveva cercato di riorganizzare lo Stato in senso moderno. Alfonso d'Aragona, detto il Magnanimo, rappresentava la figura perfetta del principe rinascimentale; egli fece della sua corte un importante centro culturale. Alla sua morte scoppiarono lotte per la successione, alla fine delle quali prevalse il figlio naturale Ferrante (1458-1494). Egli continuò l'opera del padre: rafforzò l'amministrazione del regno, diede impulso all'economia, abbellì artisticamente la città di Napoli, combatté le spinte autonomiste dei nobili e difese l'assetto sancito dalla pace di Lodi. Nonostante ciò la stabilità del regno era continuamente minacciata, sia dalle pretese della Francia, sia dalla politica del confinante Stato della Chiesa, che mirava ad indebolirlo a proprio vantaggio.

L'Umanesimo

La riscoperta del mondo classico

Il passaggio dal XIV al XV secolo fu segnato dalla nascita di un movimento culturale chiamato **Umanesimo**.

Il termine "Umanesimo" deriva dal latino ***humanae litterae*** (la "letteratura umana", contrapposta alle Sacre Scritture, cioè ai testi ispirati da Dio); esso si riferisce alla riscoperta e allo studio della **letteratura greca e romana** e, più in generale, alla conoscenza più approfondita della cultura dell'**antichità classica**.

I presupposti del movimento umanista furono creati nel Trecento da grandi personalità come **Francesco Petrarca** (1304-1374) e **Giovanni Boccaccio** (1313-1375), ma fu solo a partire dal Quattrocento che lo studio dei testi antichi fu condotto con una **particolare attenzione alla storia della civiltà classica** (greca e latina).

Tuttavia, a differenza dei letterati medievali, che leggevano i testi classici adattandoli alla visione religiosa della vita e paragonandoli sempre al libro per eccellenza, la *Bibbia*, gli umanisti studiavano le opere della cultura classica greca e romana cercando di **ricostruire i testi originali** con il rigore della **filologia**, per poi imitarli come **modelli di perfezione letteraria**.

Si afferma una nuova visione dell'uomo

Da un primo interesse per la filologia, l'Umanesimo perviene a una **nuova visione dell'uomo e del mondo**. L'antichità classica non viene più considerata solo come un modello letterario, ma diventa anche un **modello di comportamento** che suggerisce una nuova concezione della libertà umana.

A fondamento della nuova mentalità c'è l'**affermazione piena del valore e della dignità dell'uomo**, al di là della religione. L'uomo ritorna al **centro del mondo** e ridiventa, come per i Greci, la "misura di tutte le cose". Egli è **protagonista della sua storia** e consapevole delle sue capacità e della sua potenza, della sua posizione nel mondo, in un **nuovo rapporto con Dio e con la natura**.

Nasce l'intellettuale moderno

Attraverso l'opera di umanisti come **Lorenzo Valla** (1405-1457), **Marsilio Ficino** (1433-1499), **Giovanni Pico della Mirandola** (1463-1494) e **Giovanni Pontano** (1429-1503) prese forma un **nuovo modello di intellettuale**, che affiancava all'**attività di studio** l'**impegno civile** per la costruzione e il **rinnovamento della città terrena**. Fu nell'affermazione di questi nuovi princìpi che l'Umanesimo, da scienza **filologica**, si trasformò in una nuova cultura e in un progetto di profondo cambiamento.

L'intellettuale umanista è dunque un **uomo curioso** di "sapere ogni cosa", aperto ad ogni tipo di conoscenza. Egli è un **uomo di cultura universale**, che **ricerca** e **sperimenta** nello stesso tempo. Come **Leonardo da Vinci** (1452-1519), pittore, architetto, ingegnere idraulico e meccanico, inventore, o come il tedesco **Albrecht Dürer** (1471-1528), pittore e incisore.

GLOSSARIO

Filologia
La parola, di origine greca, significa letteralmente "amore per lo studio". Essa indica l'insieme delle discipline che cercano di ricostruire i testi nella loro versione originale e di interpretarli correttamente.

PER LA COMPRENSIONE

- Che cosa si intende con il termine "Umanesimo"?
- Chi sono i precursori del movimento umanista?
- Quali erano le differenze tra i letterati medievali e quelli umanisti?
- Gli ideali dell'Umanesimo rimasero ristretti al solo ambito letterario?
- Quale nuova immagine dell'uomo si andò affermando?
- Quali erano le caratteristiche dell'intellettuale umanista?
- Quali umanisti incarnarono la nuova figura dell'intellettuale?
- In quale modo l'Umanesimo influì sulla cultura del Quattrocento?
- Chi inventò la stampa a caratteri mobili?
- Quali vantaggi presentava la nuova tecnica di riproduzione dei libri?
- Dove si diffusero le tipografie? Che cosa veniva stampato?
- Quali conseguenze ebbe la diffusione dei libri?

LO SPIRITO DELL'EDUCAZIONE UMANISTICA

LE CITTÀ RINNOVATE DEL QUATTROCENTO

La diffusione della stampa, strumento della nuova cultura

Proprio a metà del Quattrocento vide la luce il **primo libro** (un esemplare della Bibbia, nel 1456) ottenuto con la stampa a caratteri mobili, un'invenzione messa a punto da **Johann Gensfleisch**, detto **Gutenberg** (1394-1468).
Con l'invenzione e la diffusione della stampa a caratteri mobili si chiudeva l'epoca del manoscritto copiato a mano sulla pergamena (opera di amanuensi e copisti) e iniziava l'era del **libro stampato su carta**. Si trattò di un evento che ebbe un riflesso fondamentale sulla diffusione della cultura: fu possibile, infatti, **riprodurre un numero elevato di copie** identiche di uno stesso testo in tempi brevi e a **prezzi molto più contenuti**.
Il nuovo procedimento di stampa si propagò dalla **Germania** in **Francia** e in **Italia**, dove sorsero numerose tipografie. A essere stampate non erano solo le opere dei classici antichi, ma anche quelle dei **nuovi intellettuali**. La diffusione dei volumi stampati, che andavano ad arricchire le biblioteche, favorì la **circolazione delle nuove idee** e della nuova cultura in tutta Europa.

L'UOMO, LA STORIA E LA NATURA NEL PENSIERO UMANISTA

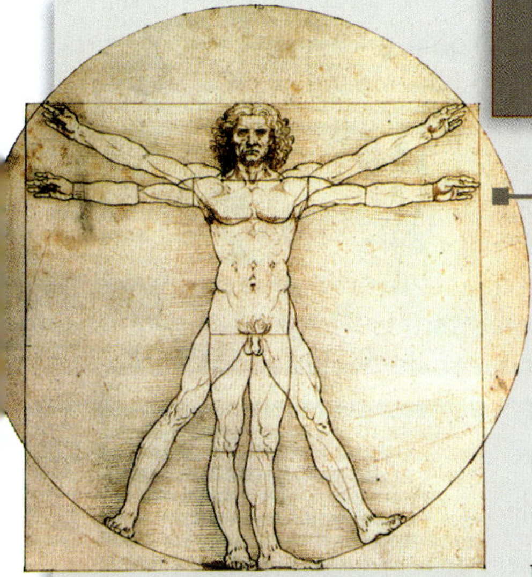

Fiducia nelle capacità dell'uomo, al centro del mondo

L'uomo ritorna ad avere fiducia nelle proprie capacità; vengono restituite dignità e centralità alla condizione umana. L'umanista ha una curiosità insaziabile: viaggia, studia, si interessa di tutto ciò che riguarda l'uomo e il mondo. La ragione diventa uno strumento di analisi per comprendere il mondo e il proprio rapporto con Dio.

L'uomo protagonista della Storia

L'uomo si scopre protagonista e "facitore" della Storia. Nasce la politica come scienza autonoma e rinasce la storiografia, per raccontare le vicende degli uomini e delle loro imprese.

Nasce un nuovo rapporto uomo-natura

La natura nella quale l'uomo è immerso diventa per l'artista la realtà da imitare, così come lo spazio da rappresentare per mezzo della prospettiva. Per studiosi come Leonardo da Vinci la realtà naturale è il primo campo, l'unico vero oggetto della conoscenza umana.

Un gruppo di umanisti ritratti da Domenico Ghirlandaio alla fine del XV secolo.

LA RIVOLUZIONE DEL LIBRO STAMPATO

Il libro stampato è una delle invenzioni che hanno contribuito a ***rivoluzionare il mondo****, cambiando radicalmente il modo di diffondere il sapere e la cultura.*
Come scrisse un umanista francese alla fine del XV secolo, con i caratteri mobili "tutto ciò che si dice e si pensa può essere immediatamente messo per iscritto, riscritto e consegnato ai posteri". *Il merito di tale rivoluzione non è solo di* ***Johann Gutenberg****, che inventò i caratteri mobili, ma anche di* ***Aldo Manuzio****, l'umanista italiano che può considerarsi il* ***primo editore moderno****, colui che* "comprese le potenzialità della nuova tecnologia e cambiò il modo di concepire il libro, favorendo il radicamento di nuove abitudini culturali".

Dal *Dizionario biografico degli Italiani*, Treccani

GUTENBERG, UN IMPRENDITORE GELOSO DELLA SUA INVENZIONE

Prima di mettere a punto la tecnica della stampa, Gutenberg si era dedicato a varie attività: aveva ideato un sistema per lucidare le pietre preziose e per fabbricare gli specchietti per i pellegrini (che dovevano servire a catturare la luce emessa dalle reliquie e, quindi, il loro potere). Proprio nella fabbrica degli specchietti fece i primi esperimenti di stampa. Procedimento che volle sempre **mantenere segreto**, imponendo ai suoi soci di non insegnare a nessuno a usare il torchio. Ciononostante la tecnica della stampa si diffuse rapidamente, anche dopo che uno dei soci finanziatori dell'impresa, avendo compreso quanto avrebbe fruttato la nuova invenzione, riuscì a estromettere Gutenberg e a impadronirsi di buona parte del materiale per la stampa.

Una pagina della Bibbia di Gutenberg (detta "delle 42 linee", dal numero di righe per colonna), la cui stampa richiese circa tre anni e l'utilizzo di quattro torchi. Attualmente di questo libro di 1282 pagine esistono una cinquantina di esemplari.

ALDO MANUZIO, EDITORE PER AMORE DELLA CULTURA CLASSICA

Aldo Manuzio il Vecchio (1450 circa-1515) era un grande **umanista** e un appassionato studioso, in particolare della letteratura greca. Fu proprio l'amore per la cultura classica e il desiderio di diffonderla e di salvarne il patrimonio che lo spinse a dedicarsi all'attività di tipografo e di editore.
Recatosi a Venezia, Manuzio nel 1494-1495 aprì una tipografia e iniziò a stampare le opere degli autori greci (da Aristotele a Platone, da Demostene ai tragici) e latini (l'*Eneide* di Virgilio fu la prima pubblicata con il carattere corsivo "aldino"), cercando di ricostruirne in modo filologicamente accurato il testo, mettendo a confronto i vari manoscritti; pubblicò anche opere in volgare italiano, come la *Hypnerotomachia Poliphili* del 1499, considerato uno dei più bei libri stampati per le magnifiche xilografie, o la prima edizione illustrata della *Divina Commedia*. Dalla tipografia di Aldo Manuzio uscirono i **primi libri in formato "tascabile"**, utilizzato per la prima volta per le opere degli autori classici e considerato il **prototipo del libro moderno**. In quasi 20 anni Manuzio pubblicò circa 130 opere, che nel loro complesso costituiscono una sorta di enciclopedia del sapere umanista.

LA DIFFUSIONE DELLA STAMPA IN EUROPA

Da Magonza, la città di Gutenberg, la stampa si diffuse in Europa centrale e nell'Italia settentrionale, poi in Francia e in Spagna.
I centri specializzati nella stampa costituirono il **supporto fondamentale per la diffusione della cultura umanistica**.
Tra essi spiccavano, oltre a Magonza, Strasburgo, Basilea, Lovanio, Oxford, Londra, Parigi, Lione, Venezia, Firenze, Milano e Barcellona.

I CARATTERI MOBILI DI STAMPA

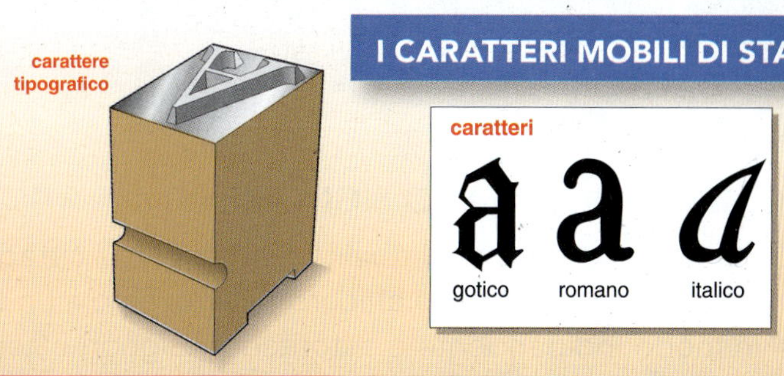

IL LIBRO "TASCABILE" E LE EDIZIONI ALDINE

Il libro "**tascabile**" si otteneva piegando il foglio di stampa tre volte e ricavandone sedici pagine. Questo libro in formato "ottavo", essendo più piccolo, poteva essere trasportato facilmente, diventando un comodo compagno di viaggio. Si trattava di un oggetto che, rispetto ai costosi e voluminosi manoscritti, poteva avere un mercato più vasto e raggiungere un pubblico più ampio. Le **edizioni aldine**, come vennero chiamate quelle prodotte tra la fine del XV e i primi decenni del XVI secolo dalla tipografia di Aldo Manuzio, erano rilegate con un cartone rivestito di cuoio ricavato da pelle di capra finemente lavorato. Il titolo dorato era impresso al centro, affiancato da motivi vegetali e floreali. Il marchio della tipografia di Aldo Manuzio raffigurava un'ancora intorno alla quale si avvolge un delfino. Tra le innovazioni introdotte da Manuzio spiccano il tipo di carattere in corsivo, chiamato **aldino** o **italico** (appositamente disegnato dietro sua richiesta), la sistemazione della punteggiatura, la **numerazione** su entrambe le facce della pagina.

Nella stamperia di Aldo Manuzio

Al centro della stamperia troneggiava il ***torchio*** *di stampa; i* ***compositori*** *allineavano i caratteri mobili sulle* ***righe*** *che componevano la* ***pagina****, sulla quale veniva appoggiato il* ***foglio di carta*** *da imprimere.*
Per stampare le immagini e le cosiddette incisioni si utilizzava un altro tipo di torchio, detto ***calcografico****.*

CARMEN
ARIANNA
DANIELE
GIOVANNI
IO

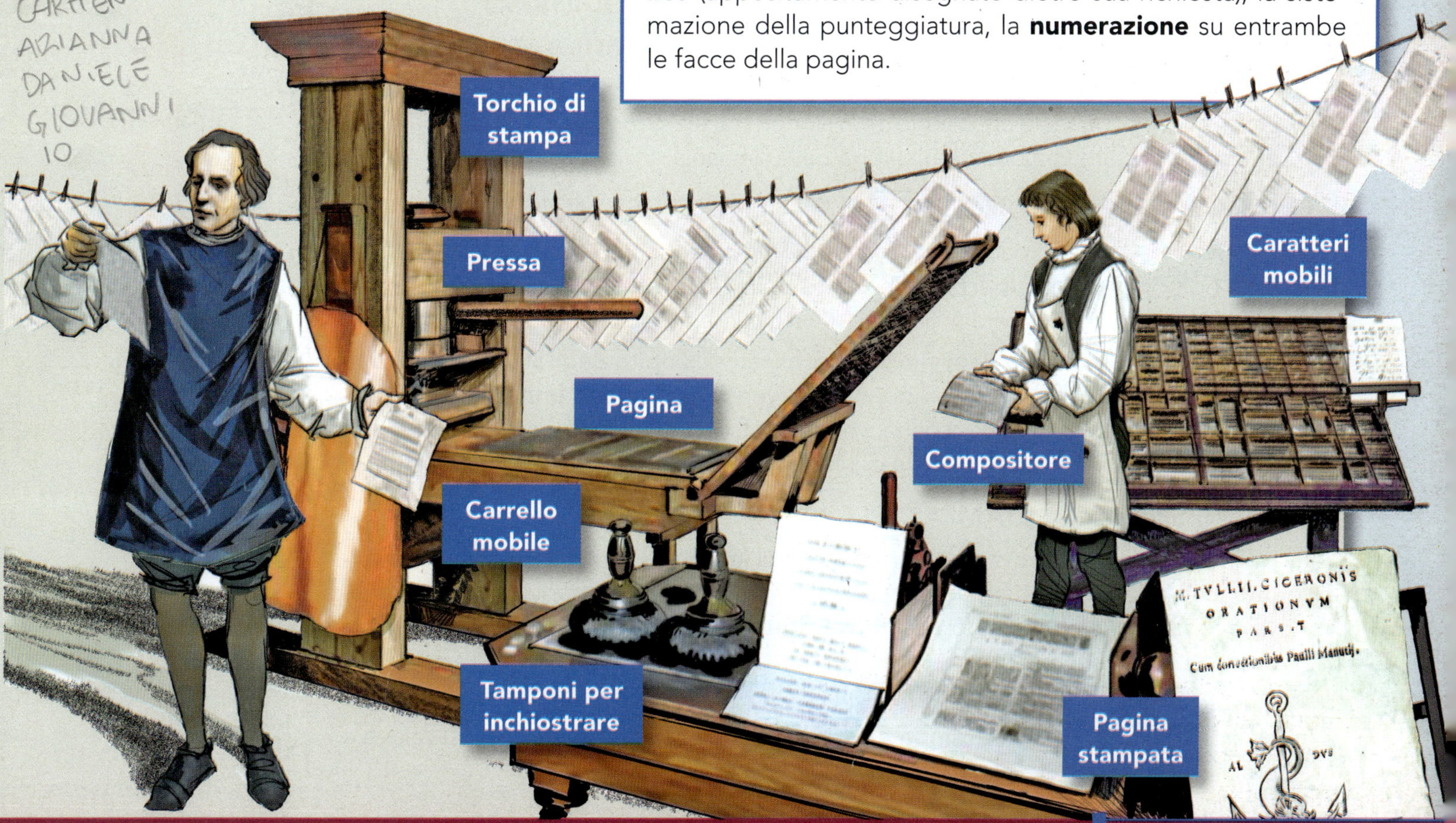

✓ SINTESI

AUDIOSINTESI

I COMUNI DIVENTANO SIGNORIE

✔ Pur di uscire dalla conflittualità permanente, i cittadini furono disposti a **rinunciare alle libertà comunali** e affidarono il governo a un signore che esercitava il potere in modo indipendente e autoritario. I signori ottennero poi il riconoscimento da parte del papa o dell'imperatore: si crearono vere e proprie **dinastie** e i Comuni si trasformarono in **Signorie**.

LO SPLENDORE DELLE CORTI SIGNORILI

✔ Nelle città, i signori esercitavano il proprio potere come fossero dei **sovrani**. Il periodo delle Signorie si caratterizzò per la **raffinatezza delle corti**; i signori si circondarono di uomini di cultura e sostennero le attività artistiche (**mecenatismo**).

✔ Tra le Signorie italiane meno potenti dal punto di vista politico, ma fiorenti dal punto di vista economico e culturale, vi furono quelle degli Estensi, dei Gonzaga, dei Montefeltro, degli Scaligeri, dei Malatesta, dei Da Polenta.

LA CREAZIONE DI STATI REGIONALI

✔ Alcune Signorie riuscirono a espandersi, creando vasti **domini regionali**: il **Ducato di Milano**, la **Repubblica di Venezia** e la **Repubblica di Firenze**.
Origini e caratteri diversi ebbe il **Ducato di Savoia**.

✔ Diversa dalle Signorie era la situazione dello **Stato della Chiesa** e del **Regno di Napoli**. Il primo era un insieme eterogeneo di territori, sui quali il papa esercitava un'autorità politica in realtà assai debole.
Il Regno di Napoli visse un momento di splendore sotto Alfonso d'Aragona, che tentò di riorganizzare lo Stato in senso moderno, limitando il potere dei baroni.

LA PACE DI LODI SANCISCE UNA SITUAZIONE DI EQUILIBRIO

✔ La politica di espansione territoriale generò uno stato di **lotta e guerra continua** tra gli Stati della penisola. Nessuno Stato, tuttavia, riuscì a prevalere sull'altro.

✔ Per porre fine a questa situazione, re e signori italiani conclusero nel 1454 la **pace di Lodi**, che stabilì un nuovo equilibrio nella penisola.

GLI UMANISTI PONGONO L'UOMO AL CENTRO DEL MONDO

✔ Tra il XIV e il XV secolo nacque e si sviluppò il movimento culturale dell'**Umanesimo**. Esso proponeva la **riscoperta delle opere della letteratura greca e latina**, analizzate secondo rigorosi metodi filologici e viste come modelli ideali ai quali ispirarsi.

✔ Gli ideali dell'Umanesimo non rimasero confinati all'ambito degli studi letterari, ma influenzarono la cultura del tempo, promuovendo una **nuova immagine dell'uomo** che acquistò maggiore dignità, venne posto al centro dell'universo e divenne protagonista della propria storia e di un nuovo rapporto con Dio e con la natura.

L'UMANESIMO E LA STAMPA

✔ I princìpi dell'Umanesimo influirono anche sull'**impegno civile** degli uomini di cultura, che dedicarono maggiore attenzione alla vita della comunità nella quale vivevano. Si venne delineando una **nuova figura di intellettuale**, dedito anche alla ricerca e alla sperimentazione.

✔ Questo rinnovamento culturale trovò un notevole supporto in un'innovazione tecnica di grande portata: la **stampa a caratteri mobili**, che permise una più veloce e diffusa circolazione del sapere.

CRONOLOGIA

- 1394-1468 Johann Gutenberg
- 1395-1402 Gian Galeazzo Visconti signore di Milano
- 1416 Amedeo VIII duca di Savoia
- 1434-1464 Cosimo de' Medici il Vecchio signore di Firenze
- 1442-1458 Alfonso d'Aragona re di Napoli
- 1450-1466 Francesco Sforza signore di Milano
- 1449-1492 Lorenzo il Magnifico
- 1452-1519 Leonardo da Vinci
- 1454 Pace di Lodi
- 1466-1476 Galeazzo Maria signore di Milano
- 1478-1492 Lorenzo il Magnifico signore di Firenze
- 1492 Scoperta dell'America
- 1494-1508 Ludovico il Moro signore di Milano

VERIFICA DI COMPRENSIONE

VERIFICHE INTERATTIVE

La nascita delle Signorie e degli Stati regionali

1. Indica se le affermazioni sono vere (V) o false (F).

☐ **a.** Le istituzioni comunali decaddero a causa della forte conflittualità e della crisi economica.
☐ **b.** L'Italia era frazionata in numerosi principati, ducati e signorie.
☐ **c.** I signori, per combattere le loro guerre, costrinsero i cittadini a lunghi periodi di servizio militare.
☐ **d.** I signori ottennero il riconoscimento del loro potere dal papa o dall'imperatore.
☐ **e.** Il Ducato di Milano fu governato dalle famiglie Visconti e Sforza.
☐ **f.** Quando una Signoria diventava molto potente, assoggettava facilmente le altre.
☐ **g.** La pace di Lodi aprì la strada ad un periodo di disordini e conflitti.
☐ **h.** A Firenze il passaggio alla Signoria avvenne mantenendo formalmente le istituzioni comunali.
☐ **i.** La Repubblica di Venezia divenne il baricentro politico e culturale della penisola.
☐ **l.** Il Ducato sabaudo si consolidò sotto la Signoria dei Medici.
☐ **m.** Cola di Rienzo cercò di instaurare un governo repubblicano a Roma.
☐ **n.** Il Regno di Napoli era governato dagli Aragonesi.
☐ **o.** Lorenzo il Magnifico svolse un ruolo di mediatore nelle vicende politiche italiane del Quattrocento.

Le principali Signorie

2. Collega le Signorie alle corrispondenti città.

a. Estensi	1. *Milano*
b. Gonzaga	2. *Ferrara*
c. Montefeltro	3. *Urbino*
d. Medici	4. *Ravenna*
e. Scaligeri	5. *Mantova*
f. Malatesta	6. *Verona*
g. Da Polenta	7. *Rimini*
h. Visconti/Sforza	8. *Firenze*

Le Signorie e le corti signorili

3. Indica con una ✗ la conclusione corretta tra quelle proposte.

a. Le cause principali della decadenza dei Comuni furono
☐ 1. il rafforzamento dei poteri del papa e dell'imperatore.
☐ 2. la forte conflittualità interna e la crisi economica.

b. Molti accettarono la fine delle libertà comunali ed il dominio di un signore
☐ 1. pur di ottenere la pace e la fine delle violenze in città.
☐ 2. per potersi opporre con più efficacia all'imperatore.

c. I signori governavano
☐ 1. in modo indipendente ed autoritario.
☐ 2. consultando le assemblee dei cittadini.

d. Il periodo delle Signorie si caratterizzò
☐ 1. per la decadenza delle corti e la crisi commerciale.
☐ 2. per la raffinatezza delle corti e l'intraprendenza della borghesia mercantile.

e. Le compagnie di ventura erano
☐ 1. eserciti privati assoldati dai signori per affrontare una guerra.
☐ 2. compagnie di artisti che viaggiavano di corte in corte.

f. Il termine *mecenate* indica
☐ 1. il titolo nobiliare di cui venivano insigniti i signori italiani.
☐ 2. chi promuove l'arte e la cultura impiegando propri mezzi economici.

g. Nel Quattrocento il termine *corte* indica
☐ 1. la famiglia del signore/principe/re e tutto il suo seguito.
☐ 2. i terreni di proprietà del signore.

h. Il cortigiano era
☐ 1. il consigliere e amico del principe/signore.
☐ 2. l'addetto al servizio di mensa.

i. La corte rinascimentale divenne la cornice ideale
☐ 1. dell'attività militare.
☐ 2. dell'attività intellettuale.

MAPPA CONCETTUALE E LINEA DEL TEMPO

L'Umanesimo e la nascita del libro stampato

4. Sottolinea la conclusione corretta delle seguenti affermazioni.

a. Gli umanisti imitavano **1.** *le Sacre Scritture* / **2.** *i classici greci e latini in quanto modelli di perfezione.*
b. La concezione dell'uomo espressa dagli umanisti lo considera **1.** *al centro del mondo e protagonista della Storia* / **2.** *in balia del destino.*
c. L'intellettuale umanista **1.** *affianca all'attività di studio l'impegno civile* / **2.** *si dedica esclusivamente agli studi filologici.*
d. A fondamento della concezione umanista c'è l'affermazione **1.** *della dignità e del valore dell'uomo* / **2.** *della debolezza della condizione umana.*
e. Precursori del movimento umanista furono **1.** *Dante e Dürer* / **2.** *Petrarca e Boccaccio.*
f. La circolazione delle nuove idee e della cultura umanista fu **1.** *favorita* / **2.** *ostacolata* dalla diffusione del libro stampato.
g. I protagonisti della rivoluzione del libro stampato furono **1.** *i Medici* / **2.** *Gutenberg e Aldo Manuzio.*

MILLE ANNI DI SCOPERTE, INVENZIONI E REINVENZIONI

Il millennio della cosiddetta *Storia Medievale* (476-1492) si rivela **un'epoca di progresso tecnologico e scientifico**, sia per l'introduzione di vere e proprie invenzioni, sia per la diffusione dall'Oriente di tecnologie e invenzioni precedenti, sia per la generalizzazione e l'estensione all'uso quotidiano di tecniche o strumenti già noti.
Se le **grandi scoperte e invenzioni** hanno cambiato la storia sociale ed economica e hanno reso possibili quelle che chiamiamo le "rivoluzioni" (**bussola**, **ruota idraulica**, **aratro**, **staffa**, **collare imbottito**, **uso dello zero e algebra**, **stampa a caratteri mobili**, **libro stampato**, ecc.), in questo repertorio presentiamo brevemente alcune scoperte e invenzioni che, più semplicemente, hanno **cambiato la vita quotidiana**.

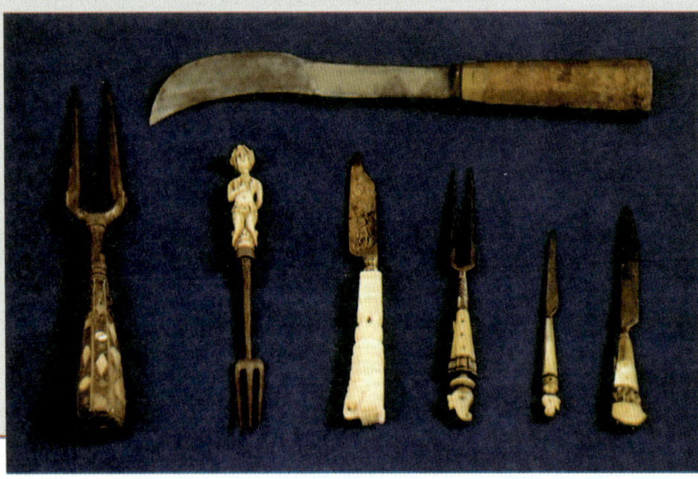

LA FORCHETTA

Inventata in **Cina** intorno al 2200 a.C., conosciuta e usata nel mondo romano antico, il suo utilizzo si perse in Europa dopo la caduta di Roma nel 476, mentre si conservò nell'**Impero Romano d'Oriente** e in particolare nella capitale Costantinopoli. Proprio da qui questo **oggetto**, **ritenuto lussuoso**, fu reintrodotto, nel **1033**, in Occidente, precisamente a Venezia, grazie alle donne dell'aristocrazia bizantina che andavano spose ad aristocratici veneziani.
La prima fu la principessa Maria, nipote di Costantino VIII, che sposò Giovanni, il figlio del Doge Pietro II Orseolo; un'altra fu la sposa del Doge Domenico Selvo, la principessa Teodora. Contro di lei si scagliò San Pier Damiani (1007-1072), che riteneva un segno di perversione diabolica l'uso della forchetta a tavola.

L'ANESTESIA

Fin dall'antichità l'uomo ha cercato tecniche e strumenti per ridurre e alleviare il dolore, anche e soprattutto in occasione di interventi chirurgici che riguardavano i denti e le ossa degli arti.
È tuttavia nel Medioevo, con l'approfondimento delle conoscenze di erboristeria, che nascono autentiche **ricette di anestetico**: ne conosciamo alcune risalenti al IX secolo (Abbazia di Montecassino), al XIII secolo (Bologna) e al XV secolo (nel ricettario di Caterina Sforza).

Miniatura tratta dal Tacuinum sanitatis.

A sinistra: *forchette medievali.*

IL TETRAGRAMMA, LE NOTE E LA SCALA MUSICALE

La rivoluzione nel mondo della musica e della scrittura musicale avvenne per opera del monaco benedettino Guido Monaco detto **Guido d'Arezzo**, nato intorno al 995 e morto nel 1050 circa. Egli fissò in quattro (**tetragramma**) il numero delle linee del rigo musicale e stabilì il nome e il valore delle **note** chiamandole con la prima delle sillabe dei versi dell'Inno a san Giovanni di Paolo Diacono: UT, RE, MI, FA, SOL, LA. La UT divenne DO solo nel 1635 e il SI venne aggiunto alla fine del Quattrocento. Il rigo di 5 linee (*pentagramma*) oggi in uso fu introdotto a partire dal XV secolo.

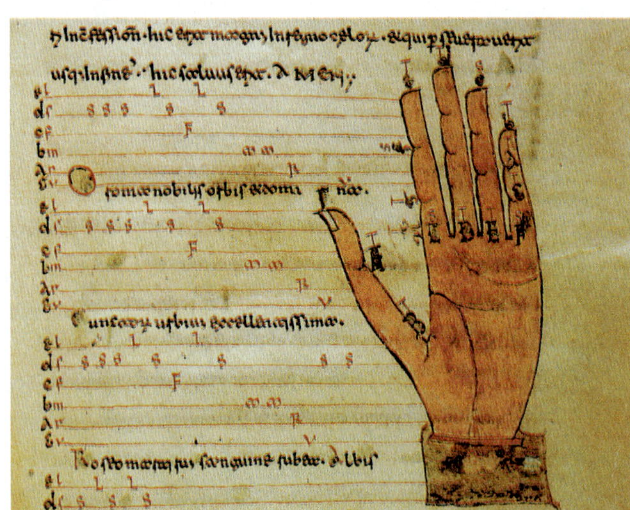

Mano "guidonica", cioè con indicazione delle note, in una miniatura della fine dell'XI secolo (Abbazia di Montecassino).

I BOTTONI E LE MANICHE SEPARABILI

Dei bottoni esistono testimonianze che rinviano alle varie epoche preistoriche, in Europa, India e Cina. La prima menzione letteraria, invece, si trova nel poema epico *La canzone di Orlando* (XII sec.). I bottoni, comunque, furono reinventati in Italia nel XIII secolo. Fatti inizialmente di **corallo**, **oro** e **argento**, e usati come ornamento, furono poi realizzati in **ottone** o in **rame** e utilizzati per **scopi pratici**, come aprire e chiudere abiti e mantelli. I bottoni resero possibile anche l'invenzione delle **maniche separabili** dall'abito.

Bottoni su abiti femminili, XIII secolo.

LA CARTA

Risale al 105 d.C. la prima descrizione della tecnologia di fabbricazione della carta in **Cina**. Nell'VIII secolo tutti i Paesi orientali e gli Arabi dell'Africa settentrionale sapevano fabbricare la carta. Al **1150** circa risalgono una cartiera nella Palermo normanna e la **prima cartiera** italiana, impiantata da Polese da Fabriano presso Bologna. Proprio **Fabriano** (Ancona) divenne, poi, la capitale europea della fabbricazione della carta, che permise la rivoluzionaria invenzione della stampa a caratteri mobili.

Filigrane di cartai di Fabriano.

L'OROLOGIO MECCANICO

L'orologio meccanico è una delle grandi invenzioni medievali; dall'inizio del Trecento si dotarono di orologi i **campanili** di Cattedrali e grandi chiese e le **torri** dei **Palazzi comunali**. Basato inizialmente su un gioco di contrappesi, che dovevano essere caricati ogni giorno, l'orologio era formato da un quadrante che ruotava attorno ad una lancetta fissa. Il primo orologio automatico fu installato in Italia nel **1351** ad **Orvieto**, presso la Cattedrale.

Orologio meccanico con zodiaco.

GLI OCCHIALI

Risale al **1284** il primo documento (lo *Statuto dell'arte dei cristallieri* di Venezia-Murano) che ci offre la descrizione degli occhiali: essi dovevano essere fatti di **cristallo** e non di vetro. Se esistevano già contraffazioni, significa che da tempo fioriva un commercio redditizio di questo articolo. Altre testimonianze certe risalgono al domenicano Giordano da Pisa che, nel 1305, ne parla entusiasta in una predica a Firenze. Prima dell'invenzione degli occhiali, per ingrandire la scrittura i lettori presbiti usavano pezzi di quarzo.

Particolare da un dipinto su tavola del XV secolo.

Gran parte delle informazioni sulle invenzioni qui presentate sono tratte da *Medioevo sul naso*, della storica **Chiara Frugoni** (Editori Laterza). In quest'opera si possono trovare notizie su numerose invenzioni medievali: *bussola, carnevale, carriola, carte de gioco, segni di punteggiatura, monte di pietà, numeri arabi, zero, pantaloni e mutande, sapone, xilografia.*

DONNE DEL MEDIOEVO: PER UNA STORIA AL FEMMINILE

Vecchietta, Teoria di Sante e Vergini, *Castiglione Olona, Palazzo Brenda Castiglioni.*

Sono davvero poche le donne che "di diritto" entrano in un racconto di storia "al maschile", dominato da eventi politici, guerre, scambi commerciali, imprese e avventure di viaggio.
In questo volume, dedicato alle vicende della Storia medievale europea e italiana, le figure femminili si riducono a pochi nomi: **Teodolinda**, la regina dei Longobardi; **Teodora**, la discussa imperatrice bizantina; **Radegonda**, regina franca fondatrice di un noto monastero; **Rosvita**, prima scrittrice di teatro europea; **Matilde di Canossa**, potente amica dei papi; **Trotula**, la prima donna medico; **Costanza d'Altavilla**, figlia di Ruggero II e madre di Federico II, immortalata da Dante nella *Divina Commedia*; **Christine de Pizan**, una delle prime intellettuali di professione; **Giovanna d'Arco**, l'eroina di Francia; **Isabella di Castiglia**, fondatrice con il marito della Spagna moderna e poche altre, solitamente regine o badesse o mogli di qualche personaggio famoso.
E tutte le altre donne, a qualsiasi gruppo sociale siano appartenute, che "hanno fatto la storia" ma che il racconto storico lascia spesso nell'ombra?
Come invito a scrivere noi **una storia al femminile**, proponiamo alcuni ritratti di altre figure e personalità di donne che meritano senz'altro di essere ricordate.

AMALASUNTA (498 CA.–535)

Figlia di **Teodorico**, re degli Ostrogoti, alla morte del padre governò il regno come reggente del figlio Atalarico per otto anni. Si dimostrò un'abile negoziatrice con l'imperatore di Bisanzio, ma fu capace anche di guidare l'esercito contro i Franchi e i Burgundi. Fu una donna **assai colta**; parlava il latino e il greco e conosceva la cultura romana.
Quando morì Atalarico, Amalasunta divenne ufficialmente regina e sposò Teodato, associandolo al regno.
Quest'ultimo, però, per poter governare da solo con il favore dei Goti, che non tolleravano di essere governati da una donna, nel 535 relegò Amalasunta sull'isola Martana del Lago di Bolsena, dove venne fatta strangolare.

Ritratto di Amalasunta, VI secolo.

BRUNILDE (545 CA.–613)

Questo personaggio storico non va confuso con l'eroina della *Canzone dei Nibelunghi*, la mitica regina d'Islanda di cui Gunther, il re dei Burgundi, si innamora. La nostra Brunilde, **Brunechilde**, nata nel 545 ca. a Mérida, in Spagna, fu una **principessa visigota** che divenne una **regina merovingia sposando** il re dei Franchi Sigiberto I. Dopo il matrimonio si convertì dall'Arianesimo (un'eresia cristiana) al Cattolicesimo.

Ebbe rapporti epistolari con papa Gregorio Magno, dal 595, e favorì la missione di evangelizzazione condotta da Agostino di Canterbury presso le popolazioni della Gran Bretagna. Avida e ambiziosa, per conservare il potere non esitò a ricorrere alla tortura e all'omicidio, tanto da diventare una figura leggendaria per la sua spietata crudeltà. La stessa sorte toccò a lei quando, ormai anziana, fu catturata, sottoposta a tortura e barbaramente uccisa, trascinata da un cavallo.

Matrimonio di Brunilde e Sigiberto. Miniatura del XV secolo.

Chiesa di San Salvatore a Brescia.

ERMENGARDA/DESIDERATA (754–776)

Il vero nome della principessa longobarda, figlia di re Desiderio, andata in sposa a Carlo Magno, è tuttora incerto (Desiderata, Gerberga, Bertrada). **Ermengarda** è il nome letterario che Alessandro Manzoni ha dato al personaggio della sua tragedia *Adelchi*, dedicata appunto allo scontro tra Carlo e Desiderio e alla morte della giovane sposa. Ermengarda fu data in moglie a Carlo nel 770, all'età di 16 anni, per rafforzare l'alleanza fra Longobardi e Franchi. Ma nel 771 Carlo divenne unico re franco e rilanciò la politica di espansione dei Franchi contro i Longobardi. Ripudiò la moglie Ermengarda e sconfisse Desiderio, impossessandosi del regno longobardo. Ermengarda si rifugiò nel *Convento di San Salvatore* a Brescia, a capo del quale c'era la sorella Anselperga. Qui, lacerata dal contrasto tra l'amore per Carlo e il senso di fedeltà al suo popolo, dopo aver saputo che il re si era risposato, si lasciò morire.

ILDEGARDA DI BINGEN (1098–1179)

Di famiglia aristocratica, monaca benedettina dell'alta Germania, e lei stessa fondatrice del monastero di Bingen, Ildegarda è un personaggio **geniale e anticonformista**. Interpretò la sua vocazione monastica in modo nuovo, non esitando a uscire dal convento per incontrare vescovi, principi feudatari e lo stesso imperatore Federico Barbarossa. Ebbe **visioni mistiche** fin da piccola, esperienza di cui lasciò testimonianza nell'opera *Scivias* ("Conosci le vie della luce"). Fu anche inventrice di una delle prime lingue artificiali (la lingua ignota), forse un linguaggio "segreto". Scrisse numerose opere in vari campi del sapere, in particolare quello musicale, quello medico e botanico, oltre a poesie, canti e numerosissime lettere. Fu acclamata santa a furor di popolo, pochi anni dopo la sua morte.

Ildegarda e il monaco Wolmar in una miniatura dal Liber Divinorum Operum.

CHIARA D'ASSISI (1193-1253)

La storia di Chiara è parallela a quella di **san Francesco**, di cui ripercorse il cammino di santità, al punto di essere dichiarata **santa** a soli due mesi dalla morte. Di origine sociale elevata, a 18 anni Chiara fuggì da casa per non dover subire il matrimonio organizzato per lei dalla famiglia e si unì a Francesco e al gruppo dei suoi frati minori. Francesco le tagliò i capelli, le offrì una tunica e la fece entrare nel convento benedettino di S. Paolo delle Abbadesse presso Bastia Umbra, da dove i parenti tentarono di portarla via. Passò poi nella Chiesa di san Damiano, al di fuori delle mura di Assisi, dove la raggiunsero le sorelle Agnese e Beatrice, la madre e altre donne. Con loro fonderà un **nuovo ordine**, che prenderà più tardi il nome di *Ordine di santa Chiara*. La caratteristica fondamentale della ***Regola*** del nuovo ordine di suore (monache clarisse) era l'**assoluta povertà**, che non volle in alcun modo fosse mitigata. Chiara trascorse la seconda metà della sua vita quasi sempre a letto, ammalata. Morì a sessant'anni, a San Damiano, l'11 agosto del 1253.

Santa Chiara, in un dipinto di Simone Martini, Assisi.

BRIGIDA DI SVEZIA (1303-1373)

La vita di Brigida si divide in due periodi ben distinti, segnati dalla morte del marito nel 1344. Cresciuta in un ambiente culturalmente elevato, nel primo periodo condusse una vita laica, ebbe otto figli, facendo tuttavia della sua casa un centro di cultura religiosa.

La seconda parte della sua vita, ormai vedova, fu contrassegnata da pellegrinaggi in Italia, sulle tombe di santi e martiri, e in Terrasanta, ma soprattutto dalle **visioni mistiche**, dopo le quali metteva per iscritto ciò che Cristo le aveva detto. Fondò l'ordine del Santissimo Salvatore e nel 1349 giunse a Roma, per chiedere l'approvazione del nuovo ordine. Qui finirà con il risiedere quasi sempre per il resto della vita, morendo di ritorno da un pellegrinaggio nel luogo dove oggi sorge una chiesa a lei dedicata. Grande mistica, a lei si rifanno una serie di preghiere e **pratiche devozionali** sulla Passione di Gesù, che sono giunte fino a noi.

Ritratto di Brigida di Svezia.

CATERINA DA SIENA (1347-1380)

Caterina di Jacopo di Benincasa, ventiquattresima di 25 figli, fin da piccola si votò a una vita di purezza e di sacrifici. A 16 anni, rifiutando ogni progetto matrimoniale dei genitori, entrò nel terzo ordine delle suore domenicane. Grazie ai contatti con i padri domenicani e con religiosi di altri ordini riuscì ad acquisire una **notevole cultura**.

Per merito dei suoi scritti e della loro ricchezza dottrinale e pastorale venne dichiarata "**dottore della Chiesa**". La sua esperienza mistica si accompagnò, a partire dal 1370, ad un'intensa attività in campo politico e religioso. Il coraggio e la determinazione che ella mostrò nei confronti di papi e potenti la resero una delle **protagoniste della scena politica e religiosa** del suo tempo; quando morì, a soli 33 anni, ella aveva raggiunto uno degli obiettivi fondamentali per cui aveva lottato: il ritorno dei papi da Avignone a Roma, il 17 gennaio 1377.

Santa Caterina da Siena, in un affresco del XIV secolo.

CITTADINANZA E COSTITUZIONE

PERSONA CITTADINO FAMIGLIA STATO

Eleanor Roosevelt mostra la Dichiarazione Universale dei Diritti Umani. *Novembre 1949.*

LA PERSONA UMANA

Persona e libertà

Ogni volta che discutiamo e ragioniamo su argomenti importanti come il rispetto dei diritti dell'uomo, la giustizia, la democrazia e la pace, alla base dei nostri ragionamenti c'è un concetto fondamentale a cui tutti questi temi rimandano: la *persona umana*.

Che cosa significa *persona umana*?

Innanzitutto significa che l'**essere umano**, cioè ogni uomo, donna o bambino, **è una persona**.

PER LA COMPRENSIONE

- Che cosa è l'essere umano?
- Che cosa significa essere *una persona*?
- Quando una persona può dirsi libera?

Ma che cosa significa *essere una persona*?

Per prima cosa, essere una persona significa essere un *soggetto dotato di ragione*, ossia un soggetto che pensa, che ragiona e discute, che si pone dei problemi e cerca di risolverli, che valuta e giudica i fatti e le azioni, che prende delle decisioni e agisce in base ad esse.
Come si vede, si tratta di un'attività piuttosto complessa, che per essere svolta al meglio richiede impegno, educazione, studio, esperienza e, in certi casi, anche coraggio.

Se penso quello che altri mi dicono di pensare, se ragiono e discuto senza considerare i diversi aspetti delle questioni e le diverse opinioni, se giudico i fatti e le azioni in modo frettoloso e in base a pregiudizi, se assumo decisioni e compio azioni che poi si riveleranno sbagliate e dannose per me o per gli altri... che persona sono? che uomo o donna sono?

Qui entra in gioco un altro concetto, quello di **libertà**.

Libera è la persona che pensa in modo autonomo ("con la propria testa"), ma che al tempo stesso è disposta ad ascoltare le opinioni degli altri e ad imparare da essi; che cerca di capire la realtà che la circonda sforzandosi di acquisire conoscenze e di raccogliere informazioni; che valuta, sceglie e agisce in base alle proprie conoscenze e riflessioni.

Le persona si realizza compiutamente quando è libera.

Dignità della persona e diritti umani

L'essere umano sa di essere diverso dagli oggetti inanimati e dagli altri esseri viventi e attribuisce a questa sua natura, al suo **essere persona**, un **valore** che la rende degna di rispetto e considerazione.
Per questo la nostra tradizione culturale afferma e riconosce la **dignità della persona umana**.

La dignità della persona va riconosciuta e salvaguardata in ogni uomo, donna o bambino, contro ogni limitazione e violenza.
Il *razzismo*, lo *sfruttamento*, la *discriminazione*, la *miseria* e la *guerra* sono le **minacce più gravi per la dignità della persona umana**.
Per combattere queste minacce è sorta un'organizzazione mondiale come le **Nazioni Unite** e sono stati sottoscritti diversi trattati internazionali.

Sul rispetto della persona, della dignità umana, si fondano le *carte dei diritti umani* (prima fra tutte la *Dichiarazione universale dei diritti umani* del 1948) e le *costituzioni democratiche* elaborate dopo la Seconda Guerra Mondiale.
La dignità dell'uomo in quanto persona è la fonte di tutti i diritti umani, di quei diritti che Carte e Costituzioni proclamano come **fondamentali e inviolabili**:

- diritto alla vita, alla integrità fisica e morale;
- diritto alla salute e all'assistenza in caso di malattia, infortunio o vecchiaia;
- diritto all'istruzione e al lavoro;
- libertà di pensiero, di parola, di religione;
- diritto di voto e di partecipazione politica...

PER LA COMPRENSIONE

- Perché l'essere umano è diverso da tutti gli altri?
- Quali sono le minacce più gravi per la dignità della persona umana?
- Qual è lo scopo principale delle *Nazioni Unite*?
- Qual è la fonte di tutti i diritti umani?
- Quali diritti sono proclamati fondamentali e inviolabili?
- Che cosa è la *Carta di San Francisco*?

DIGNITÀ DELL'UOMO IN QUANTO PERSONA

↓

DIRITTI DELL'UOMO FONDAMENTALI INVIOLABILI

Dignità e diritti umani nelle Carte e nelle Costituzioni

Statuto delle Nazioni Unite

Nel Preambolo ("premessa") dello Statuto delle Nazioni Unite (la ***Carta di San Francisco***, 26 giugno 1945) viene proclamata, dai popoli decisi ad evitare per il futuro l'immane tragedia della guerra, la fede "nella dignità e nel valore della persona umana".

> Noi popoli delle Nazioni Unite, decisi a salvare le future generazioni dal flagello della guerra, che per due volte nel corso di questa generazione ha portato indicibili afflizioni all'umanità, a riaffermare la fede nei diritti fondamentali dell'uomo, nella **dignità** e nel **valore** della **persona umana**, nella eguaglianza dei diritti degli uomini e delle donne e delle nazioni grande e piccole,
> [...]
> abbiamo risoluto di unire i nostri sforzi per il raggiungimento di tali fini.

Costituzione della Repubblica Federale Tedesca

La *Costituzione della Repubblica Federale Tedesca* del 1949, nella parte relativa ai "Diritti fondamentali", afferma:

Art. 1

La **dignità dell'uomo** è intangibile. È dovere di ogni potere statale rispettarla e proteggerla. Il popolo tedesco riconosce quindi gli inviolabili e inalienabili diritti dell'uomo come fondamento di ogni comunità umana, della pace e della giustizia nel mondo.
[...]

Costituzione della Repubblica Italiana

Anche la *Costituzione della Repubblica Italiana*, entrata in vigore il 1° gennaio 1948, si richiama alla persona umana e alla sua dignità:

Art. 2

La Repubblica riconosce e garantisce i diritti inviolabili dell'uomo, sia come singolo sia nelle formazioni sociali ove si svolge la sua **personalità** [...].

Art. 3

[...] È compito della Repubblica rimuovere gli ostacoli di ordine economico e sociale, che [...] impediscono il pieno sviluppo della **persona umana** [...].

Art. 32

[...] Nessuno può essere obbligato a un determinato trattamento sanitario se non per disposizione di legge. La legge non può in nessun caso violare i limiti imposti dal rispetto della **persona umana**.

Art. 41

L'iniziativa economica privata è libera. Non può svolgersi in contrasto con l'utilità sociale o in modo da recare danno alla sicurezza, alla libertà, alla **dignità umana**. [...]

Carta dei Diritti Fondamentali dell'Unione europea

La *Carta dei diritti fondamentali dell'Unione europea*, proclamata a Nizza il 7 dicembre 2000, enuncia come primo e fondamentale valore la "**dignità umana**".

Preambolo

[...] l'Unione si fonda sui valori indivisibili e universali di **dignità umana**, di libertà, di uguaglianza e di solidarietà; [...]. Essa pone la persona al centro della sua azione [...].

Art. 1

La dignità umana è inviolabile. Essa deve essere rispettata e tutelata.

IL CITTADINO

Persone prima che cittadini

Come abbiamo visto nelle pagine precedenti, i diritti dell'uomo hanno origine nella dignità della persona umana. Ciascun individuo, in quanto persona umana, possiede diritti fondamentali e inviolabili.

Per tale ragione ogni **Stato** ha il dovere di rispettare e proteggere la dignità umana non solo nei propri cittadini, ai quali è innanzitutto rivolta la propria attività, ma in **ogni uomo**: straniero, migrante, profugo, rifugiato o clandestino. Ciascuno di noi è in primo luogo **una persona umana** e, in secondo luogo, **cittadino** di uno Stato.

Da sudditi a cittadini

Che cosa significa essere un cittadino?

Il moderno concetto di *cittadino* ha origine con la Rivoluzione francese del 1789.

Quella rivoluzione stabilì che gli individui non fossero semplicemente dei sudditi, ma dei cittadini.

Mentre il **suddito** di fronte al potere dello Stato non può far valere alcun diritto, il **cittadino** è un individuo a cui lo Stato riconosce i diritti connessi alla sua natura di uomo e il potere di fare le leggi (attraverso propri rappresentanti).

Gli uomini della Rivoluzione francese fissarono questi princìpi nella *Dichiarazione dei diritti dell'uomo e del cittadino* del 1789.

Essere cittadino, tuttavia, non comportava solo il godimento di **diritti**, ma anche l'assunzione di **doveri**.

Ciascun cittadino aveva degli obblighi nei confronti della società, consistenti nel difenderla, nel servirla, nel contribuire alle spese dello Stato, nell'osservare le leggi e obbedire alle legittime autorità.

PER LA COMPRENSIONE

- Quale dovere ha lo Stato nei confronti di ogni persona?
- Quando nasce il moderno concetto di *cittadino*?
- Quale differenza vi è tra un *suddito* e un *cittadino*?
- Che cosa comporta essere *un cittadino*?

Cittadini e cittadinanza oggi

In linea generale, per **cittadino** si intende oggi una persona alla quale lo Stato attribuisce particolari **diritti** e **doveri**.

DIRITTI DI CITTADINANZA

I **diritti di cui godono i cittadini degli Stati democratici**, proclamati anche nelle Carte internazionali e riconosciuti universalmente, si possono distinguere in tre gruppi:

1. Diritti civili

Sono i diritti tesi in primo luogo a limitare il potere dello Stato nei confronti degli individui: diritto alla vita, diritto alla sicurezza e all'integrità fisica, psichica e morale, libertà di pensiero, di religione, di riunione e associazione, di circolazione, ecc.

2. Diritti politici

Diritti che consentono al cittadino di partecipare e concorrere al funzionamento dello Stato: diritto di elettorato attivo (di votare i propri rappresentanti) e passivo (di candidarsi ed essere eletti), diritto di accesso alle cariche e alle funzioni pubbliche.

3. Diritti economici e sociali

Sono diritti che impegnano lo Stato ad agire per garantire ai cittadini condizioni soddisfacenti di vita, di benessere e di protezione sociale: diritto alla salute, a un lavoro equamente retribuito, a un tenore di vita dignitoso per sé e la propria famiglia; diritto all'istruzione e accesso alla vita culturale; protezione in caso di infortunio o malattia; ecc.

I diritti economici e sociali rappresentano una conquista storicamente più recente rispetto ai diritti politici e civili.

PER LA COMPRENSIONE

- Che cosa sono i diritti di cittadinanza?
- In quali gruppi si possono distinguere?
- Quali sono i principali diritti civili?
- Che cosa sono i diritti politici?
- Quali sono i diritti economici e sociali?

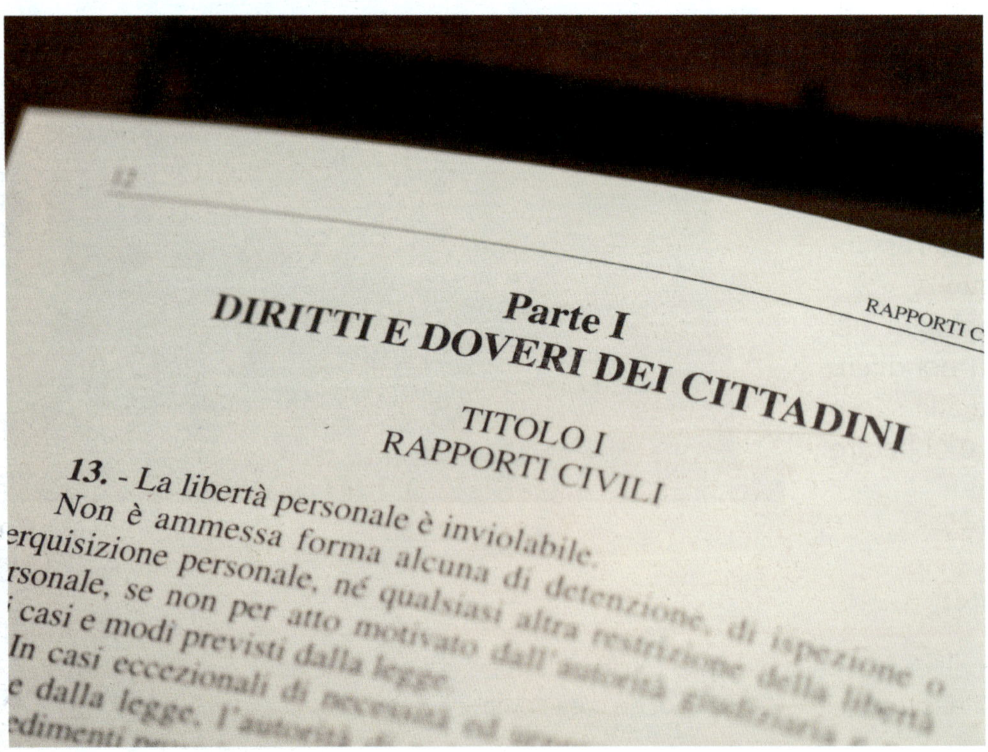

DOVERI DI CITTADINANZA

Per avere un'idea di quali doveri abbiamo come cittadini, facciamo riferimento al testo della Costituzione italiana.

L'Art. 2, che abbiamo già citato a pag. 300, stabilisce una stretta **connessione tra diritti e doveri del cittadino**:

> **Art. 2**
> La Repubblica **riconosce** e **garantisce** i **diritti inviolabili** dell'uomo, sia come singolo sia nelle formazioni sociali ove si svolge la sua personalità, e **richiede l'adempimento dei doveri** inderogabili di solidarietà politica, economica e sociale.

Vediamo di seguito altri articoli relativi ai **doveri di cittadinanza**.

Art. 4

[...] Ogni cittadino ha il **dovere** di svolgere, secondo le proprie possibilità e la propria scelta, un'attività o una funzione che concorra al progresso materiale o spirituale della società.

Art. 30

È **dovere** e **diritto** dei genitori mantenere, istruire ed educare i figli, anche se nati fuori del matrimonio. [...]

Art. 48

Sono elettori tutti i cittadini, uomini e donne, che hanno raggiunto la maggiore età.
Il voto è personale ed eguale, libero e segreto. Il suo esercizio è **dovere** civico. [...]

Art. 52

La difesa della Patria è sacro **dovere** del cittadino. [...]

Art. 54

Tutti i cittadini hanno il **dovere** di essere fedeli alla Repubblica e di osservarne la Costituzione e le leggi.
I cittadini cui sono affidate funzioni pubbliche hanno il **dovere** di adempierle con disciplina ed onore, prestando giuramento nei casi stabiliti dalla legge.

PER LA COMPRENSIONE

- Quali doveri di cittadinanza sono richiamati nella Costituzione italiana?
- Che cosa è la cittadinanza europea?
- Quali sono i principali diritti provenienti dalla cittadinanza europea?

Cittadinanza europea

Ciascun cittadino di un Paese membro dell'**Unione europea** possiede anche la cittadinanza dell'Unione.
La **cittadinanza europea**, introdotta con il *Trattato di Maastricht* (Trattato sull'Unione europea) nel 1992, si aggiunge a quella nazionale (ad es. italiana, francese, polacca, ecc.).
Come ogni cittadinanza, anche quella europea si traduce nel godimento di diritti e nell'assunzione di doveri.
Tra i principali **diritti che provengono dalla cittadinanza europea** ricordiamo i seguenti:

- libertà di circolare e di soggiornare nel territorio degli Stati membri
- diritto di voto e di eleggibilità alle elezioni del Parlamento europeo e alle elezioni comunali nello Stato membro in cui si risiede.

Con la nascita dell'Unione europea abbiamo acquisito una seconda cittadinanza.

COME SI DIVENTA CITTADINI ITALIANI

In Italia l'**acquisto della cittadinanza** è disciplinato dalla legge n. 91 del 1992 e successive modifiche e integrazioni.
Su questa materia, particolarmente delicata per la presenza nel nostro Paese di numerosi **immigrati stranieri**, si richiedono da più parti **nuovi interventi legislativi**, allo scopo di facilitare la concessione della cittadinanza.

La Carta dei valori della cittadinanza e dell'integrazione

Nel 2007 il Ministro dell'Interno ha emanato la Carta dei valori della cittadinanza e dell'integrazione, *un documento che indica i valori e i princìpi validi (diritti, doveri, normative) per tutti gli immigrati che desiderano risiedere stabilmente in Italia, di qualsiasi gruppo o comunità facciano parte.*

Carta dei valori
della cittadinanza e dell'integrazione

Edizione plurilingue
a cura di Progetto ImmigrazioneOggi-ONLUS
- Versione in Italiano -

Realizzata per gli Enti e le Imprese che aderiscono all'iniziativa 2008-2009

La Conoscenza per l'Integrazione

l'Integrazione per la Sicurezza

Con il sostegno di:

Studio immigrazione

Associazione Nazionale Funzionari di Polizia

Attualmente, possiamo dire che l'acquisto della cittadinanza avviene principalmente con le seguenti modalità:

- acquisto automatico per **filiazione** (*iure sanguinis*, "per diritto di sangue")
  - padre o madre italiani trasmettono la cittadinanza ai propri figli
  - un genitore che acquista la cittadinanza la trasmette anche al figlio minore che vive con lui
- acquisto automatico per **nascita sul territorio italiano** (*iure soli*)
  - qualora i genitori siano ignoti, apolidi (persone che nessuno Stato considera come propri cittadini) o impossibilitati a trasmettere la propria cittadinanza
- per **adozione**
  - il minore adottato da genitori italiani acquista la cittadinanza italiana
  - l'adottato maggiorenne acquista la cittadinanza dopo 5 anni di residenza legale (permesso di soggiorno e iscrizione anagrafica) in Italia
- per **matrimonio**
  - il cittadino straniero o l'apolide coniugato con cittadino italiano può chiedere l'acquisto della cittadinanza italiana:
    - 2 anni dopo il matrimonio se risiede legalmente in Italia (termine dimezzato in presenza di figli)
    - 3 anni dopo il matrimonio se risiede all'estero (termine dimezzato in presenza di figli)
- per **naturalizzazione** dopo un periodo di **residenza legale** stabilito dalla legge:
  - 3 anni per cittadini stranieri nati in Italia
  - 4 anni per cittadini comunitari
  - 5 anni per apolidi o rifugiati e per l'adottato maggiorenne
  - 10 anni per cittadini non comunitari;

  sono inoltre richiesti i seguenti requisiti: redditi sufficienti del nucleo familiare, assenza di precedenti penali, sufficiente livello di integrazione, adeguata conoscenza della lingua italiana
- con **decreto del Presidente della Repubblica** la cittadinanza può essere concessa allo straniero quando questi abbia reso **eminenti servizi allo Stato**, ovvero quando ricorra un **eccezionale interesse dello Stato**.

VERIFICA DI COMPRENSIONE

La persona umana

1. Indica con una ✗ la conclusione corretta tra quelle proposte.

a. L'essere umano è
- ☐ 1. membro di una specie.
- ☐ 2. una persona.
- ☐ 3. centro di ogni ragionamento.

b. Realizzarsi come persona è
- ☐ 1. un'attività complessa.
- ☐ 2. un fatto naturale.
- ☐ 3. quasi sempre impossibile.

c. La persona si realizza compiutamente quando è
- ☐ 1. umana.
- ☐ 2. attiva.
- ☐ 3. libera.

La persona umana

2. Indica se le affermazioni sono vere (V) o false (F).

☐ **a.** Tutti gli esseri viventi sono persone.
☐ **b.** La nostra tradizione culturale afferma e riconosce la dignità della persona umana.
☐ **c.** La dignità della persona umana deriva dai diritti umani.
☐ **d.** La dignità della persona umana è alla base dei diritti umani.
☐ **e.** Carte e Costituzioni proclamano i diritti umani fondamentali e inviolabili.
☐ **f.** La *Carta di San Francisco* costituisce lo Statuto delle Nazioni Unite.
☐ **g.** La *Carta di San Francisco* fu firmata nel 1918.

Il cittadino

3. Indica se le affermazioni sono vere (V) o false (F).

☐ **a.** Il concetto moderno di cittadino ha origine con la rivoluzione russa.
☐ **b.** Lo Stato ha il dovere di rispettare i diritti umani non solo dei propri cittadini, ma anche degli stranieri e dei clandestini.
☐ **c.** Essere cittadini di uno Stato significa avere dei diritti e non essere soggetti ad alcun dovere.
☐ **d.** I diritti civili sono particolari diritti politici che spettano ai cittadini negli Stati democratici.
☐ **e.** La libertà di pensiero e la libertà di religione sono diritti politici.
☐ **f.** I diritti di elettorato attivo e di elettorato passivo sono diritti politici.
☐ **g.** I diritti economici e sociali impegnano lo Stato a promuovere e garantire il benessere dei cittadini.

Il cittadino

4. Collega ogni diritto della colonna di sinistra con il gruppo corrispondente nella colonna di destra.

a. vita - **b.** salute - **c.** sicurezza - **d.** istruzione
e. elettorato attivo - **f.** integrità morale
g. libertà di pensiero - **h.** libertà di riunione
i. libertà di circolazione - **l.** tenore di vita dignitoso
m. lavoro ed equa retribuzione
n. accesso alle cariche pubbliche
o. protezione in caso di infortunio

1. Diritti civili
....

2. Diritti politici
....

3. Diritti economici e sociali
....

Acquisto della cittadinanza

5. Tra le seguenti espressioni, identifica con una ✗ quelle che indicano modalità di acquisizione della cittadinanza italiana.

☐ **a.** adozione
☐ **b.** costituzione
☐ **c.** decreto del Presidente del Consiglio
☐ **d.** decreto del Presidente della Repubblica
☐ **e.** filiazione
☐ **f.** immigrazione
☐ **g.** integrazione
☐ **h.** istruzione
☐ **i.** legalizzazione
☐ **l.** matrimonio
☐ **m.** nascita sul territorio italiano
☐ **n.** naturalizzazione

LA FAMIGLIA

Origine e formazione della persona

Dal momento della nascita, la **persona umana** comincia un lungo processo di **formazione** che ne coinvolge tutti gli aspetti: il corpo, la mente, gli affetti, le conoscenze e le abilità.
La persona ha la propria **origine** in una **famiglia**, dalla quale riceve le cure e le attenzioni necessarie. La famiglia svolge dunque una **funzione essenziale e insostituibile** per la persona e per l'intera società ed è quindi oggetto di particolare considerazione nella Carta costituzionale.

PER LA COMPRENSIONE

- Dove trae la propria origine la persona umana?
- Quale funzione essenziale e insostituibile svolge la famiglia?
- Perché la famiglia è definita *società naturale*?
- Quali impegni assume lo Stato nei confronti della famiglia?
- Che cosa è il matrimonio e che cosa garantisce?
- Perché si parla di crisi del matrimonio e della famiglia?

Art. 29

La Repubblica riconosce i **diritti della famiglia** come **società naturale** fondata sul matrimonio. [...]

Art. 31

La Repubblica **agevola** con misure economiche e altre provvidenze **la formazione della famiglia** e l'**adempimento dei compiti relativi**, con particolare riguardo alle famiglie numerose.
Protegge la maternità, l'infanzia e la gioventù, favorendo gli istituti necessari a tale scopo.

La famiglia è definita *società naturale*, poiché l'appartenenza ad essa è determinata innanzitutto dal **fatto naturale** della nascita, che consegue dall'**unione matrimoniale** di un uomo e di una donna. In altri termini: non si sceglie la famiglia di cui far parte, ma si appartiene a una famiglia per il fatto di essere nati da quell'uomo e quella donna uniti in matrimonio.
Lo Stato si impegna ad **agevolare** la formazione della famiglia e l'adempimento dei suoi compiti. Ciò significa, in primo luogo, adottare misure per aiutare le coppie a contrarre matrimonio, a trovare un'abitazione e le risorse necessarie per il mantenimento del nucleo familiare e della futura prole.
Particolari tutele sono previste per le madri in gravidanza e durante i primi anni di vita dei figli, per i bambini e i giovani.

Art.30

È dovere e diritto dei genitori **mantenere**, **istruire** ed **educare** i figli, anche se nati **fuori del matrimonio**. Nei casi di incapacità dei genitori, la legge provvede a che siano assolti i loro compiti.
La legge assicura ai figli nati fuori del matrimonio ogni tutela giuridica e sociale, compatibile con i diritti dei membri della famiglia legittima. [...]

Il **matrimonio** è la forma di convivenza fra i genitori che garantisce maggiormente la **stabilità e la continuità dell'unione**, soprattutto in vista della cura, del mantenimento e dell'educazione dei figli. Ciò non toglie che i genitori debbano assolvere questi doveri anche nei confronti di figli nati fuori dal matrimonio.

MATRIMONIO E DIVORZIO

Abbiamo appena visto che la famiglia si fonda sul **matrimonio**, con il quale un uomo e una donna **si impegnano secondo la legge** a vivere insieme, ad assistersi ed aiutarsi, a contribuire ai bisogni della famiglia e a provvedere ai figli.
Per la legge, tuttavia, il **rapporto matrimoniale può anche cessare**.
Si tratta di un fatto piuttosto frequente nelle società occidentali avanzate come quella italiana.

La possibilità di sciogliere il matrimonio è stata introdotta nel nostro Paese con la legge n. 898 del 1970, nota come **legge sul divorzio**, che stabilisce le condizioni e le regole in base a cui i coniugi possono separarsi e divorziare.
La **separazione** non pone fine al rapporto matrimoniale, ma lo sospende in attesa che avvenga una riconciliazione tra i coniugi o che il Tribunale emetta la sentenza di divorzio.
Il **divorzio** scioglie definitivamente il matrimonio e gli ex-coniugi possono sposarsi nuovamente.
Tutte le fasi che conducono allo scioglimento di un matrimonio sono **regolate dalla legge**, in modo tale da garantire i diritti di ciascun coniuge e dei figli nati dal matrimonio.

Matrimoni, separazioni e divorzi (fonte ISTAT)

Anni 1995-2010 (valori assoluti in migliaia)

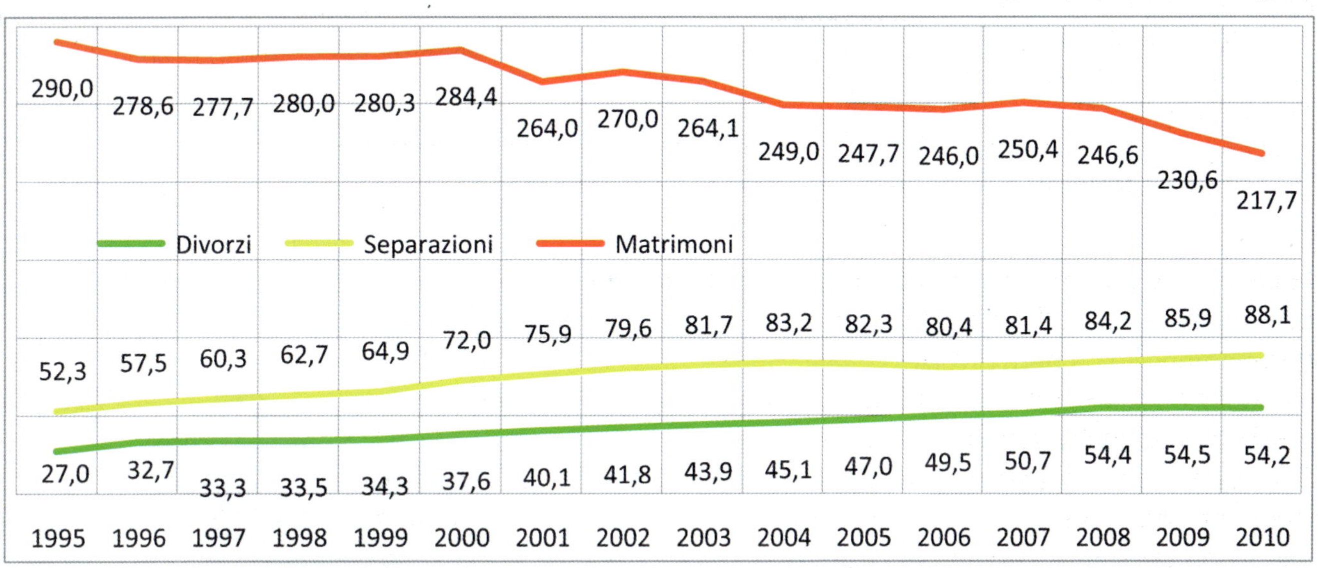

Da circa una ventina d'anni si è resa particolarmente evidente in Italia una vera e propria **crisi del matrimonio** e, quindi, della famiglia tradizionale:

- il numero dei matrimoni diminuisce: aumentano i *single*, ossia uomini e donne adulti che vivono da soli, e le coppie che convivono senza sposarsi;
- le separazioni e i divorzi aumentano.

Le statistiche descrivono il fenomeno con molta chiarezza.
Il grafico riportato sopra mostra che dal 1995 al 2010 i matrimoni sono scesi da 290000 a 217700, mentre le separazioni sono salite da 52300 a 88100 e i divorzi sono raddoppiati, passando da 27000 a 54200.
Si tratta di un fenomeno sociale molto rilevante, che rispecchia i notevoli e veloci cambiamenti della nostra società e dei suoi costumi.

LO STATO

Un mondo di Stati

Lo **Stato** è l'organizzazione mediante la quale i popoli conducono e regolano la propria vita interna ed entrano in rapporto con gli altri popoli. Nel mondo esistono attualmente **196 Stati riconosciuti a livello internazionale**.

Gli elementi dello Stato

Lo Stato è costituito da quattro elementi:

a. popolo
b. territorio
c. sovranità
d. ordinamento giuridico.

Popolo

Il **popolo** è l'insieme dei **cittadini** dello Stato.
Lo Stato, però, esercita la propria autorità su tutti gli individui che risiedono nel proprio territorio (la **popolazione**), siano essi cittadini o no.
In tal senso la nozione di *popolazione* si distingue da quella di *popolo*, perché include anche gli stranieri residenti nel territorio dello Stato.

Territorio

Il **territorio** è lo spazio geografico sottoposto all'autorità del potere statale, all'interno del quale vive la popolazione dello Stato.
Esso è composto da parti diverse:

- il **suolo**, ossia la superficie terrestre compresa entro confini internazionalmente riconosciuti;
- lo **spazio** aereo sovrastante e il **sottosuolo** (senza limiti di profondità);
- le acque territoriali, ossia gli **spazi marittimi** fino a 12 miglia dalle coste.

Sovranità

La **sovranità** è il potere dello Stato di fare le leggi e imporne il rispetto, di governare, di prendere decisioni. Nell'esercizio della sua autorità lo Stato, in caso di rifiuto o di resistenza, ricorre alla **coazione** (all'imposizione mediante la forza). Tale potere si esercita all'interno del proprio territorio. All'esterno, ovvero nel contesto internazionale, la sovranità si traduce nella *piena autonomia* con cui lo Stato agisce e si rapporta con gli altri Stati. Negli Stati democratici la **sovranità risiede nel popolo**.

Ordinamento giuridico

L'ordinamento giuridico di uno Stato è l'insieme delle **leggi** che regolano la condotta degli individui e che essi sono tenuti a rispettare.
La **costituzione** è la legge fondamentale da cui discendono tutte le altre.

PER LA COMPRENSIONE

- Che cosa è lo Stato?
- Quanti sono gli Stati del mondo?
- Da quali elementi è costituito lo Stato?
- Che differenza vi è tra *popolo* e *popolazione* di uno Stato?
- Che cosa sono le acque territoriali?
- Che cosa si intende per *sovranità* dello Stato?
- In che cosa consiste l'ordinamento giuridico di uno Stato?

La sovranità risiede nel popolo che la esercita attraverso i suoi rappresentanti nel Parlamento, organo cui spetta la produzione delle leggi.

Quale modello di Stato?

La grande maggioranza dei 196 Stati attualmente riconosciuti dalla comunità internazionale si presentano come *Stati di diritto, costituzionali* e *rappresentativi*.

Nello **Stato di diritto** sia i cittadini che gli organi dello Stato sono ugualmente soggetti alla legge. Ciò è molto importante, perché garantisce che i diritti umani del cittadino siano rispettati dallo Stato.

Nello **Stato costituzionale** l'esercizio della sovranità viene distribuito fra organi diversi. Tipica, in tal senso, è la separazione tra potere legislativo (il Parlamento fa le leggi), potere esecutivo (il Governo decide e agisce in base alle leggi), potere giudiziario (la Magistratura amministra la giustizia applicando le leggi). La separazione e l'equilibrio fra i diversi poteri è una garanzia per i diritti del cittadino.

Nello **Stato rappresentativo** il popolo elegge i propri rappresentanti (Parlamento), partecipando così all'esercizio della sovranità. Se il diritto di voto è riconosciuto a tutti i cittadini, uomini e donne, senza alcuna distinzione di censo, lo Stato rappresentativo è **democratico**.

Uno Stato in cui, di fatto, vengano meno i caratteri precedenti si configura come **Stato autoritario**, anche se formalmente si dichiara costituzionale e democratico:

- la rappresentanza (Parlamento) viene limitata nella sua funzione
- il potere esecutivo (Governo) prevale sugli altri
- i diritti fondamentali dei cittadini vengono limitati.

Nelle forme più radicali lo Stato autoritario limita le libertà e le garanzie costituzionali dei cittadini sino a negarle; in taluni casi può dar luogo a una **dittatura**, ovvero ad un regime politico caratterizzato dal dominio di un solo organo politico (partito, giunta militare...) o di una sola persona (dittatura personale) e dalla repressione violenta di ogni forma di dissenso.

PER LA COMPRENSIONE

- Che cosa si intende per *Stato di diritto*?
- Quando uno Stato può dirsi costituzionale?
- Da cosa è caratterizzato lo Stato rappresentativo?
- Quando uno Stato è autoritario?
- Quali sono le caratteristiche della dittatura?

Condizioni di libertà	Suddivisione per Paesi	Suddivisione per popolazione
LIBERI	90 (46%)	3.046.158.000 (43%)
PARZ. LIBERI	58 (30%)	1.613.858.500 (23%)
NON LIBERI	47 (24%)	2.376.822.100 (34%)
TOTALE	195	7.036.838.600

Mappa della libertà 2013 (fonte Freedom House)

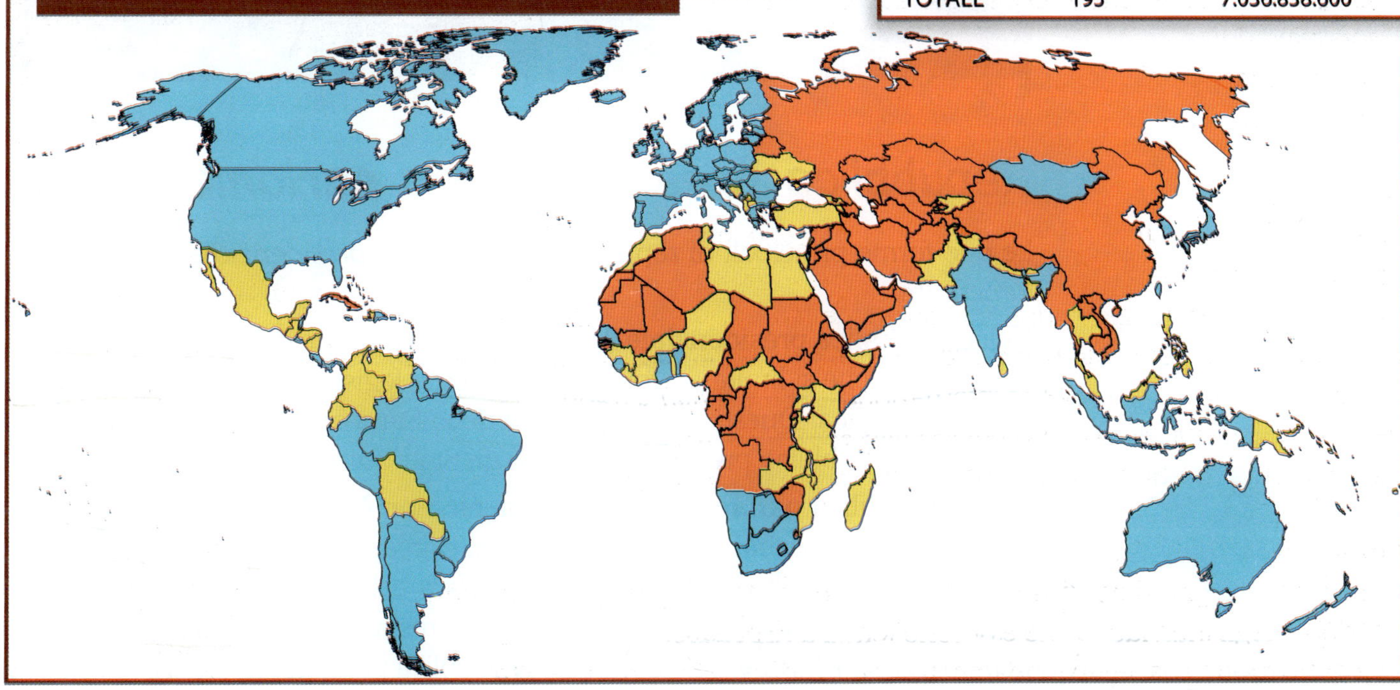

Monarchia e repubblica

La **forma di governo** più diffusa tra gli Stati del mondo è la *repubblica*; tuttavia, soprattutto in Europa e in Asia, sono presenti diverse *monarchie*.

La **monarchia** si caratterizza per la presenza di un **Re** o di una **Regina**, a cui è attribuita la funzione di Capo dello Stato. Questa forma di governo in Europa è presente in Belgio, Danimarca, Liechtenstein, Lussemburgo, Norvegia, Paesi Bassi, Principato di Monaco, Regno Unito, Spagna e Svezia.

La **repubblica** si distingue per la presenza del **Presidente della Repubblica**. Anch'egli Capo dello Stato, diversamente dal monarca non assume la carica per ragioni dinastiche (appartenenza alla famiglia regnante) o radicate nella tradizione, ma per incarico del popolo che detiene la sovranità.

Al di là di questa differenza riguardante la figura del Capo dello Stato, gli Stati monarchici e gli Stati repubblicani hanno in genere caratteri simili: in maggioranza si tratta di Stati di diritto, costituzionali e democratici.

PER LA COMPRENSIONE

- In che cosa differiscono la monarchia e la repubblica?
- Quali caratteri comuni presentano in maggioranza le repubbliche e le monarchie attuali?
- In che cosa differiscono la repubblica presidenziale e la repubblica parlamentare?
- Qual è la forma di governo dello Stato italiano?

Il Presidente della Repubblica Italiana Giorgio Napolitano nell'Aula del Senato in occasione della cerimonia del Giorno della Memoria dedicato alle vittime del terrorismo. Roma, 9 maggio 2013.

Repubblica presidenziale o parlamentare

Le due forme principali di repubblica sono quella *presidenziale* e quella *parlamentare*.

Nella **repubblica presidenziale** il Governo non risponde del proprio operato al Parlamento, che si limita a svolgere la funzione legislativa, bensì al Presidente della Repubblica. Questi è dunque Capo dello Stato e Capo del Governo. Esempi di repubblica presidenziale sono gli Stati Uniti e la Francia.

Nella **repubblica parlamentare** il Presidente non è Capo del Governo e i ministri sono responsabili verso il Parlamento. L'organo di rappresentanza (Parlamento), pertanto, oltre alla funzione legislativa esercita anche il controllo politico sull'operato del Governo, che non può restare in carica senza la fiducia parlamentare. L'Italia è un esempio di repubblica parlamentare.

Il Presidente degli Stati Uniti Barack Obama presta giuramento dinnanzi al Presidente della Corte Suprema nel corso della cerimonia di giuramento, a Washington DC, il 21 gennaio 2013.

Stato unitario e Stato federale

Oltre che per la forma di governo, gli Stati possono essere distinti per la *struttura* o **forma di Stato**.

Sotto questo aspetto si distinguono la forma dello *Stato unitario*, propria della maggioranza degli Stati attuali, e la forma dello *Stato composto*.

Mentre lo **Stato unitario** è formato da un solo popolo, un solo territorio e una sola sovranità, lo **Stato composto** è formato da più Stati e quindi riunisce più popoli, più territori e più sovranità.

Attualmente la forma di Stato composto presente nella comunità internazionale è quella dello **Stato federale**.

Esso è costituito da più Stati, dotati di propri governi e organi parlamentari, che esercitano la sovranità nel proprio territorio.

Tuttavia, in determinati settori di interesse comune a tutti gli **Stati federati**, come la politica estera, la difesa, il commercio internazionale e la politica monetaria, la competenza è attribuita a un'autorità di livello superiore, ovvero allo Stato federale.

Tra i più noti esempi di Stato federale possiamo ricordare gli **Stati Uniti d'America**, la **Repubblica Federativa del Brasile**, la **Federazione Russa** e la **Confederazione Svizzera**.

PER LA COMPRENSIONE

- Quali forme di Stato si distinguono?
- Come è costituito uno Stato federale?
- Quali sono gli esempi principali di Stato federale?

VERIFICHE INTERATTIVE

VERIFICA DI COMPRENSIONE

La persona e la famiglia

1. Indica con una ✘ la conclusione corretta tra quelle proposte.

a. La persona ha origine
☐ 1. nella famiglia. ☐ 2. nella società. ☐ 3. nella natura.

b. La famiglia svolge una funzione essenziale e insostituibile
☐ 1. per lo Stato. ☐ 2. per la persona e per la società. ☐ 3. per la Costituzione.

c. La famiglia si basa
☐ 1. sull'unione matrimoniale. ☐ 2. sulla società naturale. ☐ 3. sull'unione personale.

Matrimonio e divorzio

2. Completa il brano inserendo correttamente i termini mancanti, scegliendo fra quelli sotto elencati.

1. coniugi - 2. divorzio - 3. famiglia - 4. figli - 5. legge - 6. matrimonio - 7. rapporto - 8. regole - 9. società

La famiglia si fonda sul .... , con il quale un uomo e una donna si impegnano secondo la .... a vivere insieme, ad assistersi ed aiutarsi, a contribuire ai bisogni della .... e a provvedere ai .... Per la legge, tuttavia, il .... matrimoniale può anche cessare. Si tratta di un fatto piuttosto frequente nelle .... occidentali avanzate come quella italiana.

La possibilità di sciogliere il matrimonio è stata introdotta nel nostro Paese con la legge n. 898 del 1970, nota come legge sul .... , che stabilisce le condizioni e le .... in base a cui i .... possono separarsi e divorziare.

Lo Stato

3. Indica se le affermazioni sono vere (V) o false (F).

[V] a. Nel mondo esistono attualmente 206 Stati riconosciuti a livello internazionale.
[V] b. Lo Stato è costituito da popolo, territorio, sovranità e ordinamento giuridico.
[F] c. Il popolo di uno Stato comprende anche gli stranieri residenti sul territorio.
[F] d. Le acque territoriali si estendono fino a 12 chilometri dalle coste.
[V] e. Lo Stato democratico non ricorre mai alla coazione nei confronti dei propri cittadini.
[V] f. La costituzione è la legge da cui discendono tutte le altre leggi.
[V] g. Nello Stato di diritto, sia gli organi dello Stato che i cittadini sono soggetti alla legge.
[F] h. La separazione dei poteri è tipica dello Stato costituzionale.
[V] i. Lo Stato rappresentativo non è mai democratico.
[F] l. Nelle dittature, la sovranità è distribuita fra organi diversi e pertanto le libertà e le garanzie dei cittadini sono negate.
[V] m. Monarchia e repubblica sono forme di governo fra loro alternative.
[F] n. Nella repubblica parlamentare il Presidente della Repubblica non è Capo dello Stato.

Lo Stato

4. Indica il termine corrispondente alle seguenti definizioni.

a. Insieme dei cittadini dello Stato: ....2......
b. Insieme degli individui residenti nel territorio dello Stato: ....1......
c. Potere di fare le leggi, imporne il rispetto e governare: ....4......
d. Modello di Stato in cui il popolo elegge i propri rappresentanti, partecipando all'esercizio della sovranità: ....5......
e. Forma di governo repubblicano in cui i ministri sono responsabili verso il Parlamento, che oltre alla funzione legislativa esercita anche il controllo politico sull'operato del Governo: ....3......

1. popolazione - 2. popolo - 3. repubblica parlamentare - 4. sovranità - 5. Stato rappresentativo